搜索引擎与程序化广告

原理、设计与实战

杨敏 著

人民邮电出版社
北京

图书在版编目（CIP）数据

搜索引擎与程序化广告 ：原理、设计与实战 / 杨敏著. -- 北京 ：人民邮电出版社，2023.9
ISBN 978-7-115-61700-2

Ⅰ. ①搜… Ⅱ. ①杨… Ⅲ. ①搜索引擎－应用－广告学 Ⅳ. ①F713.80

中国国家版本馆CIP数据核字(2023)第083955号

内 容 提 要

本书从源码的角度讲解搜索技术与程序化广告系统，将技术与业务结合、理论与实践并重，帮助读者更好地理解并掌握相关知识。

本书首先从基础的数据结构出发，带领读者深入理解线性结构、树结构和图结构的搜索算法，以及它们的典型应用场景。其次详细分析全文搜索引擎工具包 Lucene，包括其索引结构、分析器、搜索与排名机制，以及 Lucene 的底层数据结构与算法。最后，本书从搜索技术过渡到程序化广告，介绍程序化广告系统中的各个模块和工作机制，包含广告检索、广告库存预测、广告定位、广告标签模板、广告实时竞价、广告实时数据、广告事件流聚合、广告供应链透明度等内容。

本书适合从事搜索技术、搜索引擎、程序化广告相关工作或对相关内容感兴趣的软件开发人员阅读。在阅读本书之前，读者需要具备基本的编程能力。

◆ 著　　　杨　敏
责任编辑　胡俊英
责任印制　王　郁　焦志炜

◆ 人民邮电出版社出版发行　　北京市丰台区成寿寺路 11 号
邮编　100164　　电子邮件　315@ptpress.com.cn
网址　https://www.ptpress.com.cn
大厂回族自治县聚鑫印刷有限责任公司印刷

◆ 开本：800×1000　1/16
印张：26　　　　2023 年 9 月第 1 版
字数：540 千字　　　　2023 年 9 月河北第 1 次印刷

定价：109.80 元

读者服务热线：(010)81055410　印装质量热线：(010)81055316
反盗版热线：(010)81055315
广告经营许可证：京东市监广登字 20170147 号

推荐语

在过去十多年里，随着广告巨头们的崛起，程序化广告技术发展成为了一套庞大的技术体系。广告的核心技术虽然总是围绕着“如何高效地搜索”展开，但适用的搜索算法和技术路线却随着不同的广告业务场景有了分化。从互联网早期的搜索广告，到后来的贴片广告、动态产品广告、信息流广告等，各种类型的程序化广告尽管思路共通，却都发展出了自己的特点。面对纷繁复杂的技术体系，刚进入在线广告领域的新人难免会不知道该从何处学起。广告技术的另一个难点在于，其中的许多设计都建立在大规模的互联网流量的基础上。由于单机实验环境流量太小，缺少实际工作经验的同学往往难以感知不同流量规模下各种技术路线的效果差异。本书恰好能够帮助读者攻克上述两个难点。

针对搜索技术，本书由浅入深，先讲解基础的搜索算法，再过渡到行业广为应用的产品级搜索引擎Lucene的底层原理，还介绍了众多辅助搜索的技术，如分词、索引、相关性计算、布尔逻辑表达式等。通过阅读本书，读者能够学习构造一个基础搜索系统的完整技术栈，并且可以从理论上对比不同的技术路线、认识不同算法之间的差异，让实践过程事半功倍。

——陈甫鸼

Microsoft Bing团队首席工程师（Principal Engineer）

作为一名写了多年“增删改查”的“业务开发者”，我在阅读本书之前从未发现程序化广告的业务如此有趣。本书不是那种让你阅读之后觉得这个技术很厉害，但是不知道有什么用的书。通过阅读本书，你不仅可以了解高级的技术技巧、实现高性能的搜索引擎内核，还可以知道这对于上层的广告业务意味着什么。

——陶文

滴滴前首席架构师

过去的二十年可以说是“计算机技术+互联网应用”井喷式发展的二十年，我们亲眼目睹了技术创新是如何改变大家的日常生活方式和习惯，以及因此带来的商业模式和价值变现的革新。在互联网世界里，搜索和广告是一个商业闭环中非常重要的组成部分，与之相关的技术也自然而然地成为互联网从业人员需要具备的重要知识。本书从专业技术从业人员的角度深入剖析了搜索和程序化广告相关的技术体系、技术细节以及典型应用场景，相信读者学习和实践完本书的内容后一定会有所收获。

——王强

FreeWheel技术副总裁（Engineering Vice President）

本书深入解析了搜索和广告领域的核心原理和技术，包括大量的数据结构、算法和开源类库。除了理论之外，本书还包含大量示例代码，可以让读者更好地理解和应用这些技术。本书深入浅出，具有很强的实用性和指导性，对于想要深入学习搜索引擎和程序化广告技术的读者来说是一本非常有价值的参考书。相信在本书的帮助下，读者可以大大提升技能水平，并将其更好地应用于工作中。

——徐宁

阿里菜鸟国际物流技术总监（P9）

市面上讲搜索引擎的书不少，讲程序化广告系统的书也不少，但将两者联系在一起且能讲清楚的书就不多了，而这两者对于设计一个良好的程序化广告引擎缺一不可。我与本书作者相识多年，他恰好在这两个领域都有多年的开发经验，更难能可贵的是，他还是一位善于总结和乐于分享的技术布道者。所以我相信，无论你是搜索或广告行业的开发人员、产品设计师，或者仅仅是想了解搜索和程序化广告的相关技术，本书都能让你有所收获。

——张晗

FreeWheel技术副总裁（Engineering Vice President）

推荐序

如今，互联网已经成为我们生活中不可或缺的一部分。细数互联网时代人们获取信息的主要方式，大体上可以总结为三类：搜索、推荐和广告。搜索是根据用户的主动输入给用户返回相关性最高的结果。推荐通常不需要用户明确表达需要什么，系统会根据用户画像给用户主动推送一些信息，往往能够起到“锦上添花”的效果。广告是一个很特别的存在，形式上有点类似推荐，总是“不请自来”；而在技术上又类似搜索，需要从众多的广告中挑选相关度和收益最高的广告；商业上又要兼顾媒体、广告商和用户三方的诉求，关注用户体验和商业利益最大化。所以有人戏称，搜索、推荐和广告是互联网时代的“三驾马车”。

学界和业界也有很多人在研究这三种技术，尝试用统一的模型去实现这三种技术。由于技术和商业上的原因，统一模型现在还没有实现，但是对这三种技术的认识，却也有了一些共识：这三种技术，都遵循 “召回+排序+定制化”的三阶段。而召回的关键，就是搜索算法。

本书作者是一名“互联网老兵”，一名在程序化广告行业工作多年的资深程序员，一名程序化广告交易平台的架构师，他对搜索算法有着深刻的理解和把握。本书从最基础的字符串匹配算法出发，到程序化交易平台里广告检索、广告库存预测等内容的实战，无疑是学习搜索技术和程序化广告系统的优秀读物。

最后，在互联网企业里工作，每个人每天的工作量都是十分饱和的。在这种情况下，本书作者还能坚持技术上的追求，坚持把自己的所学、所思、所得总结出来，汇成一本书，帮助更多的同学掌握这方面的知识和技能，是非常值得钦佩的一件事情。

党政法
FreeWheel技术副总裁（Engineering Vice President）

前　言

作为世界上使用人数最多的搜索引擎之一，也是体量最大的广告商之一，谷歌的成功不在于追求广告投放的数量，而是注重广告投放的效果。程序化广告改变了传统的广告投放模式。程序化广告是指利用技术手段进行广告交易和管理。广告商可以程序化地采购媒体资源，利用算法和技术自动实现对广告目标受众的精准定位，极大地提升了广告投放的效率和效果。

工欲善其事，必先利其器。在开始学习程序化广告之前，需要先学习搜索技术，因为搜索技术是程序化广告中的核心技术之一。程序化广告系统中的很多技术源自搜索技术，比如索引、检索和数据分类与定位。信息时代，人们在数据的海洋中快速准确定位信息的需求量越来越大，对程序化广告而言也是如此。程序化广告需要根据分类的数据对目标受众进行定位，通过灵活、快速的搜索返回匹配的广告。

大多数搜索引擎的底层实现技术是相通的。简单来说，实现一个搜索引擎需要掌握的基本知识不外乎如下几个方面：

- 构建倒排索引；
- 使用 TF-IDF 模型创建文档权重；
- 搜索文档，比如使用常用的跳表、二叉搜索树或者红黑树进行查询，查询语句中可以包含 AND、OR 和 NOT 布尔逻辑运算符；
- 使用向量点积计算待查询内容与文档之间的相似度；
- 按相似度由高到低的顺序为用户返回搜索到的文档。

实现一个程序化广告系统所使用的很多技术和实现一个搜索引擎所使用的技术是相通的，比如：

- 构建广告活动的数据及索引；
- 检索广告活动，查询语句中可以包含 AND、OR 和 NOT 布尔逻辑运算符，充分表达广告的流量特征；
- 广告过滤与排序。

本书从基础的数据结构出发，带领读者深入理解线性结构、树结构和图结构的搜索算法，及其各自的典型应用场景。这些数据结构和算法是搜索引擎与程序化广告领域的核心技术，对于构建高效的搜索引擎和程序化广告系统至关重要。

接着，本书介绍 Lucene，这是一个提供索引和搜索功能的开源库，可以作为搜索引擎的框架。本书详细分析 Lucene 的索引结构、分析器、搜索与排名机制，以及 Lucene 的底层数据结构与算法，帮助读者深入理解 Lucene，为讲解程序化广告系统奠定基础。

最后，本书以与搜索技术密切相关的广告检索与定位技术作为切入点，进入程序化广告的主题，介绍程序化广告系统中的各个模块和工作机制，包含广告检索、广告库存预测、广告定位、广告标签模板、广告实时竞价、广告实时数据、广告事件流聚合、广告供应链透明度等内容，帮助读者全面掌握程序化广告技术。

本书在讲解技术内容的过程中，辅以程序源码，其中一部分来自 Lucene 开源代码，另一部分则是作者自己编写的代码。希望这种理论与实践结合的方式能让读者学有所得、学有所用。

读者对象

本书适合所有软件开发人员阅读，尤其是从事搜索技术、搜索引擎、程序化广告相关工作或对相关内容感兴趣的开发者，包括搜索引擎工程师、程序化广告系统开发工程师、算法工程师等。本书也适合计算机相关专业的学生阅读。在阅读本书之前，读者需要具备基本的编程能力。

章节速览

本书主要由三个部分组成：第 1 章讲解的搜索技术的算法，第 2～5 章讲解的 Lucene 搜索引擎框架，以及第 7～8 章讲解的程序化广告技术。读者可以根据自己的兴趣和需求单独阅读这 3 个部分，但更加推荐根据本书的组织方式进行阅读。

第 1 章，搜索技术的算法。本章介绍各种数据结构的搜索算法。首先介绍字符串搜索算法，包含暴力搜索算法、KMP 算法和 BM 算法。然后介绍二叉搜索树，并重点研究 2-3-4 树与红黑树的等价关系。最后介绍图搜索算法，主要通过 DFS 和 BFS 算法讨论如何解决一些典型的实际应用问题。

第 2 章，Lucence 基础。本章讨论 Lucene 搜索引擎的基础知识。首先介绍 Lucene 和传统关系数据库的异同，其次深入分析倒排索引和正排索引的机制，接着讨论有效负载机制，最后分析复合索引文件机制。

第 3 章，Lucene 索引段。本章介绍 Lucene 索引段的相关知识。索引由多个段组成，每个段包含各自独立的文档子集。要想读懂 Lucene 源码，首先要充分理解文档子集的 4 类文件格式：tis、tii、frq 和 prx。本章首先剖析索引段的合并策略与实现流程，然后讨论索引段的提交点与快照机制，最后分析索引段删除文档机制。

第 4 章，Lucene 分析器。本章介绍 Lucene 的分析器机制。Lucene 通过自定义分词模块来实现对输入数据的分析与存储。本章首先讨论分析器的工作流程，然后借助一个中文分词器来详细解析双数组前缀树与维特比算法的应用。

第 5 章，Lucene 搜索与排名。本章深入分析 Lucene 的搜索与排名机制。首先介绍 TF-IDF 模型和余弦相似度，其次讨论过滤器的工作机制，接着讨论全文搜索的工作流程，包含解析查询文本并生成布尔逻辑表达式、定位分词词典索引并返回倒排列表、计算倒排列表中的文档相关度、收集器收集目标文档集合并返回，最后介绍短语搜索和模糊搜索的工作机制。

第 6 章，Lucene 的底层数据结构与算法。本章深入分析 Lucene 的底层数据结构与算法，包含编码与压缩算法、跳表结构、ByteSliceReader 结构和 ByteBlockPool 结构，以期展现 Lucene 的设计之美，并帮助读者更好地理解 Lucene。

第 7 章，广告检索与定位。本章主要介绍与广告检索与定位相关的技术。首先介绍全文索引和检索模型，其次介绍位图索引及其应用，接着讲解如何用 Be_indexer 开源框架实现广告索引，随后对程序化广告系统进行概述，并分析广告检索与广告库存预测的关键技术——DNF 算法和倒排索引，最后介绍广告定位中的常见问题——用户唯一性识别问题，即如何进行用户身份图的构建与搜索。

第 8 章，程序化广告技术。本章介绍程序化广告系统的相关技术，包含广告标签模板、广告实时竞价、广告实时数据，以及广告事件流聚合，并通过一个典型案例进行深入分析。最后分析广告供应链透明度问题及其解决方案，为程序化广告系统提供安全可靠的服务。

关于勘误

写作之难，在于把网状的思考用树状的结构体现在线性展开的语句中。由于个人能力有限，以及编写时间仓促，书中难免会出现一些错误或不准确的地方，恳请读者为我提供建议和指正，我很期待得到你最真挚的反馈。读者可以发送电子邮件到 searchrtb@gmail.com 与我联系。

致谢

感谢人民邮电出版社的编辑龚昕岳老师、陈冀康老师等众多工作人员的辛勤工作，使得本书的出版成为可能。

感谢我亲爱的家人，特别是我深爱的妻子阿丽，尽管她对计算机编程世界完全不了解，但正是她的理解、包容和默默支持，才能让我专心完成这本书。

感谢每一个在我成长道路上帮助过我的人。谨以此书献给众多热爱搜索技术的朋友们！

杨敏
2023 年春于北京

作者简介

杨敏，毕业于浙江大学计算机科学与技术专业，目前就职于一家专门提供互联网视频广告投放、预测和增值等解决方案的公司——Freewheel，担任广告供应方平台（Supply-Side Platform，SSP）的技术负责人、软件架构师。他曾在美国道富银行、Thoughtworks、微软等公司工作，拥有丰富的程序化广告产品开发与设计经验。他曾参与或主持开发过的项目有：

- 美国道富银行的普林斯顿金融系统；
- 普华永道全球派遣服务软件系统；
- 微软 SharePoint 平台的搜索系统；
- Freewheel 的广告供应方平台 Stickyads.tv。

他目前专注于 Python/Java 虚拟机、分布式搜索引擎 Elasticsearch、MySQL 内核等相关技术领域的研究。

资源与支持

资源获取

本书提供如下资源：

- 本书源代码；
- 本书彩图文件；
- 本书思维导图；
- 异步社区 7 天 VIP 会员。

要获得以上资源，您可以扫描下方二维码，根据指引领取。

提交勘误

作者和编辑尽最大努力来确保书中内容的准确性，但难免会存在疏漏。欢迎您将发现的问题反馈给我们，帮助我们提升图书的质量。

当您发现错误时，请登录异步社区（https://www.epubit.com/），按书名搜索，进入本书页面，单击“发表勘误”，输入勘误信息，然后单击“提交勘误”按钮即可（见右图）。本书的作者和编辑会对您提交的勘误进行审核，确认并接受后，您将获赠异步社区的 100 积分。积分可用于在异步社区兑换优惠券、样书或奖品。

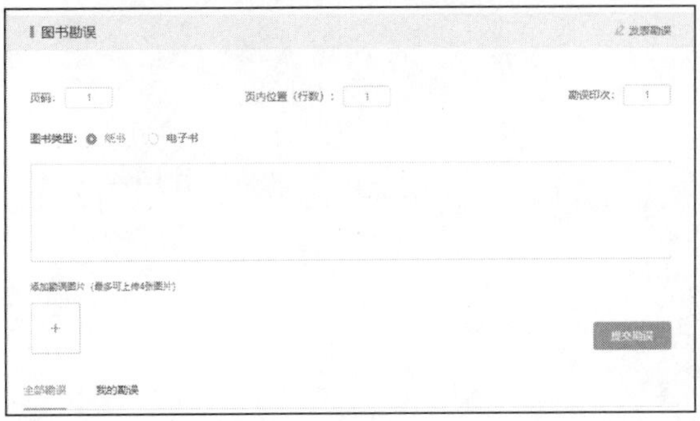

与我们联系

我们的联系邮箱是 contact@epubit.com.cn。

如果您对本书有任何疑问或建议，请您发邮件给我们，并请在邮件标题中注明本书书名，以便我们更高效地做出反馈。

如果您有兴趣出版图书、录制教学视频，或者参与图书翻译、技术审校等工作，可以发邮件给我们。

如果您所在的学校、培训机构或企业想批量购买本书或异步社区出版的其他图书，也可以发邮件给我们。

如果您在网络上发现有针对异步社区出品图书的各种形式的盗版行为，包括对图书全部或部分内容的非授权传播，请您将怀疑有侵权行为的链接发邮件给我们。您的这一举动是对作者权益的保护，也是我们持续为您提供有价值的内容的动力之源。

关于异步社区和异步图书

“异步社区”（www.epubit.com）是由人民邮电出版社创办的 IT 专业图书社区，于 2015 年 8 月上线运营，致力于优质内容的出版和分享，为读者提供高品质的学习内容，为作译者提供专业的出版服务，实现作者与读者的在线交流互动，以及传统出版与数字出版的融合发展。

“异步图书”是异步社区策划出版的精品 IT 图书的品牌，依托于人民邮电出版社在计算机图书领域 30 余年的发展与积淀。异步图书面向 IT 行业以及各行业使用 IT 的用户。

目　　录

第1章 搜索技术的算法

1.1 背景

在具体讲解搜索技术之前，我们先看一个生活中与搜索相关的例子。想象一下，你是国家图书馆的管理员，你管理着几百万本书，要想从这堆书中找到一本你要的书并非易事。实际上当一个人来查找图书时，一般首先定位到某个区域，然后从区域中选择相应书架，最后从书架上找到相关的书。本质上，这个过程也对应了搜索的3个流程：索引（对图书进行编码）、排序（对图书进行排序查找）和检索（对图书进行定位）。

由此可见，恰当地应用索引、排序、检索算法可以更高效地解决搜索问题。

索引体现的是数据存储机制，存储着分词和文档的映射关系。

排序是按照特定的顺序排列和存储内容，以方便后续访问。我们在日常生活中经常运用排序思想，有些是有意识的，有些是无意识的。比如电话本和中英文字典都是按照数字或者字母顺序等方式进行排列的。在搜索技术中，排序为索引的构建进行数据预处理、实现数据分类，这有助于更好和更快地搜索。

检索提供了数据读取和分析的功能，通过对索引使用布尔逻辑运算进行查询，并根据匹配文档的相关性将结果集进行排序，将排名靠前的匹配文档集优先返回给用户。

搜索算法用于检索存储在某类数据结构（字符串、树或者图）中的信息，搜索算法可能采用顺序搜索，也可能不采用顺序搜索。如果数据集中的数据是无序的，就需要使用顺序搜索算法，否则可以使用更高效的二分搜索算法。二分搜索算法遵循分而治之的思想。

对于搜索引擎而言，当用户发起搜索时，搜索引擎使用搜索算法在其已有的内容索引中进行文档检索，然后将匹配的文档根据权重进行排序并返回。搜索引擎的意义是提供用户所搜索的内容。搜索引擎的功能越强大、返回结果越准确，用户使用搜索引擎的频率就越高。

本章介绍应用于字符串、树、图等典型数据结构的搜索算法，并通过算法过程和算法分析介绍各个算法的优缺点和具体使用场景。本章讲解的具体搜索算法如下。

- 字符串搜索：暴力搜索算法、KMP（Knuth-Morris-Pratt）算法、BM（Boyer-Moore）算法等。
- 树搜索：二叉搜索树、2-3-4树、红黑树等。
- 图搜索：广度优先搜索、深度优先搜索等。

此外，本章还讲解与搜索技术息息相关的拓扑排序算法，以及运用上述算法实现的一些应用，例如基于Grep的字符串精确搜索、基于字符串自动补全（Auto-complete）的字符串模糊搜索。

1.2 字符串搜索

1.2.1 概述

字符串搜索也称为字符串匹配问题，在计算机工程中，除了匹配给定的模式子串外，还经常需要在一个巨大的文本主串中搜索子串、前缀、后缀和子序列。字符串搜索常见的算法有暴力搜索算法、KMP算法、BM算法、前缀树算法。

字符串搜索在搜索领域是一个经典问题。这个问题在安全、模式识别与文档匹配等领域有着广泛应用，比如，搜索引擎中的字符串自动补全功能。

搜索引擎是人类最智慧的发明之一。Google创始人佩奇曾经说过：终极的搜索引擎将像人类一样聪明。当用户输入一个字符时，搜索引擎将在1ms内返回数十个候选列表。当用户输入更多的字符时，会惊讶地发现它已经输出了自己想要搜索的主题或问题。这就是字符串搜索中的模糊匹配。

模糊匹配用来处理相似但不相同的查询，是一个非常有用的技术。搜索领域中经常使用模糊匹配功能来处理单词的拼写错误。但在很多时候，精确匹配还是最常用的搜索。

1.2.2 基础字符串搜索算法：暴力搜索算法

字符串搜索可以简化成：在文本主串M中查找模式子串P。

相比KMP与BM算法，暴力搜索不需要预先分析模式子串。通常来说，暴力搜索是最容易设计、实现和理解的算法。这也是为什么大多数初始情况下会使用暴力搜索尝试解决问题。暴力搜索的时间与空间成本与代价都特别高。在最坏的情况下，文本主串M和模式子串P的长度分别为m和p，对文本主串中每个字符进行p次比较，意味着搜索时间复杂度是$O(m \times p)$。

通过一个实例来分析暴力搜索过程。假设文本主串M为"AFBEAG"，模式子串P为"BEAG"，在文本主串M中搜索模式子串P的过程如下。

- M[0] != P[0]，字符不匹配，文本主串索引i加1，模式子串索引j置0，即i=1，j=0。

```
AFBEAG
^
BEAG
```

- M[1] != P[0]，字符不匹配，文本主串索引i加1，模式子串索引j置0，即i=2，j=0。

```
AFBEAG
 ^
 BEAG
```

- M[2] = P[0]，字符匹配，文本主串索引i加1，模式子串索引j移动到下一个位置，即i=1，j=1。

```
AFBEAG
  ^
  BEAG
```

- M[3] = P[1]，字符匹配，文本主串索引i加1，模式子串索引j移动到下一个位置，即i=1，j=2。

```
AFBEAG
   ^
  BEAG
```

- M[4] = P[2]，字符匹配，文本主串索引i加1，模式子串索引j移动到下一个位置，即i=1，j=3。

```
AFBEAG
    ^
  BEAG
```

- M[5] = P[3]，字符匹配，文本主串索引i加1，模式子串索引j移动到下一个位置，即i=1，j=4。

```
AFBEAG
     ^
  BEAG
```

- j=len(*p*)，在文本主串M中匹配到模式子串P。

暴力搜索算法的基本思想是：从文本主串第一个字符开始和模式子串的第一个字符进行比较，若相等，则继续比较；否则模式子串回溯到第一个字符，重新和文本主串的第二个字符进行比较。反复如此，直到文本主串结束。

代码清单1-1　暴力搜索算法的实现

```
type StringSearch struct {
   text            string
   pattern         string
   matchedPosition int
}

func NewStringSearch(pattern, text string) *StringSearch {
   return &StringSearch{
      text:            text,
      pattern:         pattern,
      matchedPosition: 0,
   }
}

func (ss *StringSearch) bruteForce() bool {
   n := len(ss.text)
   m := len(ss.pattern)

   for i := 0; i < n-m+1; i++ {
      j := 0
      for ; j < m; j++ {
         if ss.text[i+j] != ss.pattern[j] {
            break
         }
      }

      if j == m {
         ss.matchedPosition = i
         return true
      }
   }
   return false
}
```

暴力搜索算法是所有搜索算法设计策略中最简单、直观的方法。它可以解决广泛的实际问题，比如选择排序、冒泡排序、字符串搜索、深度优先搜索和广度优先搜索等。

任何时候都不要拒绝暴力搜索算法，而是要学会构建和改进它。面对新问题，开始时一定要找到一个暴力解决问题的方法。暴力解决方案让你真正理解问题，而不需要过多思考优化的解决方案，你将清楚知道问题的输入是什么，输出是什么，避免“见木不见林”的尴尬。暴力搜索算法给了你一个起点，你可以继续应用不同的技术来优化时间和空间复杂度。

1.2.3 中级字符串搜索算法：KMP算法

诚实地说，KMP算法是我见过最难学的算法之一，我花了不少时间才完全明白它是如何工作的。尽管它有些难度，但仍然值得你深入学习，当你掌握算法背后的思想后，你会忍不住在心里为它鼓掌。

如前所述，解决搜索问题最基本的方法是将文本主串M和模式子串P中的每个字符依次进行比较，每当出现错误匹配的时候，就将模式子串P整体向右移动一个位置，然后重复之前的比较逻辑。很明显，它的时间复杂度是$O(m \times p)$，其中m和p分别是文本主串和模式子串的长度。有没有更好的优化算法呢？当然有。KMP算法通过预先分析模式子串，并且尝试重用模式子串初始部分中已经匹配的内容，以避免重新匹配。

分析实例之前，需要理解两个概念：前缀与后缀。前缀表示除了最后一个字符以外，一个字符串的全部头部组合；后缀表示除了第一个字符以外，一个字符串的全部尾部组合。以"BABAB"为例，对前缀和后缀的解释如下。

- "B"的前缀和后缀都为空集，共有元素的长度为0。
- "BA"的前缀为[B]，后缀为[A]，共有元素的长度为0。
- "BAB"的前缀为[B, BA]，后缀为[AB, B]，共有元素的长度为1。
- "BABA"的前缀为[B, BA, BAB]，后缀为[ABA, BA, A]，共有元素的长度为2。
- "BABAB"的前缀为[B, BA, BAB,BABA]，后缀为[ABAB, BAB, AB,B]，共有元素的长度为3。

图1-1中展示了一种情况，其中文本主串和模式子串在索引为3的位置出现了不一致。默认情况下，下一步应该将模式子串P向右移动一个位置。由于模式子串P中每个字符都是不同的，可以简单判断出模式子串P[0..2]区间（即以索引0起始，以索引2结尾的连续数组）内的字符都不可能与文本主串M当前的字母E匹配，将模式子串向右移动一个位置是徒劳的，所以需要将模式子串向右移动其自身长度减1个位置，让模式子串P的首个字符与文本主串M当前的字母E进行匹配。

图1-2展示了另一种情况，文本主串和模式子串在索引为5的位置出现了不一致。当字母不匹配的时候，究竟要将模式子串P移动多少个位置才是合适且高效的？通过观察，模式子串前缀子串P[0,1]="DE"与模式子串后缀子串P[3,4]= "DE"是完全相同的。实际上，P[0,4]构成的子串中，存在一个前缀"DE"与后缀"DE"是完全相同的，这种情况下应该将模式子串移动到文本主串

索引为3的位置继续比较。

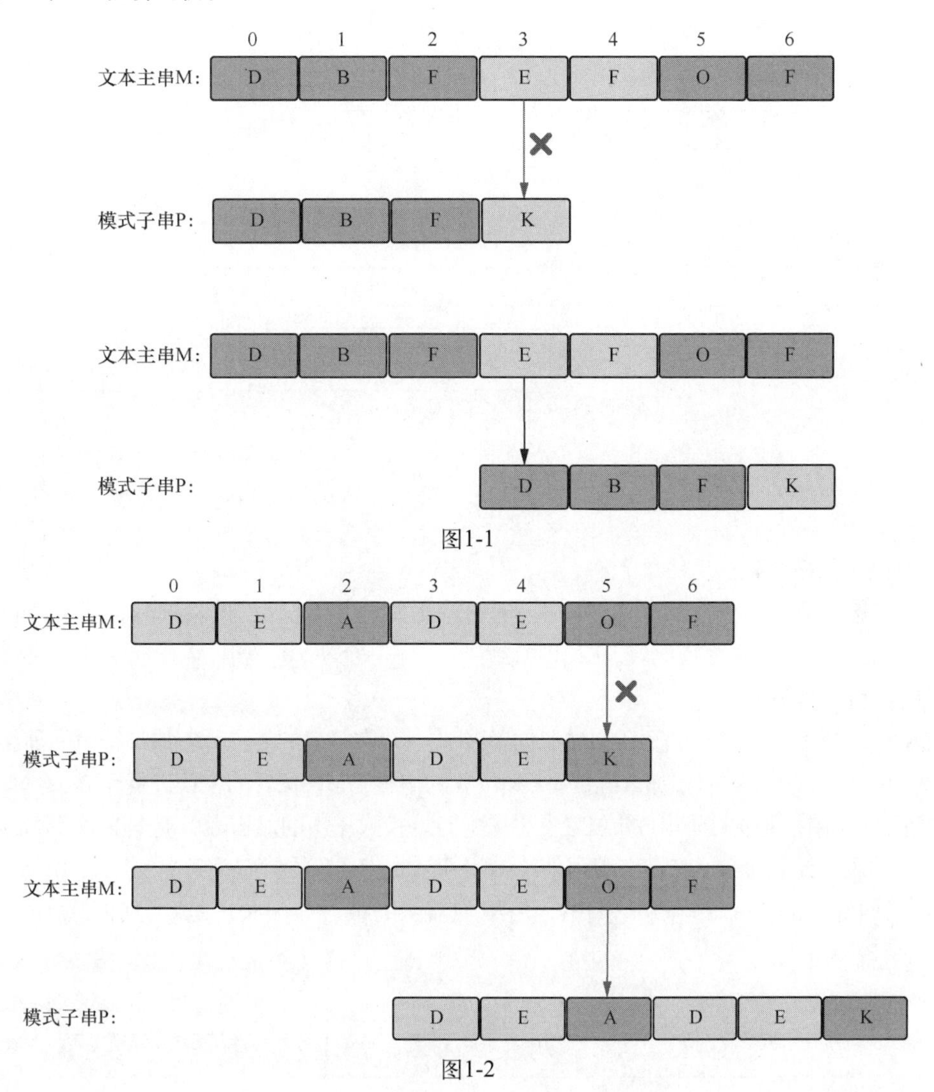

图1-1

图1-2

为了一般化地表达这个问题，假设pSub1=pSub2且pSub2=mSub3，当pSub2的下一个字符和mSub3的下一个字符不匹配时，可以移动模式子串让pSub和mSub3对齐，比较pSub1的下一个字符是否和mSub3的下一个字符匹配。图1-3展示了当文本主串与模式子串失配时，下一步应该从哪个位置开始继续进行字符的比较。这么做的好处是：文本主串的遍历索引i不用回溯，模式子串的遍历索引 j可能需要回溯，但并不一定每次都需要将索引j回溯到索引0。

现在你肯定明白了，如果可以提前找出模式子串的每个前缀，算法就可以跳过一些不必要的匹配，极大提高工作效率。这实际上也就是KMP算法背后的核心思想。

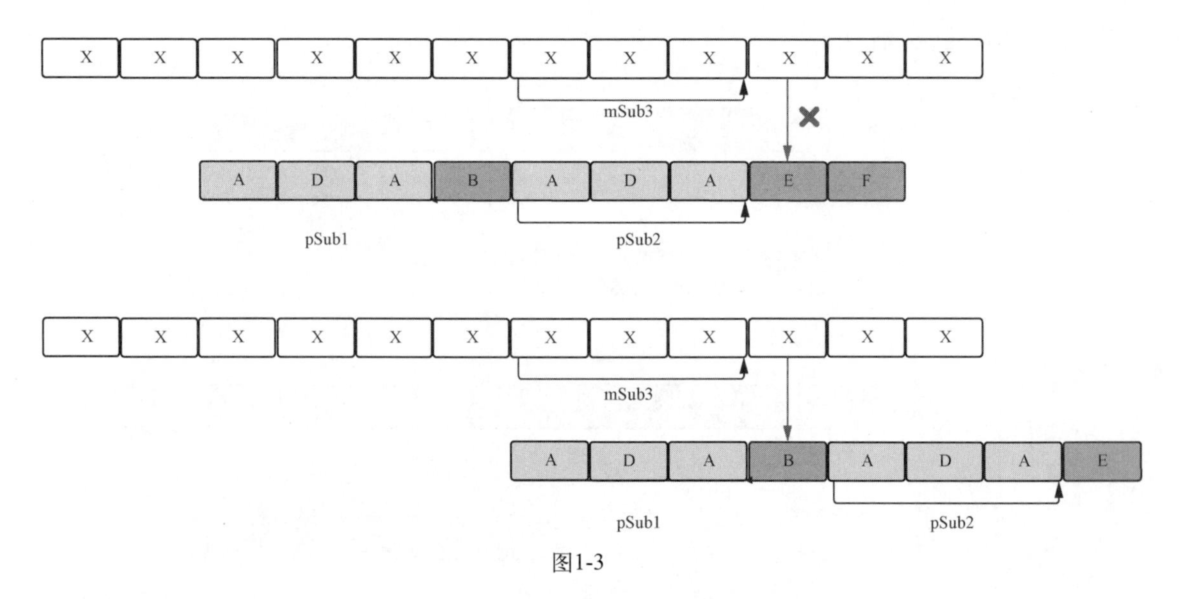

图1-3

下面说明如何寻找前后缀单元格。

如前所述，暴力搜索算法在遇到模式子串P与文本主串M不匹配的情况时，简单地将模式子串P向右移动一个位置并继续比较。KMP算法中引入了一个Next[]数组，Next[]中的值决定下一个要比较的字符的位置。

当M[i] != P[j]时，将模式子串P的失配位置j看成一个字符串的终点，若该字符串的前缀与后缀相等，即P[0..k-1] == P[j-k..j-1]，那么继续将P[k]位置的字符与M[i]位置的字符进行比较。令Next[j]=k，表示当P[j] != M[i]，即模式子串P的j位置发生失配时，模式子串的遍历索引j应该回溯到位置k。

上面的表达比较抽象，怎么直观理解Next[j]=k公式中j与k的对应关系呢？以索引j为终点（不包含索引j本身）的模式子串P[0..j-1]中，后缀与前缀的最长匹配长度是k。如图1-4所示，其中P[0..k-1] = P[j-k..j-1]。

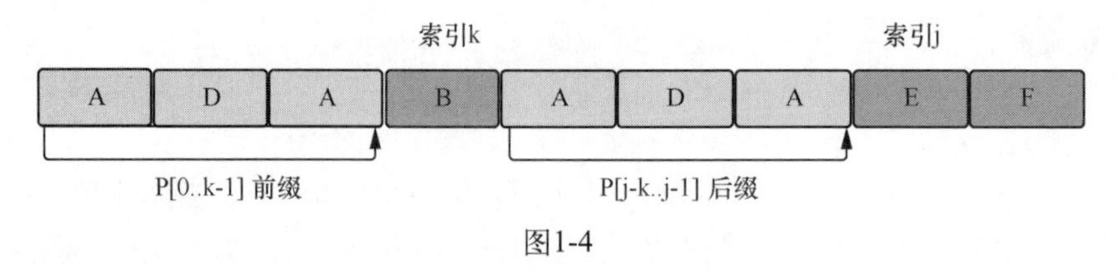

图1-4

Next[j]=k包含如下3层含义，可结合图1-5理解。

- 当P[j] != M[i]时，模式子串的遍历索引j应该回溯到位置k。
- Next[j]的值等于P[0..i]的最长前缀的长度，也等于P[0..i]的最长后缀的长度。
- k的值等于P[0..i]的最长前缀的长度，也等于P[0..i]的最长后缀的长度。

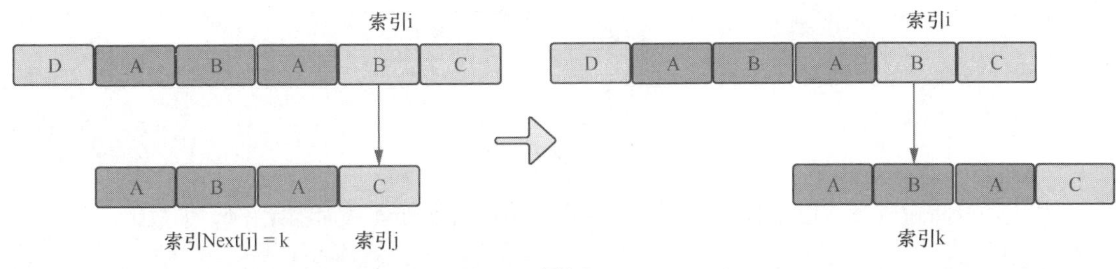

图1-5

如图1-5所示，Next[j]=k是KMP算法的关键，其背后思想是，模式子串P在索引j-1处与文本主串M匹配，但是在索引j处失配。根据Next[j]=k，我们知道模式子串P的最长前缀（同时也是P的最长后缀）的长度为k。因此，我们已经知道：

- P[0..j-1]与M[i-j..i-1]完全匹配，P[j]与M[i]失配，即P[0..j-1]=M[i-j..i-1]；
- Next[j]=k，即P[0..k-1]与P[j-k..j-1]是完全匹配的，即P[0..k-1]=P[j-k..j-1]。

根据等式的传递性可推导出：P[0..Next[j]-1]=M[i-Next[j]..i-1]，即模式子串区间P[0..Next[j]-1]与文本主串区间M[i-Next[j]..i-1]是完全匹配的。

所以，P[j]与M[i]失配后，保持文本主串索引i不变，而模式子串索引j回溯到索引Next[j]，恢复匹配过程。

下面通过一个实例来分析Next[]数组是如何初始化的，如图1-6所示。

	B	A	B	A	B	B
Next[j]						

图1-6

- 当j=0时，模式子串P[0..j-1]=P[0..-1]是一个无效区间，因此将Next[0]设置为-1。
- 当j=1时，模式子串P[0..j-1]=P[0..0]是一个单个字母"B"，根据前后缀定义，单个字母没有前后缀，因此将Next[1]设置为0。
- 当j=2时，模式子串P[0..j-1]=P[0..1]包含两个字母"BA"，"BA"没有相同的前后缀，因此将Next[2]设置为0。
- 当j=3时，模式子串P[0..j-1]=P[0..2]包含3个字母"BAB"，"BAB"有一个相同的前后缀串，即"B"，因此将Next[3]设置为1。
- 当j=4时，模式子串P[0..j-1]=P[0..3]包含4个字母"BABA"，"BABA"有一个相同的前后缀串，即"BA"，因此将Next[4]设置为2。
- 当j=5时，模式子串P[0..j-1]=P[0..4]包含5个字母"BABAB"，"BABAB"有一个相同的前后缀串，即"BAB"，因此将Next[5]设置为3。
- 当j=6时，模式子串P[0..j-1]=P[0..5]包含6个字母"BABABB"，"BABABB"有一个相同的前后缀串，即"B"，因此将Next[6]设置为1，如图1-7所示。

	B	A	B	A	B	B	
j	0	1	2	3	4	5	6
Next[j]	-1	0	0	1	2	3	1

图1-7

将上述分析过程转成以下代码，主要对模式子串进行预处理从而初始化next[]数组。

代码清单1-2　初始化next[]数组

```
func (ss *StringSearch) buildNext() []int {
   next := make([]int, len(ss.pattern))
   next[0], next[1] = -1, 0

   matchCnt := 0
   for idx := 2; idx < len(ss.pattern); {
      // check prefix and suffix
      if ss.pattern[idx-1] == ss.pattern[matchCnt] {
         matchCnt++
         next[idx] = matchCnt
         idx++
      } else if ss.pattern[idx-1] != ss.pattern[matchCnt] && matchCnt != 0 {
         matchCnt = next[matchCnt]
      } else {
         next[idx] = 0
         idx++
      }
   }

   return next
}
```

我们知道，暴力搜索算法的时间复杂度是$O(m \times p)$，其中m和p分别是文本主串和模式子串的长度。使用KMP算法在文本主串M中搜索模式子串P时，比较两个字符串，当字符比较发生失配时，模式子串中包含足够多的信息来确定下一个匹配的位置，从而减少回溯来提升字符串搜索算法的效率。KMP算法的时间复杂度是$O(m+p)$。因为文本主串M没有回溯，基于next[]数组信息，模式子串P也几乎没有回溯。

代码清单1-3　KMP算法的实现

```
func (ss *StringSearch) kmp() bool {
   next := ss.buildNext()
   // i - current char in text; j - current char in pattern
   i, j := 0, 0
   for i < len(ss.text) {
      if ss.text[i] != ss.pattern[j] {
         if j == 0 {
            i++
         } else {
            j = next[j]
            //j = next[j - 1]
```

```
            }
        } else {
            i++
            j++
            if j == len(ss.pattern) {
                fmt.Printf("%s found the pattern(%s) at :%d", ss.text, ss.pattern, i-j)
                ss.matchedPosition = i - j
                return true
            }
        }
    }

    return false
}
```

1.2.4 高级字符串搜索算法：BM算法

KMP算法虽然广为人知，但它在实践中远不如BM算法。与前面介绍的暴力搜索算法时间复杂度$O(m \times p)$不同，KMP与BM算法只需要线性时间就能在文本主串中找到模式子串。KMP与BM算法都需要对模式子串提前进行预处理，以便在比较字符过程中跳过字符，避免无效回溯。KMP算法的预处理规则是对模式子串的每个位置计算最长前缀和最长后缀的长度。

BM算法与KMP算法的不同之处在于，它从右到左进行字符串的比较，并且使用不同的预处理规则，即坏字符规则，如图1-8所示。

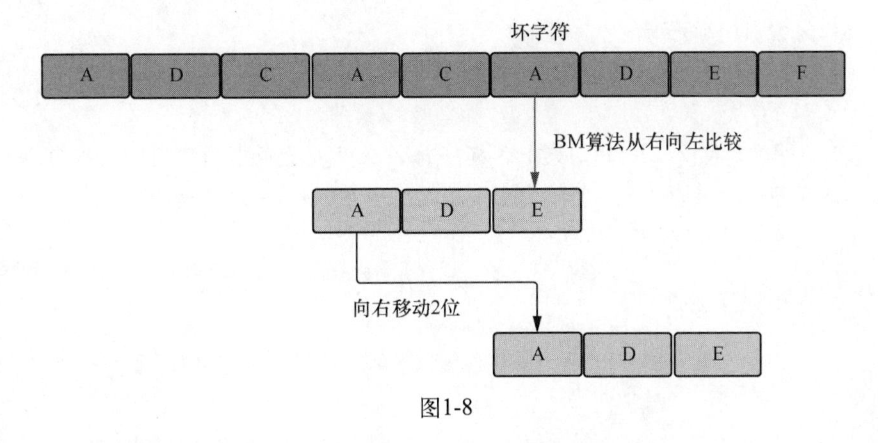

图1-8

如图1-8所示，从模式子串末尾向前匹配时，如果发现某个字符失配，则称这个失配的字符为坏字符。注意，坏字符指的是文本主串中的字符，并不是模式子串中的字符。

图1-9中，当假定文本主串中的坏字符与模式子串中索引为j的字符失配时：

- 如果文本主串中的坏字符在模式子串中存在，则把坏字符在模式子串中的索引记为k；
- 如果文本主串中的坏字符在模式子串中不存在，则把坏字符在模式子串中的索引k记为−1。

那么，当文本主串M与模式子串P不匹配时，模式子串需要向左移动的距离是j−k。

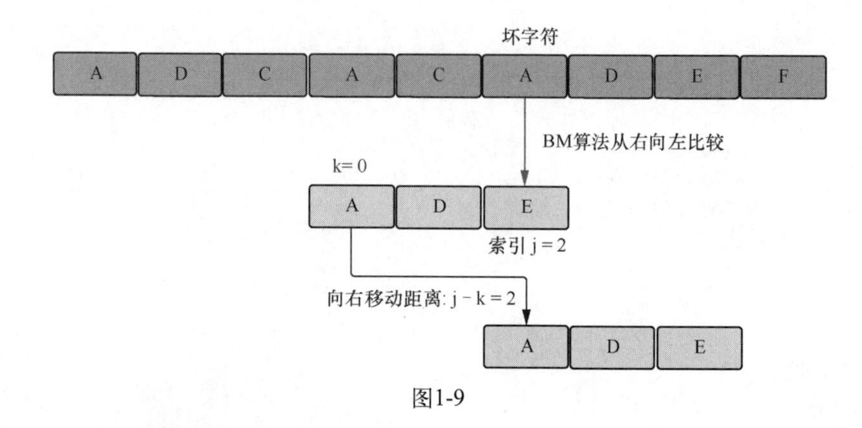

图1-9

通过一个实例来分析BM算法，其中文本主串M为"ADAYZABC"，模式子串P为"ABC"。首先初始化slideTable表格，即坏字符表格，如图1-10所示。

A	B	C	其他字母
0	1	2	−1

图1-10

- 当i=0，j=2时，M[0+2]与P[2]失配，坏字符'A'在模式子串中的索引k=0。根据公式j−k，将模式子串向左移动两个位置，等价于将文本主串索引i向右移动两个位置，即文本主串下一次比较索引i=2的位置。

```
ADAYZABC
  ^
ABC
```

- 当i=2，j=2时，M[2+2]与P[2]失配，坏字符'Z'在模式子串中的索引k=−1。根据公式j−k，将模式子串向左移动3个位置，等价于将文本主串索引i向右移动3个位置，即文本主串下一次比较索引i=5的位置。

```
ADAYZABC
    ^
  ABC
```

- 当i=5，j=2时，M[5+2] = P[2]，模式主串和模式子串中的字符'C'匹配。

```
ADAYZABC
       ^
     ABC
```

- 当i=5，j=1时，M[5+1] = P[1]，模式主串和模式子串中的字符'B'匹配。

```
ADAYZABC
      ^
     ABC
```

- 当i=5，j=0时，M[5+0] = P[0]，模式主串和模式子串中的字符'A'匹配。

```
ADAYZABC
     ^
     ABC
```

- 当j=−1时，说明在文本主串中找到了模式子串，其从文本主串的索引i=5处开始匹配。

代码清单1-4 初始化坏字符表格

```
func (ss *StringSearch) buildSlideTable() [256]int {
   var st [256]int
   for idx := 0; idx < 256; idx++ {
      st[idx] = -1
   }

   for idx := 0; idx < len(ss.pattern); idx++ {
      st[ss.pattern[idx]] = idx
   }

   return st
}
```

回顾暴力搜索算法、KMP算法与BM算法，后两者在搜索匹配模式时，不会遍历整个搜索空间，而是基于预先分析的模式子串的信息，智能地跳过文本中一些无用的搜索空间，从而有效减少每次搜索中必须进行比较的字符数量。

代码清单1-5 BM算法的实现

```
func (ss *StringSearch) BM() bool {
   st := ss.buildSlideTable()
   textLen := len(ss.text)
   patternLen := len(ss.pattern)

   // Leon Bug
   //for idx := 0; idx < textLen-patternLen; idx++ {
   for idx := 0; idx < textLen-patternLen+1; {

      j := patternLen - 1
      //iterate pattern string from end to beginning
      for ; j >= 0; j-- {
         if ss.pattern[j] != ss.text[idx+j] {
            break
         }
      }

      if j < 0 {
         fmt.Printf("found pattern")
         ss.matchedPosition = idx
         return true
      }

      //Pattern string slides backward:
      idx = idx + (j - st[ss.text[idx+j]])
   }

   return false
}
```

1.2.5　字符串精确搜索：Grep

前面介绍了3种搜索算法，现在介绍搜索算法的具体应用。

Grep是一个文本搜索工具，它支持使用正则表达式搜索文件，并将匹配的行输出。Grep强大的文本搜索能力，得益于它使用的BM算法。BM算法首先查找模式子串的最后一个字符，然后使用一个查找表来告诉Grep，当发现一个失配字符时，它可以在后续匹配比较中跳过一些字符。因此，如果可以确保模式子串中最后一个字符是实际字符，而不是范围或者通配符，就可以显著加快搜索速度。

在Linux中，经常需要在一个或者多个文件中进行搜索。下面通过几个例子来介绍Linux中Find与Grep工具的基本用法。

- 使用Find在多个文件中搜索。

```
find ./ -type f -name '*.md'
```

- 使用Grep显示/etc/passwd 文件中不包含字符串 "nologin" 的行。

```
grep -v nologin /etc/passwd
```

- 使用Grep在当前目录中的所有文件中搜索字符串"MySQL"。

```
grep -rn MySQL  ./
```

- 使用Grep搜索 Nginx 日志错误文件中的多个字符串。

```
grep 'fatal\|error\|critical' /var/log/nginx/error.log
```

那么Find与Grep这两个工具有什么区别呢?

Grep工具基于正则表达式从文件或者数据流中匹配数据，而Find工具根据文件的元数据来选择文件，元数据包含文件名的大小、时间和类型。简单来说，Grep用来搜索文件的内容，而Find用来搜索文件系统。对于每个匹配Find输出的文件，打开每个文件并使用 Grep 搜索模式。下面是通过管道（Pipeline）将Find与Grep工具组合使用的示例：

```
find /var/log/nginx/ -type f -name '*.log' |  grep -E 'fatal|error|critical'
```

1.2.6　字符串模糊搜索

当你在搜索引擎中进行搜索的时候，可能你想搜索的内容还没有输入完整，搜索引擎就猜出你想要搜索的内容了，比如，当用户输入“Google”后搜索引擎会返回如图1-11所示的候选内容列表，这就是字符串模糊搜索功能。

图1-11

实现字符串模糊搜索功能需要两项技术，一个是字符串自动补全，用于根据已有关键词查找所有相关的问题；另一个是字符串相似度，用于计算这些相关问题中哪个更可能是用户想要搜索的。

1. 字符串自动补全：Trie树

你可能会疑惑，搜索引擎自动补全的这些问题或者建议究竟来自哪里？数据是以怎样的数据结构组织的？自动补全功能是基于前缀树（Trie Tree，又称字典树、单词查找树）数据结构实现的，根据字符串前缀预测用户正在输入的单词的剩余部分。搜索引擎的自动补全功能将用户的输入作为前缀。Trie树的数据结构主要用于以检索为目标的字符串处理和存储。图1-12说明了具体情形。

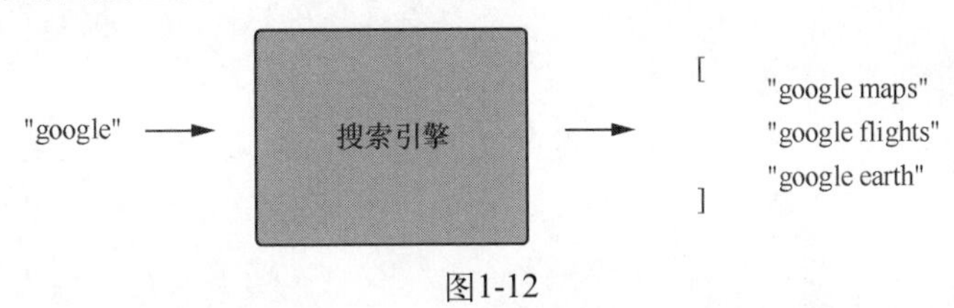

图1-12

相比于普通的二叉树，Trie树中每个节点至多有26个子节点，这些子节点分别对应26个字母（a～z）。这是一种时间效率很高的数据结构，用于存储和检索字符串。比如，用户的历史查询内容以Trie树的数据结构进行组织和存储，以便搜索。然而，Trie树有一个明显的缺点，即占用大量的内存，因为每个节点都包含一个长度为26的字符数组，用来存储所有子节点，以便对Trie树进行插入、检索和删除操作。

向Trie树中插入内容时，从根节点向下遍历到叶子节点。如图1-13所示，观察"CAT"与"CAP"两个输入单词，它们有共同前缀"CA"，则该前缀只需要在Trie树中存储一次，因此极大地降低了Trie树的空间开销。而对于一些经典的数据结构，比如链表（List），它将每个单词存储在一个单独元素空间，并不会将单独元素空间关联起来。换句话说，这些单词中所有的共同前缀都被重复存储在独立的元素空间中。相比而言，Trie树的存储空间成本更低。

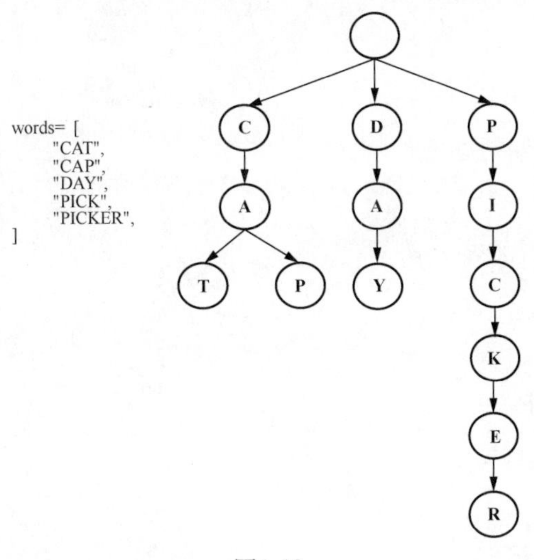

图1-13

对Trie树进行检索的过程是从根节点出发，对于想要检索的内容从左到右枚举每个字母，检查当前节点是否有与该字母对应的子节点。如果没有对应的子节点，则表示检索失败，返回false。如果有对应的子节点，则重复上述步骤，直到分析完想要检索的全部内容。

使用深度优先搜索（Depth First Search，DFS）遍历Trie树结构时，可以收集用户输入的字符前缀的所有字符候选集。当我们讨论在数据结构中进行数据检索的时候，通常会想到哈希表（Hash Table）。哈希表非常高效，但Trie树的数据结构还是有独特优势的。比如，哈希表需要定义哈希函数，无法避免哈希冲突。

对Trie树执行插入操作时，当前节点的后继节点对应哪个子节点指针，就应该使用Children[]数组中的哪一个位置。此处采用idx = int(chr - 'a')逻辑来计算Children[]数组对应的索引位置。

代码清单1-6　Trie树的算法实现

```go
package trie

type Trie struct {
   root *TrieNode
}

type TrieNode struct {
   Keyword  string
   Children [26]*TrieNode
}

func NewTrieNode() *TrieNode {
   return &TrieNode{
      Keyword:  "",
      Children: [26]*TrieNode{},
   }
}
func NewTrie() *Trie {
   return &Trie{
      root: NewTrieNode(),
   }
}

func (t *Trie) Insert(word string) {
   cur, idx := t.root, -1
   for _, chr := range word {
      idx = int(chr - 'a')
      if cur.Children[idx] == nil {
         cur.Children[idx] = NewTrieNode()
      }
      cur = cur.Children[idx]
   }
   cur.Keyword = word
}
```

```
func (t *Trie) Inserts(words ...string) {
   for _, word := range words {
      t.Insert(word)
   }
}

func (t *Trie) Removes(words ...string) {
   for _, word := range words {
      t.Remove(word)
   }
}

func (t *Trie) Remove(word string) {
   cur, stack := t.root, make([]*TrieNode, 0, len(word))
   for _, chr := range word {
      stack = append(stack, cur)
      cur = cur.Children[int(chr-'a')]
      if cur == nil {
         return
      }
   }

   // check whether cur node is leaf or not
   if !t.IsLeaf(cur) {
      return
   }

   //iteration: from bottom to up
   for idx := len(word) - 1; idx >= 0; idx-- {
      cur, stack = stack[len(stack)-1], stack[:len(stack)-1]

      j := int(word[idx] - 'a')
      cur.Children[j] = nil //delete it

      //important: trigger delete from bottom to up only when current node is becoming
 leaf
      if !t.IsLeaf(cur) {
         return
      }

      cur.Keyword = ""
   }
}

// check whether cur node is leaf or not
func (t *Trie) IsLeaf(node *TrieNode) bool {
   for _, child := range node.Children {
      if child != nil {
         return false
      }
   }
   return true
}
```

```
func (t *Trie) FindWord(word string) bool {
   cur := t.root
   for _, chr := range word {
      idx := int(chr - 'a')
      cur = cur.Children[idx]
      if cur == nil {
         return false
      }
   }

   if cur.Keyword != word {
      return false
   }
   return true
}
```

2．字符串相似度：编辑距离算法

搜索引擎如何判断用户更希望输入哪个单词呢？它需要比较用户输入的单词与单词历史库中的哪个单词的编辑距离（Edit Distance，又称莱文斯坦距离，Levenshtein Distance）最小，并基于上下文来推断用户希望输入的单词。

如果要构建一个简单的拼写检查器或者进行字符串相似度判断，使用编辑距离算法就足够了。两个字符串之间的编辑距离是指将一个字符串更改为另一个字符串所最少需要的编辑单个字符的次数。编辑单个字符的次数越少，两个字符串之间的相似度就越高。所谓编辑单个字符，是指对一个字符串添加一个字母、删除一个现有字母，或用其他字母替换一个现有字母。举例如下。

```
kitten与sitting的编辑距离为3:

kitten -> sitten (字母s替代k)
sitten -> sittin (字母i替代e)
sittin -> sitting (末尾添加字母g)
```

将求解的问题转换成子问题的过程称为“状态转移”，而状态转移的表达式进一步称为状态转移方程式。为了方便理解，可以将状态转移方程式理解为递归关系。

通过一个实例来分析计算编辑距离的算法过程：有两个字符串"KITTEN" 与"SITTING"，获得两个字符串之间的编辑距离。两个字符串之间的删除、替换和插入等操作次数的值可以在表或者矩阵中进行表示。

矩阵的第一行和第一列分别由两个字符串的每个字符的值填充，两个完整字符串之间的编辑距离由矩阵右下角的值表示。矩阵中第i行j列的值，即vector[i] [j]，表示将第一列中前i个字符组成的字符串转换为第一列中前j个字符组成的字符串所需要执行的操作次数。比如，将一个空字符串变成"K"需要插入一个字母"K"，所以vector[0] [1]=1；将一个空字符串变成"KI"需要插入包含两个字母的序列"KI"，所以vector[0] [2]=2；将一个空字符串变成"KITTEN"需要插入包含6个字母的序列"KITTEN"，所以vector[0] [6]=6。其他依此类推，如图1-14所示，其中dis[i] [j] 表示str1[0..i]

和str2[0..j]两个字符串的最小编辑距离。

		K	I	T	T	E	N
	0	1	2	3	4	5	6
S	1	dis[1][1]					
I	2						
T	3						
T	4						
I	5						
N	6						
G	7						dis[7][6]

图1-14

分析dis[1] [1]的值，即"S"字符串与"K"字符串之间的编辑距离是多少？只需要将"S"经过一次替换操作变成"K"，这样两个字符串就相同了，所以dis[1] [1]=1。

分析dis[1] [2]的值，即"S"字符串与"KI"字符串之间的编辑距离是多少？只需要将"S"经过一次替换操作变成"K"并插入一个新字符"I"，这样两个字符串就相同了，所以dis[1] [2]=2。其他依此类推，如图1-15所示。

		K	I	T	T	E	N
	0	1	2	3	4	5	6
S	1	dis[1][1]=1	dis[1][2]=2	3	4	5	6
I	2						
T	3						
T	4						
I	5						
N	6						
G	7						dis[7][6]

图1-15

继续分析下一行，分析dis[2] [1]的值，即"SI"字符串与"K"字符串之间的编辑距离是多少？只需要将"SI"经过一次替换操作变成"KI"，并追加一次删除操作，将其变成"K"，这样两个字符串就相同了，所以dis[2] [1]=2。

分析dis[2] [2]的值，即"SI"字符串与"KI"字符串之间的编辑距离是多少？只需要将"SI"经过一次替换操作变成"KI"，这样两个字符串就相同了，所以dis[2] [2]=1。

分析dis[2] [3]的值，即"SI"字符串与"KIT"字符串之间的编辑距离是多少？只需要将"SI"经过一次替换操作变成"KI"，并追加一次插入操作将其变成"KIT"，这样两个字符串就相同了，所以dis[2] [3]=2，如图1-16所示。

		K	I	T	T	E	N
	0	1	2	3	4	5	6
S	1	dis[1][1]=1	dis[1][2]=2	dis[1][3]=3	4	5	6
I	2	dis[2][1]=2	dis[2][2]=1	dis[2][3]=2			
T	3						
T	4						
I	5						
N	6						
G	7						dis[7][6]

图1-16

至此，有两个关键信息需要说明。

- 当计算dis[2] [2]的值时，"SI"与"KI"字符串的末尾两个字符相同，此时dis [2] [2]的值与其左上角dis [1] [1]的值相同。
- 当计算dis[2] [3]的值时，"SI"与"KIT"字符串的末尾两个字符不相同，此时dis [2] [3]的值是周围3个值中的最小值加1，如图1-17所示。

替换/跳过	删除
插入	

图1-17

因为dis[i] [j] 表示str1[0..i]和str2[0..j] 两个字符串的最小编辑距离，所以dis[i] [j]的状态只与附近的3个状态dis[i] [j-1]（通过插入操作可到达dis[i] [j]）、dis[i-1] [j]（通过删除操作可到达dis[i] [j]）和dis[i-1] [j-1]（通过替换操作可到达dis[i] [j]）有直接关系。代码如下：

```
dis(i,j) = min(
          dis(i, j-1) + 1,
//for insertion operation
          dis(i-1, j) + 1,
//for deletion operation
          dis(i-1, j-1) + (str1[i] == str2[j] ? 0 : 1)
//for subtitution operation
)
```

下面展示计算编辑距离的完整算法实现。

代码清单1-7　计算编辑距离的算法实现

```
func Distance(str1, str2 string) int {
   dp := make2DArray(len(str1)+1, len(str2)+1)

   for idx := 0; idx <= len(str1); idx++ {
      dp[idx][0] = idx
   }

   for idx := 0; idx <= len(str2); idx++ {
      dp[0][idx] = idx
   }
```

```
    for row := 1; row <= len(str1); row++ {
        for column := 1; column <= len(str2); column++ {
            if str1[row-1] == str2[column-1] {
                dp[row][column] = dp[row-1][column-1]
            } else {
                dp[row][column] = min(dp[row-1][column], dp[row][column-1], dp[row-1]
[column-1]) + 1
            }
        }
    }

    return dp[len(str1)][len(str2)]
}

func min(values ...int) int {
    if len(values) <= 0 {
        return -1
    }

    var minVal int
    minVal, values = values[0], values[1:]
    for _, val := range values {
        if val < minVal {
            minVal = val
        }
    }

    return minVal
}

func make2DArray(rows, columns int) [][]int {
    matrix := make([][]int, rows)

    for idx := range matrix {
        matrix[idx] = make([]int, columns)
    }

    return matrix
}
```

1.3 树搜索

1.3.1 概述

搜索的前提是需要存储和处理大量的对象，理想的数据结构是使用树来维护一个对象列表，以支持在对象列表中快速地插入和检索对象。

二叉搜索树是一种基础的树结构，有两个基本特点。

- 每个节点最多只有两个子节点。
- 如果左子树非空，则其左子树上所有节点的值小于根节点的值；如果右子树非空，则其右子树上所有节点的值大于根节点的值。

红黑树（Red-Black Tree）是二叉搜索树的一种进化，目的是在不影响基本操作复杂性的前提下保持树的平衡，从而提高搜索效率。它通过给每个节点着色来保持平衡，以确保常见的检索和删除操作的时间复杂度永远不会退化到$O(N)$。要理解红黑树，必须深入了解二叉搜索树（Binary Search Tree，BST）和2-3-4树，因为红黑树与2-3-4树之间存在着等价关系。分析红黑树平衡操作时，将其转化成2-3-4树进行等价分析将事半功倍。

使用一个简单场景来理解二叉搜索树：当你在字典中查找一个单词时，如果你使用线性搜索，那么你最终将按照顺序搜索每一个单词；如果你使用二分搜索，则是将字典翻到中间部分，然后对比目标单词与字典中间的单词，并选择继续在字典的前半部分或者后半部分搜索。

相比红黑树，二叉搜索树并不是自平衡的。根据你输入的数据顺序，你构建的二叉搜索树将产生完全不同的时间复杂度。

比如，输入数据顺序是{2,3,1}，将获得一个如图1-18所示的平衡的二叉搜索树，它的时间复杂度是$O(\log N)$，其中N是树的节点个数。

再比如，输入数据顺序是{1,2,3}，将获得一个如图1-19所示的类似线性链表的结构，它的时间复杂度是$O(N)$，其中N是链表的节点个数。

相反，对于红黑树而言，输入数据的顺序无论是{2,3,1}还是{1,2,3}，都将获得一个如图1-20所示的平衡的红黑树。红黑树的时间复杂度会稳定在$O(\log N)$。

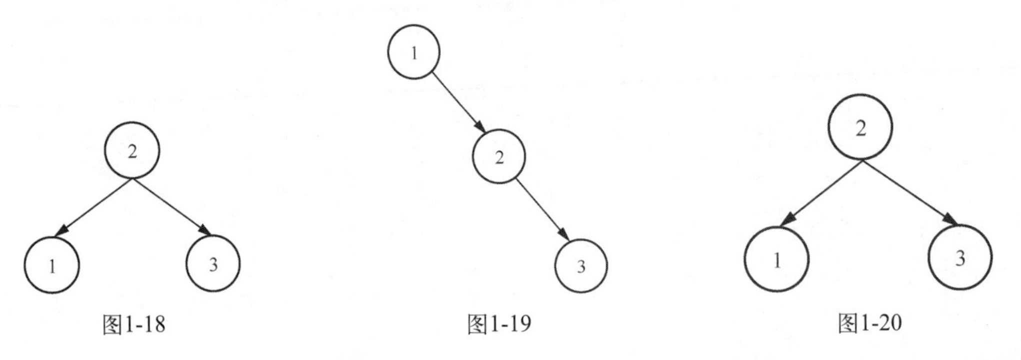

图1-18　　图1-19　　图1-20

简单来说，二叉搜索树在理想情况下的时间复杂度是$O(\log N)$，即树的高度。当在二叉搜索树中频繁执行插入与删除操作后，在极端情况下，二叉搜索树会退化成线性链表结构，时间复杂度会退化成$O(N)$。红黑树可以用来解决对二叉搜索树频繁执行插入与删除后出现的时间复杂度退化的问题，即红黑树可以提供稳定高效的搜索操作。

顺便提一下，相比红黑树结构，哈希表结构提供$O(1)$的时间复杂度，但它对内存的要求比较严格，需要事先分配足够的内存来存储它。而红黑树只需要分配存在的节点，占用的内存较小。二者还有一个显著的差别，即红黑树将数据有序存储，支持高效的小范围搜索，而哈希表结构需要遍历整个空间进行大范围搜索。

1.3.2 二叉搜索树

二叉搜索树是一个递归的数据结构，且对二叉搜索树进行中序遍历，可以获得一个递增的有序序列。

代码清单1-8 二叉搜索树节点（Node类）的定义

```
private class Node {
    private Key key;            // sorted by key
    private Value val;          // associated data
    private Node left, right;   // left and right subtrees
    private int count;          // number of nodes in subtree

    public Node(Key key, Value val, int count) {
        this.key = key;
        this.val = val;
        this.count = count;
    }
}
```

二叉搜索树是一种非常有用的数据结构，它包含Get、Put、Delete等基本的操作。

1. Get操作

从根节点开始递归搜索，并返回匹配的节点。简单来说，就是将搜索节点的值与根节点的值进行比较，如果搜索节点的值小于根节点的值，则向左子树进行递归搜索，如果大于，则向右子树进行递归搜索，如果等于，则表示搜索命中，返回该值。

2. Put操作

从根节点开始递归搜索，直到找到一个空链接，然后创建一个新的节点与空链接进行连接。如果添加键已经存在，则可以选择直接更新。

3. Delete操作

删除节点包含两个步骤：搜索和删除。搜索到目标节点后，删除这个节点。从二叉搜索树中删除一个节点时，根据节点的类型分3种情况。

Case1：待删除节点没有子节点。

如图1-21所示，待删除节点9没有子节点，可以直接删除。

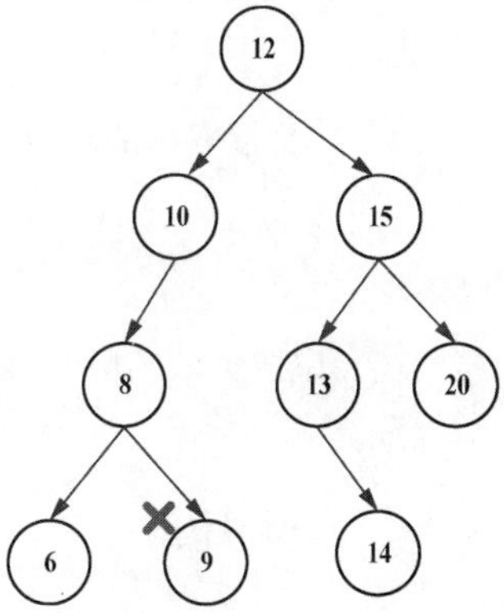

图1-21

Case2：待删除节点只有一个子节点。

如图1-22所示，待删除节点13只有一个子节点，需要使被删除节点的父节点直接连接被删除节点的子节点。

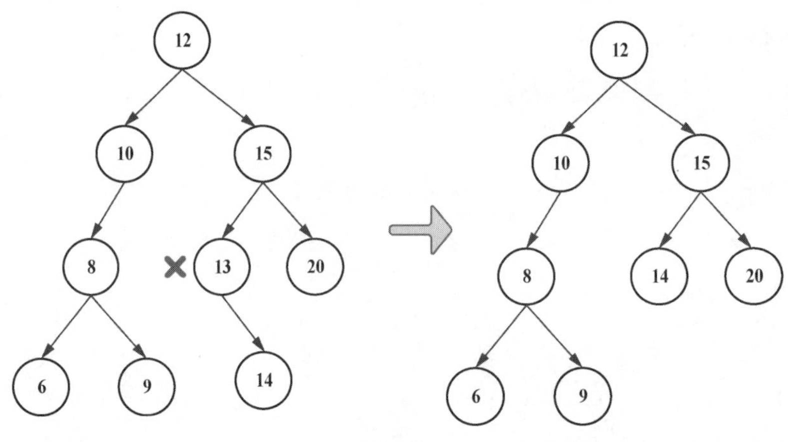

图1-22

Case3：待删除节点有两个子节点。

待删除节点有两个子节点的情况会稍微复杂一些，需进行如下操作。

- 搜索待删除节点。
- 找到待删除节点的前驱节点，即待删除节点左子树的最大节点。此时的前驱节点至多包含一个子节点。
- 将待删除节点的值与其前驱节点的值进行交换。
- 删除前驱节点。如前所述，前驱节点至多包含一个子节点，删除前驱节点就简化成Case1或者Case2中的简单问题了。

上面的流程实施的是替代操作，将前驱节点与待删除节点交换后，转而删除前驱节点。本质是将复杂问题简单化。

4．二叉搜索树的缺点

图1-23所示为一棵不平衡的树，在最坏的情况下，它会从树退化成一个链表。搜索某个节点的时间复杂度从$O(\log N)$退化成$O(N)$。相反，一个平衡的二叉搜索树可以避免最坏情况的发生，它的树高，即时间复杂度可以始终保持在对数级别。

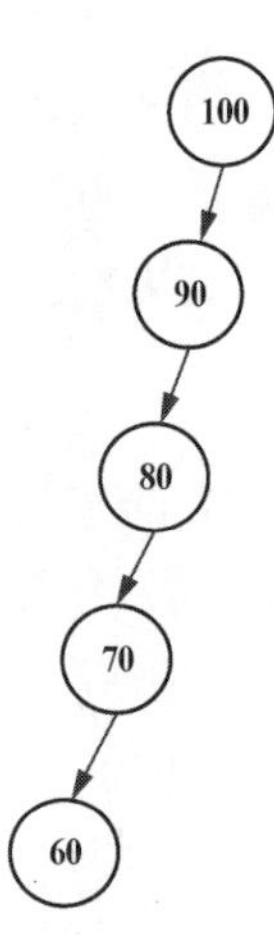

图1-23

1.3.3　2-3-4树

红黑树实际上是由2-3-4树进化而来的，如果你希望深入研究红黑树，则需要注意2-3-4树的性质，以及2-3-4树与红黑树之间存在的转换关系。

2-3-4树的性质如下。

- 树中每个节点最多包含3个元素、4个子节点。
- 树中每个节点内的值是有序的。

- 所有的叶子节点都在同一水平，确保完全平衡。

2-3-4树节点类型如下。

- 2-Node：包含1个元素、2个子节点。
- 3-Node：包含2个元素、3个子节点。
- 4-Node：包含3个元素、4个子节点。

图1-24展示了2-Node、3-Node和4-Node的结构。比如3-Node中有两个元素（A和B）和3个子节点，第一个子节点中的节点值小于A，第二个子节点中的节点值介于A与B之间，第三个子节点中的节点值大于B。

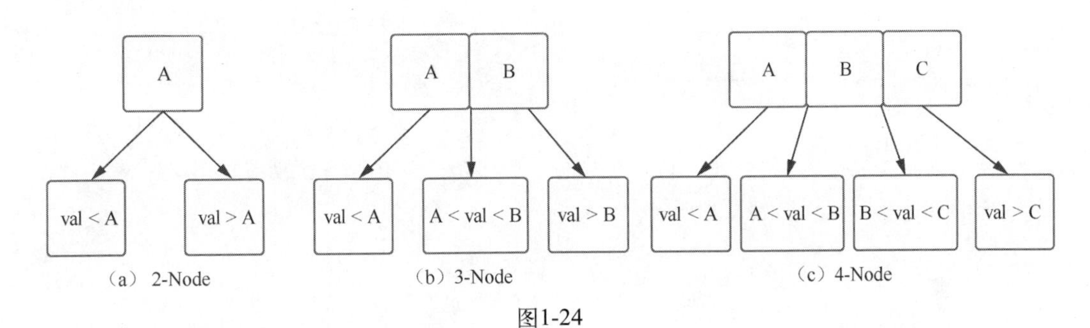

图1-24

简单来说，元素是按照顺序进行排列的，这符合二叉搜索树的性质，即所有的父节点的值大于左子节点的值，同时小于右子节点的值。

1．2-3-4树的构建

下面通过一个案例来讲解2-3-4树的构建过程。构建一个2-3-4树，其中包含数据项6、9、10、13、14、16、17、18、19、20、1，构建的过程如下。

- 依次插入数据项6、9、10。
- 插入数据项13后5-Node类型的节点需要分裂，如图1-25所示。

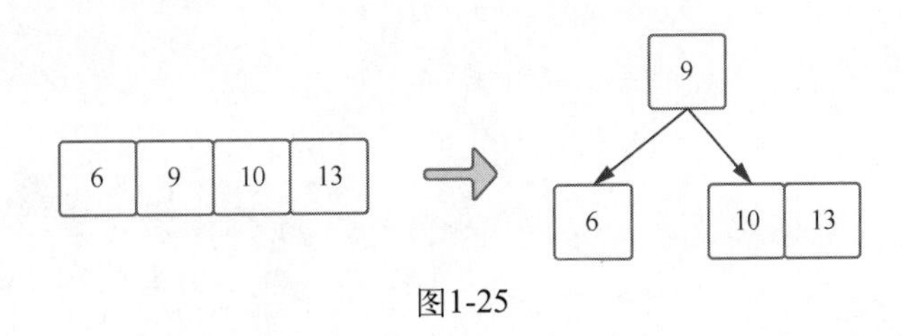

图1-25

- 插入数据项14、16后5-Node类型的节点需要分裂，如图1-26所示。

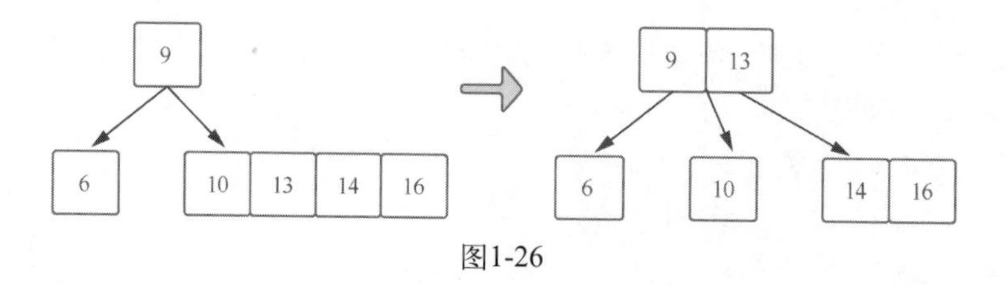

图1-26

- 插入数据项17、18后5-Node类型的节点需要分裂，如图1-27所示。

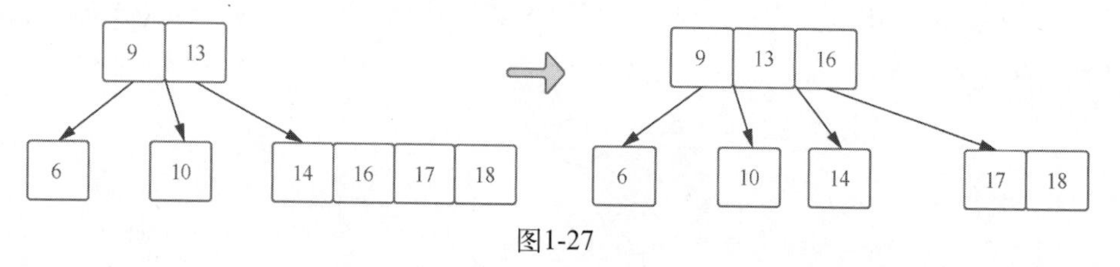

图1-27

- 插入数据项19、20后5-Node类型的节点需要分裂；分裂出的数据项18与父节点进行合并后需要递归分裂，如图1-28所示。

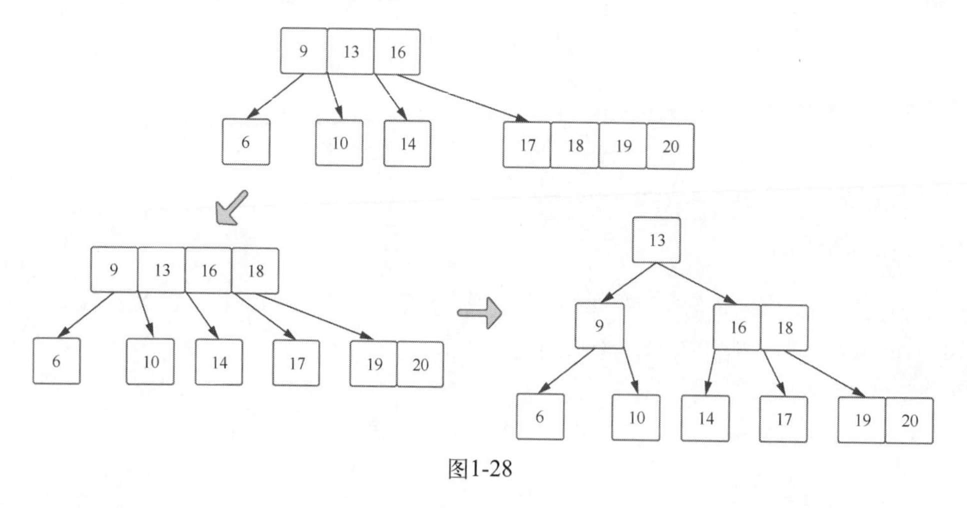

图1-28

- 插入数据项1，如图1-29所示。

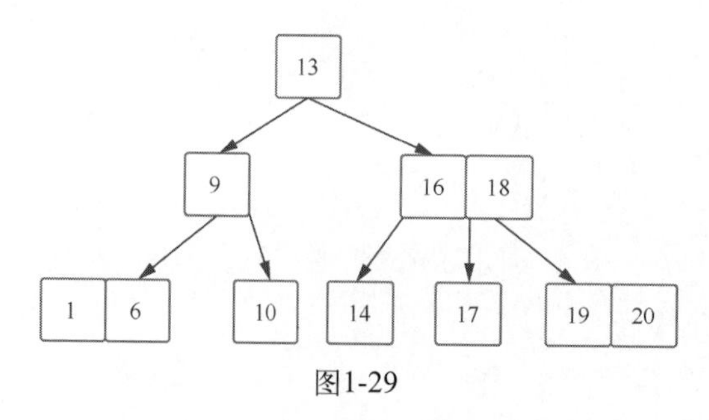

图1-29

2-3-4树按中序遍历得到的序列是一个递增有序序列。想象一束光自顶向下照射2-3-4树，将在水平面上形成一个递增有序序列，如图1-30所示。

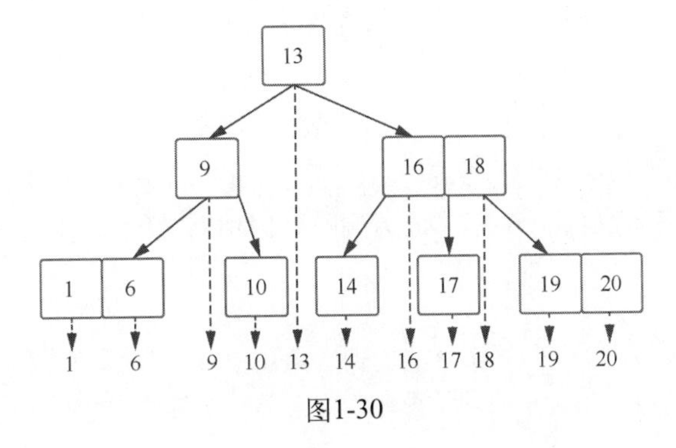

图1-30

2．2-3-4树的删除

下面通过一个案例来讲解2-3-4树的删除过程。对于图1-31中的2-3-4树，依次删除数据项1、7、6、9、3、8，过程如下。

- Step1：删除数据项1。

在图1-31中，从根节点8开始向下遍历找到包含数据项1的节点。该节点是一个3-Node类型的节点并且是叶子节点，有两个数据项，可以直接删除，不影响平衡性质，结果如图1-32所示。

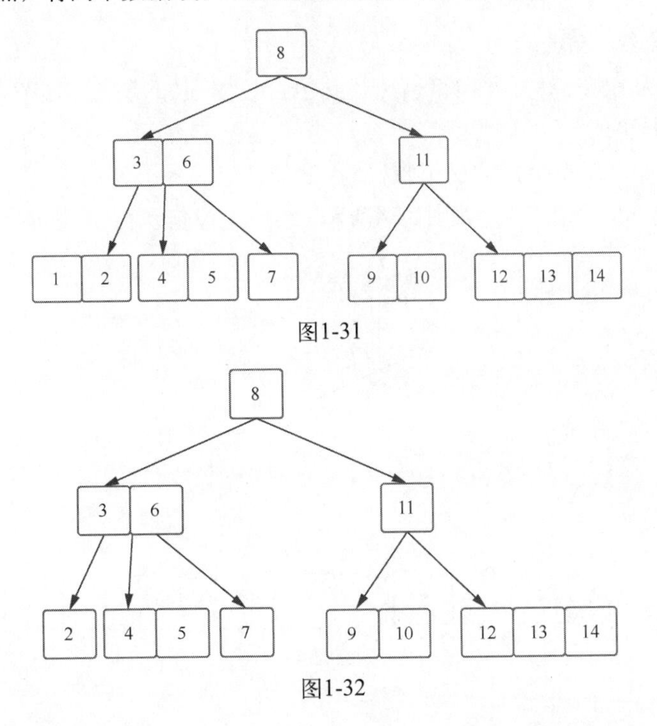

图1-31

图1-32

- Step2：删除数据项7。

在图1-32中，从根节点8开始向下遍历并找到包含数据项7的节点。该节点是一个叶子节点，且是只有一个数据项的2-Node类型的节点。检查发现节点7有一个3-Node类型的兄弟节点（包含元素4和5）。

兄弟节点可以借出一个元素，但不能直接将数据项5移到节点7上，否则父节点6的右子节点会变成5，违反搜索树的性质。因此需要进行右旋操作，即首先将数据项5从兄弟节点移到父节点，然后父节点的数据项6下沉到右子节点7，最后删除数据项7。整个过程包含右旋和删除两步操作，结果如图1-33所示。

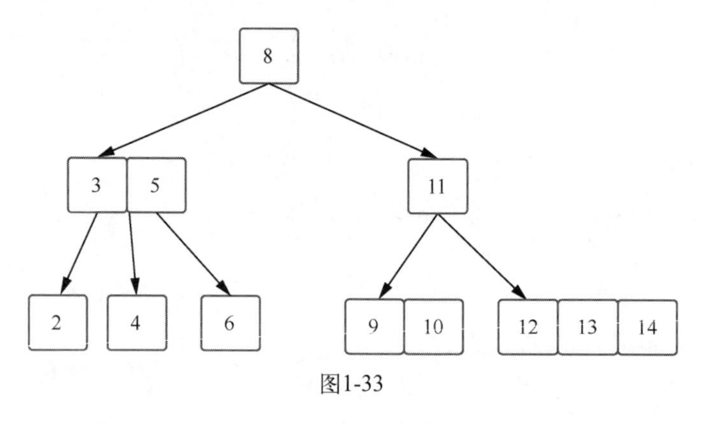

图1-33

- Step3：删除数据项6。

在图1-33中，从根节点8开始向下遍历找到包含数据项6的节点。该节点是一个叶子节点，也是只有一个数据项的2-Node类型的节点。检查发现节点6有一个2-Node类型的兄弟节点（4）。将这两个2-Node类型节点的父节点（5）下沉，形成一个新的平衡节点（4、5和6），即有3个数据项的4-Node类型节点，如图1-34所示。然后删掉包含数据项6的节点，结果如图1-35所示。

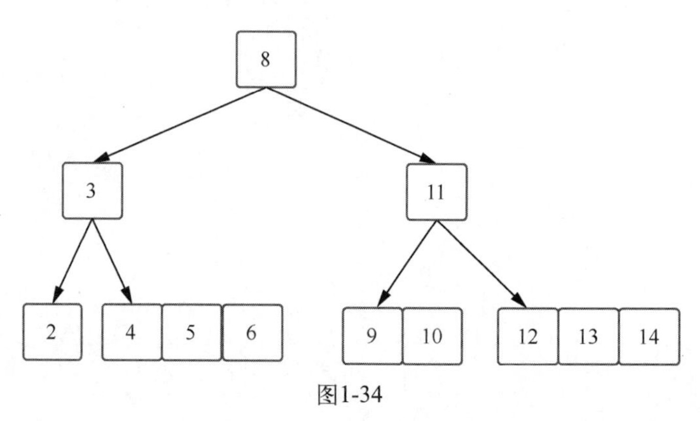

图1-34

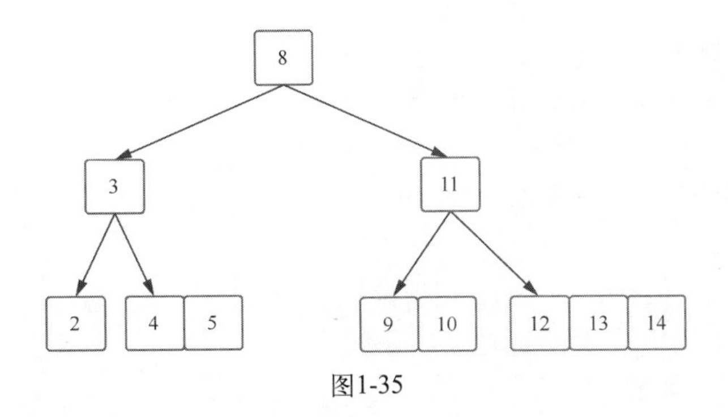

图1-35

- Step4：删除数据项9。

在图1-35中，从根节点8开始向下遍历找到包含数据项9的节点。该节点是一个叶子节点，也是有两个数据项的3-Node类型的节点，可以直接删除，不影响平衡性质，结果如图1-36所示。

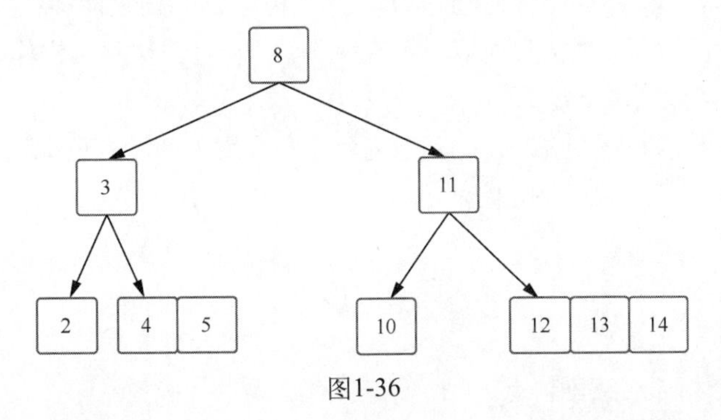

图1-36

- Step5：删除数据项3。

在图1-36中，从根节点8开始向下遍历找到包含数据项3的节点。该节点是一个内部节点，它的右子节点有两个数据项（4和5）。使用数据项3的继承项4替换3，然后从叶子节点中删除数据项4，结果如图1-37所示。此时节点4是2-Node类型节点，其兄弟节点11也是2-Node类型节点，父节点仍是2-Node类型节点。将这3个2-Node类型节点合并，结果如图1-38所示。

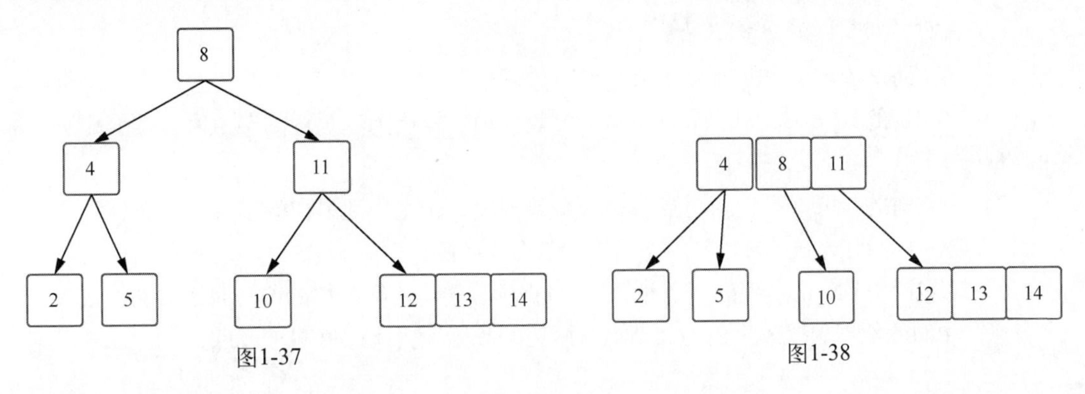

图1-37　　图1-38

- Step6：删除数据项8。

在图1-38中，发现根节点包含待删除的数据项8。数据项8有两个子节点（5和10）且都是2-Node类型节点。将这两个子节点合并后删除数据项8，结果如图1-39所示。

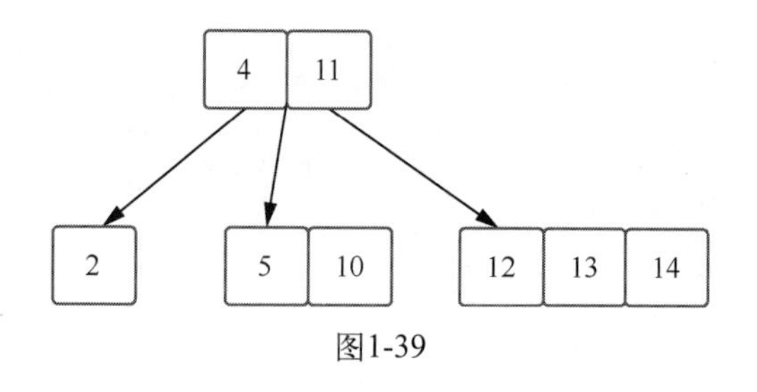

图1-39

2-3-4树的优点在于能存放更多的数据项，并且树的高度能尽量低。它的缺点则是由于存在不同的节点类型，操作较为复杂。

1.3.4　2-3-4树与红黑树的等价关系

二叉搜索树在动态更新过程中，会产生性能退化的问题。红黑树通过保持树的平衡性来避免性能退化，但它的实现逻辑相对复杂。事实上，红黑树与2-3-4树之间存在等价关系，一个2-3-4树对应多个红黑树，但一个红黑树只对应一个2-3-4树。分析红黑树平衡操作时，将其转化成2-3-4树模型进行等价分析将事半功倍。

红黑树是二叉搜索树的一种演化，它通过对每个节点引入两种颜色标记和一组约束规则，以确保树中最深的路径不超过最短路径的两倍，并保持树的平衡性。

红黑树有五大性质：

（1）每个节点要么是红色的，要么是黑色的；

（2）树的根节点必须是黑色的；

（3）不存在两个相邻的红色节点；

（4）从任意一个节点到其后代叶子节点的每条路径都有相同数量的黑色节点；

（5）树的叶子节点必须是黑色的。

相比二叉搜索树，红黑树提供了高效的插入、删除和查找接口，其时间复杂度是 $O(\log N)$，其中N代表红黑树中节点的数量。对于倾斜的二叉树，时间复杂度最高会变成$O(N)$。红黑树的目的是实现黑色节点数量的平衡。

1．将2-3-4树转化成红黑树的规则

将2-3-4树转化为红黑树的规则，简单归纳有3个。

（1）2-3-4树的2-Node类型的节点包含一个数据项，转化为红黑树的节点时直接变成一个黑色的节点。

（2）2-3-4树的3-Node类型的节点包含两个数据项，转化为红黑树的节点时需要转换成父、子两个节点，上面的父节点为黑色，下面的子节点为红色。

（3）2-3-4树的4-Node类型的节点包含3个数据项，转化为红黑树的节点时需要转换成父、子3个节点，中间的数据项变成黑色的父节点，两边的数据项变成红色的子节点。

图1-40给出了3种情况的图形化示意（书中的浅色节点表示红黑树中的红色节点，读者可以从配套资源中下载彩图）。

现在我们分析2-3-4树中的3种节点。

- 2-Node类型的节点。

如图1-41所示，显然可以直接将2-Node类型的节点映射成一个二叉搜索树的节点。

- 3-Node类型的节点。

对于3-Node类型的节点，存在两种不同的方法来进行映射。这个时候对节点引入颜色的概念：将节点分为黑色与红色。永远记住一点：父节点是黑色的，而子节点是红色的，即当你看到一个红色节点的时候，它一定与它的黑色父节点属于等价2-3-4树中的同一个节点。如图1-42所示。

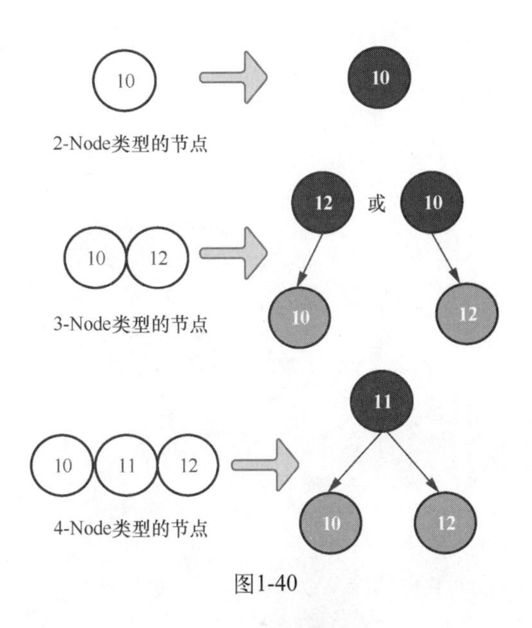

图1-40

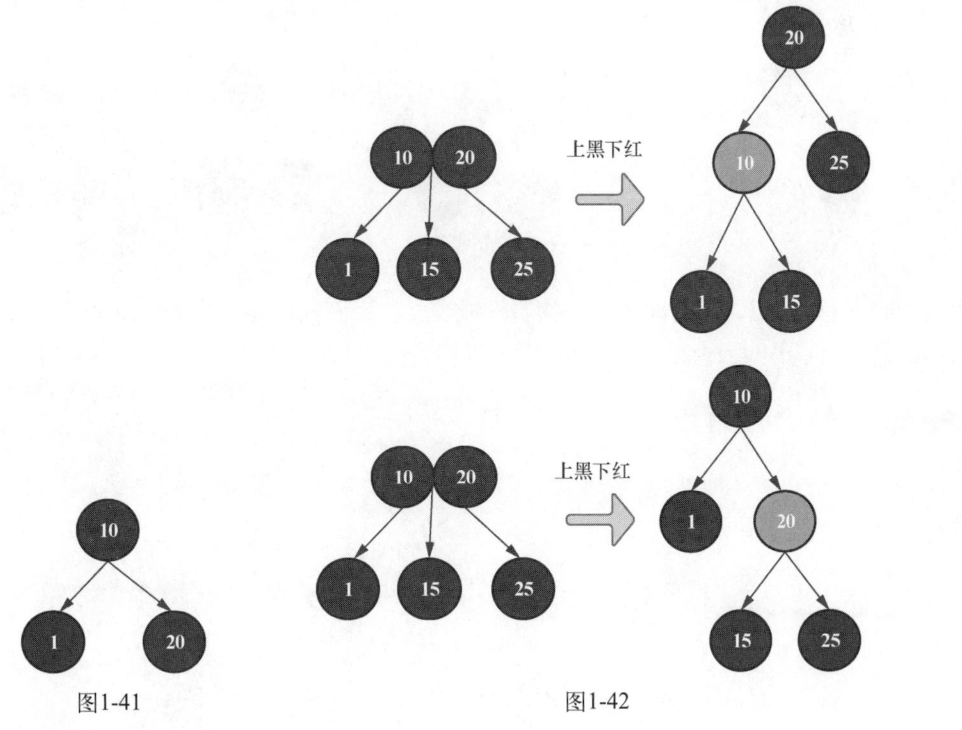

图1-41

图1-42

- 4-Node类型的节点。

4-Node类型的节点的映射更加复杂，存在5种不同的方法，并同样遵循“上黑下红”的组织原则。图1-43中4-Node类型的节点被映射成完全平衡红黑树，而图1-44中4-Node类型的节点被映射成4种不平衡的红黑树，需要调整。

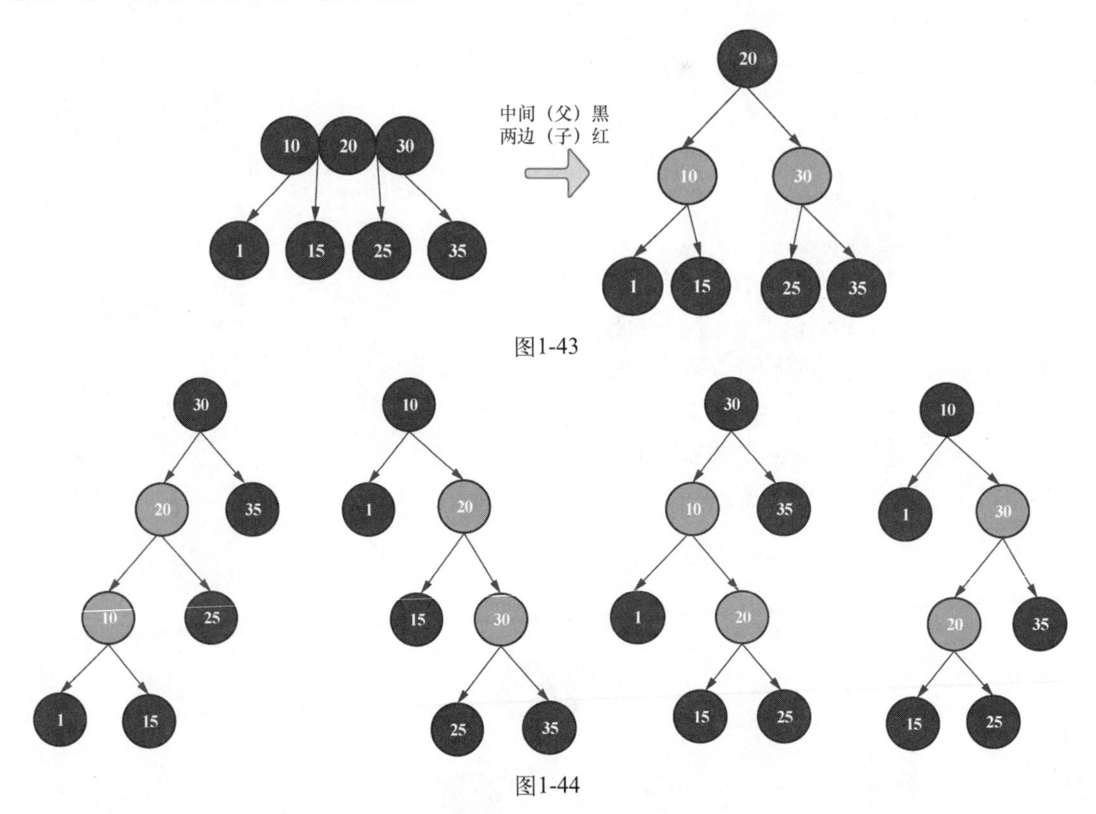

图1-43

图1-44

上面讨论时的思路是尝试将2-3-4树转换成二叉树，而我们知道红黑树即平衡二叉搜索树。下面通过一个例子进行详细讲解，初始2-3-4树如图1-45所示。

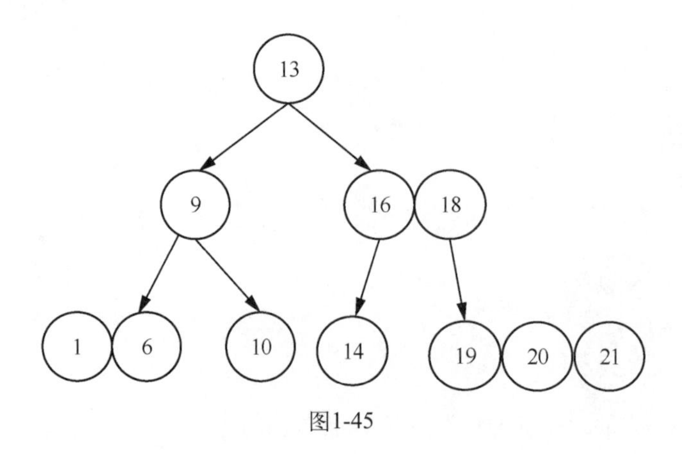

图1-45

- 应用规则1：节点9、10、13、14都是2-Node类型的，直接转换成黑色，如图1-46所示。

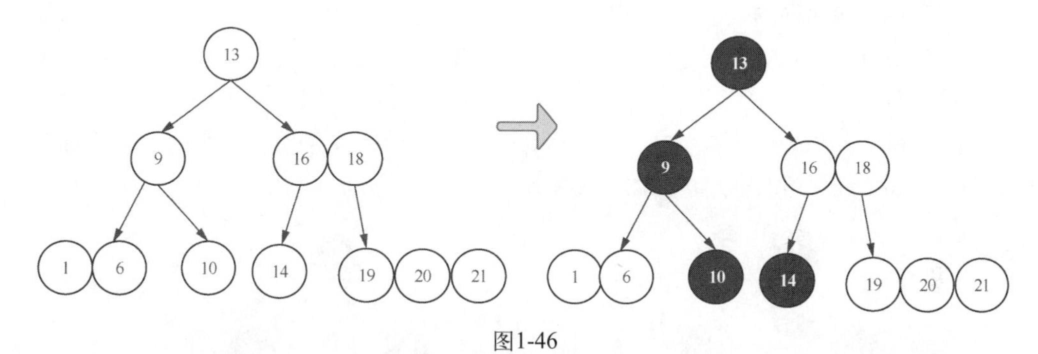

图1-46

- 应用规则2：节点1、6、16、18都是3-Node类型的，遵循“上黑下红”的转化原则。

上黑下红有两种形态：红色在左边叫作左倾（如图1-47所示），红色在右边叫作右倾（如图1-48所示）。这两种形态都是合理的，这就是为什么一个2-3-4树可以对应多个红黑树。

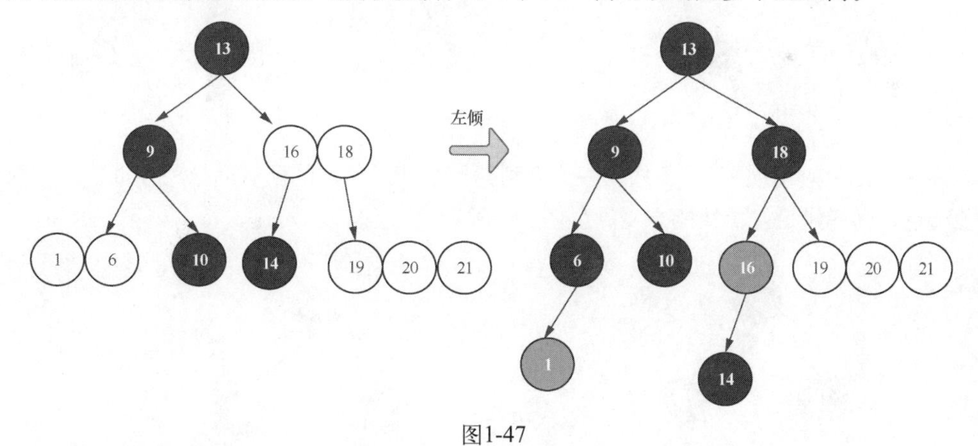

图1-47

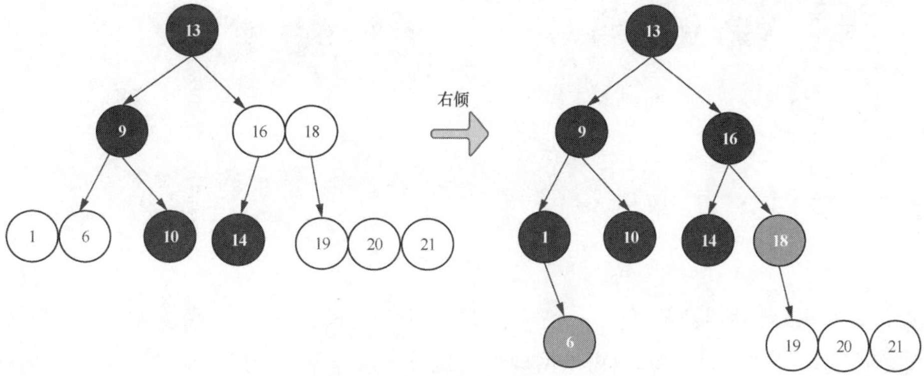

右倾

图1-48

- 应用规则3：节点19、20、21是4-Node类型的，遵循“上黑两边红”的转化原则。

能够保持红黑树平衡的表示方式是唯一的。4-Node类型的节点在转化成红黑树后会形成父子两层节点，父节点是黑色的，而它的两个子节点是红色的。如前所述，红黑树中的黑色节点数量是平衡的。

在左倾基础上应用规则3后，从任一节点到其每个叶子节点的所有简单路径都包含相同数目的黑色节点，满足红黑树的定义，如图1-49所示。

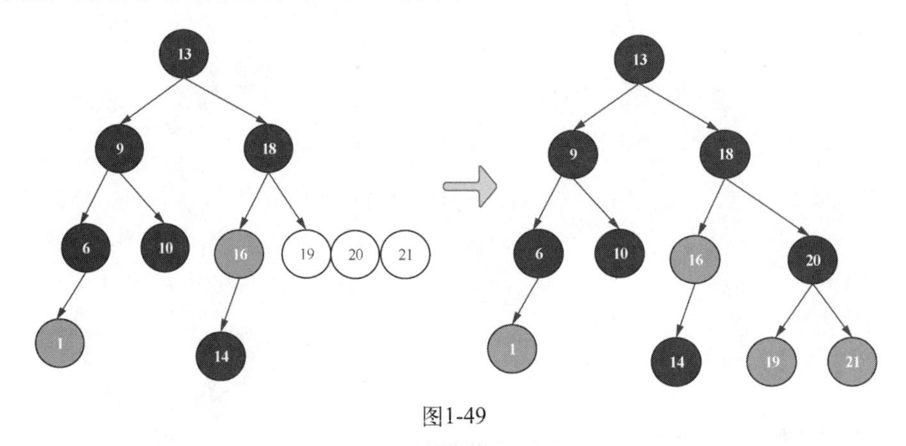

图1-49

在右倾基础上应用规则3后，从任一节点到其每个叶子节点的所有简单路径都包含相同数目的黑色节点，同样满足红黑树的定义，如图1-50所示。

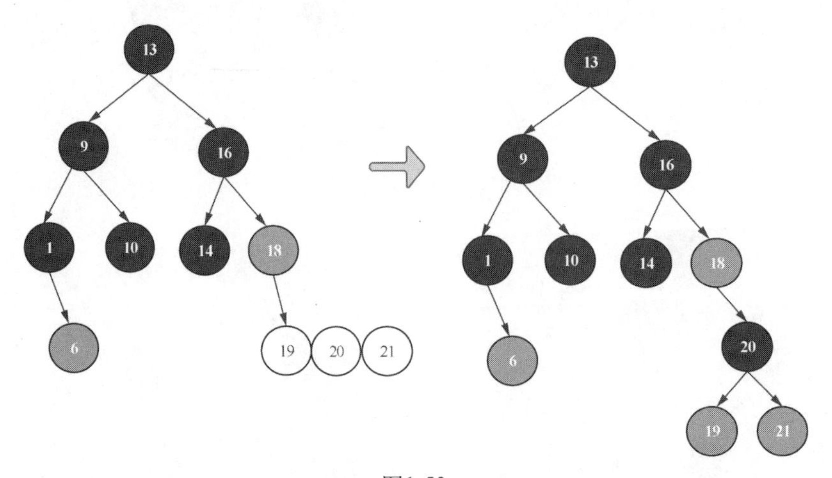

图1-50

简单推导红黑树性质4：从任意一个节点到其后代叶子节点的每条路径都有相同数量的黑色节点。如前所述，红黑树是从2-3-4树根据规则转换过来的，2-3-4树有两个特征。

- 2-3-4树的节点有3种类型：2-Node、3-Node和4-Node类型。比如，2-Node类型的节点转化成红黑树节点后是黑色的，3-Node类型的节点转化成红黑树节点后是父节点黑、子节点红，而4-Node类型的节点转化成红黑树节点后是中间父节点黑、两边子节点红。2-3-4树中任意节点转化成红黑树节点后都包含一个黑色节点。

- 从2-3-4树的根节点到叶子节点经过的路径是相同的。

所以，2-3-4树转化成红黑树后，从任意一个节点到其后代叶子节点的每条路径中都有相同数量的黑色节点。

2. 将红黑树转化成2-3-4树的规则

在红黑树中不存在相邻的红色节点。将红黑树转化为2-3-4树的基本规则只有下面一条：

每当遇到红色节点时，将该红色节点向上移动与其黑色父节点进行合并，形成3-Node类型的节点或者4-Node类型的节点。

上面的规则比较抽象，因此通过一个红黑树转化为2-3-4树的例子来进行解释。如图1-51所示，从图1-51（a）到图1-51（b）的过程中，红色节点10和5分别与它们的黑色父节点20和6合并；从图1-51（b）到图1-51（c）的过程中，红色节点15、19和26、32分别与它们的黑色父节点18和30合并。

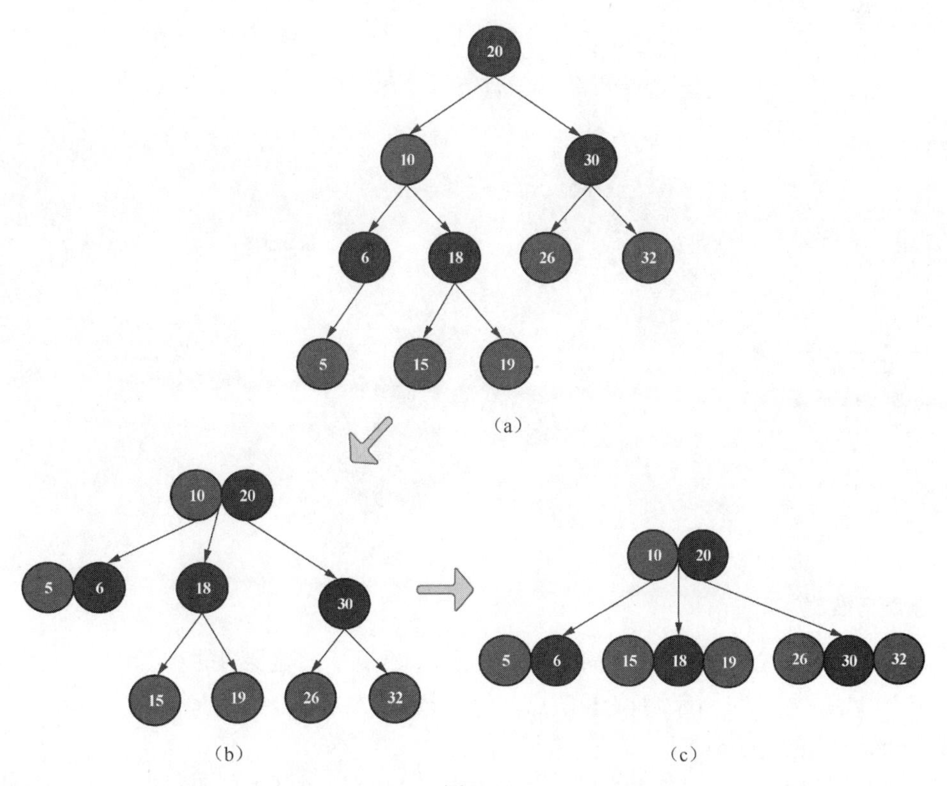

图1-51

1.3.5　红黑树操作

下面介绍红黑树的操作，包含结构定义、左旋与右旋、插入节点、删除节点。

1. 结构定义

红黑树是一种自平衡的二叉树，包含两个体结构：Node（红黑树节点）和Rbtree（红黑树）。

代码清单1-9　红黑树节点结构定义

```
// Node of the rbtree has a pointer of the node of parent, left, right, also has own
color and Item which client uses
type Node struct {
     Left   *Node
     Right  *Node
     Parent *Node
     Color  uint

     // for use by client
     Item
}

const (
     // RED represents the color of the node is red
     RED = 0
     // BLACK represents the color of the node is black
     BLACK = 1
)

// Item has a method to compare items which is less
type Item interface {
      Less(than Item) bool
}

// Rbtree represents a Red-Black tree
type Rbtree struct {
     NIL   *Node
     root  *Node
     count uint
}

func less(x, y Item) bool {
     return x.Less(y)
}
```

2. 左旋与右旋

红黑树有两种类型的旋转：左旋和右旋。如图1-52所示，将这棵树的节点node左旋之后，它的右子节点right就会成为子树的新的根节点。节点right的左子节点是node，而之前right的左子节点将成为node节点的右子节点。

现在，我们对节点right进行右旋后，它将转换回原始树，如图1-53所示。

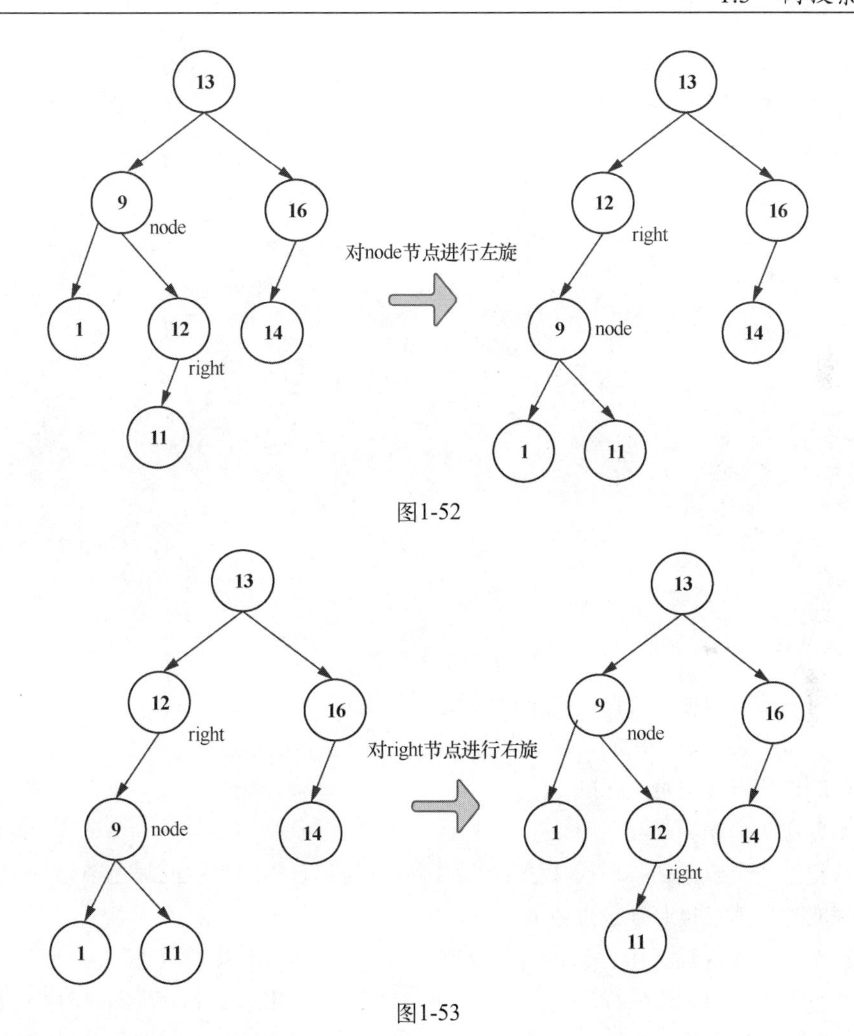

图1-52

图1-53

代码清单1-10 红黑树左旋

```
func (t *Rbtree) leftRotate(x *Node) {
      if x.Right == t.NIL {
        return
      }

    //
    // The illation of left rotation
    //
    //             |                                   |
    //             X                                   Y
    //            / \          left rotate            / \
    //          α   Y        ------------->          X   γ
    //              / \                            / \
    //             β   γ                           α   β
```

```
    //
    // It should be note that during the rotating we do not change the Nodes' color
    //
    y := x.Right
    x.Right = y.Left
    if y.Left != t.NIL {
        y.Left.Parent = x
    }
    y.Parent = x.Parent

    if x.Parent == t.NIL {
      t.root = y
    } else if x == x.Parent.Left {
        x.Parent.Left = y
    } else {
      x.Parent.Right = y
    }

    y.Left = x
    x.Parent = y
}
```

3. 插入节点

向红黑树中插入节点需要保证红黑树的五大性质。

（1）每个节点要么是红色的，要么是黑色的。

（2）树的根节点必须是黑色的。

（3）不存在两个相邻的红色节点。

（4）从任意一个节点到其后代叶子节点的每条路径都有相同数量的黑色节点。

（5）树的叶子节点也必须是黑色的。

将一个节点插入红黑树中，包含两个步骤。第一步，调用insert接口添加一个节点，就像在普通的二叉搜索树中的操作一样。第二步，在插入节点后调用insertFixup接口来修复插入过程中可能引起的红黑树性质的冲突。

记住一点，新插入的节点要设置成红色节点，以满足红黑树的性质4。插入过程从根节点开始，将插入节点与根节点的值进行比较，若相等，则直接返回；若不等，则当插入节点的值小于根节点的值时，继续在根节点的左子树中查找，否则在根节点的右子树中查找。很显然，这是一个递归过程。

（1）调用insert接口。

向红黑树中插入节点的代码如下：

```
func (t *Rbtree) insert(z *Node) *Node {
    x := t.root
    y := t.NIL

    for x != t.NIL {
        y = x
```

```
        if less(z.Item, x.Item) {
            x = x.Left
        } else if less(x.Item, z.Item) {
            x = x.Right
        } else {
            return x
        }
    }

    z.Parent = y
    if y == t.NIL {
        t.root = z
    } else if less(z.Item, y.Item) {
        y.Left = z
    } else {
        y.Right = z
    }

    t.count++
    t.insertFixup(z)
    return z
}
```

插入节点的代码中用到了insertFixup函数，下面分析该函数的细节，可以分成3种情况。

Case1：向红黑树中等价于2-3-4树中的4-Node类型节点的节点下添加新节点。

2-3-4树中的4-Node类型的节点转化为红黑树时会变成一个黑色的父节点和两个红色的子节点，当向其中一个红色子节点下方插入新的节点z时，如图1-54（a）所示，违反了性质3（不存在两个相邻的红色节点）。

在这种情况下，由于新添加的节点z的叔叔节点也是红色的，所以将节点z挪到其叔叔节点之下也不能解决这个问题。如果将新添加的节点z的父亲与叔叔节点设置为黑色，则需同时将z节点的祖先节点设置为红色，如图1-54（b）所示。然而，这可能会导致祖先节点违反性质3（不存在两个相邻的红色节点）。很显然，这是一个递归的染色过程。

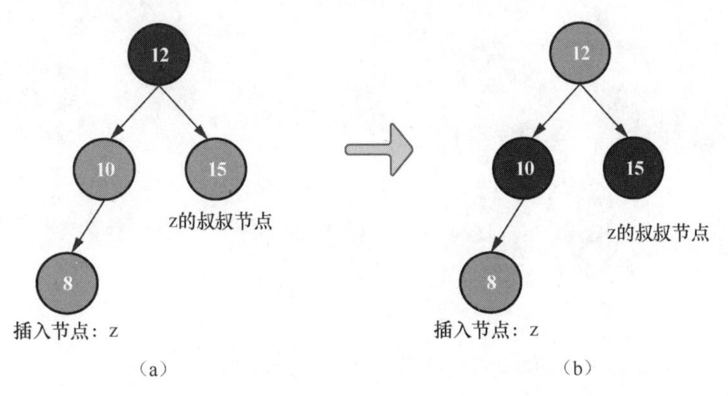

图1-54

Case2：向红黑树中等价于2-3-4树中的3-Node类型节点的节点下添加新节点。

2-3-4树中的3-Node类型的节点转化为红黑树时会变成一个黑色的父节点和一个红色的子节点，当向其中的红色子节点下方插入新的节点z时，如图1-55所示，违反了性质3（不存在两个相邻的红色节点）。

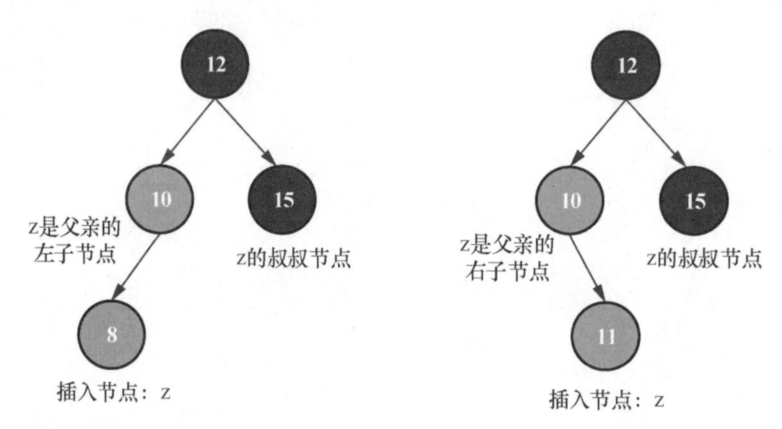

图1-55

在这种情况下，根据新添加的节点z与其父节点的左右关系，可以分为两种情况。

- Case2.1：z是父节点的左子节点。
- Case2.2：z是父节点的右子节点。

图1-56中，可以通过在新添加的节点z的父节点上执行左旋来将Case2.2转换成Case2.1。这样我们只需要处理Case2.1一种情况。

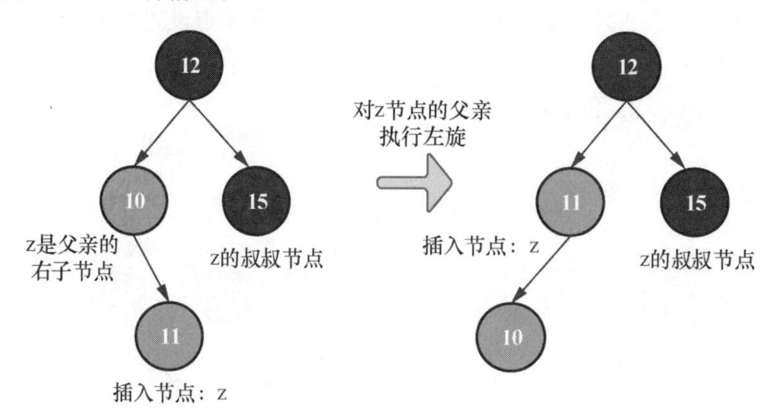

图1-56

对于Case2.1，首先将节点z的父节点设置为黑色，祖先节点设置为红色，然后对z的祖先节点进行右旋，如图1-57所示。

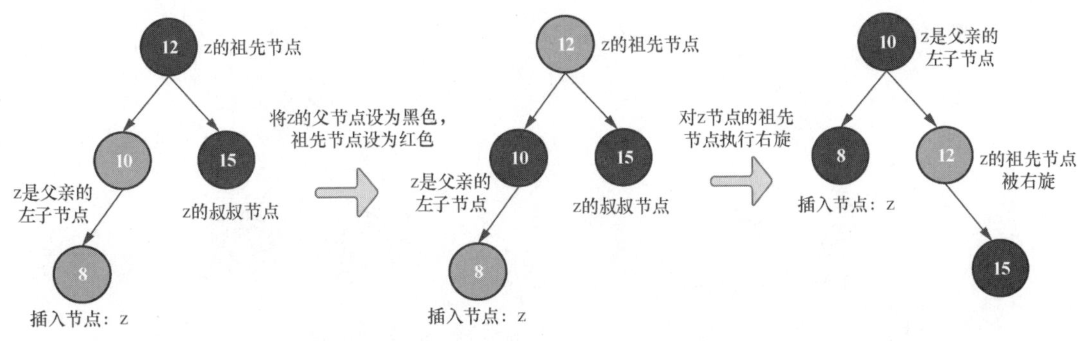

图1-57

Case3：向红黑树中等价于2-3-4树中的2-Node类型节点的节点下添加新节点。

2-3-4树中的2-Node类型的节点转化为红黑树时会变成一个黑色的节点，当向其下方插入新的节点z时，可以直接添加，不需要额外的调整操作，如图1-58所示。

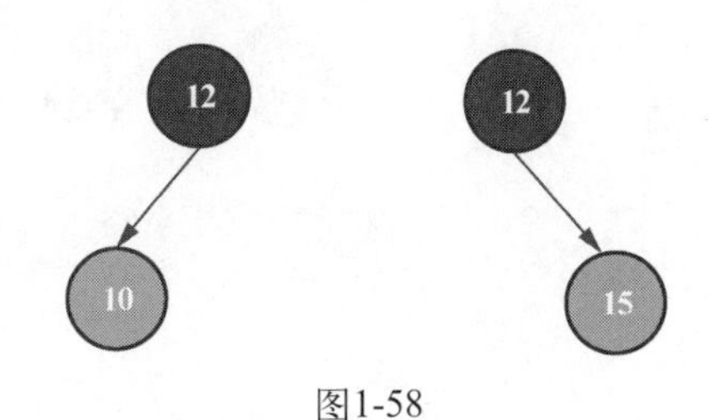

图1-58

下面通过一个例子来展示如何解决Case1与Case2的递归染色问题。

- Step1：如图1-59所示，新添加的节点33与其父节点38都是红色的，需要根据Case1进行递归方案调整。

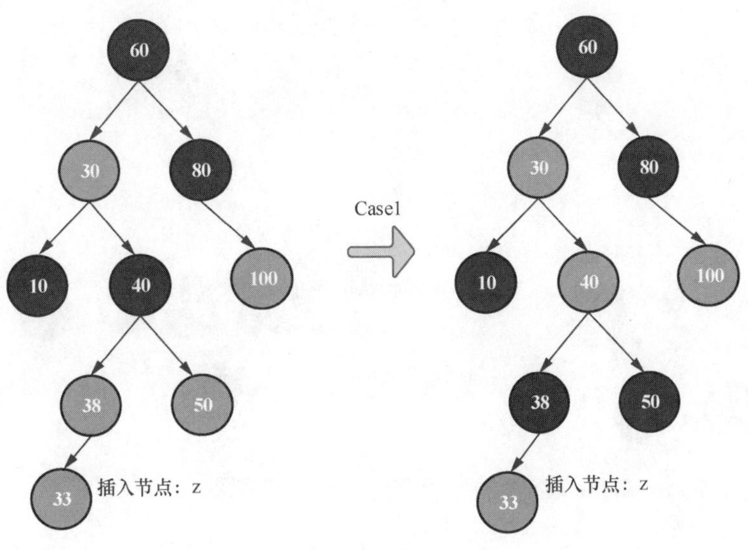

图1-59

- Step2：调整后节点40与其父节点30仍然存在相邻节点皆是红色节点的问题，违反红黑树性质3，需要递归调整。因为节点40是其父节点30的右子节点，所以需要根据Case2.2进行调整，即对节点30执行左旋。如图1-60所示。

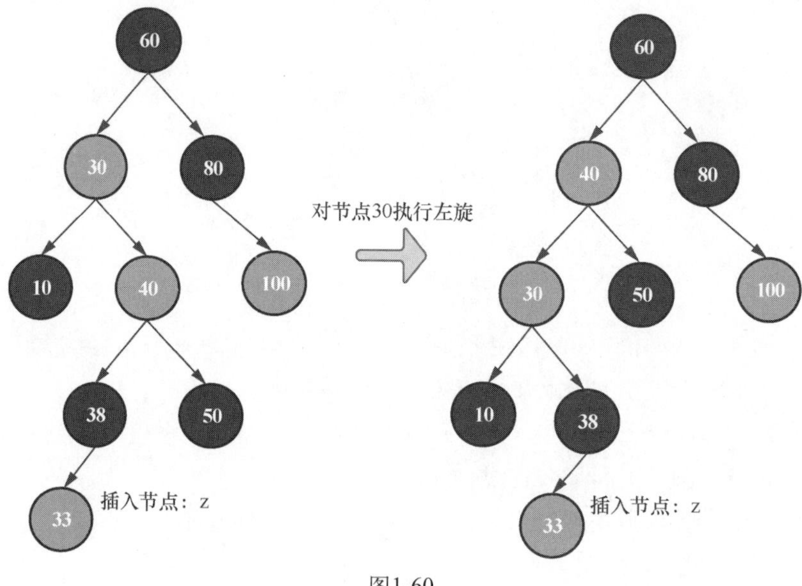

图1-60

- Step3：节点30变成了其父节点40的左子节点，因此需要根据Case2.1进行调整，即对节点30的祖先节点（60）执行右旋。如图1-61所示。

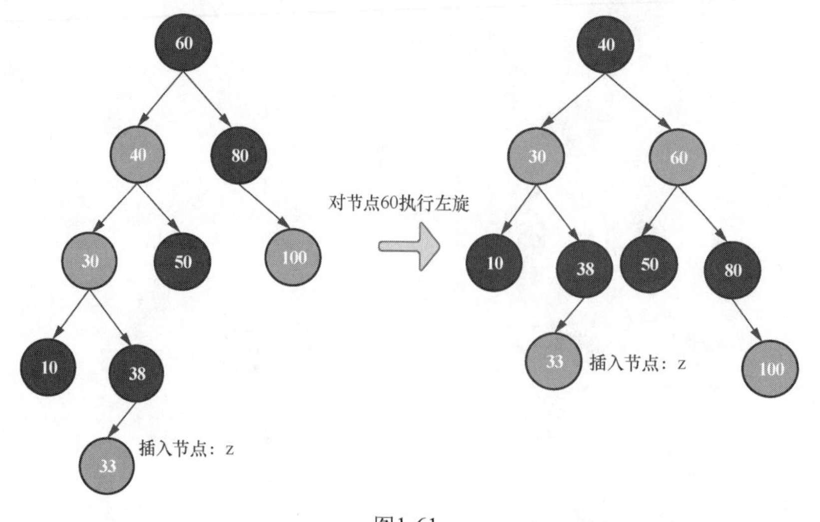

图1-61

（2）调用insertFixup接口。

调用insertFixup接口来修复插入过程中可能引起的红黑树性质的冲突。

代码清单1-11 插入节点后调用insertFixup接口进行颜色修正

```
func (t *Rbtree) insertFixup(z *Node) {
   for z.Parent.Color == RED {
      //
      // However, we do not need the assertion of non-nil grandparent
      // because the root is black
      //
      //
      //
      // Since the color of the parent is RED, so the parent is not root
      // and the grandparent must be exist
      //
      if z.Parent == z.Parent.Parent.Left {
         // Take y as the uncle, although it can be NIL, in that case
         // its color is BLACK
         y := z.Parent.Parent.Right
         if y.Color == RED {
            //
            // Case 1:
            // Parent and uncle are both RED, the grandparent must be BLACK
            // due to
            //
            //  4) Both children of every red node are black
            //
            // Since the current node and its parent are all RED, we still
            // in violation of 4), So repaint both the parent and the uncle
            // to BLACK and grandparent to RED(to maintain 5)
            //
            //  5) Every simple path from root to leaves contains the same
            //     number of black nodes
            //
            z.Parent.Color = BLACK
            y.Color = BLACK
            z.Parent.Parent.Color = RED
            z = z.Parent.Parent
         } else {
            if z == z.Parent.Right {
               //
               // Case 2:
               // Parent is RED and uncle is BLACK and the current node
               // is right child
               //
               // A left rotation on the parent of the current node will
               // switch the roles of each other. This still leaves us in
               // violation of 4)
               // The continuation into Case 3 will fix that
               //
               z = z.Parent
               t.leftRotate(z)
            }
            //
            // Case 3:
            // Parent is RED and uncle is BLACK and the current node is
```

```
            // left child
            //
            // At the very beginning of Case3, current node and parent are
            // both RED, thus we violate 4)
            // Repaint parent to BLACK will fix it, but 5) does not allow
            // this because all paths that go through the parent will get
            // 1 more black node. Then repaint grandparent to RED (as we
            // discussed before, the grandparent is BLACK) and do a right
            // rotation will fix that
            //
            z.Parent.Color = BLACK
            z.Parent.Parent.Color = RED
            t.rightRotate(z.Parent.Parent)
        }
    } else { // same as then clause with "right" and "left" exchanged
        y := z.Parent.Parent.Left
        if y.Color == RED {
            z.Parent.Color = BLACK
            y.Color = BLACK
            z.Parent.Parent.Color = RED
            z = z.Parent.Parent
        } else {
            if z == z.Parent.Left {
                z = z.Parent
                t.rightRotate(z)
            }
            z.Parent.Color = BLACK
            z.Parent.Parent.Color = RED
            t.leftRotate(z.Parent.Parent)
        }
    }
  }
  t.root.Color = BLACK
}
```

4. 删除节点

因为红黑树是一种特殊的二叉搜索树，因此删除红黑树中的节点和删除二叉搜索树中的节点类似，包含3种情况。

- Case1：待删除节点没有子节点。
- Case2：待删除节点只有一个子节点。
- Case3：待删除节点有两个子节点。

前两种情况的处理方法比较简单。对于Case1，删除没有子节点的节点，只需要简单地从树中删除该节点。对于Case2，删除带有一个子节点的节点，只需要在删除该节点的同时让其子节点代替其。

Case3稍微复杂一些，包含如下步骤。

- 搜索待删除节点。
- 找到待删除节点的后继节点，即待删除节点右子树的最小节点。此时的后继节点至多包含一个子节点。

- 将待删除节点的值与其后继节点的值进行交换。
- 删除后继节点。如前所述，后继节点至多包含一个子节点，删除后继节点后就变成Case1或者Case2的简单问题了。

红黑树的删除节点最终会转换成删除叶子节点（最底下一层），或者删除只有一个子节点的非叶子节点（倒数两层）这两种情况。而红黑树的最底下两层皆对应2-3-4树的叶子节点。

换句话说，删除红黑树中的节点分成3种情况，通过转换可以将Case3转换成Case1和Case2的基本情况，而Case1与Case2的操作等价于删除2-3-4树中的叶子节点。

删除操作涉及删除（delete）、寻找后继（successor）和颜色修正（deleteFixup）。

（1）删除

删除流程遵循先搜索后删除的逻辑，在分布式系统中更是如此。与向红黑树中添加节点相似，删除节点需经历两个步骤：先删除，后调整颜色。删除过程中需要用到t.search函数，这个函数从根节点开始进行递归搜索，类似二分搜索算法。

代码清单1-12 删除红黑树中的节点

```
func (t *Rbtree) delete(key *Node) *Node {
    z := t.search(key)

    if z == t.NIL {
        return t.NIL
    }
    ret := &Node{t.NIL, t.NIL, t.NIL, z.Color, z.Item}

    var y *Node
    var x *Node

    if z.Left == t.NIL || z.Right == t.NIL {
        y = z
    } else {
        y = t.successor(z)
    }

    if y.Left != t.NIL {
        x = y.Left
    } else {
        x = y.Right
    }

    // Even if x is NIL, we do the assign. In that case all the NIL nodes will
    // change from {nil, nil, nil, BLACK, nil} to {nil, nil, ADDR, BLACK, nil},
    // but do not worry about that because it will not affect the compare
    // between Node-X with Node-NIL
    x.Parent = y.Parent

    if y.Parent == t.NIL {
        t.root = x
    } else if y == y.Parent.Left {
        y.Parent.Left = x
    } else {
```

```
        y.Parent.Right = x
    }

    if y != z {
        z.Item = y.Item
    }

    if y.Color == BLACK {
        t.deleteFixup(x)
    }

    t.count--

    return ret
}
```

删除后，需要调整平衡，但只有当删除的节点是黑色节点时才需要调整平衡，因为红黑树是基于黑色节点的数量平衡的。当完成节点删除后，我们继续研究deleteFixup函数的细节。

红黑树转换成等价的2-3-4树的规则为，任何时候遇到红色节点都将它向上移动与黑色父节点合并成3-Node或者4-Node类型的节点。1.3.4小节中讲解的将一个红黑树转化为2-3-4树的例子如图1-62所示。

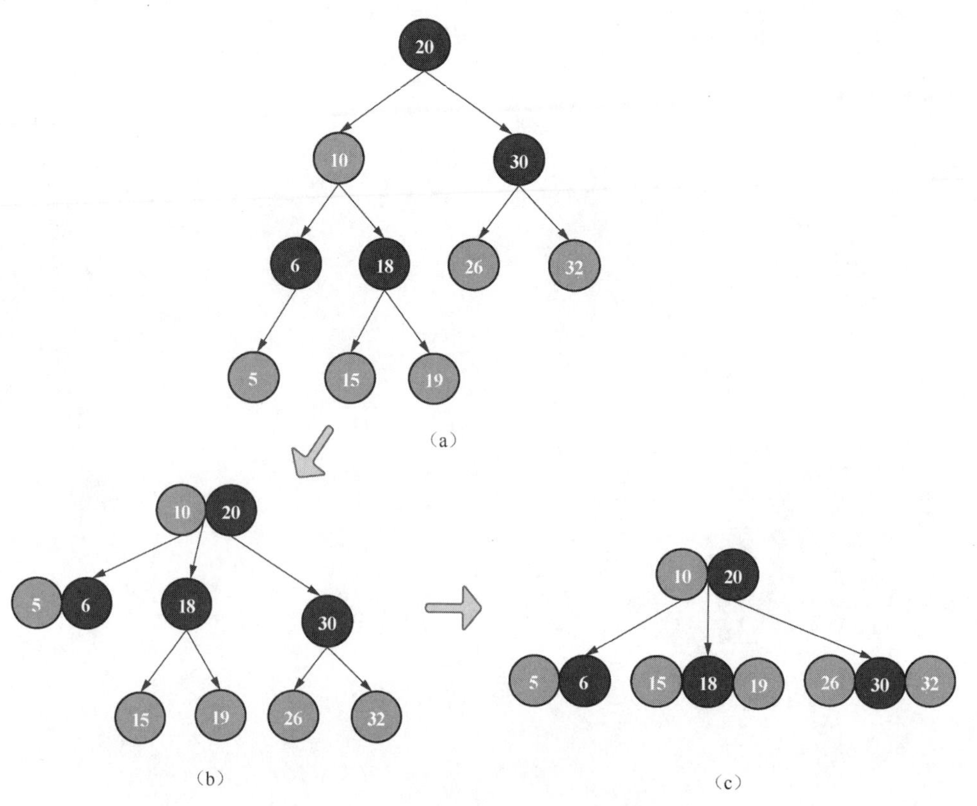

图1-62

如前所述，红黑树的删除最终会转换成删除叶子节点（最底下一层），或者删除只有一个孩子的非叶子节点（倒数第二层）这两种情况。本质上删除红黑树可以转化为删除与红黑树等价的2-3-4树的叶子节点。很显然，2-3-4树的叶子节点只有3种情况：2-Node、3-Node和4-Node类型的节点。

Case1：删除红黑树中等价于2-3-4树中4-Node类型节点的数据项（不用向兄弟节点借）。

图1-63中，删除4-Node类型节点中的数据项的操作是安全的，分析如下。

- 如果删除4-Node类型的节点（15、18、19）中的数据项15，删除的是红色节点，没有破坏红黑树的性质，可以安全地删除红色数据节点15。
- 如果删除4-Node类型的节点（15、18、19）中的数据项19，删除的是红色节点，没有破坏红黑树的性质，可以安全地删除红色数据节点19。
- 如果删除4-Node类型的节点（15、18、19）中的数据项18，删除的是黑色节点，也可以安全地删除，只需要从同级的两个红色数据项中随机选择一个从红色修改成黑色并结合旋转操作即可。

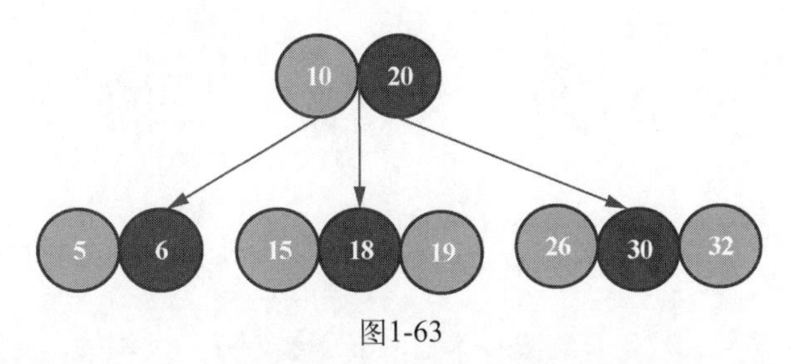

图1-63

Case2：删除红黑树中等价于2-3-4树中3-Node类型节点的数据项（不用向兄弟节点借）。

图1-63中，删除3-Node类型节点中的数据项的操作也是安全的，分析如下。

- 如果删除3-Node类型的节点（5、6）中的数据项5，删除的是红色节点，没有破坏红黑树的性质，可以安全地删除红色数据节点5。
- 如果删除3-Node类型的节点（5、6）中的数据项6，删除的是黑色节点，也可以安全地删除，只需要将同级的红色数据项5从红色变成黑色就能继续保持性质。

Case3：删除红黑树中等价于2-3-4树中2-Node类型节点的数据项（需要向兄弟节点借）。

图1-64中，删除2-Node类型的节点（6）会导致黑色节点的数量不平衡而失去安全性。应该怎么处理？

是不是可以直接向3-Node类型的兄弟节点（15、18）借一个数据项呢？答案是不能直接从兄弟节点借数据项，这将导致数据无序，如图1-65所示。

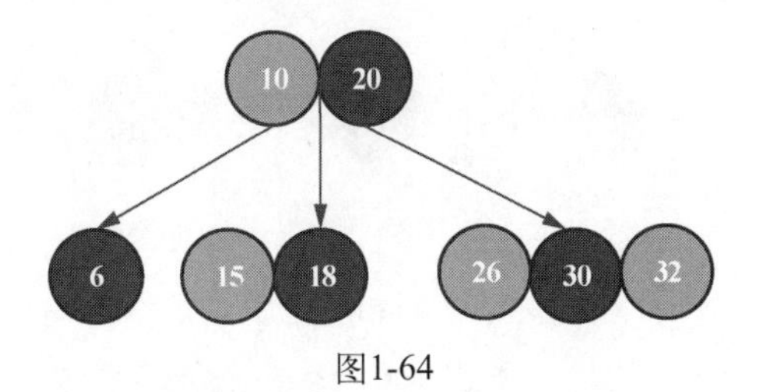

图1-64

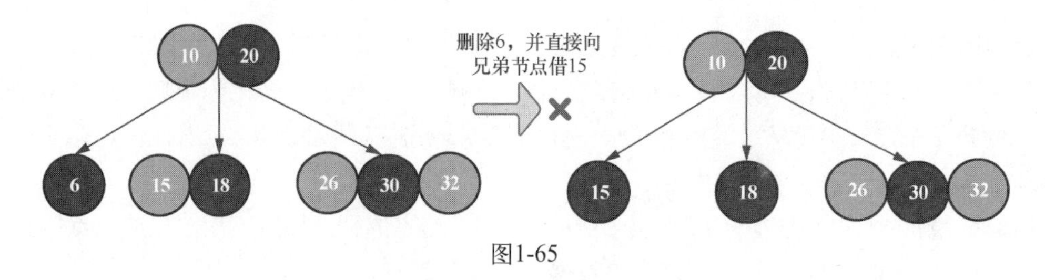

图1-65

Case3.1：待删除节点是2-Node类型的，兄弟节点是4-Node类型的，可以借一个节点给待删除节点。

如图1-66所示，调整策略是将father与brother交换颜色，然后对father执行左旋。

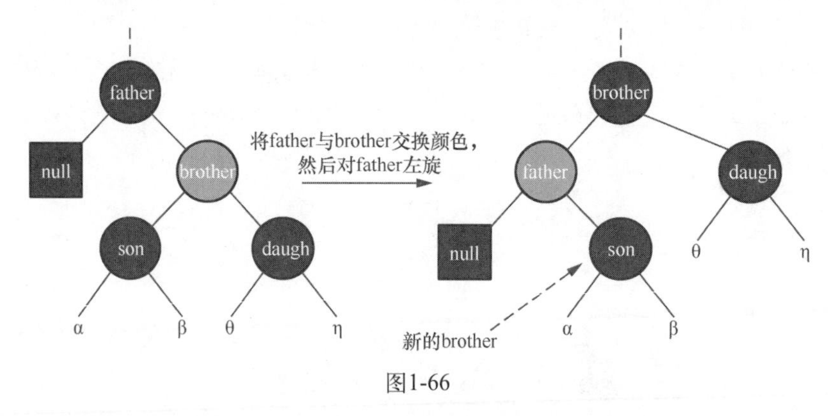

图1-66

Case3.2：待删除节点是2-Node类型的，兄弟节点是3-Node类型的，可以借一个节点给待删除节点。

删除2-Node类型的节点（6）后，需要向兄弟节点借一个数据项，但不是直接借而是间接借，需要通过左旋操作由父节点来借一个数据项，从而保持树中各节点的数据项的有序性。比如，图1-67中，删除节点6，并间接向兄弟节点借15，即父节点10下沉，兄弟节点15上移至父节点。

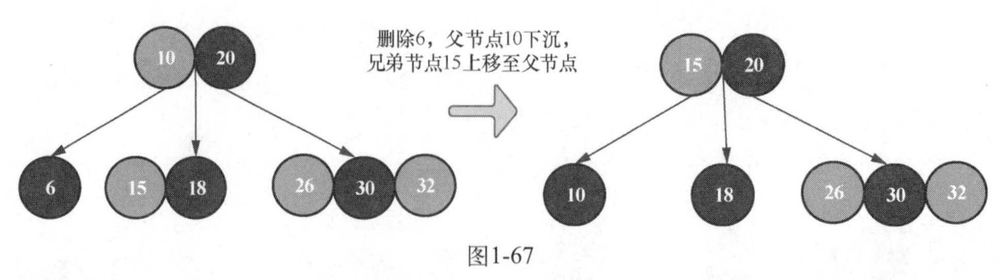

图1-67

- Case3.2.1：待删除节点是2-Node类型的，其兄弟节点brother是3-Node类型的（可以借数据项），并且brother有一个与其方向一致的红色节点son。

与brother方向一致，是指brother为father的左子节点，son节点也是brother的左子节点；或者brother为father的右子节点，son节点也是brother的右子节点。调整策略就是对father实施左旋，保持红黑树的平衡性质，如图1-68所示。

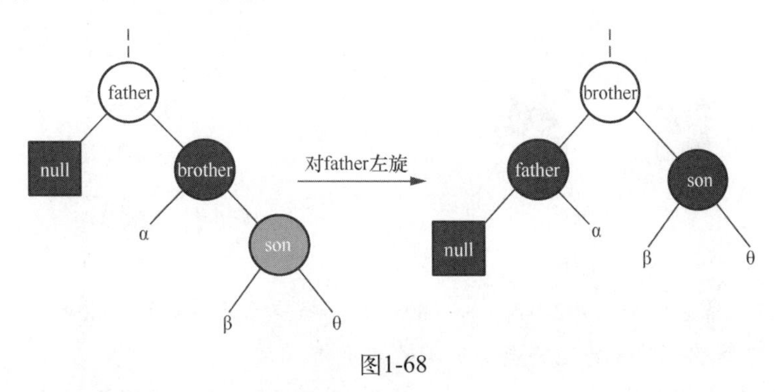

图1-68

- Case3.2.2：待删除节点是2-Node类型的，其兄弟节点brother是3-Node类型的（可以借数据项），并且brother有一个与其方向不一致的红色节点son。

调整策略分两步。第一步如图1-69所示，对brother执行右旋，此时红黑树中father、son、brother 3个节点在一个方向上，问题就简化成了Case3.2.1。第二步是遵循Case3.2.1规则对father执行左旋。

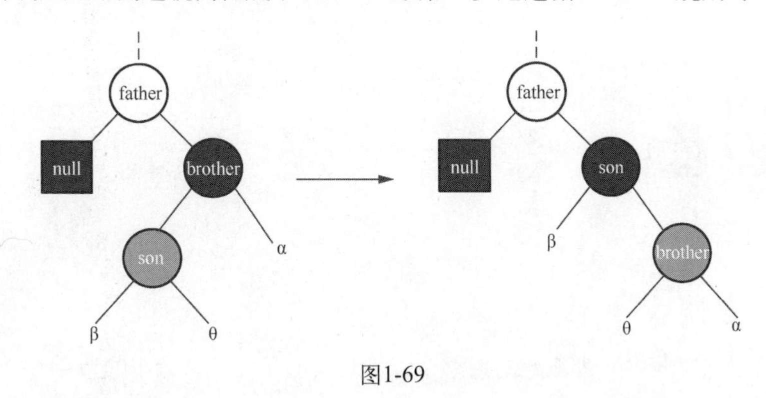

图1-69

Case3.3：待删除节点是2-Node类型的，兄弟节点也是2-Node类型的，不可以借一个节点给待删除节点。

如图1-70所示，删除2-Node类型的节点（10）后，需要向兄弟节点借一个数据项，兄弟节点（18）本身也是2-Node类型的，所以无法借出。

- Case3.3.1：待删除节点是2-Node类型的，兄弟节点本身也是2-Node类型的（不能借数据项），并且待删除节点的父节点father是红色的。

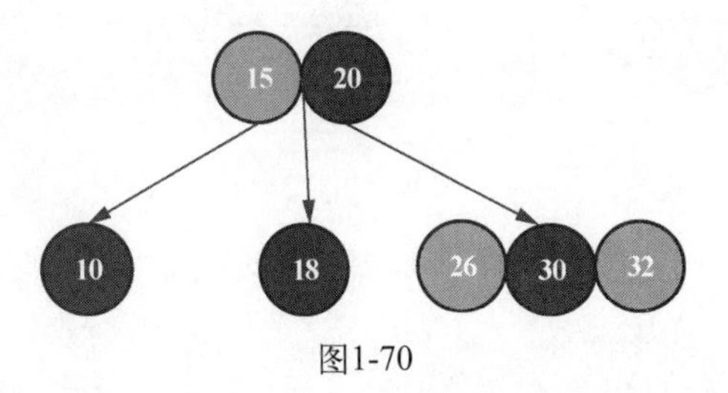

图1-70

调整策略特别简单：只需要将待删除节点与brother节点从黑色修改成红色，同时将父节点father从红色修改成黑色，就可以完成调整工作，如图1-71所示。

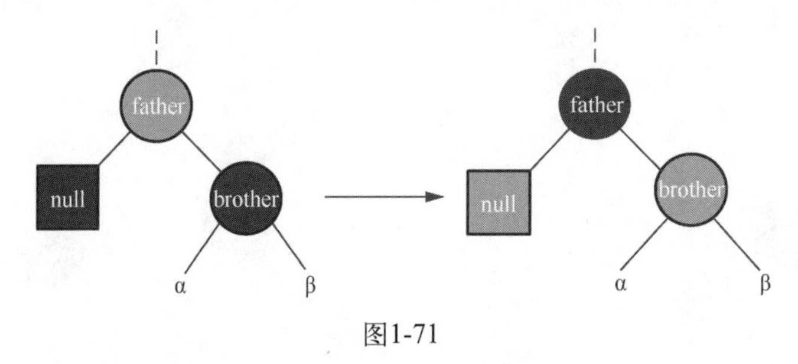

图1-71

- Case3.3.2：待删除节点是2-Node类型的，兄弟节点本身也是2-Node类型的（不能借数据项），并且待删除节点的父节点是黑色的。

如图1-72所示，调整策略是将待删除节点与brother节点同时从黑色调整成红色。由于father节点已经是黑色的了，接下来的问题就转移到了对father、father的father以及father的brother3个节点的关系判断，这是一个完全相似的子问题（即father为节点的子树中黑色节点数量减1，如何平衡？），通过不断地向上递归来解决。如果一直是这种情况，最终会转化为root的层面。

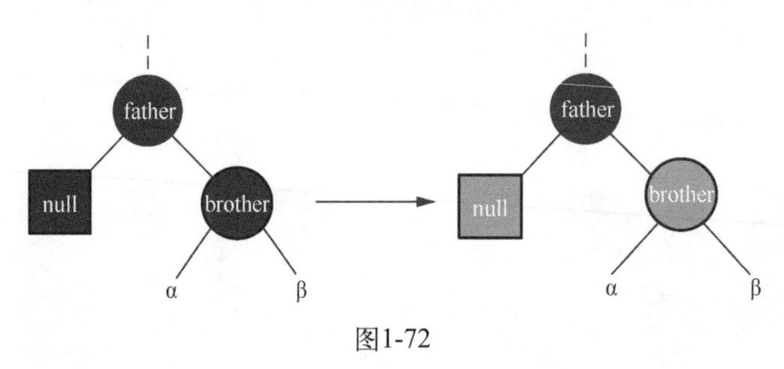

图1-72

（2）寻找后继

如果一个节点有右子树，那么它的后继节点就是其右子树下值最小的节点。如果一个节点没有右子树，则需要向上查找当前节点是哪个节点的左子节点。

代码清单1-13　在红黑树中寻找后继节点

```
func (t *Rbtree) successor(x *Node) *Node {
   if x == t.NIL {
      return t.NIL
   }

   if x.Right != t.NIL {
      return t.min(x.Right)
   }

   y := x.Parent
```

```
    for y != t.NIL && x == y.Right {
        x = y
        y = y.Parent
    }
    return y
}

func (t *Rbtree) min(x *Node) *Node {
      if x == t.NIL {
        return t.NIL
    }

    for x.Left != t.NIL {
        x = x.Left
    }

    return x
}
```

（3）颜色修正

对红黑树进行颜色修正时，需要将红黑树还原成2-3-4树。每当遇到红色节点时，将它向上移动与黑色父节点进行合并，构成3-Node或者4-Node类型的节点。

代码清单1-14 删除节点后颜色修正算法

```
func (t *Rbtree) deleteFixup(x *Node) {
   for x != t.root && x.Color == BLACK {
      if x == x.Parent.Left {
         w := x.Parent.Right
         if w.Color == RED {
            w.Color = BLACK
            x.Parent.Color = RED
            t.leftRotate(x.Parent)
            w = x.Parent.Right
         }
         if w.Left.Color == BLACK && w.Right.Color == BLACK {
            w.Color = RED
            x = x.Parent
         } else {
            if w.Right.Color == BLACK {
               w.Left.Color = BLACK
               w.Color = RED
               t.rightRotate(w)
               w = x.Parent.Right
            }
            w.Color = x.Parent.Color
            x.Parent.Color = BLACK
            w.Right.Color = BLACK
            t.leftRotate(x.Parent)
            // this is to exit while loop
            x = t.root
         }
      } else { // the code below is has left and right switched from above
         w := x.Parent.Left
         if w.Color == RED {
```

```
                w.Color = BLACK
                x.Parent.Color = RED
                t.rightRotate(x.Parent)
                w = x.Parent.Left
            }
            if w.Left.Color == BLACK && w.Right.Color == BLACK {
                w.Color = RED
                x = x.Parent
            } else {
                if w.Left.Color == BLACK {
                    w.Right.Color = BLACK
                    w.Color = RED
                    t.leftRotate(w)
                    w = x.Parent.Left
                }
                w.Color = x.Parent.Color
                x.Parent.Color = BLACK
                w.Left.Color = BLACK
                t.rightRotate(x.Parent)
                x = t.root
            }
        }
    }
    x.Color = BLACK
}
```

1.3.6 红黑树典型应用场景

在Linux系统中，每个进程有4GB的虚拟内存空间，该空间包含多个虚拟内存区域（Virtual Memory Area，VMA），比如代码段，数据段、Heap段、Stack段。每个VMA都代表一个连续的虚拟地址空间，并且这个空间具有相同的内存属性，比如读写权限。从进程角度分析，虽然一个VMA的虚拟地址是连续的，但它映射的物理内存空间区域可能并不连续。当进程需要申请新的物理空间时，首先需要申请分配虚拟地址空间。

对于Linux内核中频繁的内存操作，需要追求极致的效率。因此Linux的进程内所有VMA通过红黑树进行管理，允许内核高效遍历进程地址空间中的所有VMA。

1.4 图搜索

1.4.1 概述

图数据结构非常强大，是目前应用最广泛的数据结构之一，几乎任何事物都可以用图进行建模表示，比如道路网络、计算机网络、社交网络、用户身份解析图。

事实上，计算机的文件系统和互联网本身都是以图为模型构建的。可以将互联网根据不同的应用场景表示为不同的图，比如，用户通过互联网连接彼此；用户在社交网络（例如微信）互相发送实时消息，互相关注对方并加为好友。

广度优先搜索（Breadth First Search，BFS）和深度优先搜索（Depth First Search，DFS）代表对图进行遍历（即搜索）的算法。程序化广告中用户身份图通过链接不同来源的数据来创建用户标识，广告商利用用户身份图进行目标受众定位并提供个性化广告。如果说用户身份图中的节点代表着某个用户，那么BFS和DFS算法可以用来识别节点之间的关系。

本节涉及许多图论算法，包括DFS在树与图结构搜索算法中的异同、无向图连通分量、最短路径、环检测、二分图检测、染色问题、拓扑排序等。

1.4.2 图建模中，邻接矩阵和邻接表哪种结构更好？

图存在两种表达方式——邻接矩阵与邻接表，它们用于记录图中任意两个节点之间的连通关系。邻接矩阵使用二维数组进行存储，而邻接表采用链表方式实现，具体来说图中每个节点都有一个独立链表，使用链表来存储当前节点关联的所有邻接节点以及权值。究竟怎么选择？下面分析两个场景。

假设一个图有3000个节点，有2999条边。图中节点的“度”是指与该节点相关联的边的数量。

场景1：存储空间分析。

- 使用邻接表需要3000 + 2999 = 5999 个数据节点来表达这个图。
- 使用邻接矩阵需要3000 × 3000 = 900万个数据节点来表达这个图。

结论：使用邻接矩阵占用的资源约为使用邻接表所占用的资源的1500倍。具体来说，如果原本邻接表只需要1KB的信息来存储图信息，那么对应的邻接矩阵则需要约1.5MB；如果本来邻接表需要使用1MB存储信息，那么对应的邻接矩阵则需要约1.5GB。

两种数据结构的存储空间差距是如此之大！1500倍的差距意味着，原本单机可以处理的场景，现在需要分布式处理。

场景2：求一个节点的相邻节点。

- 使用邻接表，此节点的“度”就说明需要遍历的时间复杂度。
- 使用邻接矩阵，不管当前节点的“度”是多少，我们都需要通过矩阵的对应行来遍历判断图中所有节点是否与当前节点相邻。其时间复杂度是$O(V)$。

接下来讨论稀疏图和稠密图的概念，边的多少是二者本质上的差异。如图1-73所示，稠密图是指边数接近于最大边数的图。如图1-74所示，稀疏图是一种边数接近于最小边数的图。

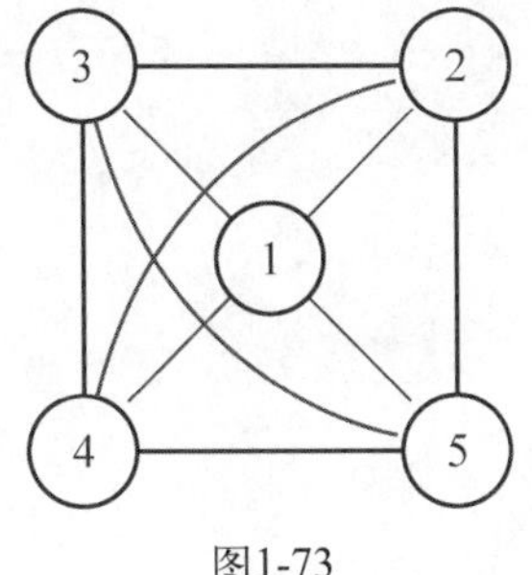

图1-73

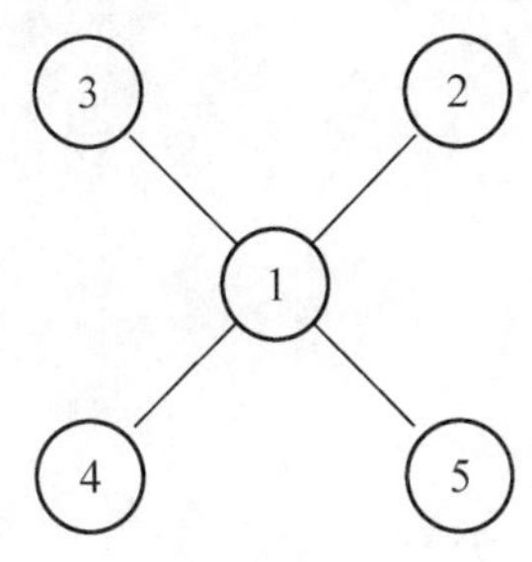

图1-74

图1-75中，左图是稀疏图，尽管它的节点特别多，但是每个节点的度为5或6；右图是稠密图，尽管它的节点数看起来特别少，但是每个节点都与其他所有节点相连并形成了边，最终使得整个图的边数非常多。

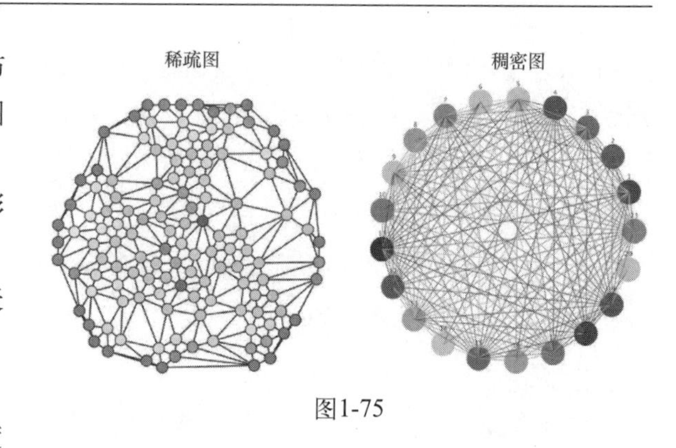

图1-75

假设一个图有3000个节点，使用邻接表来存储。下面分析两个场景。

场景1：稀疏图

对于这3000个节点，如果每个节点的度都是3，则意味着有(3000 × 3)/2=4500条边。

场景2：稠密图

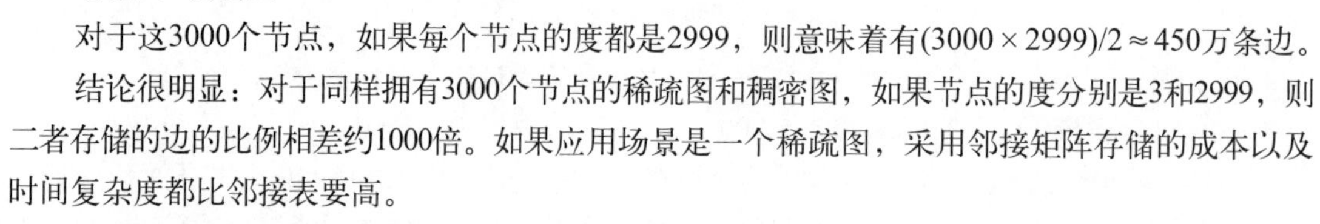

对于这3000个节点，如果每个节点的度都是2999，则意味着有(3000 × 2999)/2 ≈ 450万条边。

结论很明显：对于同样拥有3000个节点的稀疏图和稠密图，如果节点的度分别是3和2999，则二者存储的边的比例相差约1000倍。如果应用场景是一个稀疏图，采用邻接矩阵存储的成本以及时间复杂度都比邻接表要高。

图1-76所示为北京城市轨道交通线网图，看似特别复杂，但是图中每个节点（地铁站）都只与其附近的2～3个节点相连接，也就是说城市轨道交通线网图中节点的“度”并不大，其本质还是一个稀疏图，用邻接表来建模足够了。

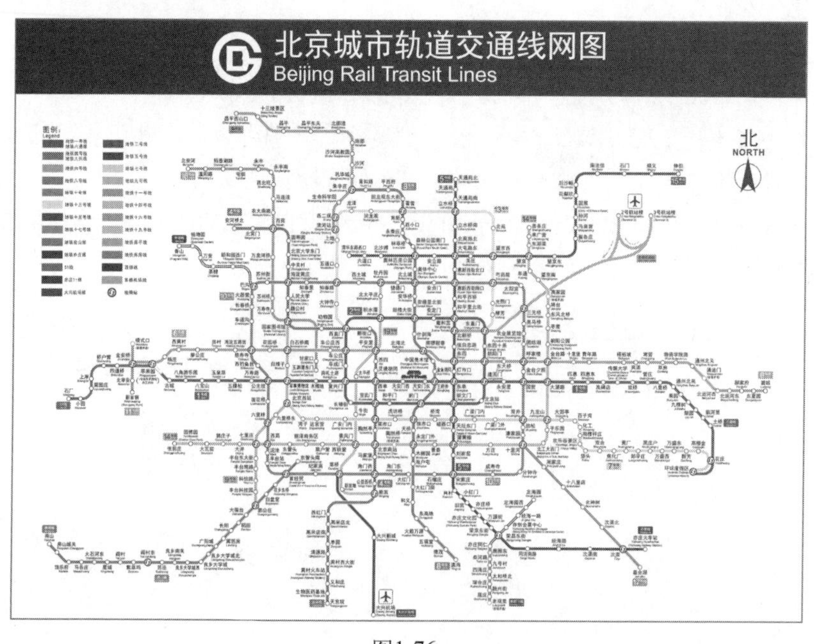

图1-76

对生活中的问题进行建模得到的大多是稀疏图，因此建议使用邻接表数据结构来存储数据。

1.4.3 DFS在图搜索和树搜索中的应用

为了方便理解本小节内容，先想象一棵向下生长的树，树根在上，叶子在下。

树的深度优先搜索（又称Tree-DFS）意味着遍历从树根开始，在某个方向上尽可能地深入搜索，直到遇到叶子节点，然后回溯到上一层次，进入另一个方向深入搜索。Tree-DFS遍历的主要方向是垂直的。

与之相对，树的广度优先搜索（又称Tree-BFS）意味着遍历从树根开始，然后访问根节点的所有子节点，接着访问孙子节点，以此类推。对于每个深度，搜索所有的兄弟节点。

图结构中可能存在环，因此图的深度优先搜索（又称Graph-DFS）中遍历到一个节点时，需要查看这个节点是否已经被遍历过。为了确定每一个节点是否被遍历过，需要为每个节点创建一个visited[]标记。当遍历一个节点后，需要标记当前节点为已访问状态。

Tree-DFS使用递归遍历中的前序遍历。算法流程分为两步：第一步是遍历当前节点；第二步是递归遍历并访问所有的子树。

代码清单1-15 Tree-DFS的算法实现

```
type TreeNode struct {
    value string
    left  *TreeNode
    right *TreeNode
}

func insert(n *TreeNode, v string) *TreeNode {
    if n == nil {
        return &TreeNode{v, nil, nil}
    } else if v <= n.value {
        n.left = insert(n.left, v)
    } else {
        n.right = insert(n.right, v)
    }
    return n
}

func preorder(n *TreeNode) {
    if n != nil {
        fmt.Printf(n.value + " ")  //遍历
        preorder(n.left)           //访问子树
        preorder(n.right)          //访问子树
    }
}
```

Graph-DFS与Tree-DFS在逻辑结构上是完全一致的。对于图数据结构来说，没有3-Node这样的节点类型，而是通常使用一个数字序号来表达一个节点，其中每一个节点与其他节点的相邻关系可以用邻接表或者邻接矩阵来存储。

代码清单1-16 Graph-DFS的算法实现

```
type Graph struct {
   adj map[string][]string
}

func (g *Graph) DFS(start string) {
   visited := g.createVisited()
   g.dfs(start, visited)
}

func (g *Graph) dfs(start string, visited map[string]bool) {
   visited[start] = true
   fmt.Println("DFS", start)                   //遍历
   for _, node := range g.adj[start] {
      if !visited[node] {
         g.dfs(node, visited)                  //访问子树
      }
   }
}
```

对于树结构和图结构的深度优先搜索，通过抽象它们的底层逻辑，发现二者的本质是相同的。对比树的深度优先搜索和图的深度优先搜索逻辑如下。

- 第一步：对于树来说是遍历当前节点；对于图来说是从某个节点V开始进行遍历。
- 第二步：对于树来说是遍历所有子树，先遍历左子树，然后遍历右子树，由于树中每个节点至多只有左子节点和右子节点，所以只需要递归遍历左右子树就完成了递归遍历所有子树；对于图来说也是遍历所有子节点，但与当前节点V相邻的节点可能不止两个，而是多个。因此，需要通过for循环和邻接表来找出与当前节点V相邻的所有图节点。需要注意的是，递归遍历相邻节点前需要判断相邻节点是否已被访问过，即visited[V]。
  - 在树中进行深度优先搜索，不需要判断当前节点是否被访问过。树中没有环，一个节点只可能被遍历访问一次，没有第二次被访问的机会。
  - 图数据结构中可能存在环，一个节点可能会从多个遍历路径被访问，需要引入visited[]数组来保证图递归遍历过程中每个节点有且只有一次机会被访问。所以，在递归函数访问某个节点时，需要将当前正在访问的图节点V对应的visited[V]进行置位操作，即visited[V]=true。这样在后续的递归调用中，如果再次遇到节点V，就不会遍历节点V。

树中通过if node != nil来判断递归遍历终止条件；图的深度优先搜索从表面上看没有终止条件，实际上隐含在代码中。那么，图的递归遍历终止条件是什么呢？有两种情况。

- 当前节点V没有相邻的节点。
- 当前节点V的相邻节点都已经被访问过了。

这两种情况下都不需要继续递归下去，当前层递归可以返回到上一层递归。换句话说，上面两层逻辑都已经定义在for循环与if(visited[V])的判断逻辑当中。比如，若当前节点V没有相邻节点，此时for循环根本不会执行；若当前节点V的所有相邻节点已经被访问过，此时进入for循环后

无法通过if(visited[V])的逻辑判断。因此，在这两种情况下都不会触发DFS递归遍历。

实际上，树的深度优先搜索与图的深度优先搜索的底层逻辑框架是相通的。图1-77给出了对此情况的概述。

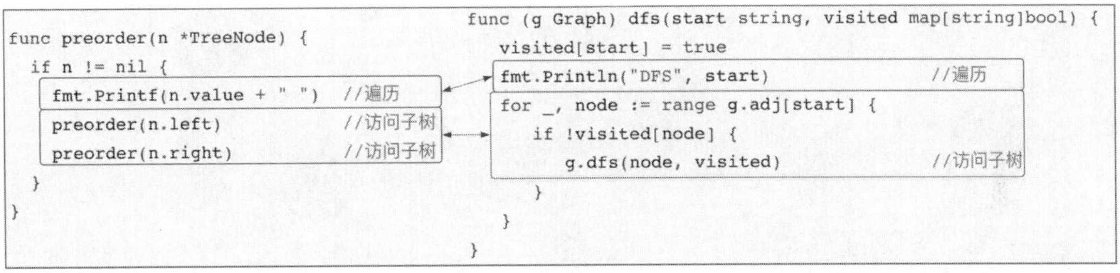

```go
func preorder(n *TreeNode) {
  if n != nil {
    fmt.Printf(n.value + " ")   //遍历
    preorder(n.left)            //访问子树
    preorder(n.right)           //访问子树
  }
}
```

```go
func (g Graph) dfs(start string, visited map[string]bool) {
  visited[start] = true
  fmt.Println("DFS", start)             //遍历
  for _, node := range g.adj[start] {
    if !visited[node] {
      g.dfs(node, visited)              //访问子树
    }
  }
}
```

图1-77

1. 图的深度优先搜索的时间复杂度

在图的深度优先搜索过程中，每个节点以及每条边都会被访问一次，所以时间复杂度是$O(v+e)$，其中v表示节点数，e表示边数。如果考察的图是连通图，时间复杂度可以写成$O(e)$。如果图中所有节点之间不相连，时间复杂度可以写成$O(v)$。

2. 图的深度优先搜索的应用场景

深度优先搜索在图搜索中的典型应用场景举例如下：

- 检测一张图是否整体连通，即求解图的连通分量；
- 二分图的检测；
- 寻找图中的桥与割点；
- 哈密顿路径；
- 拓扑排序。

1.4.4 DFS无向图连通分量问题

很多场景下我们会对无向图的连通分量感兴趣，比如在一个城市公路图模型中，每个节点代表一个城市，每条边代表城市之间的道路。求解公路系统图的连通分量，相当于求解公路系统中有多少独立的区域。我们可以据此计算最多可以关闭多少道路或者十字路口，但仍保持其他的街道网络是紧密连通的。

类似地，图1-78表示一个社交网络，其中每个节点代表每个人，节点之间相通的边代表这两个人是相识的，那么求解社交网络图的连通分量，相当于求解社交网络中有多少个独立的团体。

假如从节点A开始遍历，只会对与节点A直接或间接相邻的所有节点进行遍历，与此同时会把这些节点在对应的visited[]数组中标记为true。

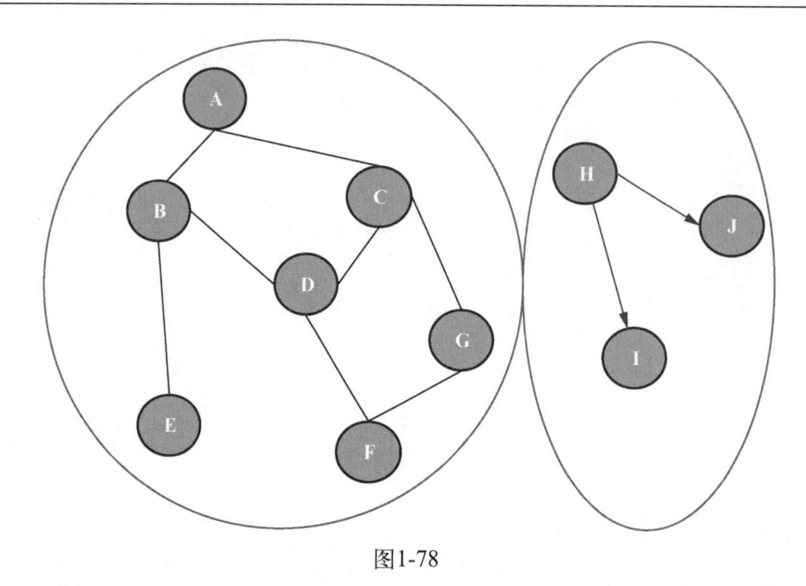

图1-78

一旦节点A退出了当前的深度优先搜索递归调用，可以通过for循环继续寻找下一个没有被访问的节点，此节点肯定是另一个连通分量的一部分，对应图1-78中就是节点H。代码中for循环会找到节点H并继续进行深度优先搜索调用，此时找到了一个新的连通分量，将connectedComCnt变量进行自增操作。

代码清单1-17　图结构连通分量判断算法

```
type Graph struct {
    adj             map[string][]string
    results         []string
    connectedComCnt int
}

func NewGraph() Graph {
    return Graph{
        adj:             make(map[string][]string),
        results:         make([]string, 0),
        connectedComCnt: 0,
    }
}

func (g *Graph) DFS() {
    visited := g.newVisited()

    for key := range g.adj {
        if visited[key] == false {
            g.dfs(key, visited)
            g.connectedComCnt++
        }
    }
    fmt.Println("connected component count:", g.connectedComCnt)
```

```
}

func (g *Graph) dfs(start string, visited map[string]bool) {
    visited[start] = true
    fmt.Println("DFS", start)
    g.results = append(g.results, start)
    for _, node := range g.adj[start] {
        if !visited[node] {
            g.dfs(node, visited)
        }
    }
}
```

如果想进一步求解每个连通分量具体包含哪些节点，应该怎么做？有两个思路：思路一是向深度优先搜索递归函数中引入List[i]容器，将一组连通分量中的所有节点全部放入这个List[i]容器中；思路二是将boolean[] visited 重构成 int[] visited。

- 连通分量中的节点被遍历后，visited[]数组会从全为0变成全为1。
- visited[]数组的元素类型是布尔类型，所以它只能传递一个信息，即visited[i]代表节点i是否已经被访问过。如果我们换一个思路，将boolean visited[]数组扩展成 int visited[]，则可以让 visited[]数组承载更多的信息。

代码清单1-18 visited[]数组元素为布尔类型

```
func (g *Graph) newVisited() map[string]bool {
   visited := make(map[string]bool, len(g.adj))
   for key := range g.adj {
      visited[key] = false
   }
   return visited
}
```

我们将visited[]定义成整型，将数组中每个元素的值初始化为-1。在遍历过程中会将visited[]设置成非负值。非负值有很多可以选择，不同的非负值代表不同的连通分量。

- for V := 0; V < len(v); V++ { dfs(v) }
- 第一次遍历dfs(0)的时候，将所有与节点0相连通的节点对应的visited[]统一赋值为0，表示所有值为0的visited[]节点属于同一个连通分量，可以将0看成连通分量的ID。
- 之后，for循环继续，它会找到未访问的节点H，从节点H出发再次按照深度优先搜索算法来递归遍历图，将所有与节点H相连通的节点对应的visited[]值设置为1。
- 利用visited[]数组，既完成了图的深度优先搜索过程中节点是否被访问过的逻辑判断，也实现了对图中属于不同连通分量的节点集的划分。visited[]中不同的值用来说明不同节点分别所属的连通图ID，如下所示。

```
connected component count: 2
connected components: map [A:0  B:0  C:0  D:0  E:0  F:0  G:0  H:1  I:1  J:1]
```

代码清单1-19　求解图结构的连通分量

```
func (g *Graph) DFS() {
    visited := g.newVisited()

    for key := range g.adj {
        if visited[key] == -1 {
            g.dfs(key, g.connectedComCnt, visited)
            g.connectedComCnt++
        }
    }
    fmt.Println("connected component count:", g.connectedComCnt)
    fmt.Println("connected components:", visited)

}

func (g *Graph) dfs(start string, ccID int, visited map[string]int) {
    visited[start] = ccID
    fmt.Println("DFS", start)
    g.results = append(g.results, start)
    for _, node := range g.adj[start] {
        if visited[node] == -1 {
            g.dfs(node, ccID, visited)
        }
    }
}

func (g *Graph) newVisited() map[string]int {
    visited := make(map[string]int, len(g.adj))
    for key := range g.adj {
        visited[key] = -1
    }
    return visited
}
```

1.4.5　DFS单源路径问题

单源路径问题求解的是从一个节点到另一个节点之间是否存在路径。图论问题中解决问题的一个基本思路是，在图的深度优先搜索过程中，可以辅助地记录一些信息来帮助我们完成对问题的求解。以图1-79为例。

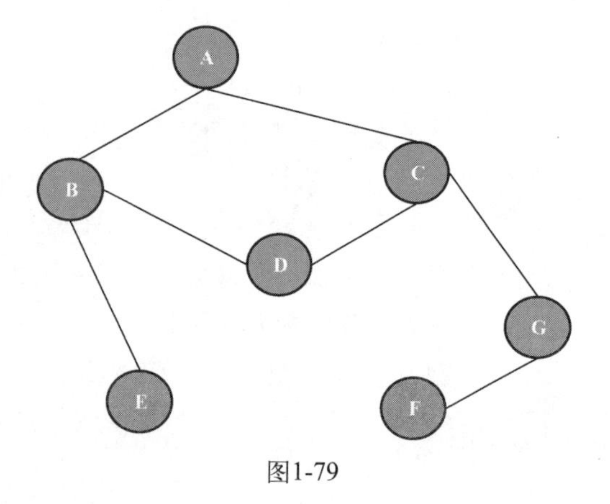

图1-79

模拟单源路径算法的过程如下。

- 从节点A开始深度优先遍历它的相邻节点。先找到邻接点B。
- 遍历到节点B的时候，因为节点B是从节点A走来的，所以记录下B<-A这个信息。

- 继续从节点B开始进行深度优先遍历，找到它有A、D、E这3个相邻节点，因为节点A已经遍历过了，所以选择节点D。
- 遍历到节点D的时候，因为节点D是从节点B走来的，所以记录下D<-B这个信息。
- 继续从节点D开始进行深度优先遍历，找到它有B、C这两个相邻节点。因为节点B已经遍历过了，所以选择节点C。
- 遍历到节点C的时候，因为节点C是从节点D走来的，所以记录下C<-D这个信息。
- 继续从节点C开始进行深度优先遍历，找到它有A、G这两个相邻节点。因为节点A已经遍历过了，所以选择节点G。
- 遍历到节点G的时候，因为节点G是从节点C走来的，所以记录下G<-C这个信息。
- 继续从节点D开始进行深度优先遍历，找到它有C、F这两个相邻节点。因为节点C已经遍历过了，所以选择节点F。
- 遍历到节点F的时候，因为节点F是从节点G走来的，所以记录下F<-G这个信息。
- 继续从节点F开始进行深度优先遍历，所有相邻节点已经标记为访问，所以返回到上一层节点G。
- 继续从节点G开始进行深度优先遍历，所有相邻节点已经标记为访问，所以返回到上一层节点C。
- 继续从节点C开始进行深度优先遍历，所有相邻节点已经标记为访问，所以返回到上一层节点D。
- 继续从节点D开始进行深度优先遍历，所有相邻节点已经标记为访问，所以返回到上一层节点B。
- 继续从节点B开始进行深度优先遍历，找到它有A、D、E这3个相邻节点。因为节点A和D已经遍历过了，所以选择节点E。
- 遍历到节点E的时候，因为节点E是从节点B走来的，所以记录下E<-B这个信息。
- 继续从节点E开始进行深度优先遍历，所有相邻节点已经标记为访问，所以返回到上一层节点B。
- 继续从节点B开始进行深度优先遍历，所有相邻节点已经标记为访问，所以返回到上一层节点A。
- 继续从节点A开始进行深度优先遍历，所有相邻节点已经标记为访问，所以当前的连通分量遍历完毕，得到如下信息。

```
B <- A
D <- B
C <- D
G <- C
F <- G
E <- B
```

- 当前连通分量的每个节点我们都记录下来了。使用previous[]数组记录当前节点是从哪一个节点走来的。接下来，如果想找到节点A到节点G的路径，可以从目标节点通过previous[]数组进行反向推导，一直找到源节点。具体步骤如下。
  - 查询previous[]数组，询问节点G是从哪儿来的？得到previous[G] =C。
  - 查询previous[]数组，询问节点C是从哪儿来的？得到previous[C] =D。
  - 查询previous[]数组，询问节点D是从哪儿来的？得到previous[D] =B。
  - 查询previous[]数组，询问节点B是从哪儿来的？得到previous[B] =A，其中，A即我们查询的源节点。
- 因此，找到一条从节点A到节点G的路径，即A -> B -> D -> C -> G。

结论：求解路径问题还是使用图的深度优先搜索算法作为框架，只是在做深度优先搜索的同时引入了previous[]数组来记录一些信息，以帮助我们完成对路径问题的求解。

新的问题：如何求解节点E到节点B的路径？

- 上面的方法是无法求解节点E到节点B的路径的，因为目前previous[]记录的所有信息都是从节点A出发进行深度优先搜索过程中记录并存储的信息。
- 比如，我们使用目前记录的信息查找从节点E到节点B经历的路径。
  - 查询previous []数组，询问节点E是从哪来儿的？得到previous [E] = B。
  - 查询previous []数组，询问节点B是从哪来儿的？得到previous [B] = A。
  - 查询previous []数组，询问节点A是从哪儿来的？得到previous [A]的值是什么？然而previous [A]是没有值的，原因在于深度优先搜索算法的初始节点是A。
- 结论：我们无法基于现有的previous []数组信息找到从节点E到节点B是否存在路径。
- 如果希望求解出从节点E到节点B是否存在路径，那么整个深度优先搜索算法需要从节点E开始重新执行，并在执行过程中记录新的previous []数组信息。

当前算法可以求解从某个节点出发到图中剩余任意节点的路径问题，但是起始节点是固定的，因此该算法被命名为“单源路径算法”。

代码清单1-20　深度优先搜索的单源路径算法

```
func (g *Graph) SingleSourcePathDFS(src, dst string) {
    visited := g.newVisited()
    g.previous = make(map[string]string)
    isConnected := g.dfs(src, dst, src, visited)

    results := make([]string, 0)
    if isConnected {
        results = append(results, dst)
        parent := g.previous[dst]
        for parent != src {
            results = append(results, parent)
            parent = g.previous[parent]
        }
```

```
        results = append(results, src)
        fmt.Println("Paths from %s to %s node:", src, dst, reverse(results))
    }
}

func (g *Graph) dfs(start, dst, parent string, visited map[string]bool) bool {
    visited[start] = true
    g.previous[start] = parent

    if start == dst {
        return true
    }

    for _, ver := range g.adj[start] {
        if !visited[ver] {
            if g.dfs(ver, dst, start, visited) {
                return true
            }
        }
    }

    return false
}

func (g *Graph) newVisited() map[string]bool {
    visited := make(map[string]bool, len(g.adj))
    for key := range g.adj {
        visited[key] = false
    }
    return visited
}

func reverse(slice []string) []string {
    reverseResults := make([]string, 0)
    for i := len(slice) - 1; i >= 0; i-- {
        reverseResults = append(reverseResults, slice[i])
    }

    return reverseResults
}
```

自然地，所有点的路径问题都可以在单源路径问题的基础上解决，也就是对图中每个节点都执行一次单源路径算法。

1.4.6 BFS单源（最短）路径问题

同样是解决单源路径问题，广度优先搜索算法使用队列，只要队列不为空，while循环就不停。取出队列中的第一个元素，即节点V，然后找到所有与节点V相邻的节点，并将其压入队列。使用一个for循环来遍历所有与节点V相邻的节点。

确认相邻节点W是否已经访问过，即判断visited[W]= =false？如果没有，可以将其压入队列。visited[]数组确保一个节点只会被访问一次，即入队一次、出队一次。这样可避免重复入队、重复访问同一个节点。

代码清单1-21　广度优先搜索的单源（最短）路径算法

```
func (g *Graph) SingleSourcePathBFS(src, dst string) {
   isConnected := g.BFS(src, dst)
   if isConnected {
      g.outputSingleSourcePath(src, dst)
   }
}

func (g *Graph) BFS(src, dst string) bool {
   visited := g.newVisited()
   g.previous = make(map[string]string)

   visited[src] = true
   g.previous[src] = src
   var q []string
   q = append(q, src)
   for len(q) > 0 {
      var current string
      current, q = q[0], q[1:]
      g.results = append(g.results, current)
      for _, adj := range g.adj[current] {
         if !visited[adj] {
            q = append(q, adj)
            visited[adj] = true
            g.previous[adj] = current
            if adj == dst {
               return true
            }
         }
      }
   }

   return false
}
```

对于广度优先搜索的单源（最短）路径算法的总结如下。

- 在广度优先搜索的代码框架上做一点修改，就可以解决广度优先搜索的单源路径问题。
- 首先，对于每个连通分量的起始点，它的previous[]值对应它自己，即previous[src]=src。
- 其次，对节点V的所有相邻节点进行广度优先搜索，如果相邻节点W没有被访问过，即visited[W]=false，则将节点W压入队列。与此同时，说明V-W构成了一条边，节点W的上一个节点是V，即previous [W]=V。

下面介绍广度优先搜索与深度优先搜索的区别与联系。

如图1-80所示，对于同一个图，想要找到从节点A到节点G的路径，深度优先搜索算法的过程是A -> B -> D -> C -> G，广度优先搜索算法的过程是A -> C -> G，故广度优先搜索算法实现的是最短路径，这是广度优先搜索的性质。

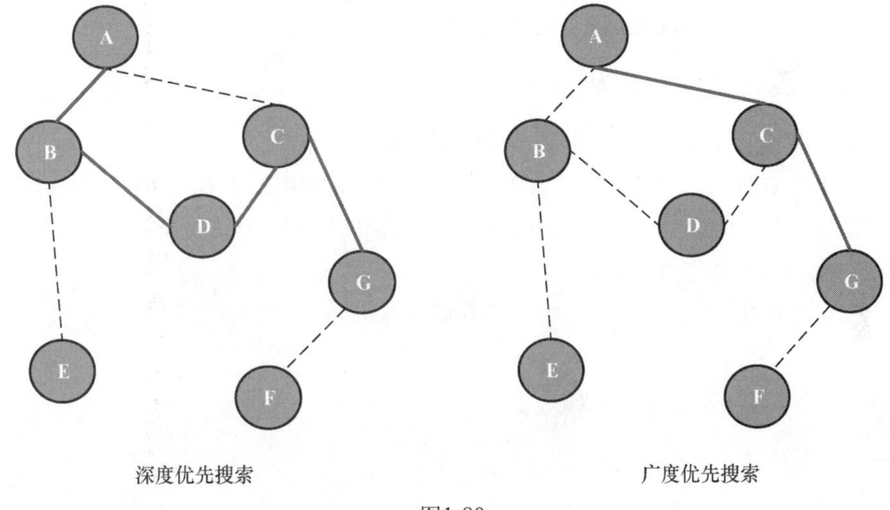

图1-80

为了理解这个性质，可以简单回顾一下树的广度优先搜索算法，如图1-81所示。

- 从根节点A开始使用广度优先搜索算法进行遍历。
- 找到节点B和节点C，它们与根节点的距离是1。
- 继续遍历节点B和节点C，找到D、E、F、G这4个节点，它们与根节点的距离是2。

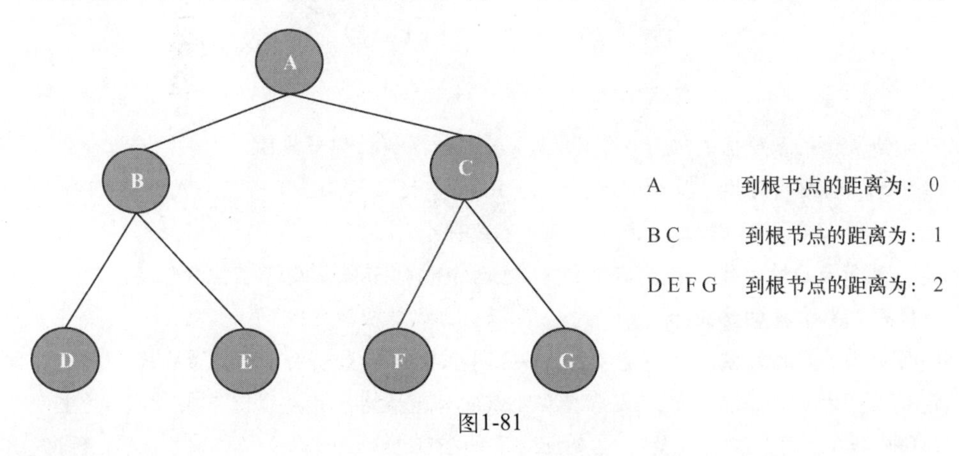

图1-81

树的广度优先搜索算法被称为层序遍历，本质是按照与根节点距离的远近来遍历的，先遍历与根节点距离小的节点，后遍历与根节点距离大的节点，依此类推。换句话说，在树的广度优先搜索算法中，后遍历的节点到根节点的距离一定大于或者等于先遍历的节点到根节点的距离。

同理，图的广度优先搜索算法也是按照与起始点A距离的远近来遍历的，即后遍历的节点肯定比先遍历的节点与根节点之间的距离大或者二者相等。最后，广度优先搜索能保证找到从开始到目标节点的最短路径，而深度优先搜索却不能。

1.4.7　DFS检测无向图中的环

检测无向图中是否有环，整体思路与单源路径问题非常相似，二者的区别在于：单源路径问题是检索从一个节点到另一个节点是否有路径；而检测无向图中是否有环是检索从一个节点到该节点本身是否有路径。单源路径问题中的起始节点与终止节点是不同的，而无向图中是否有环问题中的起始节点与终止节点是相同的。

在图1-82中寻找从节点A起始的图中是否有环的思想如下。

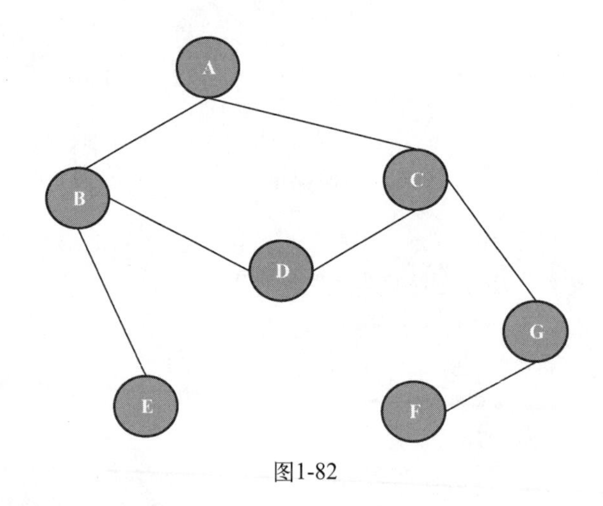

图1-82

- 从节点A开始深度优先遍历它的相邻节点。先找到相邻节点B。
- 遍历到节点B的时候，找到它有A、D、E这3个相邻节点。由于节点A是节点B的上一个节点，尽管节点B可以回到节点A，但并不是一个环。
- 遍历到节点D的时候，找到它有B、C这两个相邻节点。由于节点B已经访问过，因此节点B不是要寻找的终止节点。
- 遍历到节点C的时候，找到它有A、G这两个相邻节点。由于节点A已经访问过，同时也是我们寻找的终止点，说明从节点C可以回到节点A，并且当前来到节点C的上一个节点为D而非A。因此，深度优先搜索找到了一个环。

上面例子中，整个过程是从节点A开始的，最后遍历的终止节点也是A。但也有可能从一个节点开始到最后发现一个环，环的终止节点与搜索的起始节点并不相同。例如在图1-83中，发现环的过程为A -> B -> D -> E -> B，其中起始节点是A，终止节点是B。

检测无向图中的环的算法思想是，遍历所有节点，若在遍历过程中找到了一个已经被访问的节点，并且这个节点并不是当前节点的上一个节点，说明此时找到了一个环。

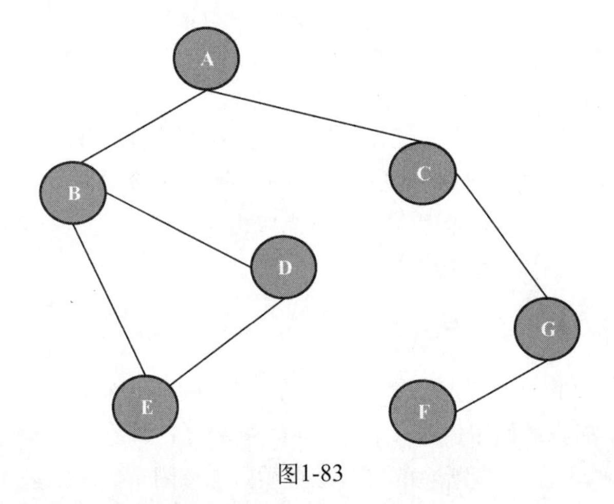

图1-83

代码清单1-22 检测无向图中的环的算法

```
func (g *Graph) cycleDetection() bool {
   visited := g.newVisited()
   for key := range g.adj {
      if !visited[key] {
         if g.dfsCycleDetection(key, key, visited) {
            fmt.Println("Detected Cycle")
            return true
         }
      }
   }

   fmt.Println("No Cycle")
   return false
}

func (g *Graph) dfsCycleDetection(src, parent string, visited map[string]bool) bool {
   visited[src] = true

   for _, ver := range g.adj[src] {
      if !visited[ver] {
         if g.dfsCycleDetection(ver, src, visited) {
            return true
         }
         // Leon Bug
         //else if ver != parent {
         // return true
         //}
      } else if ver != parent {
         return true
      }
   }

   return false
}
```

DFS(V, parent)接收两个参数，一个是当前正在遍历的节点V；另一个是节点parent，它表示当前遍历节点的上一个节点。

对节点V的所有相邻节点进行深度优先遍历，即for(int W : g.adj(V))，有如下逻辑判断：

- 如果相邻节点W没有被访问过，即visited[W]=false，则会进一步触发深度优先搜索算法；
- 如果满足W!= parent，则表示当前相邻节点W已经被访问过，并且它不是当前节点V的上一个节点parent，此时说明找到了一个环。

1.4.8　二分图检测与染色算法

如果一个图中所有边的两个端点都属于不同的部分，则将这个图称为二分图。二分图的节点可以分成不相交的两个部分，如图1-84所示。图1-84中左、右图是完全等价的，左图比较容易判断出是二分图，但右图就比较难判断它的二分图性质。二分图有巨大的应用，比如选课系统，左边节点代表学生，右边节点代表课程。染色算法是典型的二分图建模算法。

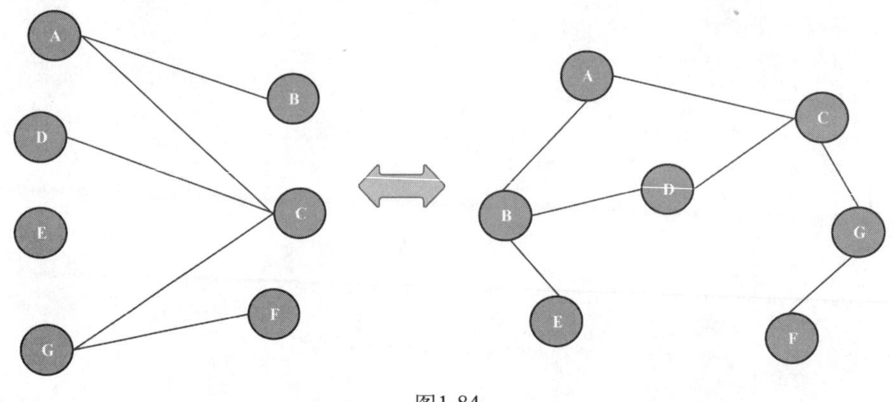

图1-84

二分图检测是基于深度优先搜索的算法，但是在深度优先搜索的过程中需要进行染色的操作，即在遍历图的过程中，为每个节点指定一个颜色。比如将黑色与红色两种颜色分别赋给图中每个节点。最后看能不能实现每条边的两端节点颜色是不同的，即如果边的一个端点是红色的，那么边的另一个端点就必须是黑色的。

以图1-85为例，深度优先搜索中的染色过程如下。

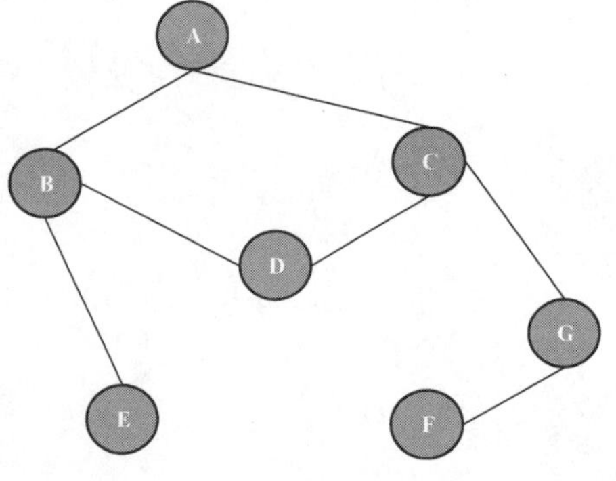

图1-85

- 访问起始节点A并将其染成红色，找到相邻节点B、C。访问节点B。
- 访问节点B并将其染成黑色（与上一个节点A

颜色不同)。找到相邻节点A、D、E。节点A已经标记为访问，故访问节点D。

- 访问节点D并将其染成红色（与上一个节点B颜色不同）。找到相邻节点B、C。节点B已经标记为访问，故访问节点C。
- 访问节点C并将其染成黑色（与上一个节点D颜色不同）。找到相邻节点A、D、G。节点A和D已经标记为访问，并且节点A和D与节点C的颜色不相同，故访问节点G。
- 访问节点G并将其染成红色（与上一个节点C颜色不同）。找到相邻节点C、F。节点C已经标记为访问，故访问节点F。
- 访问节点F并将其染成黑色（与上一个节点G颜色不同）。节点F已经标记为访问，且没有其他相邻节点可以遍历，故返回上一层节点G。
- 继续从节点G开始按照深度优先搜索算法来递归遍历，所有相邻节点已经被标记为访问，所以返回上一层节点C。
- 继续从节点C开始按照深度优先搜索算法来递归遍历，所有相邻节点已经被标记为访问，所以返回上一层节点D。
- 继续从节点D开始按照深度优先搜索算法来递归遍历，所有相邻节点已经被标记为访问，所以返回上一层节点B。
- 继续从节点B开始按照深度优先搜索算法来递归遍历，找到相邻节点A、D、E。节点A和D已经被标记为访问，故访问节点E。
- 访问节点E并将其染成红色(与上一个节点B颜色不同)。所有相邻节点已经被标记为访问，所以返回上一层节点B。
- 继续从节点B开始按照深度优先搜索算法来递归遍历，所有相邻节点已经被标记为访问，所以返回上一层节点A。
- 继续从节点A开始按照深度优先搜索算法来递归遍历，所有相邻节点已经被标记为访问，并已经到达递归的第一层，DFS函数完成染色过程。

整个染色过程中，需要依次将图中每个节点染成红色或者黑色。声明一个整型数组colors[]，数组大小等于图中的节点数目，数组中存储每个节点的颜色。

DFS函数接受两个参数，一个是当前节点V，另一个是节点V对应的colors[]值。DFS函数的逻辑如下。

- 首先对当前节点V的访问标志与colors[]标志进行赋值。
- 然后对当前节点V的所有邻接点进行遍历。
  - 如果相邻点W没有被访问过，即visited[W]=false，此时需要触发深度优先搜索递归调用，并且需要对节点W进行染色。节点W的colors[]值当然应该与节点V的colors[]值不同，所以记为1-color，即DFS(W, 1-color)。
  - 如果相邻节点W已经被访问过，就说明节点W已经被染色了，需要判断节点W的颜色与上一个节点V的颜色是否相同，即colors[W]是否等于colors[V]。如果相同，说明V-W这条边的两个节点的颜色是相同的，违反了二分图的定义，进而说明当前遍历的图不是二分图。

代码清单1-23　二分图检测算法

```
func (g *Graph) binaryParDetection() {
   colors := g.newColor()
   visited := g.newVisited()
   for key := range g.adj {
      if !visited[key] {
         if !g.dfsBinaryParDetection(key, 0, visited, colors) {
            fmt.Println("No Binary Partition Detection:")
         }
      }
   }

   fmt.Println("Binary Partition Detection:", colors)
}

func (g *Graph) dfsBinaryParDetection(src string, color int, visited map[string]bool,
colors map[string]int) bool {
   visited[src] = true
   colors[src] = color
   for _, ver := range g.adj[src] {
      if !visited[ver] {
         if !g.dfsBinaryParDetection(ver, 1-color, visited, colors) {
            return false
         }
      } else if colors[ver] == colors[src] {
         return false
      }
   }

   return true
}
```

1.4.9　拓扑排序

拓扑排序是一个有向无环图的所有节点的线性序列，并且满足两个条件：

- 每个节点仅出现一次；
- 如果存在一条从节点A到节点B的路径，那么在拓扑序列中节点A出现在节点B的前面。

图1-86中，节点A指向节点B和C，因此拓扑排序中节点A出现在它们之前。同时，节点B和C都指向节点D，因此拓扑排序中节点B、C出现在节点D之前。以此类推，拓扑排序的最终结果为[A, B, C, D, E]。

对于有环图而言，如图1-87所示，节点B指向节点D，同时节点D也间接指向节点B，这要求拓扑排序结果中节点B必须出现在节点D之前，同时节点B又出现在节点D之后，这是矛盾的。因此有环图没有拓扑排序。

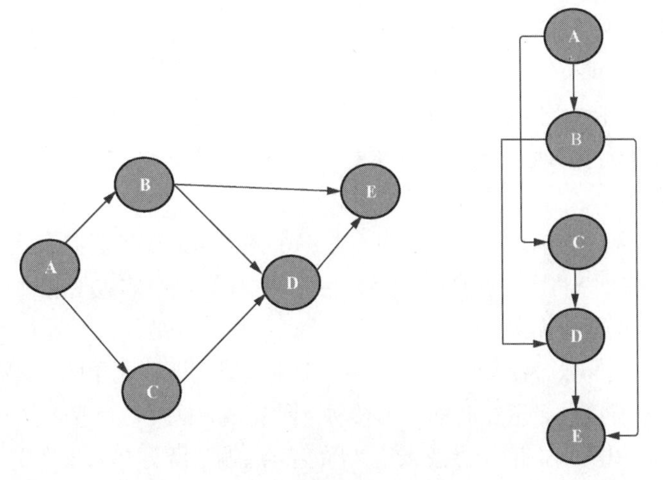

图1-86

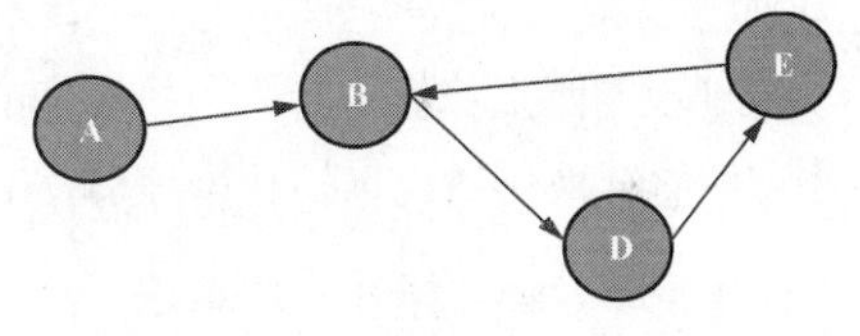

图1-87

以图1-88为例来说明拓扑排序算法的流程。首先，需要找到一个入度为0的节点，此时发现节点A的入度为0，因此将节点A添加到拓扑排序的结果中。一旦将节点A加入了拓扑排序中，则将节点A及其出边进行虚拟删除，然后重新计算图中与节点A相邻的节点的入度。接下来，重复前面的步骤，查找任何入度为0的节点，并将其添加到拓扑排序结果中。

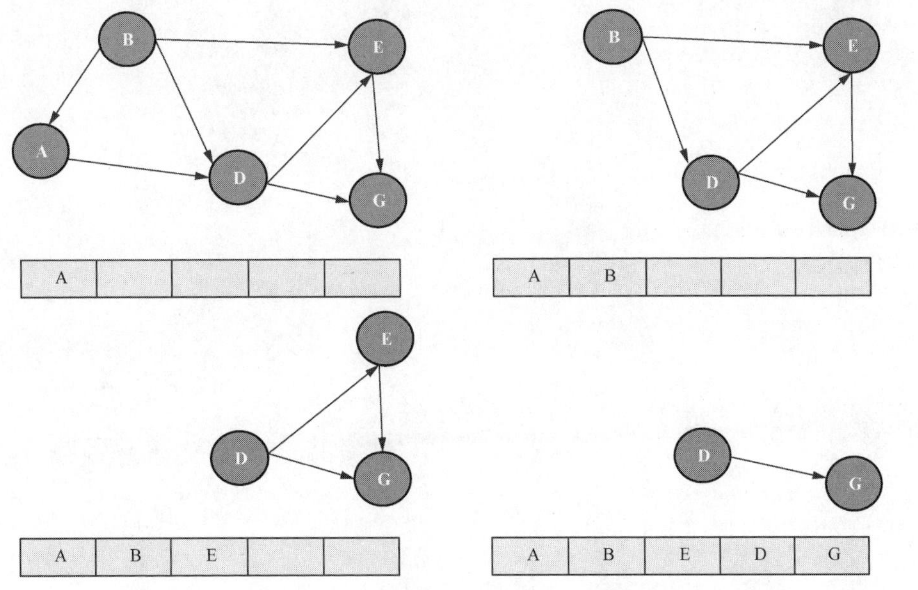

图1-88

算法步骤归纳如下。

- 查找入度为0的节点。
- 将该节点添加到拓扑排序结果中。
- 从图中删除以该节点起始的边，并重新计算与该节点相邻的节点的入度。
- 重复上述步骤。

拓扑排序本质上是一个有向无环图，或者是一个依赖树。如果任何事件B要求在启动之前完成事件A，那么在排序中A将出现在B之前。拓扑排序在计算机中的应用非常广泛，比如用来构建相互依赖的系统、编译器系统、学校选课系统、Hadoop中的任务调度子系统等。当然，拓扑排序在生活中也有很多应用场景，比如安排家务事（洗完衣服之前不能出门）；为儿童制定疫苗接种时间表，使得某些疫苗接种必须在其他疫苗接种之前完成。

拓扑排序算法使用队列来记录当前入度为0的节点。遍历队列中入度为0的节点并将结果输出到拓扑排序结果中，同时更新该节点相邻的节点的入度（减一操作），如果更新后相邻节点的入度为0则需要将其放入队列。后续重复这个过程，不断从队列中取出入度为0的节点。

特别说明两点：第一点是拓扑排序的结果并不是唯一的；第二点是对于有向有环图，拓扑排序是无解的（换句话说，拓扑排序算法有一个附加的效果，用来检测有向图中是否有环）。

代码清单1-24 拓扑排序算法

```
package toposort

type Graph struct {
   vertexes []string
   indegree map[string]int
   edges    map[string][]string
}

func NewGraph(cap int) *Graph {
   return &Graph{
      vertexes: make([]string, 0, cap),
      indegree: make(map[string]int),
      edges:    make(map[string][]string),
   }
}

func (g *Graph) AddNode(nodeName string) bool {
   g.vertexes = append(g.vertexes, nodeName)

   if _, ok := g.edges[nodeName]; ok {
      return false
   }

   g.edges[nodeName] = make([]string, 0)
   g.indegree[nodeName] = 0
```

```
    return true
}

func (g *Graph) AddNodes(nodeNames ...string) bool {
    for _, name := range nodeNames {
        if ok := g.AddNode(name); !ok {
            return false
        }
    }
    return true
}

func (g *Graph) AddEdge(src, dst string) bool {
    _, ok := g.edges[src]
    if !ok {
        return false
    }

    // Leon Bug
    //adjEdges = append(adjEdges, dst)
    g.edges[src] = append(g.edges[src], dst)
    g.indegree[dst]++
    return true
}

func (g *Graph) RemoveEdge(src, dst string) bool {
    if _, ok := g.edges[src]; !ok {
        return false
    }

    g.edges[src] = remove(g.edges[src], dst)
    g.indegree[dst]--
    return true
}

func remove(s []string, r string) []string {
    for i, v := range s {
        if v == r {
            return append((s)[:i], (s)[i+1:]...)
        }
    }
    return nil
}

func (g *Graph) Toposort() ([]string, bool) {
    queue := make([]string, 0, len(g.vertexes))
    rets := make([]string, 0, len(g.vertexes))

    for _, vertex := range g.vertexes {
```

```
        if g.indegree[vertex] == 0 {
            queue = append(queue, vertex)
        }
    }

    for len(queue) > 0 {
        var curVertex string
        curVertex, queue = queue[0], queue[1:]
        rets = append(rets, curVertex)

        backup := make([]string, len(g.edges[curVertex]))
        copy(backup, g.edges[curVertex])
        for _, adjVertex := range backup {
            //Leon Bug: you cann't modify  g.edges[curVertex] inside RemoveEdge when iter
ating g.edges[curVertex]
            g.RemoveEdge(curVertex, adjVertex)
            if g.indegree[adjVertex] == 0 {
                queue = append(queue, adjVertex)
            }
        }
    }

    totalDegree := 0
    for _, degree := range g.indegree {
        totalDegree += degree
    }

    if totalDegree > 0 {
        return rets, false
    }

    return rets, true
}
```

1.4.10　动态规划和递归之间的关系

链表、树与图的算法大量涉及递归操作。如何递归地思考？基本思想是忘记技术细节，只考虑定义，特别是函数递归定义。举例来说，检查一个字符串是否是回文串。根据定义，如果一个字符串和它的逆串相同，那么称这个字符串为回文串，如abcba。

有两种方法来检查一个字符串是否为回文串：for循环迭代和递归。

在迭代算法中，只需维护两个指针——开始（begin）和结束（end）。如果开始和结束指针指向的两个字符相同，就可以继续将开始指针向后移动，而将结束指针向前移动，再次检查两个字符，直到开始指针与结束指针交叉。

在递归算法中，第一步判断原始字符串是否构成一个回文串，判断内容如下。

- 开始字符与结束字符相同。

- 字符串的其余部分是回文串？

第二步判断字符串其余部分是否构成一个回文串，判断内容如下。

- 开始字符与结束字符相同。
- 字符串的其余部分是回文串？

第三步判断字符串其余部分是否构成一个回文串，判断内容如下。

- 开始字符与结束字符相同。
- 字符串的其余部分是回文串？

继续递归调用，直到“字符串的其余部分”为空，递归函数回溯返回，确定当前字符串是一个回文串。

本质上，递归就是用同一个子问题来表达原始问题。一般来说，原始问题可以分成子问题，子问题进一步被分解成更小的子问题，最终，这个子问题变成了基本的简单问题，可以直接给出答案。通过递归函数可以一步步回溯到调用起点，比如，求解二叉树的节点数：

```
if tree is not empty
     size(tree) = size(tree.left) + size(tree.right) + 1
```

记住，递归就是一个遍历，一种for循环迭代而已。它可以用来解决子问题，比如，遍历数组、链表、树和图结构。对于动态规划（Dynamic Programming，DP）来说，它有两种类型：自顶向下和自底向上。其中自顶向下的本质就是递归，但是增加了记忆查找表的功能。我们知道，DP问题中相同的子问题会重复出现，为了避免将来重复计算相同的子问题，只需要通过搜索记忆查找表直接返回值，即可提高算法效率。

1.5 小结

本章介绍了各种数据结构的搜索算法，既是为了让读者学习，也是为了帮助读者更加全面地了解搜索领域。

首先，介绍了字符串搜索算法，主要详细讨论了常见的3种方法：暴力搜索算法、KMP算法和BM算法。暴力搜索算法简单易懂，但时间和空间复杂度特别高。KMP算法引入对模式子串的预先分析，尝试重复使用模式子串中已经匹配成功的初始部分，以有效避免重新匹配。BM算法同样需要对模式子串进行预分析，它与KMP算法的一个关键区别是，它是从右到左进行字母比较，如果失配，则通过类似坏字符规则来跳过字符，避免无效回溯。

字符串搜索在搜索引擎中存在很多典型应用场景。一种是基于Grep的精确匹配，它强大精确的文本搜索能力得益于它使用了BM算法。另一种是基于字符串自动补全的模糊匹配，能够根据字符串前缀来预测用户正在输入的单词的剩余部分，其背后使用的是Trie树和基于编辑距离的字符串相似度算法。

然后，介绍了3种树搜索的结构：二叉搜索树、2-3-4树、红黑树。二叉搜索树是一种特殊类型的树，可以保证元素有序性。红黑树实际上是由2-3-4树进化而来的，如果你希望深入研究红黑树，需要注意2-3-4树的性质，以及2-3-4树与红黑树之间存在怎样的转换关系。使用红黑树的唯一原因是需要一个平衡的二叉搜索树。牢记一点：红黑树与2-3-4树之间存在着等价关系，一个2-3-4树对应多个红黑树，但一个红黑树只对应一个2-3-4树。分析红黑树平衡操作时，转化成2-3-4树模型进行等价分析将事半功倍。

最后，介绍了图搜索算法，主要讨论了如何使用深度优先搜索算法和广度优先搜索算法解决一些典型的图应用问题，比如求解图的连通分量、单源最短路径、二分图的检测、拓扑排序。图搜索算法有一个基本思路，即在使用深度优先搜索算法或者广度优先搜索算法对图进行搜索的过程中，可以记录一些辅助信息来完成对问题的求解。

第2章

Lucene基础

2.1 背景

第1章介绍了许多不同的搜索算法。搜索某个文件中的单词或者短语其实并不复杂，比如，Grep文本搜索工具用来处理简单少量的文档是足够的。但是那些拥有海量数据的系统呢？每个行业每天都会产生大量的数据，比如：

- Google每秒执行几万次搜索查询；
- Facebook中每分钟有上百万个视频上传；
- 程序化广告系统中每天产生上百亿条广告日志记录。

收集和存储如此庞大的数据量，只有在你能够从中提取有用信息，并帮助用户获得商业利益的情况下才是有价值的。很明显，实现这一目标最重要的工具就是搜索引擎。一般来说，搜索引擎包含以下4个功能。

- 爬虫（Crawl）子系统：根据互联网的URL（Uniform Resource Locator，统一资源定位符）不断使用BFS或者DFS扩展搜索结果，并进行元数据保存。
- 索引子系统：基于元数据，解析数据、构建索引，索引表可以帮助搜索引擎快速检索相关信息。常见的索引方式有正排索引（又称正向索引）和倒排索引（又称反向索引）。
- 检索子系统：将用户输入的查询语句转换成查询（Query）对象，然后在索引子系统中进行查找并返回关联结果，这个阶段称为初筛。
- 排名子系统：在检索结果的基础上，基于文档权重等元信息进行排序，并返回符合用户期望的搜索结果。

对于正排索引和倒排索引，可以通过图书的例子进行理解。图书的目录是正排索引结构，它通过一个列表展示本书包含哪些章节，以及各章节的页码。书后的索引则是倒排索引结构，它列出图书包含的重点单词，并给出相应单词在书中出现的页码。

Lucene是一个提供索引和搜索功能的库。图2-1中列出了一些重要的组件。

- 全文搜索（Full-Text Search）：不仅允许通过文档标题搜索文档，并且允许根据内容对文档进行搜索。它通过遍历文档中所有的单词来显示与请求相关的信息。（详见第5、7章）
- 分析器（Analyzer）：允许将字符串转换为可以添加到倒排索引中的标记（Token）。（详

见第4章)

- 倒排索引(Inverted Index):分析器生成的标记对象将由索引模块构建分词倒排索引。(详见第3章)
- 查询解析器(QueryParser):将人类可读的查询字符串解析为符合搜索结构的对象。它支持丰富的表达方式,能够提供灵活且强大的查询功能。(详见第4、5章)
- 布尔逻辑表达式(Boolean Expression):允许用户构建语义复杂的查询。它允许用户通过逻辑运算符(如AND、OR和NOT)组合多个条件来进行精确、复杂的查询。(详见第4、5章)
- 搜索器(Searcher):检索倒排索引、返回查询数据。它支持短语查询、模糊查询等。(详见第5章)
- 评分器(Scoring):计算文档与查询词的相关度,并根据相关性对匹配到的文档集进行排序。(详见第5章)

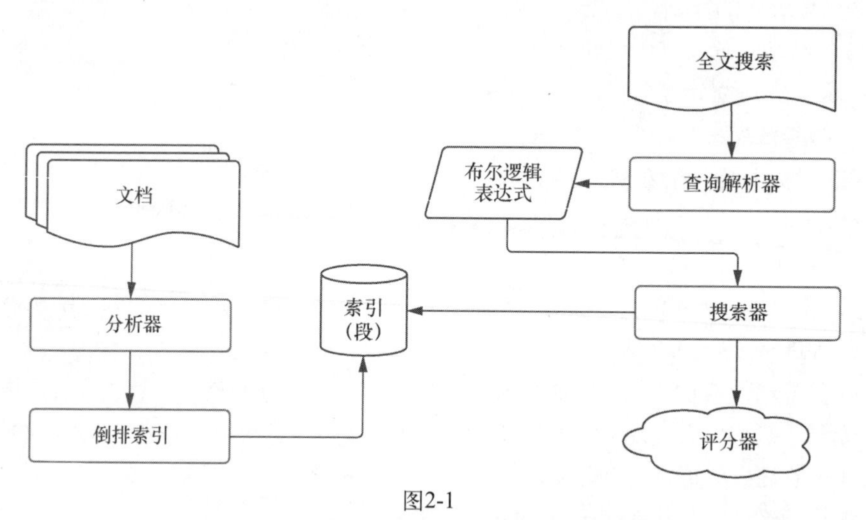

图2-1

本章主要讨论Lucene基础和倒排索引的一些关键技术,比较Lucene和传统关系数据库的异同,重点剖析正排索引和倒排索引的设计。

2.2　Lucene与传统关系数据库

2.2.1　Lucene与传统关系数据库的异同

全文搜索引擎与传统关系数据库搜索引擎都是通过解析用户的查询并传递给引擎来检索数据的。二者都支持对查询进行重写功能。

大多数应用程序一开始都建立在传统关系数据库的基础上,比如MySQL。当应用程序刚开始构建时,数据库是足够使用的,但它的性能问题会随着时间推移而逐渐凸显。数据、查询或者用户数量增长都可能拉低应用程序的性能。因此，应用程序可能要求从数据库体系迁移到搜索架构体系，比如Elasticsearch。

Lucene是一种全文搜索引擎，它与传统关系数据库的本质差异在于它们的底层数据结构不同。Lucene的底层数据结构是倒排索引结构，传统关系数据库的底层数据结构是B树、B+树组织的正向的聚集索引和非聚集索引结构。

正排索引展现的是从文档编号（docID）到文档内容、文档字段的关联关系，而倒排索引展现的是文档中的分词（Term）到docID的映射关系，如图2-2所示。

正排索引

docID	文档内容
doc1	"8 Oranges"
doc2	"2 Blueberries"
doc3	"5 Cherries"

倒排索引

分词	docID
"Oranges"	doc1
"Blueberries"	doc2
"Cherries"	doc3

图2-2

根据查询语句与文档内容的相似度，Lucene匹配算法将匹配程度高的结果排列在前面返回。而传统关系数据库中没有类似的匹配算法。

传统关系数据库引擎由于使用B树、B+树维护索引数据结构，索引的更新会导致大量的输入输出（Input/Output，I/O）开销。在Lucene中，改进策略包含对索引段的单次（Write-Once）提交。当需要添加新的文档时，Lucene会不断地创建新的索引段，然后后台线程定期将小的索引段合并成一个大的段，从而在不影响检索效率的前提下提高索引的效率。

2.2.2　Lucene的全文搜索机制

Lucene全文搜索机制首先对文档进行分词，然后对分词构建倒排索引。Lucene的API（Application Program Interface，应用程序接口）设计相对通用。它看起来类似传统关系数据库的层次结构：表、记录和域字段。Lucene的数据按照层次组织起来并体现数据之间的隶属关系。传统的数据库可以相对容易地映射到Lucene接口的存储空间。Lucene的全文搜索与传统关系数据库中的“like”搜索的简单对比如下。

1. Lucene的全文搜索

大多数全文搜索引擎都使用倒排索引，比如将一个分词用作哈希的键，而对应的键值是与该键关联的文档集。假设有文档集合doc set和分词集合term set如下：

```
doc set = {d1, d2, d3, d4, ... , dn}
term set = {t1, t2, t2, ... , tn}
```

可以通过倒排索引形成一个分词与文档的对应矩阵如下：

```
t1 -> {d1,  d3,  d6,  ... ,  dn}
t2 -> {d13, d50, d4,  ... ,  dn}
t3 -> {d13, d47, d34, ... ,  dn}
```

```
...
tn -> {d30, d27, d17, ... ,  dn}
```

当请求返回包含分词t1的所有文档集时，文档集{d1, d3, d6, ... , dn}被返回。

2. 传统关系数据库中的“like”搜索

like用于在关系数据库的任何字符串字段中搜索字符串。当使用like运算符搜索时，会加载数据库中的每一行以进行比较，然后丢弃不符合条件的行。整个过程将使用大量的内存空间和时间来执行比较查询，因此like搜索只适用于行数较少的数据表。而对于Lucene的全文搜索，搜索发生在倒排索引表中，它使用较少的资源执行查询。二者的对比如图2-3所示。

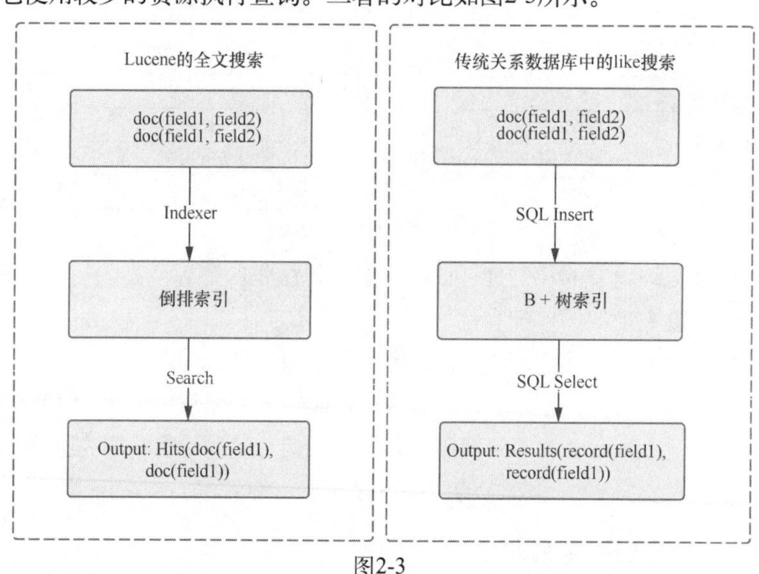

图2-3

2.2.3　倒排索引的使用场景

当应用属于重连接（Join-Heavy）的场景时，应使用传统关系数据库。相反，若业务场景需要支持大量全文搜索，建议选择Lucene搜索引擎。归根结底，Lucene与传统关系数据库的差异来源于其索引结构。索引本身有很多类型，比如B树、哈希表、倒排索引。为了实现不同的目的，必须选择正确的索引。Luence选择倒排索引结构的主要目的就是支持快速高效的全文搜索。下面列举一些使用Lucene或倒排索引的场景。

（1）社交软件。

很多著名的社交软件都部署了Lucene，例如：

- Twitter使用Lucene来支持它的实时搜索，每天有超过10亿次的查询；
- LinkedIn对Lucene进行修改与增强，支持实时搜索。

（2）域名系统。

域名系统（Domain Name System，DNS）同时支持正排索引结构和倒排索引结构。

- 正排索引结构：输入主机名，搜索正向数据结构并返回IP地址。
- 倒排索引结构：输入IP地址，搜索反向数据结构并给出主机名。

（3）程序化广告系统。

程序化广告系统也同时使用正排索引和倒排索引结构，因为广告商需要精确定位广告受众，这样设计可以提升广告投放效果。程序化广告系统通常使用布尔逻辑表达式来准确描绘目标受众，例如：

```
age ∈ {20-35} ^ region ∈ {BJ, SH} ^ net∈ {Wi-Fi} ^ app∈ {3501}
```

假定上述众多属性代表的用户画像存储在传统关系数据库的一张宽表中。为了支持复杂的查询条件，需要对宽表中几乎每个字段建立索引。这种方案简单但缺乏扩展性。当数据量较小且需要灵活组合任意字段来进行检索时，将数据全部加载到内存并构建检索数据结构是一种简单而有效的思路。在一些复杂的广告业务场景下，传统关系数据库不能满足任意字段随意组合的需求。相反，Lucene引擎的倒排索引的强项就是支持布尔查询和检索。

2.3 Lucene与Elasticsearch

Elasticsearch是一个基于Lucene的分布式搜索和分析引擎。如果将Elasticsearch比作一辆汽车，那么Lucene就是发动机，即引擎。当你开车的时候，你不需要直接操作发动机。但是如果你的车坏了，那么知道引擎的工作原理将极大提升你的工作效率。

Apache Solr和Elasticsearch类似，Solr的全称是“Search on Lucene Replication”，表示Solr的基本思想是在Lucene之上构建一个分布式搜索系统。这个思想也完全适用于Elasticsearch。

图2-4中比较了几个典型的开源数据库软件，它们都采用了二层架构。

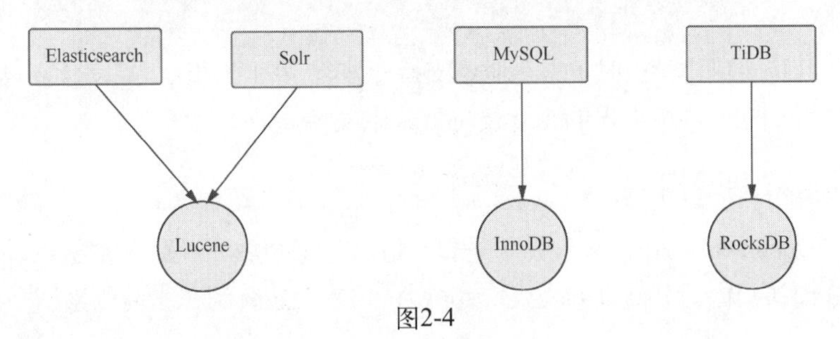

图2-4

- MySQL的主流存储引擎是InnoDB。InnoDB提供事务机制并支持提交、回滚和崩溃恢复功能。事务机制用来保护数据并且支持行级锁。
- TiDB分布式数据库的底层存储引擎是RocksDB。RocksDB是一个采用日志结构合并树（Log-Structured Merge-Tree，LSM-Tree）结构的存储引擎。LSM-Tree提供键值存储和读写接口。RocksDB由Facebook开发并基于LevelDB成长起来。
- Elasticsearch与Solr的底层都使用Lucene引擎。Lucene是一个高性能、全功能的文本搜索引擎，几乎适用于任何需要全文搜索的应用程序。

Lucene可以看作一个单机版的搜索引擎，它提供基本的读写功能。写的过程就是建立索引，读的过程就是利用倒排索引和正排索引结构高效检索。写的过程越精致，读的过程就越准确和高效。

假设你有一堆文件，你需要找到一个包括一个特定词的特定的文件。如何完成这个任务？如何扩展？这时就需要利用索引结构。

- 为了支持快速搜索大量文本，必须先对文本进行索引，并将其转换成一种方便快速搜索的索引格式。
- 索引由一个或者多个段组成，每个段由倒排索引和正排索引组成。随着时间的推移，会累积越来越多的只读段（Read-Only Segment）。每隔一段时间就会自动合并成一个新的大段，并删除旧的小段 。创建大段是为了优化搜索速度。

上述内容就是Lucene所覆盖的功能，这些功能在Elasticsearch和Solr中被进一步封装与抽象。Lucene也存在很多不足，其中最关键的一点在于Lucene始终还是一个单机版的搜索引擎，无法支持海量数据的存储和搜索。而基于Lucene发展而来的Elasticsearch 是一个独立的分布式平台，它提供了开箱即用的功能，以及与之相关的易用性。

2.4 Lucene的倒排索引设计

2.4.1 倒排索引

倒排索引是一种数据库索引，存储着从文档中的分词到文档的映射。它的主要用途是允许进行快速的全文搜索。倒排索引的结构如下。

```
term1 -> <doc_1, doc_2, doc_n, ...>
term2 -> <doc_x, doc_y, ...>
```

Lucene在实际构建倒排索引时，需要考虑支持一些复杂的搜索场景，因此存储的信息会更丰富。例如，记录分词在文档中出现的频度及位置，以支持高效的搜索功能。

2.4.2 Posting数据结构

一个文档（Document）由若干个域（Field）组成，每个域通过分词解析后输出一串分词。Lucene为每个分词初始化一个倒排列表（Posting），用来表达分词在当前段索引下的信息。

代码清单2-1　倒排列表结构

```
private final static class Posting {
  int textStart;
  // Address into char[] blocks where our text is stored
  int docFreq;
  // # times this term occurs in the current doc
  int freqStart;
  // Address of first byte[] slice for freq
  int freqUpto;
```

```
  // Next write address for freq
  int proxStart;
  // Address of first byte[] slice
  int proxUpto;
  // Next write address for prox
  int lastDocID;
  // Last docID where this term occurred
  int lastDocCode;
  // Code for prior doc
  int lastPosition;
  // Last position where this term occurred
  PostingVector vector;
  // Corresponding PostingVector instance
}
```

倒排列表中存储了每个分词在当前段中的关键信息，比如：当前分词的字符串值（它由CharBlockPool存储缓冲管理）；当前段中哪些文档包含当前的分词；当前分词在每个文档中出现的具体位置（它由ByteBlockPool存储缓冲管理）。倒排索引中主要包含如下信息。

- docID：用于唯一定位文档。
- 词频（Term Frequency，TF）：某分词在该文档中出现的次数。
- 位置（Position）：某分词在文档中的位置。
- 偏移（Offset）：某分词开始和结束的位置。

上述信息存储在一段动态扩展的内存空间中，分别由ByteBlockPool或者CharBlockPool来组织与管理。倒排列表中大多数字段指向ByteBlockPool缓存的地址偏移量。在我看来，称之为PostingIndex会比ByteBlockPool更加准确。

代码清单2-2　ByteBlockPool结构

```
private final class ByteBlockPool {
  public byte[][] buffers = new byte[10][];
  int bufferUpto = -1;
  // Which buffer we are upto
  public int byteUpto = BYTE_BLOCK_SIZE;
  // Where we are in head buffer

  public byte[] buffer;
  // Current head buffer
  public int byteOffset = -BYTE_BLOCK_SIZE;
  // Current head offset
}
```

2.4.3　ByteBlockPool动态数组

通过观察字段byte[][] buffers的定义，可知ByteBlockPool是一个可以动态增长的数组。它由多个一维缓存（Buffer）构成二维数组。当一个缓存写满后，需要继续申请新的缓存空间，如图2-5所示。

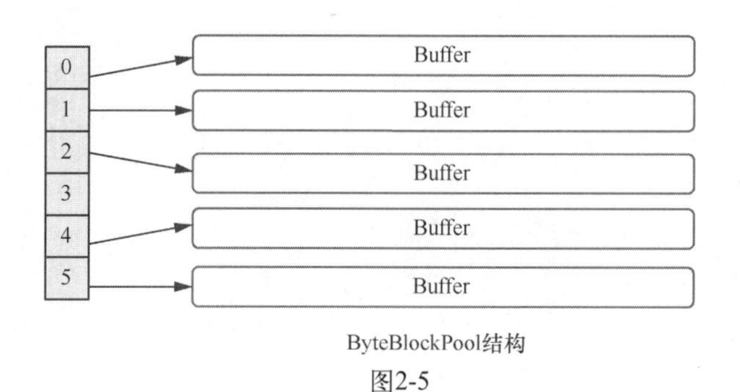

ByteBlockPool结构

图2-5

Slice链表

构建索引的过程，本质是将文档的内容拆分成多个分词，并为每个分词初始化一个倒排列表结构，建立分词在段中的倒排索引结构。

因为一个分词可能会出现在多个文档中，而且在每个文档中出现的次数与位置都无法确定，所以Lucene无法预知一个分词需要多大的内存空间来存储倒排索引信息。

因此，Lucene在ByteBlockPool数据结构基础之上设计了可变长的逻辑结构。这个结构就是Slice链表，它的节点类型称为Slice节点。Lucene将Slice链表分成10级，各级Slice节点的长度定义在levelSizeArray数组中，逐级递增，10级之后链表元素的长度恒定。newSlice方法用来向ByteBlockPool二维数组的物理空间申请一个大小为Size的Slice节点。

代码清单2-3　分词在数据块中申请Slice节点

```
public int newSlice(final int size) {
  if (byteUpto > BYTE_BLOCK_SIZE-size)
    nextBuffer();
  final int upto = byteUpto;
  byteUpto += size;
  buffer[byteUpto-1] = 16;
  return upto;
}
```

每个Slice节点的最后4字节（next指针）用来存储下一个Slice节点的首地址，从而构成Slice链表。Slice节点可以跨越多个缓存。Slice节点的本质是一维字节数组（byte[]）。ByteBlockPool实现在动态二维数组的物理空间之上构建一个逻辑上连接的内存块Slice链表。声明Slice数组切片大小的代码如下：

```
final static int[] nextLevelArray = {1, 2, 3, 4, 5, 6, 7, 8, 9, 9};
final static int[] levelSizeArray = {5, 14, 20, 30, 40, 40, 80, 80, 120, 200};
```

如果将逻辑Slice链表理解成分布式文件系统中的文件，每个Slice节点则是文件的数据块（Data Chunk）。不同的是文件系统中的数据块是大小固定的，而Slice节点的长度是分级的，即非固定大小的数据块，如图2-6所示。

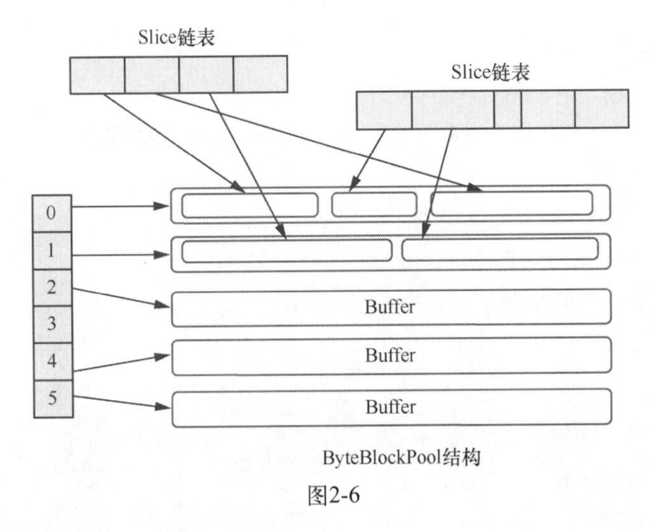

图2-6

2.4.4 Posting与ByteBlockPool的关系

如图2-7所示，在一个ThreadState对象的作用域内，ByteBlockPool是共享的动态二维物理空间，用来存储倒排索引信息，比如分词出现的文档列表、频度和位置 。Posting结构指向ByteBlockPool维护的内存中的特定位置，从而间接定位与访问分词的元信息。多个分词的倒排索引信息共享ByteBlockPool二维物理空间，以避免存储重复的数据，提升内存使用效率。

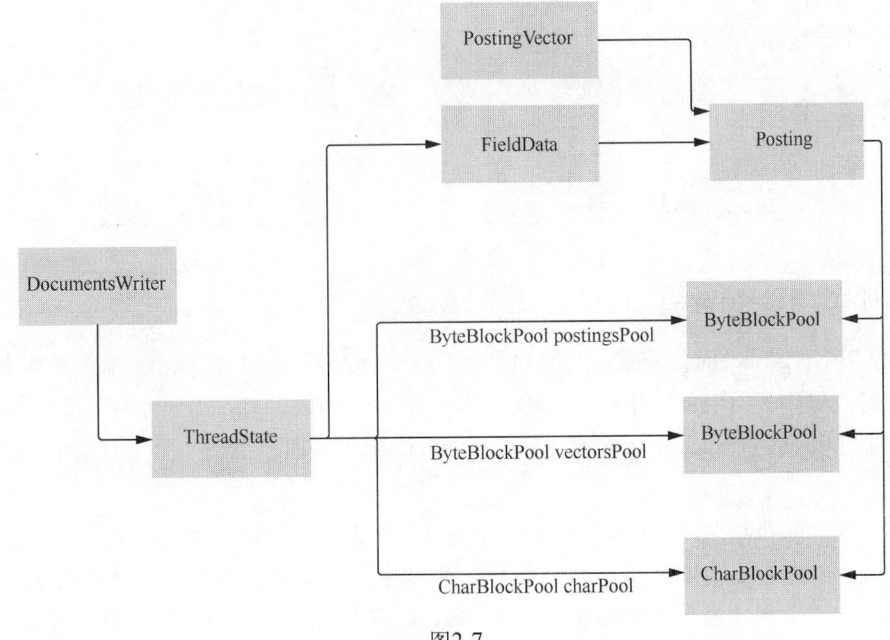

图2-7

Posting结构字段的分类如下。

- <textStart>：代表分词值在ByteBlockPool内存块中的起始地址。
- <docID, docFreq>：二元组构成一个Slice链表，代表分词出现在哪些文档中，以及它出现的频度。
- <position, payload>：二元组构成一个Slice链表，代表分词出现在文档中的具体位置，以及有效负载（Payload）元数据。

图2-8简化展示了分词的存储结构。

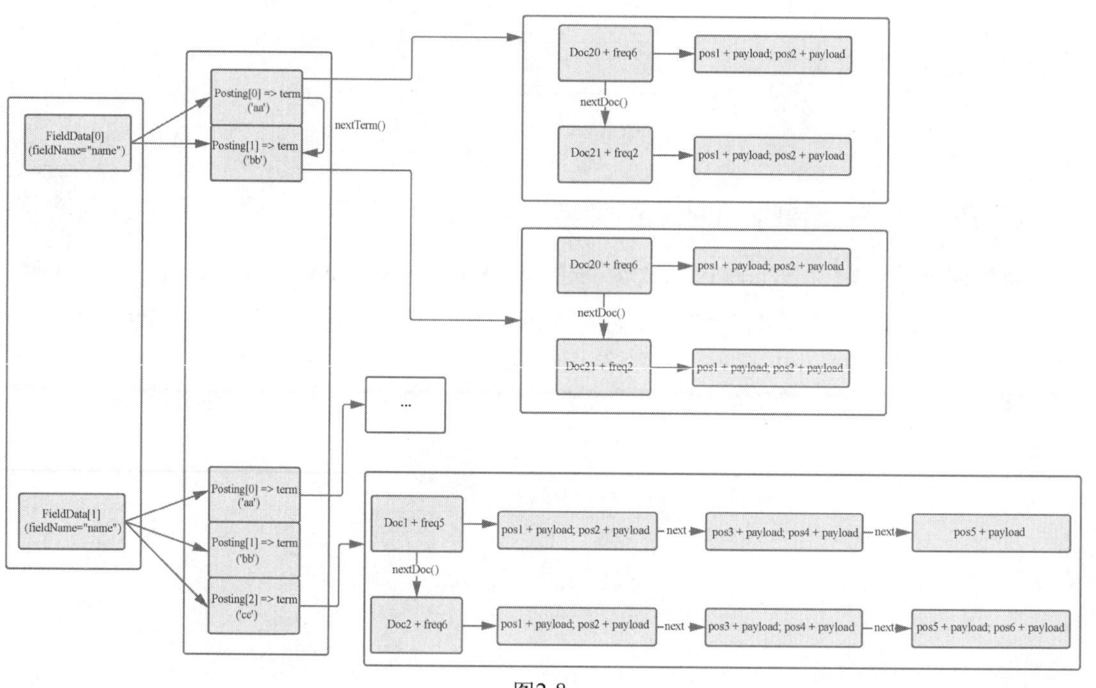

图2-8

2.4.5　ThreadState结构

如图2-7所示，Lucene会为插入的文档创建ThreadState对象，允许多个线程并行分析多个文档并将其写入倒排索引中，比如将<docID, docFreq> Slice链表、<position, payload> Slice链表信息统一存储于共享的ThreadState上下文。ThreadState用来处理一批或一个文档。它的主要流程如下。

- ThreadState#init(doc)：用来完成对文档字段的分析，并初始化FieldData[]数组。
- ThreadState#processDocument(analyzer)：用来完成对FieldData[]数组的迭代遍历。FieldData结构包含组成文档的字段和字段的值。processDocument方法将域切分成一串分词，最终由invertField方法构建分词的倒排索引结构。

- ThreadState#finishDocument：分析tvx、tvd、tvf索引文件并将其持久化到磁盘。

ThreadState#finishDocument方法执行结束后，分词的倒排索引信息，如<docID, docFreq>、<position, payload>仍然保存在Posting、ByteBlockPool内存结构中，并没有序列化进磁盘。

代码清单2-4 ThreadState分析文档并构建分词倒排索引

```
private final class ThreadState {
  Posting[] postingsFreeList;
  // Free Posting instances
  int postingsFreeCount;

  RAMOutputStream tvfLocal = new RAMOutputStream();
  // Term vectors for one doc
  RAMOutputStream fdtLocal = new RAMOutputStream();
  // Stored fields for one doc
  FieldsWriter localFieldsWriter;
  // Fields for one doc

  long[] vectorFieldPointers;
  int[] vectorFieldNumbers;

  FieldData[] fieldDataArray;
  // Fields touched by current doc

  final ByteBlockPool postingsPool = new ByteBlockPool();
  final ByteBlockPool vectorsPool = new ByteBlockPool();
  final CharBlockPool charPool = new CharBlockPool();
}
```

2.4.6 DocumentsWriter结构

首先应明确DocumentsWriter与ThreadState之间的关系。DocumentsWriter支持在多线程上下文中进行文档的分析与插入，其内部维护多个ThreadState实例对象。ThreadState具备线程安全地分析文档和更新索引的能力。

代码清单2-5 DocumentsWriter线程安全地分析和管理文档

```
final class DocumentsWriter {
  private IndexWriter writer;
  private Directory directory;

  private FieldInfos fieldInfos = new FieldInfos();
  // All fields we've seen
  private IndexOutput tvx, tvf, tvd;
  // To write term vectors
  private FieldsWriter fieldsWriter;
  // To write stored fields

  private String segment;
  // Current segment we are working on
```

```
  private ThreadState[] threadStates = new ThreadState[0];
  private final HashMap threadBindings = new HashMap();
}
```

DocumentsWriter内部复用ThreadState机制以实现多线程并行分析文档并更新索引的功能，其基本流程简化如下。

- DocumentsWriter#AddDocument(docs)
  - ThreadState1
- ThreadState1#init(doc1)
- ThreadState#processDocument
- ThreadState#finishDocument
  - ThreadState2
- ThreadState2#init(doc2)
- ThreadState2#processDocument
- ThreadState2#finishDocument
- DocumentsWriter#Close
  - DocumentsWriter#flush
  - DocumentsWriter#writeSegment

DocumentsWriter持有多个ThreadState实例，ThreadState实例管理着独自的FieldData（域数据）。相同分词在写索引前必须合并FieldData结构。

我们可以将ThreadState管理的倒排索引简单理解成Slice链表、 <docID, docFreq>Slice链表、<position, payload> Slice链表结构信息。合并FieldData[]数组是为了处理不同ThreadState对象管理的Term-Posting、ByteBlockPool、CharBlockPool实例。考虑到需要对多个ThreadState管理的分词进行合并，我们换一个树形视图来解读上述数据结构，如图2-9所示。

- DocumentsWriter是写数据的源头，它管理多个ThreadState实例对象，并用来支持多线程并行将多个文档写入同一个索引。
- ThreadState负责将一批或一个文档数据写入索引。
  - 单个文档由多个域组成。每个域由分词器转换为一系列的分词，即单个域由一个或者多个分词组成。一个分词简化成一个或者多个<docID, docFreq>元组。
  - 对于每个分词的倒排列表，<docID, docFreq> Slice链表信息分别表示分词出现的文档号和对应的词频，比如Term1出现在doc1和doc2中，就会出现两个元组<doc1, freq1>和<doc2, freq2>。
  - 每个<docID, docFreq>元组由一个或者多个<position, payload>组成。一个文档中可能多次出现相同的分词，同一分词对应的<docID, docFreq>元组只需要记录一次，但是<position, payload>需要根据分词出现的频度来记录分词每一次出现在文档中具体的位置。因此存储<position, payload>的prx索引文件比较大。

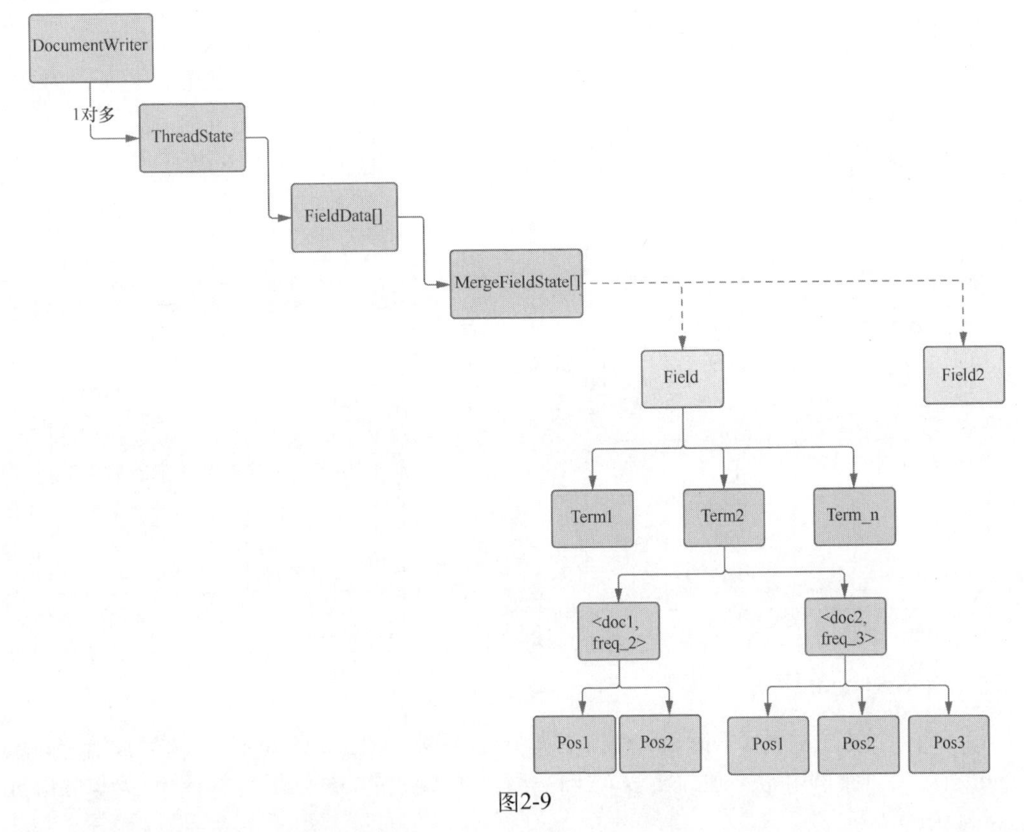

图2-9

1．两棵树合并：倒排索引的合并

Lucene中的索引由一个或者多个段组成。段是最小的独立索引单元，由多个文档构成。段组织结构如图2-10所示。

一个ThreadState实例对象负责一个文档数据的写索引操作。当我们写段文档时，需要进一步将DocumentsWriter管理的多个文档数据进行合并。文档合并本质上是将不同文档中相同分词的倒排索引结构进行合并。之所以这么做，是因为引入ThreadState导致的问题。

Lucene支持多线程并行写文档并更新索引。更准确地说，Lucene引入ThreadState来支持多线程并行分析文档，并在内存中为分词构建倒排索引结构。这会带来一个新的问题：不同文档解析出的分词，其构造的倒排索引结构存储在各自的ThreadState#ByteBlcokPool局部缓存中。

DocumentsWriter#flush方法把内存中的倒排索引数据刷新到目录并生成段，之后写入段的数据文档才允许用户搜索。换句话说，DocumentsWriter管理一堆ThreadState对象，而不同ThreadState对象管理一堆文档的倒排索引结构。这具体表现在ThreadState使用ByteBlockPool结构来缓存倒排索引信息。DocumentsWriter#flush方法用来操作与合并众多局部的ByteBlockPool结构。

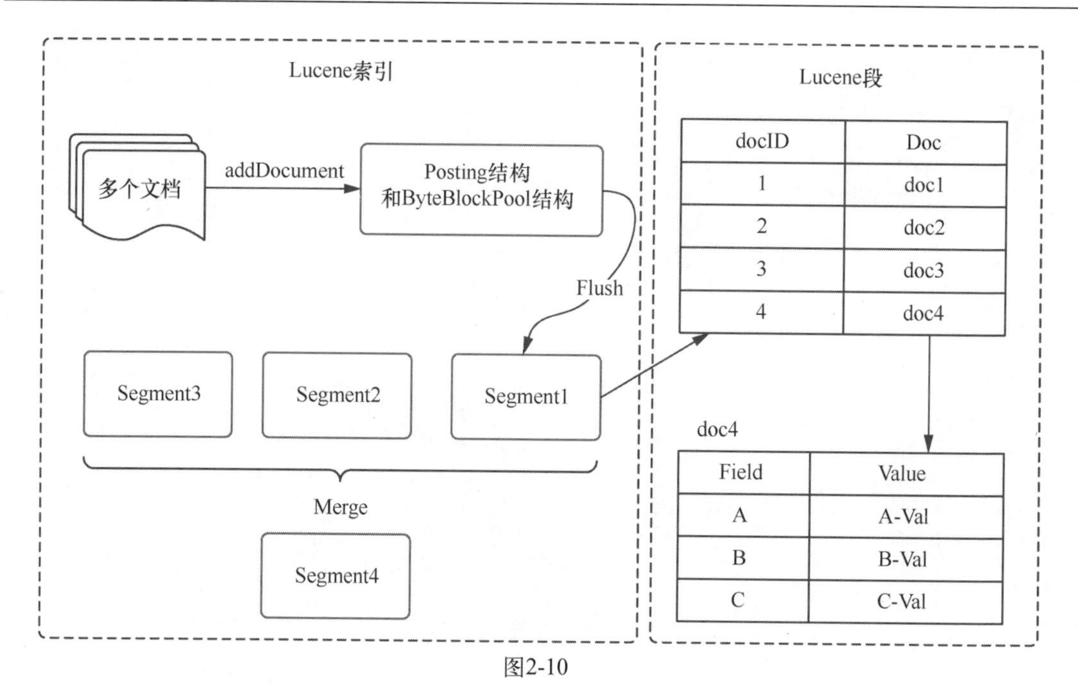

图2-10

2. writeSegment逻辑

writeSegment方法从多个ThreadState上下文中取出不同文档的FieldData，然后找出相同域名的FieldData。接下来调用appendPostings方法将具有相同域名的FieldData进行合并，并更新tii、tis、frq、prx索引文件。

代码清单2-6　writeSegment创建段索引文件

```
private List writeSegment() throws IOException {
  IndexOutput freqOut = directory.createOutput(segmentName + ".frq");
  IndexOutput proxOut = directory.createOutput(segmentName + ".prx");

  while(start < numAllFields) {

      final String fieldName = ((ThreadState.FieldData) allFields.get(start)).fieldInfo.
name;

      int end = start+1;
      while(end < numAllFields && ((ThreadState.FieldData) allFields.get(end)).fieldInfo.
name.equals(fieldName))
        end++;

      ThreadState.FieldData[] fields = new ThreadState.FieldData[end-start];
      for(int i=start;i<end;i++)
        fields[i-start] = (ThreadState.FieldData) allFields.get(i);

      // If this field has postings then add them to the
      // segment
```

```
    appendPostings(fields, termsOut, freqOut, proxOut);

    for(int i=0;i<fields.length;i++)
      fields[i].resetPostingArrays();

    start = end;
  }
  return flushedFiles;
}
```

3. appendPostings逻辑

appendPostings方法将相同分词的倒排列表进行合并，并将其添加到索引文件中。appendPostings方法先取出DocumentsWriter管理的多个ThreadState对象，然后遍历每个局部的ThreadState# ByteBlockPool缓存结构，将相同分词的倒排列表进行合并。

比如，在下面的示例中，两个相同的term1出现在不同的文档doc1与doc2中，并且分别由不同的ThreadState1与ThreadState2对象来解析、管理与存储。

```
//ThreadState1#ByteBlockPool缓存
term1 -> <doc1, freq2>              //对应frq索引文件
term1 -> <pos1-1,pos1-2>            //对应pos索引文件

//ThreadState2#ByteBlockPool缓存
term1 -> <doc2, freq2>              //对应frq索引文件
term1 -> <pos2-1,pos2-2>            //对应pos索引文件
```

term1的倒排列表经过合并后，其最终结构会变更成如下形式：

```
term1 -> <doc1, freq2> <doc2, freq2>         //对应frq索引文件
term1 -> <pos1-1, pos1-2> <pos2-1, pos2-2> //对应pos索引文件
```

既然是分词的倒排索引合并，appendPostings方法自然是按照Field、Term、<docID, docFreq>、<position, payload>典型的4层结构来遍历的。

- while(numFields > 0)：代表对域的遍历。
- while(numToMerge > 0)：代表对分词与<docID, docFreq>二元组的遍历。
- for(int j=0; j<termDocFreq; j++)：代表对<position, payload>二元组的遍历。

代码清单2-7 appendPostings将相同分词的倒排列表进行合并

```
void appendPostings(ThreadState.FieldData[] fields,
                    TermInfosWriter termsOut,
                    IndexOutput freqOut,
                    IndexOutput proxOut){

  final int fieldNumber = fields[0].fieldInfo.number;
  int numFields = fields.length;

  final FieldMergeState[] mergeStates
    = new FieldMergeState[numFields];

  for(int i=0;i<numFields;i++) {
    FieldMergeState fms = mergeStates[i]
```

```
      = new FieldMergeState();

    fms.field = fields[i];
    fms.postings = fms.field.sortPostings();
    assert fms.field.fieldInfo == fields[0].fieldInfo;
    // Should always be true
    boolean result = fms.nextTerm();
    assert result;
  }

  final int skipInterval = termsOut.skipInterval;
  currentFieldStorePayloads
    = fields[0].fieldInfo.storePayloads;

  FieldMergeState[] termStates
    = new FieldMergeState[numFields];

  while(numFields > 0) {

    // Get the next term to merge
    termStates[0] = mergeStates[0];
    int numToMerge = 1;

    for(int i=1;i<numFields;i++) {
      final char[] text = mergeStates[i].text;
      final int textOffset = mergeStates[i].textOffset;
      final int cmp = compareText(text, textOffset, termStates[0].text, termStates[0].
textOffset);

      if (cmp < 0) {
        termStates[0] = mergeStates[i];
        numToMerge = 1;
      } else if (cmp == 0)
        termStates[numToMerge++] = mergeStates[i];
    }

    int df = 0;
    int lastPayloadLength = -1;

    int lastDoc = 0;

    final char[] text = termStates[0].text;
    final int start = termStates[0].textOffset;
    int pos = start;
    while(text[pos] != 0xffff)
      pos++;

    long freqPointer = freqOut.getFilePointer();
    long proxPointer = proxOut.getFilePointer();

    skipListWriter.resetSkip();

    // Now termStates has numToMerge FieldMergeStates which all share the same term.
    // Now we must interleave the docID streams
```

```
while(numToMerge > 0) {

  if ((++df % skipInterval) == 0) {
    skipListWriter.setSkipData(lastDoc, currentFieldStorePayloads, lastPayloadLength);
    skipListWriter.bufferSkip(df);
  }

  FieldMergeState minState = termStates[0];
  for(int i=1;i<numToMerge;i++)
    if (termStates[i].docID < minState.docID)
      minState = termStates[i];

  final int doc = minState.docID;
  final int termDocFreq = minState.termFreq;

  assert doc < numDocsInRAM;
  assert doc > lastDoc || df == 1;

  final int newDocCode = (doc-lastDoc)<<1;
  lastDoc = doc;

  final ByteSliceReader prox = minState.prox;

  // Carefully copy over the prox + payload info,
  // changing the format to match Lucene's segment format
  for(int j=0;j<termDocFreq;j++) {
    final int code = prox.readVInt();
    if (currentFieldStorePayloads) {
      final int payloadLength;
      if ((code & 1) != 0) {
        // This position has a payload
        payloadLength = prox.readVInt();
      } else
        payloadLength = 0;
      if (payloadLength != lastPayloadLength) {
        proxOut.writeVInt(code|1);
        proxOut.writeVInt(payloadLength);
        lastPayloadLength = payloadLength;
      } else
        proxOut.writeVInt(code & (~1));
      if (payloadLength > 0)
        copyBytes(prox, proxOut, payloadLength);
    } else {
      assert 0 == (code & 1);
      proxOut.writeVInt(code>>1);
    }
  }

  if (1 == termDocFreq) {
    freqOut.writeVInt(newDocCode|1);
  } else {
```

```
        freqOut.writeVInt(newDocCode);
        freqOut.writeVInt(termDocFreq);
      }

      if (!minState.nextDoc()) {
        // Remove from termStates
        int upto = 0;
        for(int i=0;i<numToMerge;i++)
          if (termStates[i] != minState)
            termStates[upto++] = termStates[i];
        numToMerge--;

        // Advance this state to the next term
        if (!minState.nextTerm()) {
          // OK, no more terms, so remove from mergeStates as well
          upto = 0;
          for(int i=0;i<numFields;i++)
            if (mergeStates[i] != minState)
              mergeStates[upto++] = mergeStates[i];
          numFields--;
        }
      }
    }

    assert df > 0;

    // Done merging this term
    long skipPointer = skipListWriter.writeSkip(freqOut);

    // Write term
    termInfo.set(df, freqPointer, proxPointer, (int) (skipPointer - freqPointer));
    termsOut.add(fieldNumber, text, start, pos-start, termInfo);
  }
}
```

2.5 Lucene的正排索引设计

2.5.1 正排索引与倒排索引

大家已经非常熟悉了，倒排索引展示的是从分词到docID的映射关系，其管理数据结构的路径为：

```
field -> term -> docID -> freq/pos/offset/payload
```

正排索引展示的则是从docID到文档内容、文档字段的关联关系，其管理数据结构的路径为：

```
docID -> field -> term -> freq/pos/offset/payload
```

简单来说，倒排索引数据结构的设计更加适合回答一般的查询，比如查询某个值出现在哪些文档中，这是搜索引擎中最基本的查询功能。一旦找到了一个文档，就可以充分利用正排索引的数据结构，确切地找出分词在文档中的位置，并通过高亮显示在结果中。

2.5.2 Lucene的正排索引与数学中的向量的关系

Lucene中的分词在本质上可以理解为向量，一个分词就是一个向量，向量中包含docID、分词、词频、分词在文档中出现的位置与偏移量等信息，如下所示：

```
docID -> field, term
term -> (freq, pos, offset, payload)
[docID , field , term , freq/pos/offset/payload]
```

分词向量（Term Vector）是对文档中的域建立词频的多维度的向量空间，可以简单理解成此分词在该文档中出现的次数的列表。

通过上述信息我们可以发现，Lucene在搜索时可以做很多有趣的事情，比如，向量间的相似度问题被广泛应用于文本搜索和信息检索中。假设对两个分词的向量做如下简单建模：

```
term1: [frq-3, pos1, pos2, pos3]
term2: [frq-2, pos1, pos2]
```

可以想象在一个多维空间中，对term1和term2两个向量进行建模并计算两个向量的点乘，最终结果的值越大说明两个向量的相似度越高。

1. 向量点乘定义

如公式2-1所示，两个向量的点乘的值除以两个向量的模，所得的结果即两个向量的夹角的余弦值。

- 如果向量***V***与向量***W***点乘结果为0，说明两个向量垂直。
- 如果向量***V***与向量***W***点乘结果大于0，说明两个向量的夹角为锐角。
- 如果向量***V***与向量***W***点乘结果小于0，说明两个向量的夹角为钝角。

$$\cos\theta = \frac{\vec{v}\cdot\vec{w}}{\|\vec{v}\|\cdot\|\vec{w}\|} = \frac{\vec{v_1}\cdot\vec{w_1}+\vec{v_2}\cdot\vec{w_2}+\cdots+\vec{v_n}\cdot\vec{w_n}}{\|\vec{v}\|\cdot\|\vec{w}\|} \quad \text{（公式2-1）}$$

2. 向量的应用

在推荐系统中，如果针对一组物品、电影或者音乐进行推荐，那么如何判断两部电影是否相似？背后的数学逻辑就是向量的点乘。

每一部电影都可以理解成多维空间中的一个点，这是理解向量的一种方式。对于电影而言，它的属性包含电影的制作时间、导演、出品人、电影类型等多个维度上的信息。相应地，我们描述一部电影就变成在一个多维空间内进行向量化建模。这个时候，两部电影就可以理解成多维空间中的两个向量，如图2-11所示。

此时可以计算这两个代表电影的向量之间的夹角：

- 如果夹角是直角，说明这两个向量是无关的。
- 如果夹角是钝角，说明这两个向量相背离。

- 如果夹角是锐角，说明这两个向量在一些部分是重合的，也就是说这两部电影是相似的。两个向量的值越大，说明两部电影就越相关。

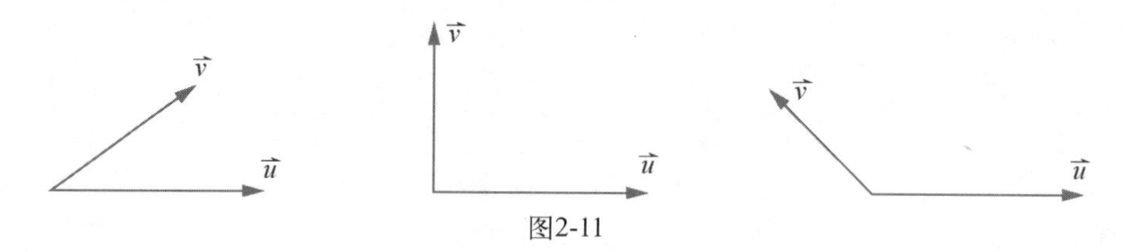

图2-11

3. 向量化（数据建模）

事实上，向量是一个非常实用和强大的思维模型。它在数学中广泛使用，同样也在编程与软件工程中频繁使用。在数据结构中，向量表示为一个数组。向量化的本质是对业务概念进行数据建模，比如考虑一个Film（电影）数据结构：

```
type Film struct {
  Name string
  Producer string
  ID uint64
  Genres List<string>
  Comments List<Comment>
}
```

如果将上述Film数据结构中的每个字段视为空间坐标系的某个轴（*X*/*Y*/*Z*），并且每个值都是轴上的一个点，那么Film对象可以通过它的多个字段属性值来刻画，从而可以将这个Film对象看作多维空间中的一个点，也就是多维空间中的一个向量。因此数据建模就是对真实世界对象进行向量化的过程。无论何时，只要你想在计算机中描述一些概念，都可以将这个抽象概念进行向量化，并将向量化的模型存储于数据库中。

2.5.3 正排索引存储

段是索引中最小的独立存储单元。一个索引文件由一个或多个段文件组成。而一个段文件由一个或多个文档组成。分词向量设计了3个索引文件tvf、tvd、tvx以实现对索引、文档、域、分词、词频和词出现的位置的正排索引，如图2-12所示。正是因为有了分词向量，才可以知道一个索引包含哪些段，每个段又包含哪些文档，每个文档包含哪些域，每个域包含哪些分词。

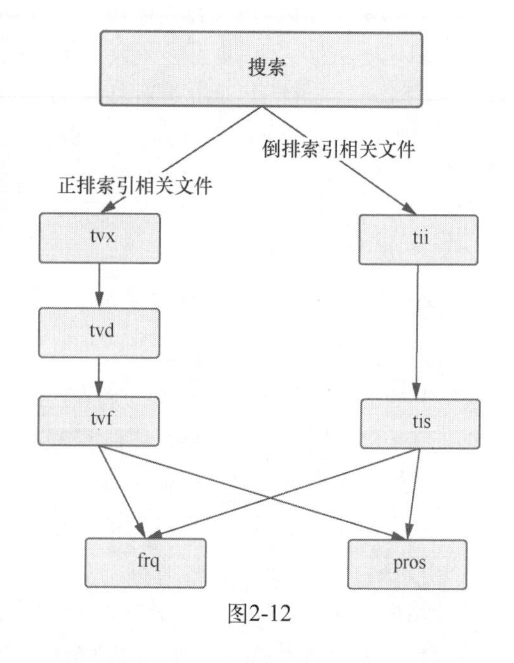

图2-12

1. tvx文件

若一个段包含*M*个文档，则对应的tvx文件就有*M*项，每一项代表一个文档。每一项包含两部分信息：第一部分是此文档在tvd文件中的位置的偏移量，第二部分是此文档中第一个域在tvf文件中的位置的偏移量，如图2-13所示。tvx索引文件的结构如下：

```
.tvx -> TVXVersion<DocumentPosition,FieldPosition> NumDocs
FieldPosition --> UInt64 (offset in the .tvf file)
```

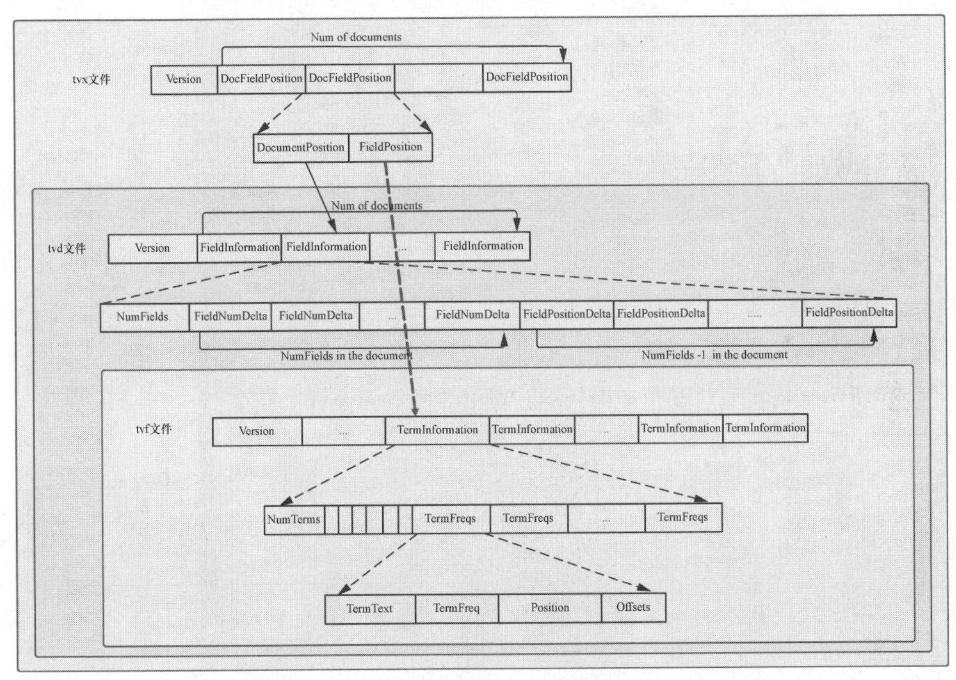

图2-13

2. tvd文件

tvd文件中每一项FieldInformation都包含一个文档的所有域的信息。在每一项中，首先是NumFields，表示此文档包含域的个数；然后是一个NumFields大小的数组，其元素是每个域的ID；最后是一个NumFields−1大小的数组，其元素对应NumFields−1域在tvf文件中的位置的偏移量，如图2-13所示。tvd文件的结构如下：

```
.tvd -> TVDVersion<NumFields, FieldNums, FieldPositions> NumDocs
FieldNums --> <FieldNumDelta> NumFields
FieldPositions --> <FieldPositionDelta> NumFields-1
```

3. tvf文件

tvf文件包含段中所有文档的所有域。如何区分每个文档的起始与结束位置？这是由tvx文件中第一个域的偏移量以及tvd文件中的NumFields−1个字段域的偏移量来决定的。

对于tvf文件中的每一个域，首先是代表文档中某个被索引的字段值Field-Value经过分词器解析出的分词的个数NumTerms；然后是一个8位的字节，其中最后两位分别表示是否保存此分词的位置信息和偏移信息；接着是一个NumTerms大小的数组，其中每个数组元素代表一个分词信息，每个分词信息由TermText、TermFreq、Positions和Offsets组成，如图2-13所示。tvf文件的结构如下：

```
.tvf -> TVFVersion<NumTerms, Position/Offset, TermFreqs> NumFields
TermFreqs --> <TermText, TermFreq, Positions?, Offsets?> NumTerms

TermText --> <PrefixLength, Suffix>
Positions --> <VInt>TermFreq
Offsets --> <VInt, VInt>TermFreq
```

2.5.4 索引数据的写流程

从数据结构角度来分析，文档的3部分元信息需要持久化到磁盘。

- 正排索引结构。
- 倒排索引结构。
- 跳表（SkipList）结构。

如图2-14所示，从实现功能角度来分析，索引数据的写流程如下。

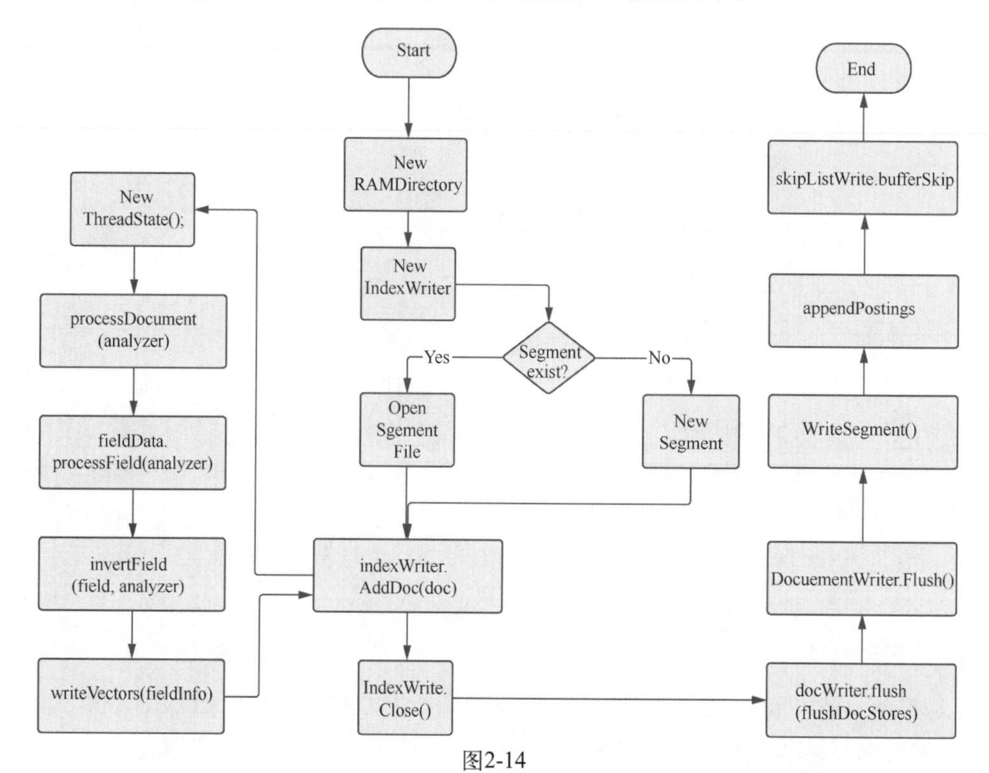

图2-14

① 打开段进行准备工作。

② 创建ThreadState对象来并行处理文档记录并更新索引。它对文档进行如下预处理。

- 逐个分析文档中的域，并利用分词器将域切分成多个分词。InvertField方法负责在内存中为每个分词构建倒排列表(Posting)。Posting使用ByteBlockPool和CharBlockPool管理Term、TermFreq、TermPositions等元数据。
- 将域的元信息写入fdt文件。Lucene搜索引擎读取文档的操作往往采用随机访问的方式，将域的元信息写入fdt文件的同时还需要为fdt文件构建fdx索引文件。fdx索引文件提供快速随机访问信息的能力。
- 使用writeVectors方法在内存中构建正排索引，主要体现在对tvf、tvd和tvx3个索引文件的管理上。

③ DocumentsWriters管理多个ThreadState实例。ThreadState管理多个分词的倒排索引的结构。appendPostings方法负责将ThreadState管理的分词进行倒排索引然后合并，并最终写入frq和prx索引文件中。TermInfosWriter实例负责更新tis和tii索引文件。tis索引文件记录<term, list>基本信息，并关联该分词在frq、prx文件中的偏移量。但是tis文件仍然存在一个问题：当搜索数据量较大时，很难在tis文件中快速定位到某个分词。为了解决这个问题，Lucene引入了tii索引文件，它是tis文件的索引。按照tis文件内给定的固定间隔进行采样生成tii索引文件。tii索引文件可以完全加载进内存以完成高效搜索。

④ 跳表：frq与prx文件记录了<term, list<doc>, list<doc-frq>, list<doc-pos>>元组信息。list<doc-frq>或者list<doc-pos>存储的文件会变大，对应的搜索性能会变差。因此在写入索引过程中，Lucene会为frq、prx文件建立对应的跳表结构以支持高效搜索。

2.6 有效负载

在Lucene中，有效负载是一个字节数组，可以选择性地将有效负载写入分词的倒排索引文件。有效负载机制允许在索引中存储一些额外的元数据，然后在索引与检索过程中充分利用这部分负载携带的元数据，对搜索文档进行打分与过滤。

2.6.1 有效负载的结构

索引是现代搜索引擎的核心。Lucene的核心数据结构是倒排索引，它用来映射一个分词在一个或者一组文档中的存储位置。倒排列表中记录了某个分词出现的文档列表，以及在文档中的位置信息和有效负载信息。

简而言之，有效负载有如下两个基本功能。

- 存储每个文档的元数据。
- 影响最终的文档评分机制。

倒排索引结构本质上是一个哈希表，其中键是分词，而对应的值是一个链表，用来存储当前分词出现的文档列表。举例说明如何分析文档是否产生有效负载。有3个文档，内容如下：

```
doc1: structured search, full-text search
doc2: nearest-neighbor search
doc3: fuzzy search
```

假设doc2中的搜索字符串是加粗的字体，doc1和doc3中的搜索字符串是正常字体。Lucene为了在索引结构中突出这个差别，通过有效负载来存储每个分词的元数据，比如此处文档中的搜索分词的元数据是“加粗”。与此同时，Lucene也允许在检索分词时分析负载信息，如图2-15所示。

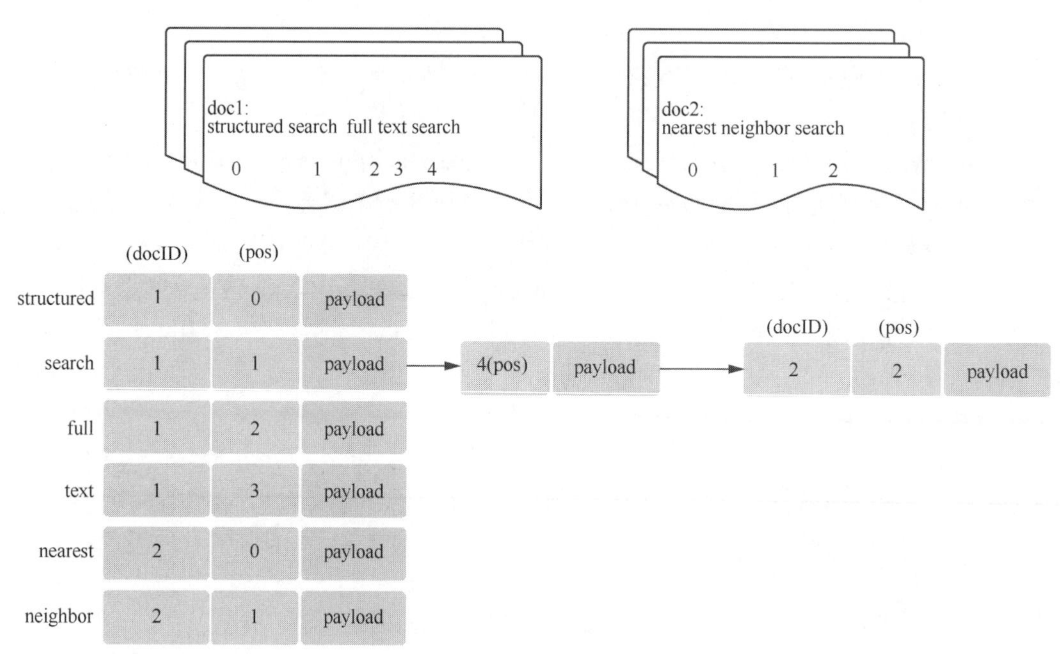

图2-15

2.6.2　有效负载的格式

对每个分词构建倒排索引，其中包含分词词频、词的位置和有效负载元数据。有效负载的格式如下：

```
ProxFile (.prx) --> <TermPositions> TermCount

TermPositions --> <Positions> DocFreq
Positions --> <PositionDelta,Payload?> Freq
Payload --> <PayloadLength?,PayloadData>

PositionDelta --> VInt
PayloadLength --> VInt
PayloadData --> bytePayloadLength
```

2.6.3 文档权重与域权重

Lucene将查询出的结果按照与搜索关键字的相关性进行排序，越相关的越靠前。影响一个分词相关性的因素如下。

- 词频（Term Frequency，TF）：某分词在文档中出现的次数，TF越大说明该分词越重要。
- 文档频率（Document Frequency，DF）：表示索引中有多少文档包含某分词，DF越大说明该分词越不重要。比如某个索引中共有100个文档，每个文档都包含"doc"分词，这说明"doc"分词太普遍，不构成查询因子的重要因素。
- 权重（Boost）：影响文档评分结果。Boost是一个加权值，默认值为1。

在Lucene索引阶段设置文档或者域的Boost值，存储在nrm文件中。如果你希望某些文档或者域比其他文档或者域有更高的评分权重，就可以在索引阶段为这些文档或者域设定Boost值。存储在nrm文件中的Boost值，一旦初始化后就不允许删除，除非最后删除文档。

代码清单2-8 设置Document的Boost来影响文档的权重

```
public void testDocBoost() throws Exception {
  RAMDirectory store = new RAMDirectory();
  IndexWriter writer = new IndexWriter(store, new SimpleAnalyzer(), true);

  Fieldable f1 = new Field("field", "word", Field.Store.YES, Field.Index.TOKENIZED);
  Fieldable f2 = new Field("field", "word", Field.Store.YES, Field.Index.TOKENIZED);
  f2.setBoost(2.0f);

  Document d1 = new Document();
  Document d2 = new Document();
  Document d3 = new Document();
  Document d4 = new Document();
  d3.setBoost(3.0f);
  d4.setBoost(2.0f);

  d1.add(f1);
  d2.add(f2);
  d3.add(f1);
  d4.add(f2);

  writer.addDocument(d1);
  writer.addDocument(d2);
  writer.addDocument(d3);
  writer.addDocument(d4);
}
```

2.6.4 权重与有效负载

使用一个例子来说明权重与有效负载的区别。假设有如下两个文档。

```
doc1: this is a car         [添加了同义词vehicle]
doc2: this is a vehicle     [添加了同义词car]
```

文档doc1中添加了vehicle这个同义词，doc2中添加了car这个同义词。同义词过滤存在如下需求。

- 当使用vehicle这个分词来检索时，第二个文档评分高于第一个文档。
- 当使用car这个分词来检索时，第一个文档评分高于第二个文档。

Lucene引擎中添加同义词检索是通过扩展TokenFilter，在TokenFilter#next方法中对单词流进行扩充实现的。简单理解为将一个单词变成多个单词，然后插入倒排索引结构中。在查询阶段对关键词进行同义扩展，并构建一个布尔逻辑表达式进行查询。

代码清单2-9　添加同义词搜索

```
public void testTokenReuse() {
  Analyzer analyzer = new Analyzer() {
    public TokenStream tokenStream(String fieldName, Reader reader) {
      return new TokenFilter(new WhitespaceTokenizer(reader)) {
        boolean first=true;
        Token buffered;

        public Token next() {
          return input.next();
        }

        public Token next(Token result) {
          if (buffered != null) {
            Token t = buffered;
            buffered=null;
            return t;
          }
          Token t = input.next(result);
          // index a "synonym" for every token
          buffered = (Token)t.clone();
          buffered.setPayload(null);
          buffered.setPositionIncrement(0);
          buffered.setTermBuffer(new char[]{'b'}, 0, 1);

          return t;
        }
      };
    }
  };
}
```

表面上看，使用文档权重可以完成需求，但在文档上设置权重会影响此文档中所有分词。

一个可行的思路是为分词开启有效负载。可以在文档中设置特定于分词的有效负载，比如将doc1中的vehicle分词的有效负载设置为1，而将doc2中的vehicle分词的有效负载设置为2，然后继承DefaultSimilarity类并重写scorePayload方法，取出分词有效负载并干预文档评分机制。

2.6.5　有效负载的应用场景

下面介绍有效负载的应用场景。

1. 场景1：标签

标签（Tag）的设置本质上是为了方便索引、查找和关联。

比如，对广告视频与图片这些媒体资源进行搜索时，标签的意义在于从非结构化的数据中提取结构化的数据，然后基于这些结构化的数据，继续对非结构化数据进行分类与挖掘，为用户提供丰富的搜索体验。

例如，用户画像标签（购物习惯）如下：

```
电子产品|2
健身产品|3
```

进行如下检索：

```
( 电子产品(购物习惯)> 1 )的用户
```

在业务系统中通常会为用户添加不同的标签，并且不同的标签有不同的权重，然后在检索时基于标签进行过滤，并依据权重系数对检索结果进行排序。

在Lucene中可以将“电子产品|0.8”中的权重值写入分词“电子产品”关联的有效负载元数据中。查询过程中利用有效负载元信息对文档进行过滤与排序的操作。

（1）PayloadAnalyzer

如图2-16所示，分析器可以看成分词器（Tokenizer）和过滤器（Filter）的组合，它可以应用于任何全文搜索系统中。如果将分析器看成一个管道，分词器即第一个分析阶段的工具，有且只有一个，用来读取原始文件并将其转换成Token对象列表；过滤器是第二个分析阶段的工具，允许由多个过滤器组成一个过滤器列表，用来对输入的Token对象列表进行分析，其输出仍然是Token对象列表。

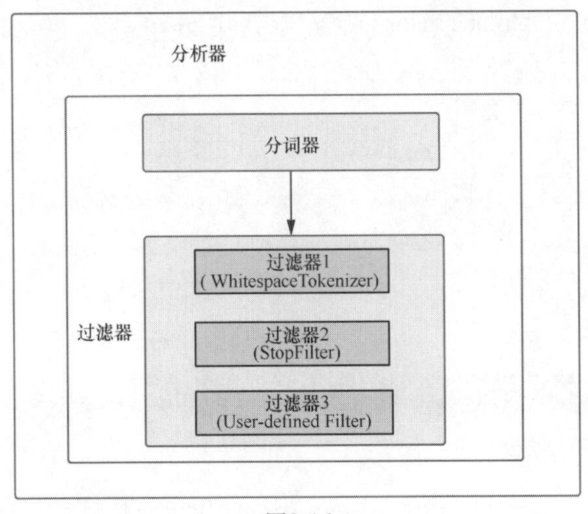

图2-16

在构建Lucene索引时，自定义PayloadAnalyzer对象将输入字符串进行等价的转换，比如从“电子产品|0.8”转换成“电子产品”分词和0.8这个有效负载。

代码清单2-10 实现解析有效负载数据的分析器

```
private class PayloadAnalyzer extends Analyzer {
  public TokenStream tokenStream(String fieldName, Reader reader) {
    TokenStream result = new LowerCaseTokenizer(reader);
    result = new PayloadFilter(result, fieldName);
    return result;
  }
}

private class PayloadFilter extends TokenFilter {
  String fieldName;
  int numSeen = 0;

  public PayloadFilter(TokenStream input, String fieldName) {
    super(input);
    this.fieldName = fieldName;
  }

  public Token next() throws IOException {
    Token result = input.next();
    //根据分词内容“电子产品|2”提取它的权重值，并写入Payload中
    result.setPayload(new Payload(weight));
    return result;
  }
}
```

（2）BoostingSimilarity

继承DefaultSimilarity并实现自定义BoostingSimilarity，实现从分词的有效负载中取出当前分词的权重值。BoostingSimilarity用来干预文档评分机制。

代码清单2-11 重写DefaultSimilarity定义排名和评分

```
static class BoostingSimilarity extends DefaultSimilarity {
  public float scorePayload(String fieldName,
                            byte[] payload, int offset,
                            int length) {
    //带权值的分词“电子产品|2”，payload[0]存储了权重
    return payload[0];
  }
}
```

（3）BoostingTermQuery

BoostingTermQuery检索时会考虑每个分词出现的位置和有效负载值，代码如下：

```
BoostingTermQuery query = new BoostingTermQuery(new Term("field", "seventy"));
TopDocs hits = searcher.search(query, null, 100);
```

2．场景2：日期区间检索

日期区间检索是区间检索的一个常见例子。比如，用户需要查询某商品在如下指定时间段的价格：

```
date: [6/1/2022 TO 6/29/2022]
```

比较常见的做法是将日期作为文档的一个独立域来进行存储，然后利用范围查询（Range Query）进行区间搜索。如果商品日期分布区间较广，并且业务需要将日期时间细化到年、月、日进行存储，就会产生数目可观的分词。

在这种情形下，可以使用有效负载机制来减少分词的数目，提高检索的效率。比如，可以将日期的年和月两部分作为分词，将日期的日作为有效负载信息，很显然，这样可以将分词数目减少至原先的1/30，如图2-17所示。

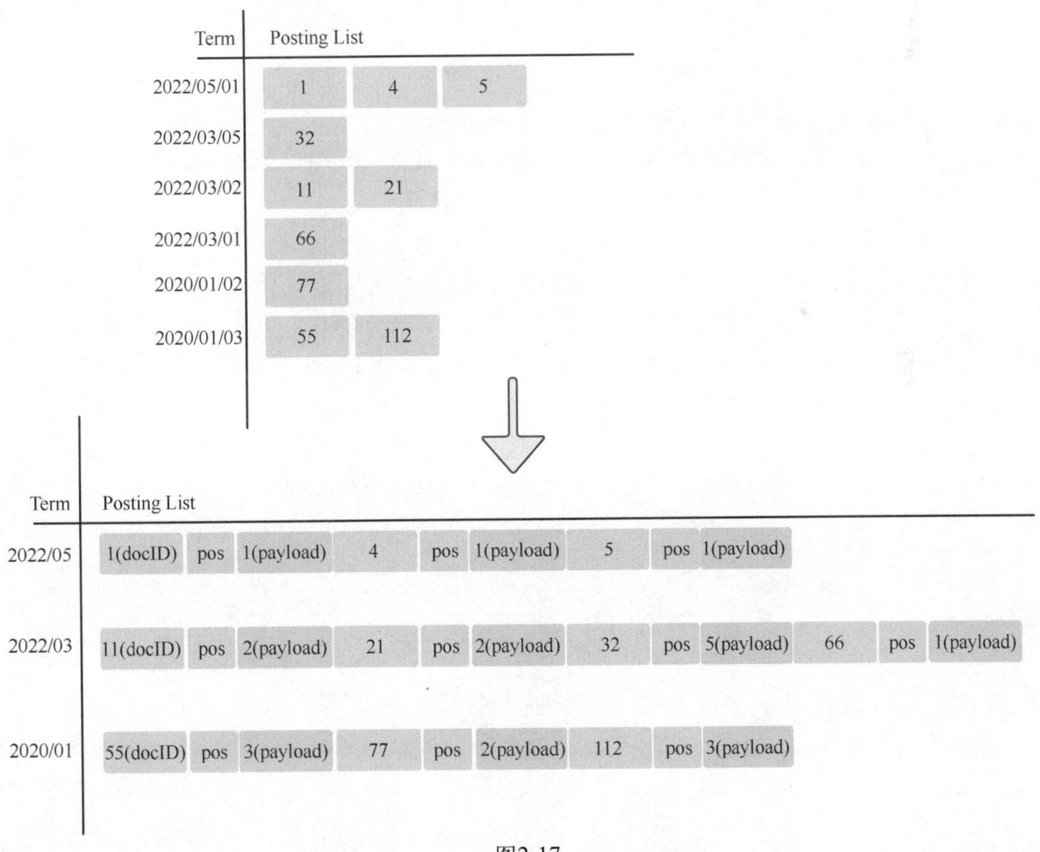

图2-17

2.7　复合索引文件

Lucene的索引文件由多个段组成，每个段由多个不同类型的文件组成。比如，记录域信息的fnm、fdt、fdx文件，记录分词词典与倒排索引信息的tis、tii、frq、prx文件，记录正排索引信息的tvf、tvd、tvx文件。这些子文件合并后生成一个复合索引文件。把所有索引信息存储到复合索引文件中将有效降低索引和搜索使用的文件句柄的数量，但如果合并因子设置过大，可能会带来文件句柄资源耗尽的风险。

2.7.1　复合索引的文件格式

索引文件合并后形成的文件称为复合索引文件。它由两个部分组成：文件项目录（FileEntryDirectory）和子文件内容（FileData）。FileEntryDirectory管理多个FileEntry，FileEntry用于定位每个子文件在复合索引文件中的位置偏移量。

下面的定义记录着每个文件在复合索引文件中的布局，理解它才能解析复合索引文件。

```
cfs -> <FileCount, FileEntryDirectory, <FileData>*>

FileEntryDirectory -> <FileEntry>*
FileEntry -> <FileName, directoryOffset, dataOffset>

FileData -> FileRawData
```

图2-18中展示了由多个文件组合成的一个复合索引文件，其组成如下。

- FileCount：表示该复合索引文件中包含子文件的数量。
- FileEntryDirectory：每个目录表示一组子文件头目录。
- FileEntry：表示某个子文件在复合索引文件中的布局。
  - DirectoryOffset：子文件的结构项（FileEntry）在复合索引文件中的偏移量。
  - DataOffset：子文件的数据（FileData）在复合索引文件中的偏移量。
- FileData：表示子文件的二进制数据流。

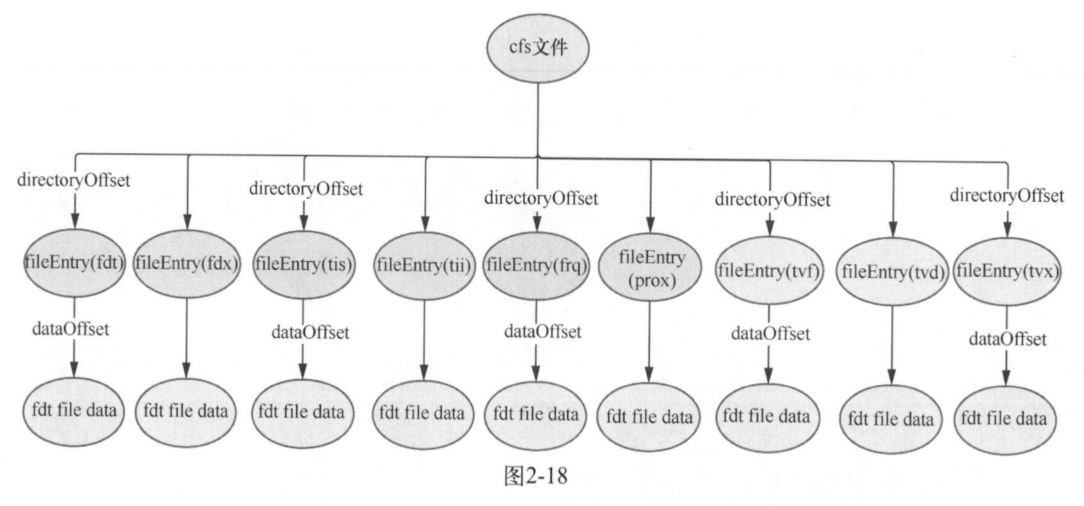

图2-18

代码清单2-12　使用CompoundFileWriter创建复合索引文件

```
final class CompoundFileWriter {
  private static final class FileEntry {
    String file;
    long directoryOffset;
    long dataOffset;
  }
```

```
  private Directory directory;
  private String fileName;
  private HashSet ids;
  private LinkedList entries;
}
```

2.7.2 写复合索引文件

写复合索引文件的基本流程为，先写子文件的个数，然后执行以下3个子循环。

- 第一个循环：写复合索引文件的文件结构项目录。每个FileEntry代表一个子文件在复合索引文件中的布局，比如子文件的FileEntry在复合索引文件中的偏移量（DirectoryOffset）、子文件的数据内容在复合索引文件中的偏移量（DataOffset）。此时DirectoryOffset被正确设置，但子文件的数据内容还未写入，所以DataOffset字段此时设置为0（具有占位符意义）。
- 第二个循环：遍历每个子文件内容并写入复合索引文件中，此时FileEntry正确记录了子文件的数据内容在复合索引文件中的偏移量。
- 第三个循环：重写复合索引文件的结构项目录。因为在经过第二层循环之后，FileEnery[]内存的结构已经完全正确设置了（DirectoryOffset和DataOffset），但复合索引文件的FileEntryDirectory还缺少DataOffset偏移量，所以需要使用第三层循环来补充。

代码清单2-13 close将域文件、段文件组合起来存储

```
public void close(){
  merged = true;

  IndexOutput os = null;
  try {
    os = directory.createOutput(fileName);

    // Write the number of entries
    os.writeVInt(entries.size());

    // Write the directory with all offsets at 0
    // Remember the positions of directory entries so that we can
    // adjust the offsets later
    Iterator it = entries.iterator();
    while(it.hasNext()) {
      FileEntry fe = (FileEntry) it.next();
      fe.directoryOffset = os.getFilePointer();
      os.writeLong(0);    // for now
      os.writeString(fe.file);
    }

    // Open the files and copy their data into the stream
    // Remember the locations of each file's data section
    byte buffer[] = new byte[16384];
    it = entries.iterator();
    while(it.hasNext()) {
```

```
      FileEntry fe = (FileEntry) it.next();
      fe.dataOffset = os.getFilePointer();
      copyFile(fe, os, buffer);
    }

    // Write the data offsets into the directory of the compound stream
    it = entries.iterator();
    while(it.hasNext()) {
      FileEntry fe = (FileEntry) it.next();
      os.seek(fe.directoryOffset);
      os.writeLong(fe.dataOffset);
    }
    tmp.close();
  }
}
```

事实上，复合索引文件的FileEntry结构需要分两步写。这是为什么？这是因为复合索引文件是按顺序写的，即必须先写FileEntry文件项，然后写FileEntry代表的文件数据内容FileData。但写FileEntry文件项时又需要用FileData中的DataOffset字段来定位FileEntry在复合索引文件中的偏移量，这就形成了FileEntry与FileData在写入顺序上的循环依赖。为了打破这个依赖，Lucene写复合索引文件执行FileEntry两步写。

- 第一步写FileEntry时，DataOffset字段是无效的。很显然，FileEntry代表的文件内容还没有写入复合索引文件，它的偏移量DataOffset现在还不存在。为了方便Lucene第二次写FileEntry时定位复合索引文件，FileEntry数据项引入一个新的字段DirectoryOffset来记录每个FileEntry在复合索引文件中的偏移量。
- 遍历所有的FileEntry并将文件数据写入复合索引文件。每次写子文件时，可以记录每个文件数据在复合索引文件中的偏移量。此时FileEntry文件项与文件内容FileData已经写入了复合索引文件，每个文件项的DataOffset字段在内存结构中正确初始化了，但其复合索引文件并没有正确初始化。
- 第二步写FileEntry时，借助FileEntry的DirectoryOffset字段来定位复合索引文件首址，并将完全初始化的FileEntry（包含DataOffset）再次写入复合索引文件。

2.8　小结

本章主要讨论Lucene基础和倒排索引的一些关键技术。

首先介绍了Lucene和传统关系数据库的异同。Lucene与传统关系数据库引擎的底层数据结构完全不同，前者是倒排索引结构，后者是B+树组织的聚集索引和非聚集索引结构。此外，根据查询语句与文档内容的相似度，Lucene匹配算法将匹配程度高的结果排列在前面返回，而传统关系数据库中并没有类似的匹配算法。但是，它们之间还有许多相似之处，比如全文搜索引擎与关系数据库引擎都解析用户的查询并传递给引擎以检索数据，二者都支持对查询进行重写。

其次阐述了Elasticsearch与Lucene的关系。Lucene是Elasticsearch的基础。如果将Elasticsearch比作一辆汽车，那么毫无疑问Lucene就是其发动机。Solr是“Searching on Lucene with Replication”的缩写。Solr的基本思想是在Lucene之上构建一个分布式搜索系统，这个思想也完全适用于Elasticsearch。

再次剖析了正排索引和倒排索引的设计。倒排索引是一种数据库索引，存储着分词到文档的映射。它的主要用途是允许快速搜索全文。倒排索引是搜索引擎设计的核心，本质上是将一个分词映射到包含这个分词的docID列表。在Lucene搜索引擎中，执行搜索涉及两阶段查询：第一阶段是根据分词找到包含此分词的docID列表，这是Lucene倒排索引发挥的作用；第二阶段是根据找到的docID列表找到整个文档，这是Lucene正排索引发挥的作用。

然后讨论了有效负载机制。它允许在索引中存储一些额外的元数据，并在索引与检索过程中充分利用这部分负载携带的元数据，对搜索文档进行打分与过滤。

最后分析复合索引文件机制，包含其格式与写操作。

第3章

Lucene索引段

3.1 背景

Lucene是一个面向分段体系的架构。索引由多个段组成，每个段包含各自独立的文档子集，如图3-1所示。

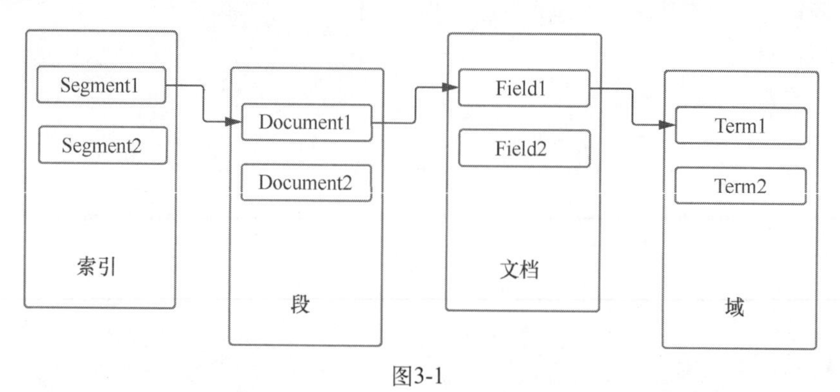

图3-1

索引目录中的段越多，搜索速度就越慢。搜索过程需要按照顺序搜索所有段。众多小段会定期合并成一个新的大段，并删除旧段。简单来说，当新的文档被添加到索引时，它们最开始会存储在内存中，并不会立即写入磁盘中。比如，假设每添加10个文档到索引就会在磁盘中创建一个新的段，此时将mergeFactor（合并因子）初始化为10，那么当文档大小为10的第10个段被添加到索引时，总计10个段将合并成文档大小为100的单个段；当文档大小为100的第10个段被添加到索引时，总计10个段将进一步合并成文档大小为1000的单个段，依此类推。

本章主要介绍Lucene系统设计和实现过程中用到的关键技术，主要覆盖索引段的基础知识、索引段的合并、索引段提交点与快照、索引段删除文档。

3.2 不同索引结构的比较

理论上，数据库索引的设计目标是构建支持面向搜索的数据结构，例如：

- MySQL InnoDB存储引擎使用B+树、哈希索引（Hash Index）结构；

- Redis使用跳表结构；
- Lucene搜索引擎使用倒排索引结构，实质上结合了跳表、红黑树、Trie树结构。

3.2.1 MySQL：B+树

一般来说，数据库中的数据很多，需要创建索引来加速搜索。索引文件本身也很大，并且存储在外存中，不可能全部存储在内存。总体来说，评价一个索引数据结构优劣的重要指标是查找过程中磁盘I/O操作的次数。

索引是使用索引表来实现的，索引表是以B+树的形式实现的。内存中数据存储在数据块中，而一个块可以存储多条记录。比如，对于一个512KB的块，平均记录大小是4KB，那么每个块将包含128个记录。

B+树的基本思路是将所有记录按主键进行顺序存储，使每个叶子页面（Leaf Page）与根页面（Root Page）具有相同的距离。在B+树索引搜索过程中，并不需要扫描整个记录表，从而加速了对数据的访问。搜索从根页面中通过二分搜索查找到恰当的Entry后，通过左右孩子指针自上而下遍历B+树，最终成功找到叶子页面。

B+树数据结构提供如下便利：

- 支持全值精确匹配；
- 支持最左前缀匹配；
- 支持列前缀匹配；
- 支持范围匹配；
- B+树索引可以保持最佳的高度，以最小化I/O操作。

3.2.2 MySQL：哈希索引

广为人知的B+树索引并不总是最佳的方案。对于等值查询而言，哈希索引是优化列查询的理想解决方案，因为在索引列上有一个where子句用于表示完全相等，例如：

```
select * from tbl where name = 'leon';
```

哈希索引数据结构有如下特点：

- 适用于等值查询；
- 不适用于范围查询；
- 不适用于键的前缀匹配，因为查询操作是基于键的哈希计算，所以需要完全精确的键。

3.2.3 Redis：跳表

跳表用于存储已排序的列表，非常类似二叉搜索树。对比B+树，跳表最主要的优点是它适用于并发访问。

我们在研究B+树的时候，会将其简化成2-3-4树来理解与分析。而红黑树本质上可以看成2-3-4

树。当一个数据元素被修改或者删除时，无论是2-3-4树、B+树还是红黑树都涉及页分裂与页合并操作。这个过程中也伴随着递归对树节点的旋转操作，以达成树的平衡。而并发访问（修改或者删除节点）树的问题就是互斥与锁定。

例如，在图3-2（a）中的叶子节点下方插入一个红色节点，并将其挂在4-Node类型的节点下（将框中“上黑下二红节点”理解成2-3-4树中的“4-Node类型的节点”）。因为红黑树中不允许有两个相邻的红色节点的，所以需要对4-Node类型的节点加锁并更换颜色，如图3-2（b）所示。更换颜色后的红黑树仍然违反“不允许有两个相邻的红色节点”的原则，因此需要自底向上进行递归调整，如图3-2（c）所示，整个过程可能会一直持续到根节点，加锁会损失对树操作的并发性。

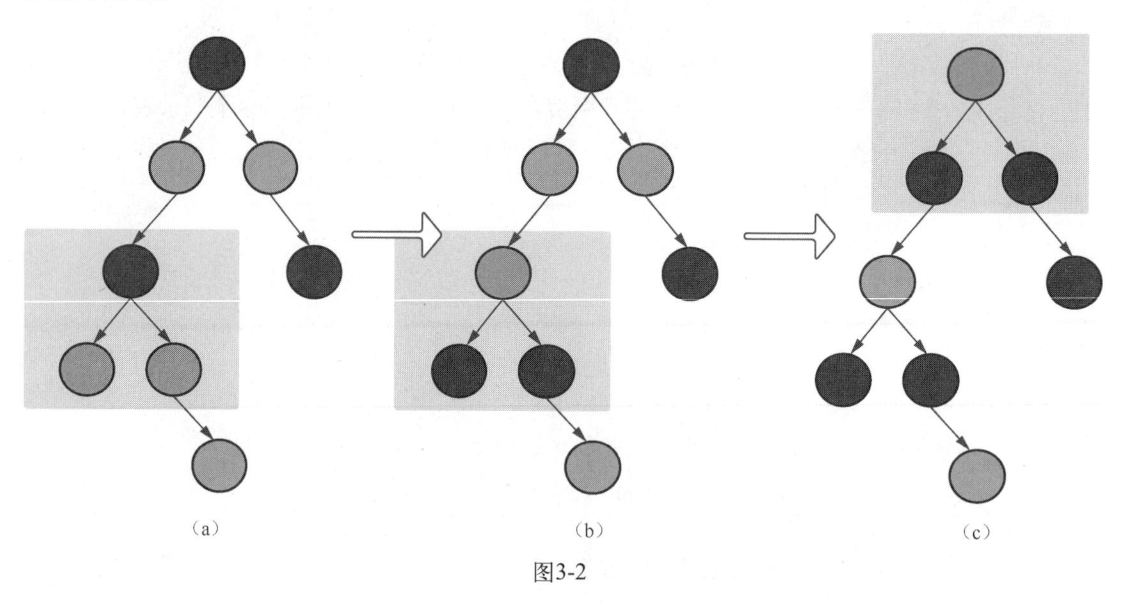

图3-2

对跳表而言，进行插入、更新和删除节点时，只有直接连接到受影响的节点才需要锁定。但是跳表对缓存并不友好，因为它不会优化访问局部性，也就是说，链表连接的元素通常相隔很远，并不在相邻的页面上。

那么，Redis可以用来作数据库吗？

Redis是内存中的键值数据库，可以在$O(1)$常数时间内完成搜索、获取和更新操作。Redis的模型支持多种List、Set、哈希数据结构，并将它们用于存储变化的业务数据。

在分布式应用中，当你定义的List、Set、哈希数据结构被多个线程或者多个进程同时修改时就不安全了，需要加锁避免脏数据的产生。如果将这些自定义的复杂数据结构放在Redis中进行存储与管理，则每个操作都能保证是原子性的，即Redis保证了无竞争的并发访问。

Redis的主要用途是缓冲，同时也能支持数据的持久化。Redis具有高速缓存的功能，大约比传统关系数据库快1000倍，因为Redis的所有数据都存储在内存中。但是Redis并不支持查询、内置索引、事务功能。Redis并不是MySQL数据库的替代品。

Redis有一些典型的应用场景：分布式应用中共享缓存、任务队列、轻量级的数据键值对的存储，同时启用持久化特性。总的来说，Redis是MySQL数据库存储数据的补充。

3.2.4 Lucene：倒排索引

简单来看，Lucene索引由Term Index（Trie树结构）、Term Dictionary（红黑树结构）和Posting List（由跳表结构实现的倒排索引结构）组成，如图3-3所示。

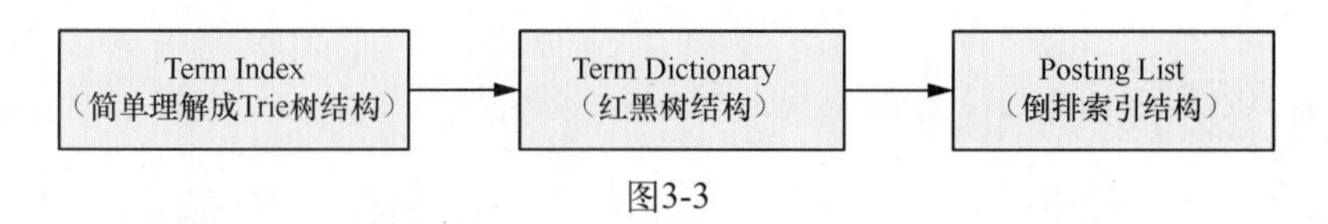

图3-3

其中Posting List通过倒排索引来管理类似<term, docID, docFreq, positions>的元数据。每个分词都对应自己的倒排索引表。通常来说，分词是按照顺序进行存储的，这样当我们搜索某一个分词时，就不需要从头到尾进行遍历，只需要采用二分搜索就可以了。

如图3-4所示，Term与Posting List进一步组织成Term Dictionary。然而，搜索引擎需要爬取整个互联网的信息，但Term Dictionary特别大而无法完整放入内存，因此为了加速对Term Dictionary的查询，还需要继续给Term Dictionary创建索引，也就是Term Index。

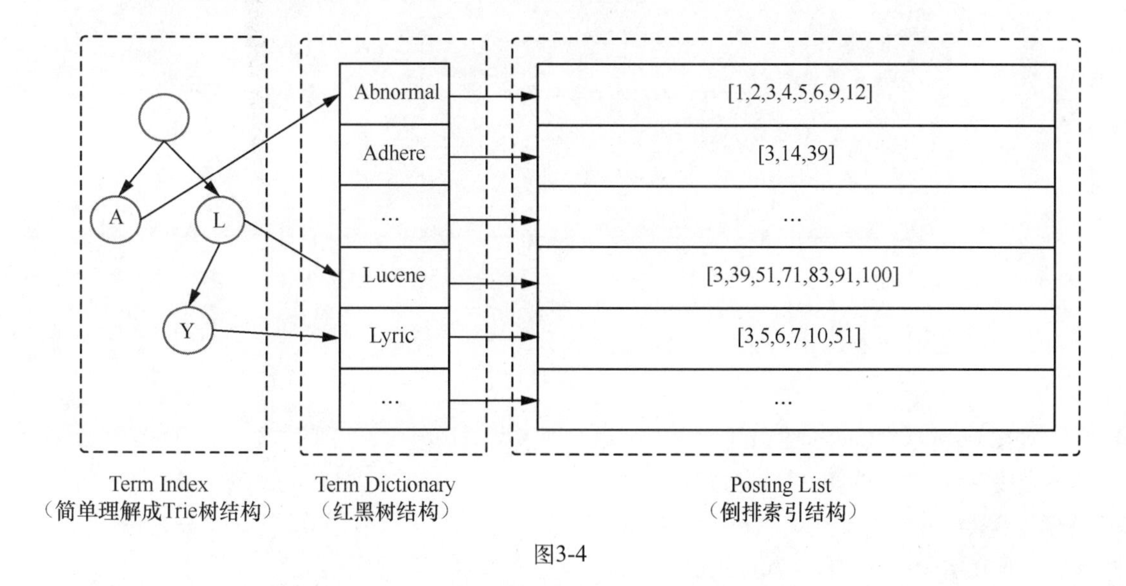

图3-4

图3-4中左侧的Term Index可以简单理解成Trie树。它不会包含所有分词，而是只包含分词的

一些前缀。通过Term Index（Trie树）可以快速定位到Term Dictionary的某个偏移量，然后继续从Term Dictionary中查找分词对应的倒排列表。

对比MySQL的索引结构，值得注意的是，MySQL索引中只有Term Dictionary（B+树）这一层数据结构来辅助查询。而Lucene引入了3层索引来加速搜索。

- 第一层是 <term, docID, docFreq, positions>，即存储的数据本身，采用跳表存储结构。
- 第二层是Term Dictionary结构，采用红黑树结构支持分词与倒排列表的映射。
- 第三层添加Term Index结构加速检索Term Dictionary。Term Index以树的形式缓存在内存中。当检索出Term Dictionary数据块位置后，引用数据块偏移量从磁盘中读出数据并存储到内存中，最后在内存中使用跳表快速定位文档记录。

3.3　索引段的基础知识

3.3.1　概述

如图3-5所示，Lucene的基本工作流程由两部分组成：首先是索引创建阶段，通过IndexWriter将文档写入Lucene索引库；其次是索引搜索阶段，通过IndexReader和IndexSearch定位倒排索引列表并为用户返回文档集。获得的搜索结果需要进一步根据文档相关度进行排序返回。

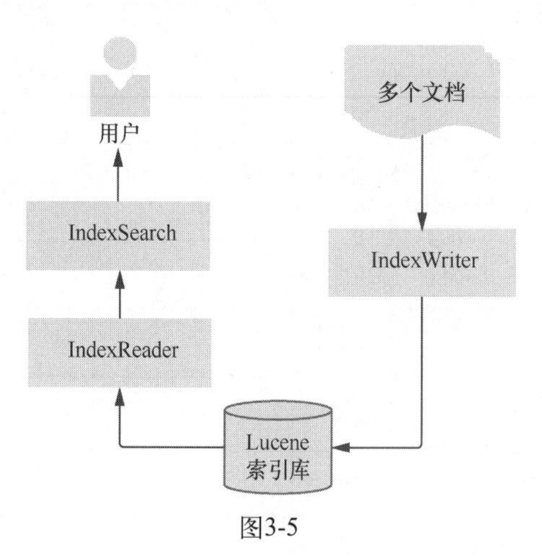

图3-5

如图3-6所示，Lucene索引结构由正排和倒排索引结构组成，用于支持文本的检索。索引分为多个段，每次添加的新文档都会存入一个新的段中，多个小的段最终又会合并成新的较大的段。段存储着具体的文档集，每个文档由多个域组成，一个域由多个分词组成，一个分词包含文档词频、分词在字段中的偏移量和位置信息。简言之，存在如下递进表达关系：

```
Index -> Segment -> Document -> Field -> Term
```

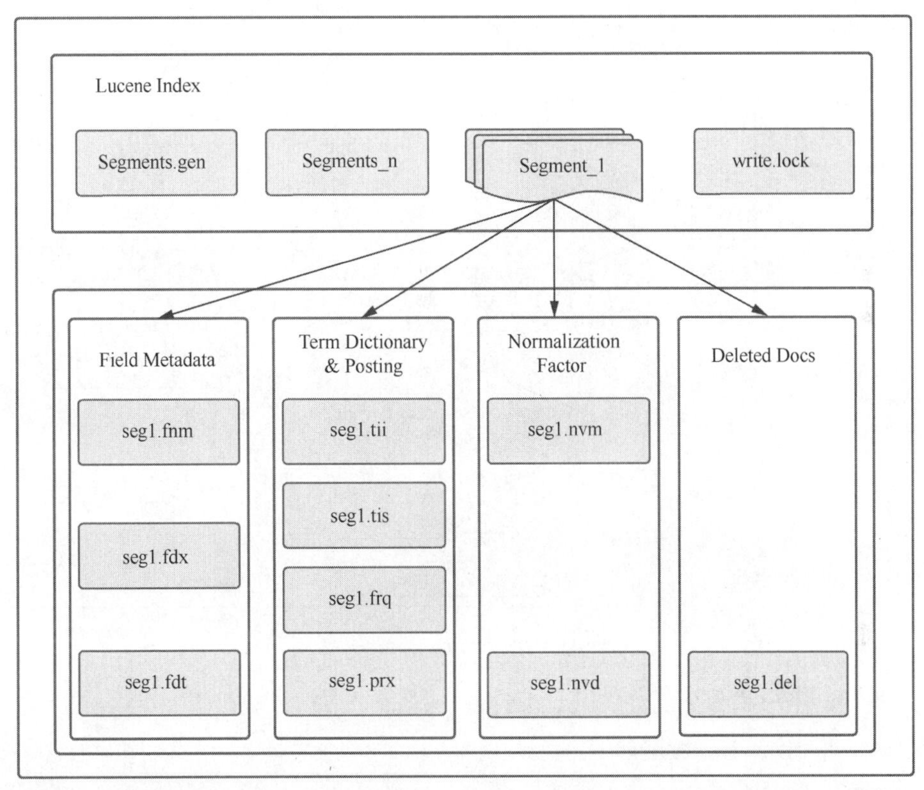

图3-6

3.3.2 SegmentInfos容器

每次打开索引写入文档时，搜索引擎都需要操作SegmentInfos容器。SegmentInfos是一个类，它记录了操作索引时产生的元信息，并使用Segment.gen与Segment_N文件来存储段的元信息，如图3-7所示。

- 索引包含多个段，每个段都存在对应的Segment_N文件。段中真正的正排索引与倒排索引分别独立保存在不同的文件中。
- 一个索引只有一个Segment.gen文件，但可以有多个Segment_N文件。最理想的情况是一个索引对应一个Segment_N文件。后台线程定期触发检查，检查是否需要把多个小段合并成一个大段，目的是支持索引的高效查询。
- 一个Segment_N文件记录着某次索引提交（IndexWriter#commit）时磁盘的数据状态。它的建模对象SegmentInfo定义了一组文件用来记录当前段的文档内容。当有新的文档写入段时，执行提交操作会创建一个新段。因此，索引目录下会出现多个Segment_N文件，每个Segment_N文件记录着某次索引提交时磁盘的数据状态。

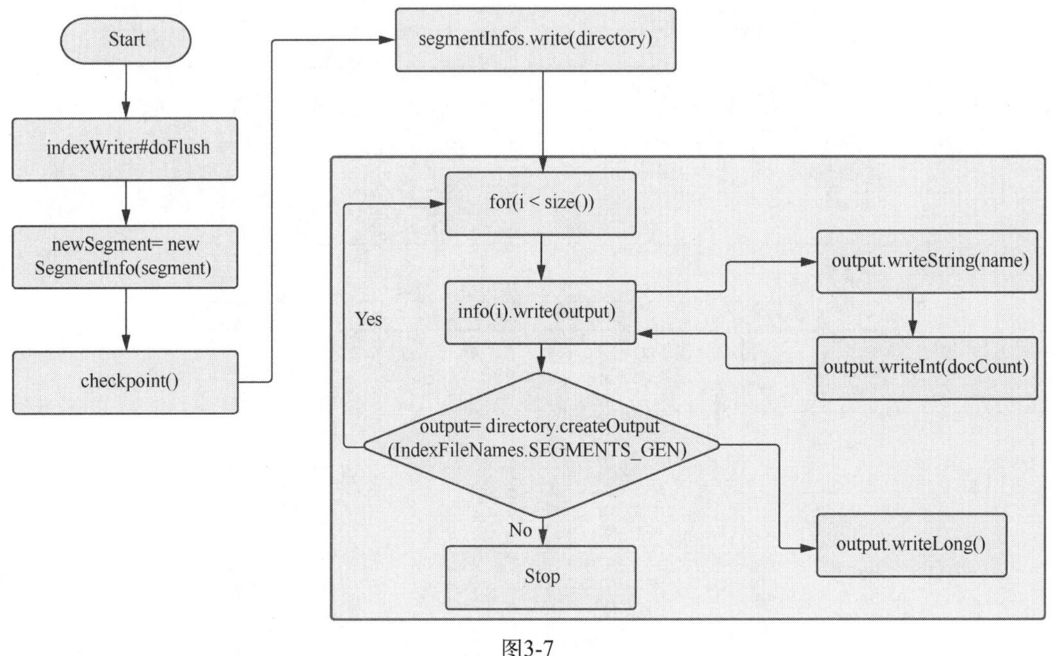

图3-7

1．SegmentInfos#write

假设存在两个段，其元数据如下：

```
segment_1的docCount=50，
它的索引文件是_1.tis、_1.tii、_1.frq、_1.prx、_1.fnm、_1.fdt、_1.fdx。

segment_2的docCount=100，
它的索引文件是_2.tis、_2.tii、_2.frq、_2.prx、_2.fnm、_2.fdt、_2.fdx。
```

打开一个新的索引IndexWriter3后，索引目录会自动创建一个新的段文件segment_3。通过IndexWriter3向段文件segment_3中添加200个新文档，新产生的索引文件分别是_3.tis、_3.tii、_3.frq、_3.prx、_3.fnm、_3.fdt、_3.fdx。查看IndexWriter3#flush方法的执行结果是segment_3段文件包含segment_1、segment_2、segment_3段的元信息，如下所示：

```
- segment_1 + docCount_50 + delGen + docStoreOffset
- segment_2 + docCount_100 + delGen + docStoreOffset
- segment_3 + docCount_200 + delGen + docStoreOffset
```

换言之，IndexWriter3#flush函数把3个段名和各自段包括的元信息写入了segment_3段文件中。

代码清单3-1　SegmentInfos#write把段的元信息写入段文件

```
void write(IndexOutput output)
  throws IOException {
  output.writeString(name);
  output.writeInt(docCount);
  output.writeLong(delGen);
  output.writeInt(docStoreOffset);
```

```
  if (docStoreOffset != -1) {
    output.writeString(docStoreSegment);
    output.writeByte((byte) (docStoreIsCompoundFile ? 1:0));
  }

  output.writeByte((byte) (hasSingleNormFile ? 1:0));
  if (normGen == null) {
    output.writeInt(NO);
  } else {
    output.writeInt(normGen.length);
    for(int j = 0; j < normGen.length; j++) {
      output.writeLong(normGen[j]);
    }
  }
  output.writeByte(isCompoundFile);
}
```

紧接着把索引目录中最大的段号值刷新写入segments.gen文件，比如索引目录中最大的段号是3，就把generation=3更新并写入segments.gen文件。

代码清单3-2 写segments.gen文件

```
try {
  output = directory.createOutput(IndexFileNames.SEGMENTS_GEN);
  try {
    output.writeInt(FORMAT_LOCKLESS);
    output.writeLong(generation);
    output.writeLong(generation);
  } finally {
    output.close();
  }
}
```

2. SegmentInfos#read

一个Lucene索引包括多个段。要想打开一个索引，必须选择其中一个段来打开。基于上述场景，索引目录包含3个段，分别是segment_1、segment_2、segment_3。那么应该选择打开哪个段？其基本逻辑如下。

- 首先选择索引目录下所有段，并查找出段号值最大的一个将其赋给变量gen_1。
- 其次打开segments.gen文件，读取文件中的generation值并将其赋给变量gen_2。
- 最后比较gen_1与gen_2变量，选择值最大者作为目标段号（segment_N）。

索引目录下3个段维护的元信息如下所示：

```
- segment_1 + docCount_50 + delGen + docStoreOffset
- segment_2 + docCount_100 + delGen + docStoreOffset
- segment_3 + docCount_200 + delGen + docStoreOffset
```

segment_3段文件中同时保存了segment_1、segment_2、segment_3的段名和各自段包括的文档数目。接下来，继续分析各自段包含的frq、prx、tis、tii、fnm、fdt、fdx索引文件是如何加载进SegmentReader对象中的。

3.3.3 IndexReader

如图3-8所示，IndexReader负责读取一个完整的索引。我们知道一个索引目录下可以存在多个段,每个段的读取被封装成SegmentReader对象。DirectoryIndexReader负责从磁盘中读取Segment_N文件的元数据来初始化Lucene索引数据。

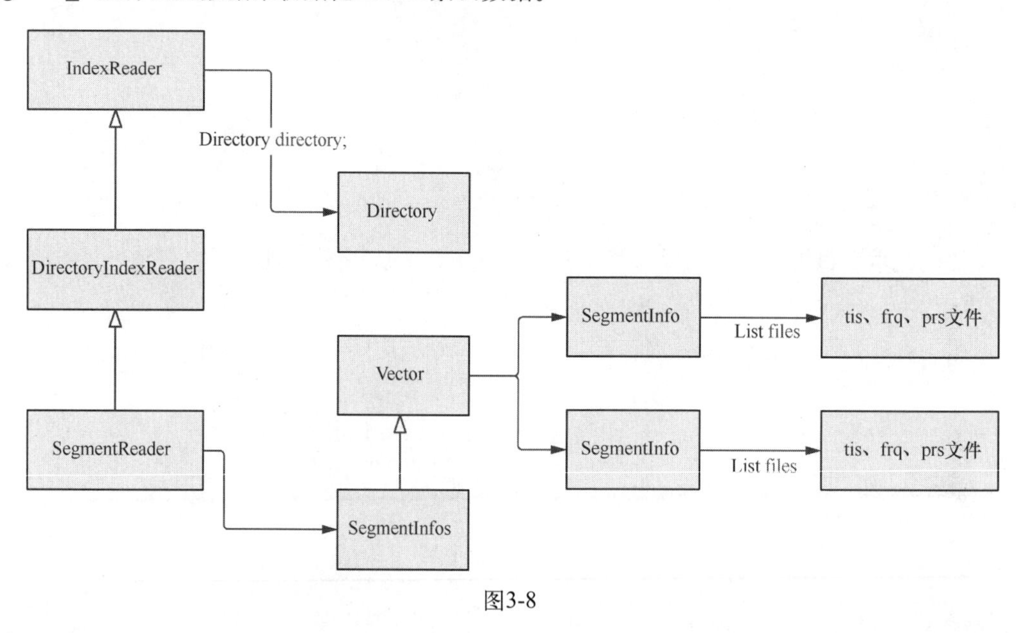

图3-8

继续3.3.2小节中的场景：打开segment_3文件，它包括SegmentInfos容器和3个段对应的元信息，如下所示：

```
- segment_1 + docCount_50 + delGen + docStoreOffset
- segment_2 + docCount_100 + delGen + docStoreOffset
- segment_3 + docCount_200 + delGen + docStoreOffset
```

搜索引擎检索SegmentInfos容器的大小。如果包含一个段，则创建SegmentReader对象；如果包含多个段，则创建MultiSegmentReader对象。MultiSegmentReader持有一个subReaders[]数组来保存多个段对应的SegmentReader实例对象。

代码清单3-3　读取给定目录中的索引并返回IndexReader

```
protected Object doBody(String segmentFileName){
       SegmentInfos infos = new SegmentInfos();
       infos.read(directory, segmentFileName);
       DirectoryIndexReader reader;

       if (infos.size() == 1) {
         reader = SegmentReader.get(infos, infos.info(0), closeDirectory);
       } else {
         reader = new MultiSegmentReader(directory, infos, closeDirectory);
```

```
        }
        reader.setDeletionPolicy(deletionPolicy);
        return reader;
    }
```

对于SegmentInfos容器中的每一个SegmentInfo对象，都需要生成一个SegmentReader对象，来依次读取每个段的文件信息。

代码清单3-4　创建SegmentReader索引段读取器

```
public static SegmentReader get(Directory dir, SegmentInfo si,
                                SegmentInfos sis,
                                boolean closeDir,
                                boolean ownDir,
                                int readBufferSize,
                                boolean doOpenStores) {
  SegmentReader instance;
  try {
    instance = (SegmentReader)IMPL.newInstance();
  }
  instance.init(dir, sis, closeDir);
  instance.initialize(si, readBufferSize, doOpenStores);
  return instance;
}
```

上述代码用来实例化SegmentReader实例对象。SegmentReader#initialize方法会打开段管理的所有索引文件并读取相关元信息。

- 读取SegmentInfo段名。Lucene使用不同的扩展文件名（frq、prx、tis、tii、fnm、fdt、fdx）来标识索引的不同部分（Segment、Doccument、Field、Term）。
- 获取段名（segment_1中的_1）之后，把段名与不同的扩展名进行拼接（_1.frq和_1.prx）就可以访问索引的不同部分。具有相同文件名前缀的所有文件属于同一个段。
- 构造FieldInfos对象来打开域信息文件segment_1.fnm。
- 创建TermInfosReader对象来打开词典文件segment_1.tii和segment_1.tis。先初始化分词词典结构，接着读取词频与位置索引文件segment_1.frq和segment_1.prx，然后初始化倒排索引结构。
- 实例化TermVectorsReader对象来读取域数据和索引文件segment_1.fdt和segment_1.fdx并初始化正排索引结构。

当索引数据很大时，这个加载过程就比较耗时且效率较低。因此，建议不要频繁地打开与关闭Lucene索引。

代码清单3-5　索引段读取器初始化

```
private void initialize(SegmentInfo si, int readBufferSize, boolean doOpenStores) {
  segment = si.name;
  this.si = si;

  try {
    fieldInfos = new FieldInfos(cfsDir, segment + ".fnm");
    fieldsReader = new FieldsReader(storeDir, fieldsSegment,
```

```
                                        fieldInfos,
                                        readBufferSize,
                                        si.getDocStoreOffset(),
                                        si.docCount);

    tis = new TermInfosReader(cfsDir, segment, fieldInfos, readBufferSize);
    loadDeletedDocs();

    freqStream = cfsDir.openInput(segment + ".frq", readBufferSize);
    proxStream = cfsDir.openInput(segment + ".prx", readBufferSize);
    openNorms(cfsDir, readBufferSize);

      vectorsSegment = segment;
      termVectorsReaderOrig = new TermVectorsReader(
                                  storeDir, vectorsSegment,
                                  fieldInfos, readBufferSize,
                                  si.getDocStoreOffset(), si.docCount);

    success = true;
  }
}
```

3.3.4 SegmentReader

如图3-9所示，在Lucene创建IndexReader的过程中会创建SegmentReader。SegmentReader有如下内部状态。

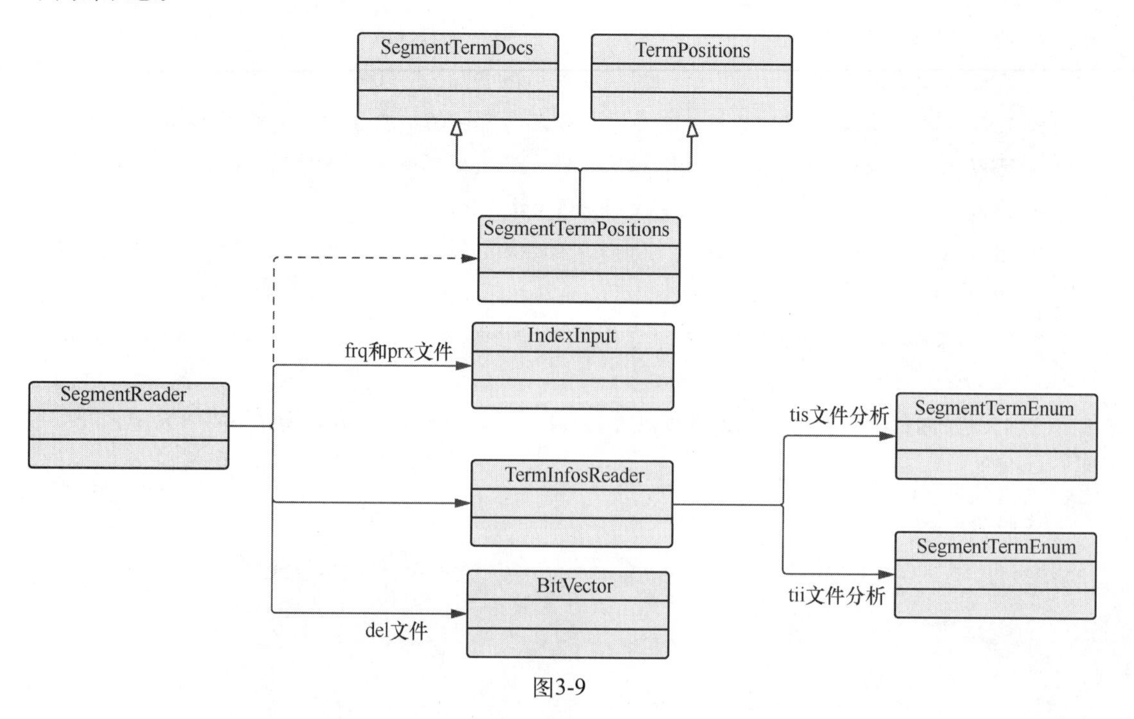

图3-9

- 文件句柄：frq（词频）文件和prx（位置）文件。
- TermInfosReader：封装了基础的分词查询功能。TermInfosReader聚合了tis、tii文件，它们用来管理分词词典。Lucene巧妙利用SegmentTermEnum结构来管理格式高度相似的tis和tii文件。
- SegmentTermPositions和SegmentTermDocs：倒排索引是搜索引擎的核心技术。SegmentTermDocs是遍历倒排索引的核心类。

查询哪些文档包含哪些分词是搜索引擎中非常基础的一个功能，主要使用SegmentTermDocs和SegmentTermPositions类来实现。

SegmentTermDocs类通过遍历分词所属文档，判断查询分词隶属于哪些文档。文档的词频元信息存储在frq文件中。简单地说，SegmentTermDocs是面向frq文件的读写类。

SegmentTermPositions类继承自SegmentTermDocs父类，它在SegmentTermDocs的基础上添加对分词位置信息的读写功能，通过遍历分词所属文档中分词的位置列表，判断查询分词位于哪些文档的哪些位置。文档的位置元信息存储在prx文件中。简单地说，SegmentTermPositions是面向prx文件的读写类。

SegmentTermDocs#next函数用于遍历分词所属的文档列表，以获取下一个文档的信息。在此基础上，SegmentTerm Positions#nextPosition函数用于遍历分词所属文档中分词的位置列表，以获取下一个分词的位置信息。

3.3.5 倒排索引格式

分析SegmentReader读流程之前，务必对分词词典和倒排索引结构及对应的tis、tii、frq、prx文件的存储格式有基本的掌握，否则将是雾里看花。

对于复杂的事情，只要你找到它的“线头”，就能逻辑通畅地把所有的碎片拼成完整的拼图。在我看来，读懂Lucene源码的那个线头应该就是充分拆解tis、tii、frq、prx这4类文件格式。

1. tis扩展文件格式

tis文件维护了termInfos，即<Term, DocFreq, FreqDelta, ProxDelta, SkipDelta>。tis文件中的分词有序存储形成TermInfos，其排序规则是先按照属性名排序，如果属性名相同，再按照分词内容进行排序。tis扩展文件格式如下：

```
TermInfoFile (.tis) -> <TIVersion, TermCount, IndexInterval, SkipInterval, MaxSkipLeve
ls, TermInfos>

TermInfos -> < <TermInfo> TermCount>
TermInfo -> <Term, DocFreq, FreqDelta, ProxDelta, SkipDelta>

Term -> <PrefixLength, Suffix, FieldNum>
```

（1）Term字段

Term和TermInfo是Lucene中的两个重要概念，它们共同构成了倒排索引结构。Term代表文本中的词，TermInfo代表着该词在倒排索引中的元信息。TermInfo代表了分词结构，它保存了每个分词的文档列表和分词在文档中的词频等元信息。

（2）DocFreq字段

DocFreq字段用来记录当前分词所属的文档的数目。需要说明的是，<docID, docFreq> 映射关系并不在tis文件中管理，这部分信息是在frq文件中独立存储与描述的。

（3）FreqDelta字段

FreqDelta字段用来确定当前分词在frq文件中的偏移量。该偏移量表示分词在frq文件中的位置与前一个分词在frq文件中的位置之间的差值（对于frq文件中的第一个分词，FreqDelta等于0）。

例如，图3-10中的3个分词在frq文件中的偏移量分别是2、5、9，tis文件在存储它们的时候不存储2、5、9，而是存储偏移量差值2、3、4。

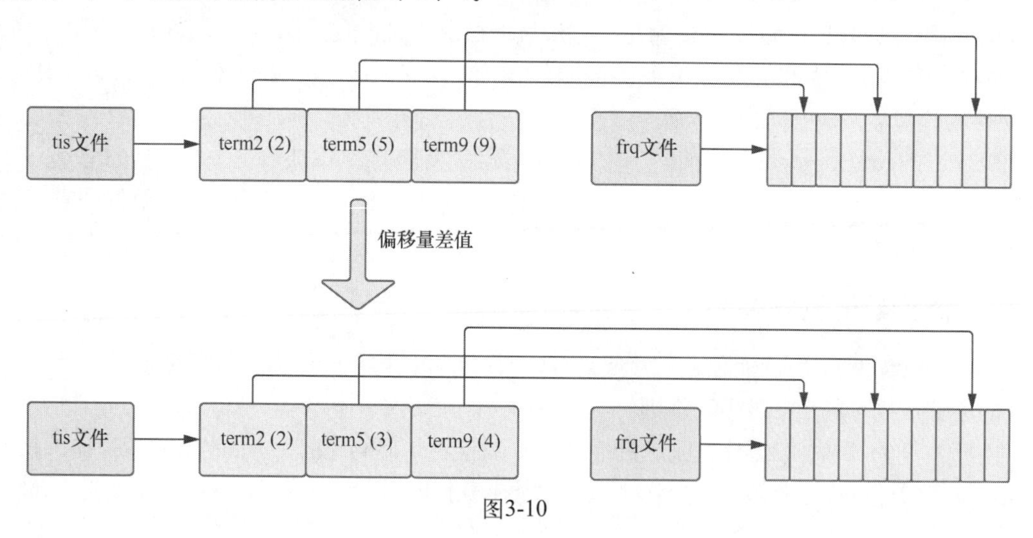

图3-10

之所以要对偏移量进行差值计算，主要是为了更好地对数据进行压缩。原始的偏移量会逐渐变成大数值，通过差值计算可以有效地将大数值转换为小数值，有助于提高存储数据的压缩率。

（4）ProxDelta字段

ProxDelta字段用来确定当前分词在prx文件中的偏移量。

（5）SkipDelta字段

SkipDelta字段表示跳过的文档数。

2．tii扩展文件格式

无论是tis还是tii文件，都包含TermInfo的字段。Lucene在搜索的时候，tii文件会被全部加载进内存。tii扩展文件格式如下：

```
TermInfoIndex (.tii) -> <TIVersion, IndexTermCount, IndexInterval, SkipInterval, MaxSk
ipLevels, TermIndices>

TermIndices -> < <TermInfo, IndexDelta> IndexTermCount>
TermInfo -> <Term, DocFreq, FreqDelta, ProxDelta, SkipDelta>
Term -> <PrefixLength, Suffix, FieldNum>

IndexDelta -> <VLong>
```

（1）IndexInterval字段

随着tis文件存储的分词越来越多，快速定位tis文件中的某个分词成为了突出的问题。为了解决这个问题，Lucene引入了tii文件。tii文件本质就是tis文件的索引，它对tis文件中的分词进行自定义间隔的采样并生成TermIndices。比如，tis文件中IndexInterval的值被设为30，那么tii文件中就会记录tis文件中的第1项、第31项、第61项、第91项分词。

（2）SkipInterval和MaxSkipLevels字段

Lucene中使用SkipData跳表来提高倒排索引效率，SkipInterval和MaxSkipLevels是和SkipData跳表有关的参数。SkipInterval代表倒排索引中每隔多少个分词就插入一个“索引项”，从而加速检索效率。MaxSkipLevels代表在SkipData跳表中最多可以存在多少个“索引层”。图3-11中展示了SkipInterval和SkipData跳表关系。

```
Example for SkipInterval = 3:
                                                            c              (skip level 2)
                    c                       c               c              (skip level 1)
      x       x     x       x       x       x       x       x     x       x            (skip level 0)
d d d d d d d d d d d d d d d d d d d d d d d d d d d d d d  (posting list)
      3       6     9      12      15      18      21      24    27      30            (df)

d - document
x - skip data
c - skip data with child pointer
```

图3-11

skipData跳表的设计理念是提升链表查询效率，具体方式是引入“索引”的概念。每隔SkipInterval个节点就提取出一个节点到上一层，我们将抽出来的那一层叫作“索引层”。我们可以在原始链表基础之上建立MaxSkipLevels个“索引层”。简单来看，对普通链表每间隔SkipInterval个节点进行一次节点提升，不断添加新的“索引层”，即tis、tii、frq和prx文件中的跳表结构，如图3-12所示。

（3）IndexDelta字段

IndexDelta这个字段只会出现在tii文件中，用来索引对应分词在tis文件中的偏移量。它对应SegmentTermEnum#next函数中的indexPointers的初始化。

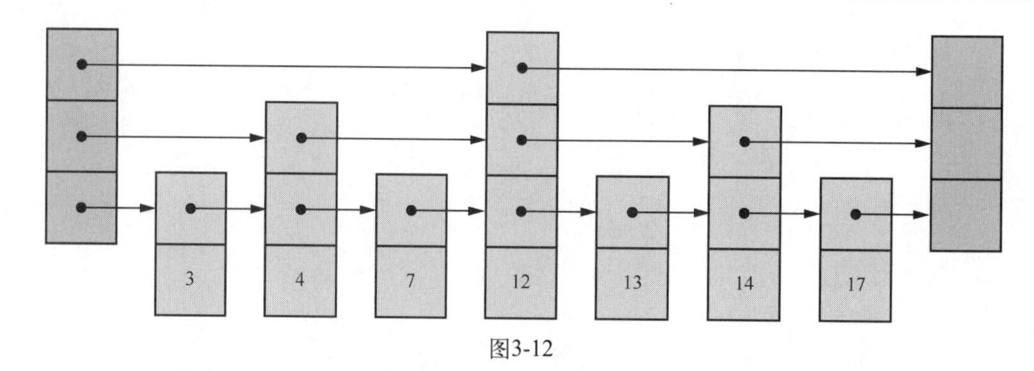

图3-12

比较tis中的termInfos与tii文件中的Termindices的结构：

```
TermInfos -> <<TermInfo> TermCount>
TermIndices -> <TermInfo, IndexDelta> IndexTermCount
```

tii和tis这两个文件格式高度相似。tii文件是用来索引tis文件的。在tii文件格式中，TermInfo后面存储一个IndexDelta字段，它表示这个索引分词在tis文件中的具体位置，类似指针。

（4）SkipDelta与IndexDelta的区别

IndexDelta只出现在tii文件中，tii用IndexDelta对tis文件进行索引。SkipDelta同时出现在tii和tis这两类索引文件的TermInfo中，因为tis和tii中的分词都可以引入多层跳表结构。

3. frq扩展文件格式

frq文件内容同时包含倒排列表TermFreqs和跳表SkipData。每个分词都有一个TermFreqs和SkipData。TermFreqs中保存的是分词在各个文档中出现的频率。SkipData则是我们之前提到的跳表，这是frq文件最复杂的部分。frq扩展文件格式如下：

```
FreqFile (.frq) -> <TermFreqs, SkipData>^TermCount

TermFreqs -> <TermFreq>^DocFreq
TermFreq -> DocDelta[, Freq?]

SkipData -> <<SkipLevelLength, SkipLevel>^NumSkipLevels-1, SkipLevel> <SkipDatum>

SkipLevel -> <SkipDatum>^DocFreq/(SkipInterval^(Level + 1))
SkipDatum -> DocSkip, PayloadLength?, FreqSkip, ProxSkip, SkipChildLevelPointer?
```

（1）TermFreq：(A+B?)结构

(A+B?)结构又被称为或然跟随规则，意思是A项后面可能存在B项，也可能不存在。分词词频TermFreq的结构就采用了(A+B?)的结构，其定义如下：

```
TermFreq -> DocDelta[, Freq?]
```

和tis文件中的FreqDelta差值存储一样，TermFreq(A+B?)结构的设计目的是优化数据的压缩率。

在frq文件中，TermFreq记录的内容可以简单理解为<docID, singleDocFreq>的映射信息。在tis文件中，TermInfo记录的内容可以简单理解为<Term, allDocsFreq, FreqDelta>的映射信息。只有将tis和frq两个文件组合起来，才能重组出每个分词在不同文档中出现的词频信息。

（2）SkipDatum字段

SkipDatum又称跳跃节点，代表SkipData跳表中每个节点的信息。每一个跳跃节点包含以下信息。

- DocSkip：节点对应的文档号。
- PayloadLength：文档号对应的有效负载的长度。
- FreqSkip：文档号对应的倒排列表中的节点在frq中的偏移量。
- ProxSkip：文档号对应的倒排列表中的节点在prx中的偏移量。

4．prx扩展文件格式

prx文件保存每个分词对应的TermPositions。tis中的每个分词都对应于prx文件中的一个偏移量。TermPositions中包含DocFreq数量个位置，每个包含分词的文档都占据一个位置；每个位置包含Freq个PositionDelta，因为这个文档中每个出现分词的地方都要记录一个位置。prx扩展文件格式如下：

```
ProxFile (.prx) -> <TermPositions>^TermCount
TermPositions -> <Positions>^DocFreq
Positions -> <PositionDelta,Payload?>^Freq
Payload -> <PayloadLength?,PayloadData>
```

5．小结

假设“leon-term”分词出现在doc1、doc2、doc3这3个文档中，出现的次数分别是2、4、2次。经过Lucene索引并持久化到磁盘后，tis、frq、prx文件的持久化状态简单概括如下：

```
//tis文件数据
leon-term-info -> <leon-term, leon-docFreq3,
                        leon-FreqDelta3, leon-ProxDelta8, SkipDelta>

//frq文件数据
leon-FreqDelta3 -> <leon-doc1-FreqDelta,
                    leon-doc2-FreqDelta,
                    leon-doc3-FreqDelta>
leon-doc1-FreqDelta -> <doc1, freq-2>
leon-doc2-FreqDelta -> <doc2, freq-4>
leon-doc3-FreqDelta -> <doc3, freq-2>

//prx文件数据
leon-ProxDelta8 -> <leon-doc1-pos,
                    leon-doc2-pos,
                    leon-doc3-pos>
leon-doc1-pos -> < <pos-2, leon-term-payload1>,
                   <pos-5, leon-term-payload2> >
leon-doc2-pos -> < <pos-21, leon-term-payload3>,
                   <pos-51, leon-term-payload4>,
                   <pos-71, leon-term-payload5>,
                   <pos-101, leon-term-payload6> >
leon-doc3-pos -> < <pos-25, leon-term-payload7>,
                   <pos-55, leon-term-payload8> >
```

3.3.6 索引段的读流程

TermInfosReader封装了基础的分词查询功能。TermInfosReader持有tis、tii文件并使用它们来管理分词词典。Lucene巧妙利用SegmentTermEnum结构来管理格式高度相似的tis和tii文件。

代码清单3-6　TermInfosReader支持基础的Term查询

```
TermInfosReader(Directory dir, String seg, FieldInfos fis,
                int readBufferSize) {
  boolean success = false;
  try {
    directory = dir;
    segment = seg;
    fieldInfos = fis;

    origEnum = new SegmentTermEnum(
             directory.openInput(segment + ".tis",
               readBufferSize), fieldInfos, false);
    totalIndexInterval = origEnum.indexInterval;

    indexEnum = new SegmentTermEnum(
                directory.openInput(segment + ".tii",
                readBufferSize), fieldInfos, true);
  }
}
```

tii文件在被Lucene搜索时，会被全部加载进内存。indexPointers数组存储tii文件中每个分词对应tis文件的偏移量。所谓将tii文件数据全部加载进内存，体现在对indexPointers[]数组的定义与初始化。

TermInfosReader#ensureIndexIsRead用来管理tii的索引信息。将分词在tis文件中的索引信息从tii文件中读出，并写入TermInfosReader维护的内存indexPointers结构中。当tii索引文件完全读入内存时，搜索效率将获得极大提升。

代码清单3-7　TermInfosReader类定义

```
final class TermInfosReader {
  private Directory directory;
  private FieldInfos fieldInfos;

  private SegmentTermEnum origEnum;
  private SegmentTermEnum indexEnum;

  private Term[] indexTerms = null;
  private TermInfo[] indexInfos;
  private long[] indexPointers;

  private synchronized void ensureIndexIsRead() {
    int indexSize = 1+((int)indexEnum.size-1)/indexDivisor;
    indexTerms = new Term[indexSize];
    indexInfos = new TermInfo[indexSize];
    indexPointers = new long[indexSize];
```

```
    for (int i = 0; indexEnum.next(); i++) {
      indexTerms[i] = indexEnum.term();
      indexInfos[i] = indexEnum.termInfo();
      indexPointers[i] = indexEnum.indexPointer;

      for (int j = 1; j < indexDivisor; j++)
        if (!indexEnum.next())
          break;
    }
  }
}
```

TermInfosReader同时管理tis与tii两个SegmentTermEnum实例：origEnum和indexEnum实例变量。当搜索某个分词在倒排索引中的元信息时，可以使用TermInfosReader.get方法，步骤如下。

- TermInfosReader#ensureIndexIsRead方法打开tii文件并初始化indexPointers[]数组，即TermInfosReader.indexEnum管理的indexPointers[]数组，同时初始化Term[] indexTerms有序数组。简单来说，将tii索引文件相关信息加载到内存的数据结构中。
- TermInfosReader#getEnum方法使用origEnum复制出tis文件句柄并放入enumerators容器。
- TermInfosReader#getIndexOffset方法在indexPointers[]有序数组中执行二分搜索，获得查询分词在tis文件存储块中的偏移量。
- TermInfosReader#seekEnum方法对tis不是进行基于分词的顺序查找，而是基于tii的偏移量的索引查找。详细来说，它使用tii文件中存储的分词偏移值来定位目标分词在tis文件中的位置，然后读取目标分词对应的TermInfo信息。seekEnum方法将SegmentTermEnum对象移动到tis文件的指定位置，并准备进行遍历。
- TermInfosReader#scanEnum方法在tis文件中顺序查找指定的分词。

总的来说，get(term)方法本质是执行一个分级的查询过程。首先在索引的有序数组indexPointers和indexTerms中进行模糊阶段的二分查找，找到最接近待查询分词的偏移量，然后根据该偏移量定位到tis文件的具体位置，进行精确的顺序查询。这样的分级查询可以快速定位到目标分词的位置，从而提升检索的效率。

代码清单3-8　查询分词在倒排索引的元信息

```
TermInfo get(Term term) {
  ensureIndexIsRead();                                    //初始化indexPointers字段
  SegmentTermEnum enumerator = getEnum();
  seekEnum(getIndexOffset(term));   //二分搜索
  return scanEnum(term);
}
```

为什么需要TermInfosReader#scanEnum函数？举例说明。

- 假设tis文件管理了7个分词：<term1, term2, term3, term4, term5, term6, term7>。
- tii索引文件只是对tis文件分词数组进行取样的索引。比如，SegmentTermEnum实例对象维护的indexEntry=2，那么tii索引文件的记录是简化版本<term1, term3, term5,

term7>。

- 此时搜索term6就不必逐个扫描tis文件中每个分词，而是直接在tii索引文件<term1, term3, term5, term7>中查找，即先快速定位term5在tis文件中的偏移量。
- TermInfosReader#scanEnum方法会先获取tis的term5位置。在二分搜索的基础上，compareTo方法使用线性搜索从term5开始，将目标元素与每一个分词比较，最终找到目标term6。

getIndexOffset()方法采用二分法在tii文件中进行检索。它通过遍历TermInfosReader维护的有序偏移量数组indexTerms[]进行二分搜索，快速定位查找分词所在tis文件的数据块的位置。

代码清单3-9　getIndexOffset二分搜索

```
 /** Returns the offset of the greatest index entry which is less than or equal to ter
m.*/
 private final int getIndexOffset(Term term) {
   int lo = 0;                  // binary search indexTerms[]
   int hi = indexTerms.length - 1;

   while (hi >= lo) {
     int mid = (lo + hi) >> 1;
     int delta = term.compareTo(indexTerms[mid]);
     if (delta < 0)
hi = mid - 1;
     else if (delta > 0)
lo = mid + 1;
     elsejava
return mid;
   }
   return hi;
 }
```

getIndexOffset函数用于在indexTerms[]有序数组中进行二分查找，以找到最接近待查询分词的偏移量。getIndexOffset函数中设定了两个指针lo和hi，分别指向indexTerms数组的起始与末尾位置，并基于二分查找的思想在循环中不断缩小查找的范围。

3.4　索引段的合并

3.4.1　概述

Lucene的索引是由段组成的。一个段由多个不同文件组成。

Lucene对段的操作有一个显著的特点：单次（Write-Once）提交。每当对IndexWriter执行提交或关闭操作时，都会创建一个新的段文件。如果频繁执行这样的提交操作，会导致索引下有很多大小不等的段。

如图3-13所示，索引由多个段组成，每个段也是一个可搜索的逻辑单元，如果索引目录的段太多，自然会影响到搜索的效率。这是Lucene后台线程不断执行段合并的原因之一。

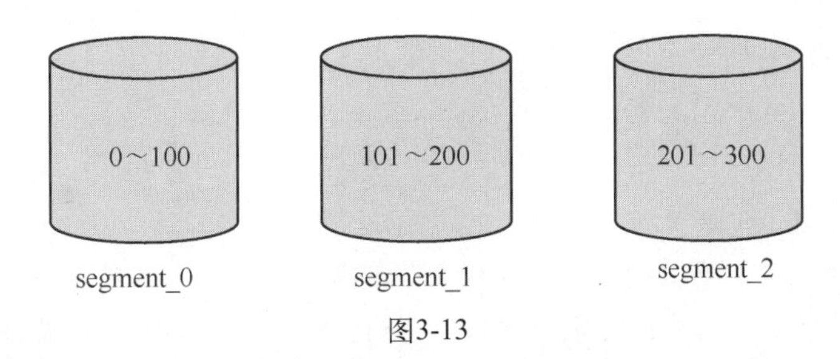

图3-13

为什么段要合并？还有一个值得一提的原因：段采用单次提交策略。段文件写入磁盘后，它就永远不会再改变了。当文件被删除或者更新的时候（更新操作会被自动分成两个步骤：删除和添加新文件），Lucene只是在每个段中通过名为“deletable”的文件进行集中标记，以记录被删除的文档。实际上这些文档记录还继续保存在段中，并没有真正删除，只是所有后续的搜索会简单跳过任何已经标记为删除的文档。直到段合并之后，被打上删除标记的文档才会真正从段中被物理地移除。换句话说，通过delete接口删除的文档在段合并之前都不会在物理上被移除，它所占用的空间也不会被释放。这是Lucene中的段需要定期合并的第二个直观原因。

3.4.2 段合并的典型问题

一个段由多个不同文件组成。这些文件共享相同的文件名（比如_3），但是有不同的扩展名。例如，一个单独的段_3由_3.fdt、_3.fdx、_3.tis、_3.tii、_3.tvf、_3.tvd、_3.tvx众多文件组成。

上述文件中既有正排索引的数据结构文件，也有倒排索引的数据结构文件。段之间的合并本质是将多套倒排索引或正排索引分别进行合并。倒排索引结构的合并有两个要点。

- 当合并tis文件时，如果相同的分词出现在不同段的docID列表中，则需要进行合并。为了维护段内docID的唯一性，Lucene在段合并时必须对所有段内的文档重新进行编号。
- 分词词典的合并，本质是对不同段对应的tis文件进行合并。tis文件中所有的分词必须按照词典顺序进行存储，因此合并后也必须保证这个特征不变。Lucene引入了SegmentMergeQueue作为解决方案。

1. 段合并的典型问题1：docID在索引段内唯一

倒排索引是搜索引擎的核心，它本质上是将一个分词映射到包含这个分词的docID列表中。在Lucene搜索引擎中，执行搜索涉及两阶段查询。

- 第一阶段：根据分词找到包含此分词的docID列表。这是Lucene倒排索引发挥的作用。
- 第二阶段：根据找到的docID列表找到整个文档。这是Lucene正排索引发挥的作用。

Term结构简单定义如下，其中包含docID

```
Term -> <docID, docFreq, doc-position>*
```

docID在Lucene搜索过程中是一个很重要的概念，可以理解成MySQL主键的自增ID，它也是表级唯一的ID。在Lucene“数据库”中正是使用docID来唯一地标识文档。docID实际上并不是在索引范围（Index Scope）内唯一的，而是在段范围（Segment Scope）内唯一的。Lucene这么设计的初衷是优化与压缩，docID值越小占用的磁盘空间就越小。

现在面临一个新问题：既然docID是段唯一的，那么当多个段合并后变成一个Lucene索引时，如何在索引级别唯一地标识一个文档呢？

解决方案是，对要进行合并的段中的所有文档重新编号（将在3.4.6小节中详细分析）。比如，一个Lucene索引有两个段，每个段分别包含50个文档。两个段中docID的取值范围都是0～50，但是当两个段合并成更大的段（索引）时，第二个段中docID的取值范围将变成51～100。

docID在段内是唯一的，从0开始进行编号，但这并不意味着docID的值在段内是连续的，比如当段中文档被删除时，docID的值就会出现不连续的情况。

2．段合并的典型问题2：索引段内分词有序存储

Lucene的核心设计是将分词词典与倒排索引分开存储。如图3-14所示，左边是分词词典，右边是倒排索引。分词词典存储在tis、tii文件中，而倒排索引存储在frq、prx索引文件中。

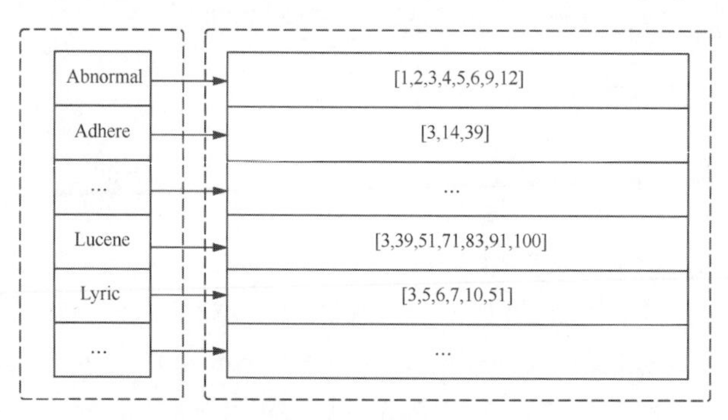

图3-14

分词词典与倒排索引分开存储，具体表现为如下几点。

- Term Infos File（tis）：保存段中所有分词的信息。通过查询tis文件快速找到分词在frq、prx文件中的偏移量，进而获得分词在文档中出现的频率、位置信息。tis文件中所有分词都是按照词典顺序进行有序存储的。
- Term Infos Index File（tii）：可以将它简单理解为tis文件的跳表。它按照自定义的间隔来取样tis文件中的分词记录，实现数据查询加速的需求。

总而言之，tis文件包含所有分词的信息，而tii文件是tis文件的索引文件。tis、frq、prx文件的结构格式如下：

```
tis -> termCount, indexInterval, termInfos
termInfos -> <termInfo>*
termInfo -> <term, FreqPointer, ProsPointer>

frq -> <termFreqs| skipData>*
termFreqs -> <termFreq>*
```

```
termFreq -> <docID, docFreq>

prx -> <termPosition>*
termPosition -> <position, payload>
payload -> <payloadLen, payloadData>
```

为了研究多个段是如何合并数据的，对上述tis、frq、prx文件进行简化，简化后的tis文件结构格式如下：

```
tis -> termCount, indexInterval, termInfos1
termInfos1 -> <termInfo1>*
termInfo1 -> <term, (<doc1,docFreq1>,<doc2,docFreq2>), (<position>*, <position>*)>
```

segment1包含两个文档：

```
//segment1:
tis1 -> <termCount, indexInterval, termInfos1>
termInfos1 -> <termInfo1>*
termInfo1 -> <term, (<"china",2>,<"usa",3>),
                    (<2,5>, <3,6>) ... >
```

segment2包含3个文档：

```
//segment2:
tis2 -> termCount, indexInterval, termInfos2
termInfos2 -> <termInfo2>*
termInfo2 -> <term, (<"china",4>,<"usa",1>,<"japan",2>),
                    (<2,5>,<3,6>,<9,11>,<6,12>) ... >
```

为了解决对segment1与segment2中分词进行合并的问题，Lucene引入了SegmentMergeQueue解决方案，将在3.4.6节中对照代码来详细解释。

3.4.3 段合并的策略

段合并本质上有两个典型阶段。

- 第一阶段：从众多的段中选择部分候选段执行段合并。在Lucene中是由MergePolicy来决定的。
- 第二阶段：将选择的候选段合并生成新段。在Lucene中是由MergeScheduler来执行的。

与段合并相关的一些参数如下。

- maxMergeDocs：当一个段包含的文档数大于此值时，就不再参与段合并。
- maxMergeSize：当一个段的大小大于此值时，就不再参与段合并。
- minMergeSize：当一个段的大小小于此值时，就不再参与段合并。
- mergeFactor：默认段合并因子。当段的数目大于此值时，开始段的合并。

代码清单3-10 LogMergePolicy（段合并策略）

```
public abstract class LogMergePolicy extends MergePolicy
{
    long minMergeSize;
    long maxMergeSize;

  public static final int DEFAULT_MERGE_FACTOR = 10;
```

```
  private int mergeFactor = DEFAULT_MERGE_FACTOR;

  public static final int DEFAULT_MAX_MERGE_DOCS = Integer.MAX_VALUE;
  int maxMergeDocs = DEFAULT_MAX_MERGE_DOCS;
}
```

哪些段参与合并，是由一个合并策略类体系来决定的，即段合并策略。LogMergePolicy#findMerge方法会构建一个MergeSpecification对象，它由一个OneMerge对象列表组成。OneMerge类提供了执行单个合并操作所需要的元信息，包含待合并段的SegmentInfos对象以及相关参数。合并操作可以简化成三个步骤：第一步根据SegmentInfos参数读取需要合并的所有段的元信息，并创建对应的SegmentReader对象；第二步将所有待合并段的倒排列表和词频信息进行合并，并为合并后的信息重建一个新的倒排列表结构；第三步创建新的SegmentInfos对象，代表合并后的段，将合并后的段信息更新到SegmentInfos对象中，并写入磁盘。

代码清单3-11　MergeSpecification封装了执行多个合并段所需的元信息

```
public static class MergeSpecification {
  public List merges = new ArrayList();
}

public static class OneMerge {
  SegmentInfo info;                 // used by IndexWriter
  boolean mergeDocStores;           // used by IndexWriter
  boolean optimize;                 // used by IndexWriter
  SegmentInfos segmentsClone;       // used by IndexWriter
  boolean increfDone;               // used by IndexWriter
  boolean registerDone;             // used by IndexWriter
  long mergeGen;                    // used by IndexWriter
  boolean isExternal;               // used by IndexWriter
  int maxNumSegmentsOptimize;       // used by IndexWriter

  final SegmentInfos segments;
  final boolean useCompoundFile;
}
```

如图3-15所示，Lucene提供了LogByteSizeMergePolicy和LogDocMergePolicy两类段合并策略。

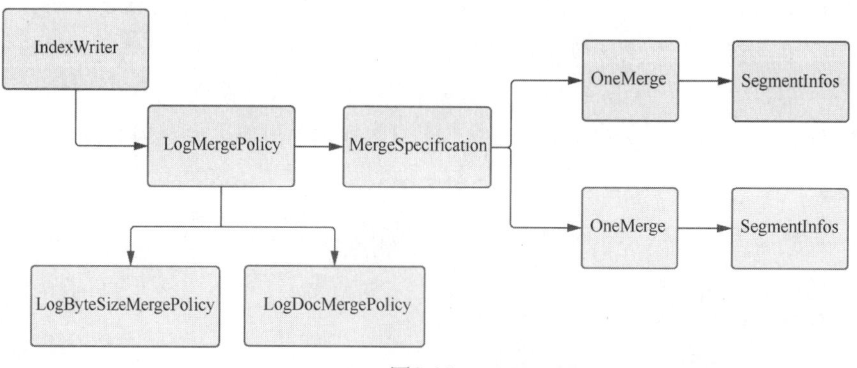

图3-15

图3-16中描述了段合并策略LogByteSizeMergePolicy，该策略中段合并的条件是“水位区间”。比如水位上限是2GB，策略就是找出一组不超过水位上限的段进行合并，其逻辑简化描述如下。

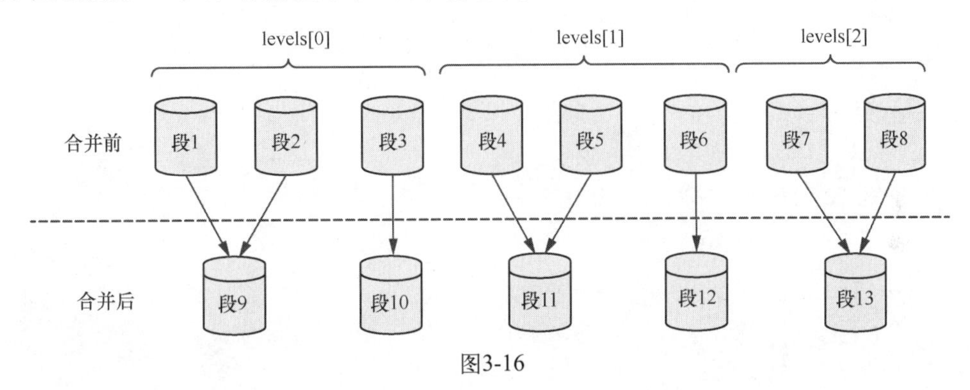

图3-16

- 计算对数值：遍历所有段的大小，把段的大小以mergeFactor为底取对数放入levels[]数组中作为选择的标准。引入对数之后不会改变数据的性质和相关关系，但压缩了研究变量的尺度，避免最大段与最小段相差过大。
- 构建分层：获取所有未处理段中的最大levels[i]值，记为maxSize。然后计算minSize = maxSize –0.75。水位区间定义为[minSize, maxSize]，其中maxSize标识段的高水位，minSize标识段的低水位。自左遍历第一个大于minSize的段。
- 创建OneMerge对象：判断构建分层的水位区间内段的个数。如果值大于mergeFactor，则生成一个OneMerge对象。
- 执行合并策略：构建段分层levels[i]时，只有相邻的段之间才能进行合并。

LogMergePolicy#findMerges的工作流简化如下。

第一部分：为所有候选段计算对数值并放入对应的levels[i]。代码如下：

```
public MergeSpecification findMerges(SegmentInfos infos, IndexWriter writer) throws IO
Exception {

  final int numSegments = infos.size();
  float[] levels = new float[numSegments];
  final float norm = (float) Math.log(mergeFactor);

  for(int i=0;i<numSegments;i++) {
    final SegmentInfo info = infos.info(i);
    long size = size(info);

    // Floor tiny segments
    if (size < 1)
      size = 1;
    levels[i] = (float) Math.log(size)/norm;
  }
}
```

第二部分：遍历所有的段，确定段合并的水位区间，合并相同level的段。代码如下：

```
int start = 0;
levelFloor = (float) (Math.log(minMergeSize)/norm);
while(start < numSegments) {
  float maxLevel = levels[start];
  for(int i=1+start;i<numSegments;i++) {
    final float level = levels[i];
    if (level > maxLevel)
      maxLevel = level;
  }

  levelBottom = levelFloor;

  int upto = numSegments-1;
  while(upto >= start) {
    if (levels[upto] >= levelBottom) {
      break;
    }
    upto--;
  }
}
```

第三部分：用水位区间来初始化MergeSpecification对象。代码如下：

```
int end = start + mergeFactor;
while(end <= 1+upto) {
  if (spec == null)
    spec = new MergeSpecification();

  spec.add(new OneMerge(infos.range(start, end), useCompoundFile));

  start = end;
  end = start + mergeFactor;
}

return spec;
```

3.4.4 段合并的简单流程

Lucene索引是基于多个段创建的，为了实现高效的索引，其背后使用基于段的分段架构存储，即在数据批量写入的同时将数据存储在一个单独的段中，然后定期进行段合并。

SegmentMerger核心类中需要重点关注以下几个重要的成员字段。

- Directory：表示段目录。
- FieldsInfos：表示段的字段元信息。
- Vector readers：用于记录参与合并的众多段。Readers[]是一个数组，其元素类型是SegmentReader。
- FreqOutput/ProxOutput：表示读写frq、prx文件的句柄。
- IndexOutput：用于将数据写入文件，它提供一些基本的写操作。
- DefaultSkipListWriter：实现写跳表数据的类，它负责将一个倒排列表数据写入磁盘。
- TermInfosWriter：表示读写tis、tii文件的句柄。

- SkipListWriter：支持跳表数据的写磁盘。当更新frq、prx文件时，固定间隔的元素将形成一个更高层次的链表，从而在基础层次链表上动态支持高层次的链表。
- SegmentMergeQueue：在合并多个段时，必须确保分词的有序性。其内部定义的lessThan比较方法体现这一原则。

如图3-17所示，SegmentMerger类中的Directory、FieldInfos、TermInfosWriter等字段与合并段数据紧密相关。其中Directory表示目标段的目标，FieldInfos表示段的字段元信息，TermInfosWriter表示合并段写入tis和tii的文件句柄。

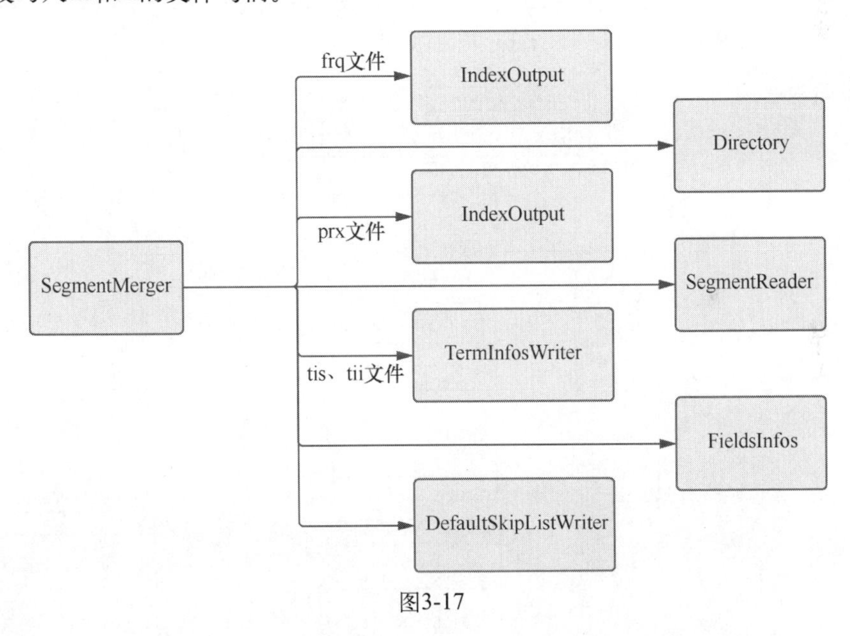

图3-17

代码清单3-12　SegmentMerger组合多个IndexReader表示的Segments

```
final class SegmentMerger {
  private Directory directory;
  private String segment;
  private int termIndexInterval =         IndexWriter.DEFAULT_TERM_INDEX_INTERVAL;

  private Vector readers = new Vector();
  private FieldInfos fieldInfos;

  private IndexOutput freqOutput = null;
  private IndexOutput proxOutput = null;
  private TermInfosWriter termInfosWriter = null;
  private int skipInterval;
  private int maxSkipLevels;

  private SegmentMergeQueue queue = null;
  private DefaultSkipListWriter skipListWriter = null;
}
```

1. SegmentReader再讨论

3.3.4小节对SegmentReader进行了充分的讨论。SegmentReader是一种组合设计模式，它通过将多个文件的读取与解析聚合到一个对象中，为上层应用程序提供统一的接口。SegmentReader聚合了如下几个组件。

- TermInfosReader：负责读取并解析tis、tii文件，提供访问Term的元信息。
- TermVectorsReader：负责读取并解析tvf、tvd、tvx文件，提供访问TermVector的元信息。
- FieldReader：负责读取并解析fnm、fdt、fdx文件，提供访问字段的元信息。

图3-18中展示了SegmentReader与TermInfosReader的关系。

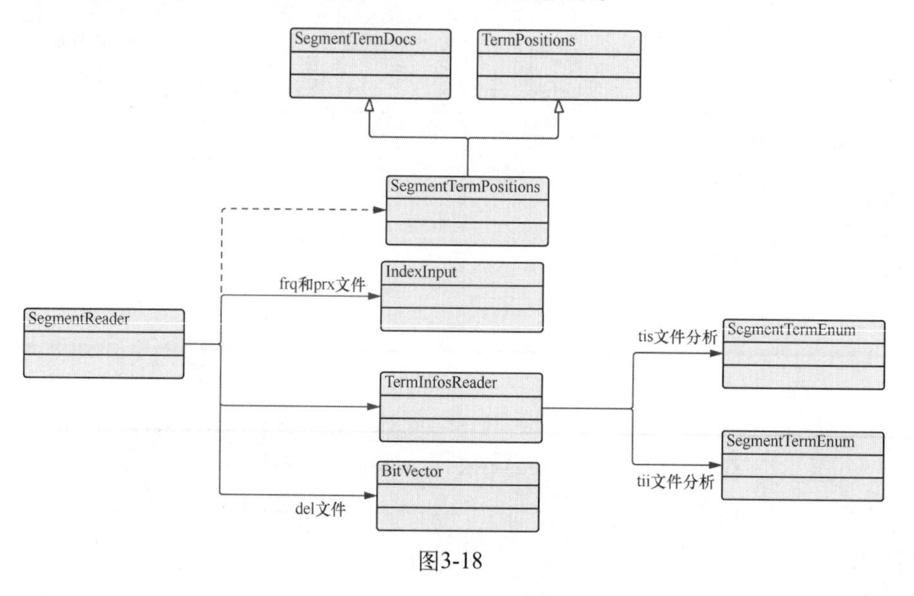

图3-18

2. 段合并入口方法

作为段合并的入口方法，merge方法涉及文档域的元信息（Field Metadata）、分词词典、分词倒排索引结构和分词正排索引结构的重组。

代码清单3-13　merge段合并入口方法

```
final int merge(boolean mergeDocStores) {
  this.mergeDocStores = mergeDocStores;
  mergedDocs = mergeFields();
  mergeTerms();
  mergeNorms();

  if (mergeDocStores && fieldInfos.hasVectors())
    mergeVectors();
  return mergedDocs;
}
```

3.4.5 合并段内域：mergeFields

1．域信息文件fnm格式

如图3-19所示，fnm索引文件包含某个段中管理的所有域的元信息，比如当前段中域的数量FieldsCount、每个域的名称FieldName，以及每个域存储和索引方式的位（Bit）标记FieldBits。

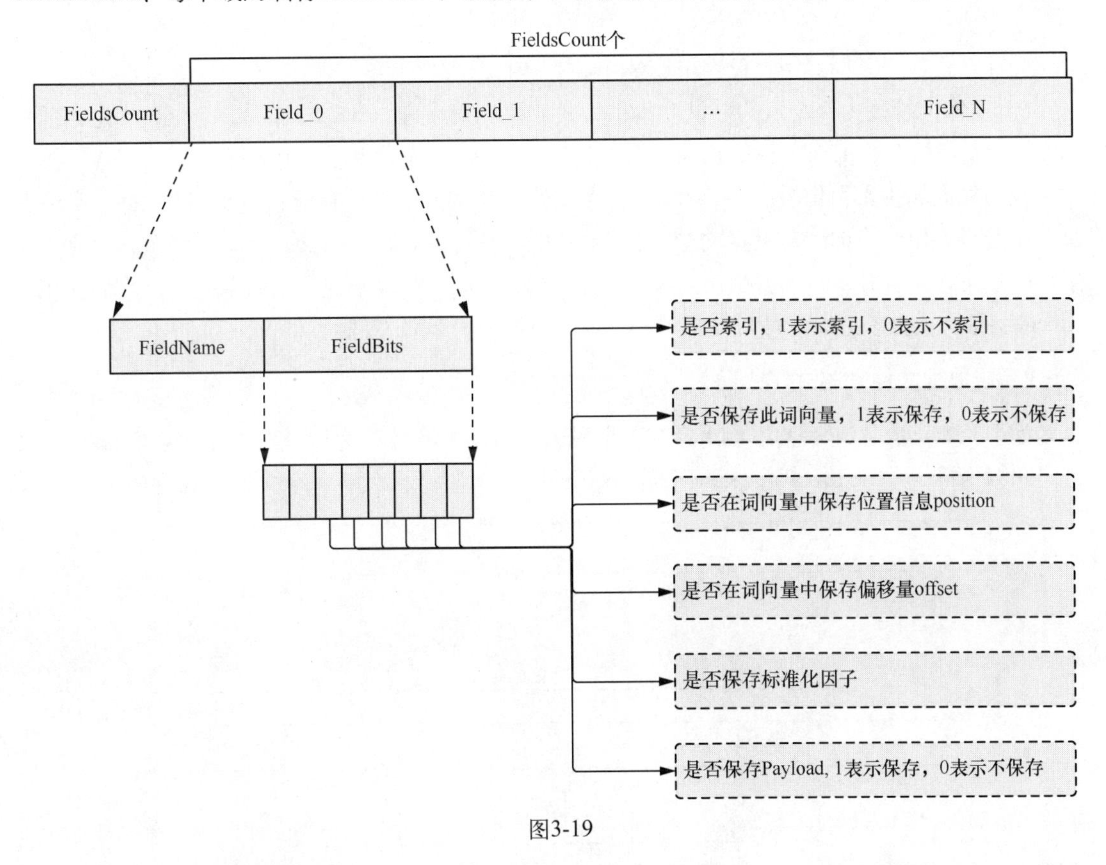

图3-19

（1）索引位与保存位对比

为什么要分别设置是否索引与是否保存呢？因为一个文档所有的域信息中，可能有一部分域希望不被索引但可以被保存。简言之，文档中允许存储但不允许索引的域，可能由于其他域信息被搜索到而一并作为结果返回。

（2）有效负载设计与应用

Lucene索引是以倒排索引结构进行存储与管理的。对于每一个分词，它的分词词典与倒排索引分开存储在tii、tis和frq、prx文件中。当一个分词包含负载信息时，Lucene会在倒排索引结构中为分词分配相应的负载存储空间，具体体现在prx文件的负载格式定义中，这是一个高效率的空间实现。prx扩展文件格式如下：

```
ProxFile (.prx) -> <TermPositions> TermCount

TermPositions -> <Positions> DocFreq
Positions -> <PositionDelta,Payload?> Freq
PositionDelta -> VInt

Payload -> <PayloadLength?,PayloadData>
PayloadLength -> VInt
PayloadData -> bytePayloadLength
```

为什么负载与分词集中存储在prx文件中是一种高效方案呢？

fnm文件描绘段内每个域的存储和索引方式的位标记，其中FielsBits的第3个位就表达当前域是否包含负载信息。那么负载信息为什么不直接存储到fnm或者fdt文件中呢？

我们知道倒排索引信息（储存在frq、prx文件）与域元信息（存储在fnm、fdt文件）是分开独立存储的。如果查询涉及大量文档元数据，I/O效率就会降低。相反，Lucene将负载信息直接存储在分词倒排索引prx文件中，集中存储与读取对I/O是一种效率提升。目前负载已广泛应用于Lucene引擎，比如改进Lucene对日期的检索，提高特定分词的权重。

2. 域数据文件fdt格式

如图3-20所示，域数据文件fdt保存某个段内所有域的具体信息，比如某个段有SegSize个文档， fdt文件中包含SegSize项。每项都是DocFieldData类型，代表着一个文档的域信息。

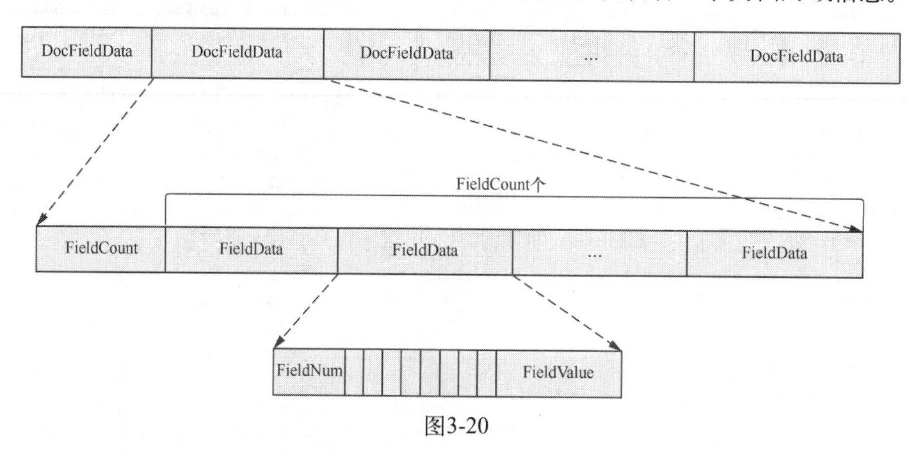

图3-20

DocFieldData代表每一个文档，它包含FieldCount个域，以及FieldCount个元素组成的FieldData数组。FieldData表示一个域的元数据，其中包含域的编号FieldNum、8位标记以及域值FieldValue。

3. 域索引文件fdx格式

如图3-21所示，域索引文件fdx用来对fdt文件中每一个文档的起始与结束地址进行索引。如果段内有SegSize个文档，那么fdx文件就有SegSize个FieldValuePosition项，对应SegSize个文档在fdt文件中的起始偏移量。

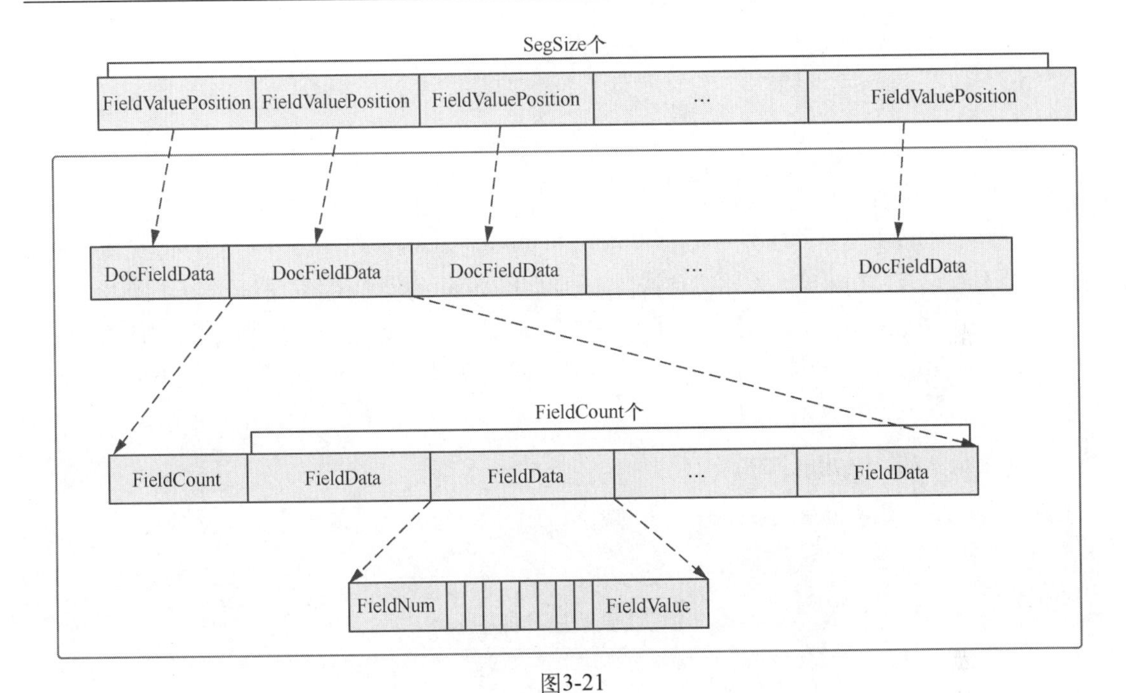

图3-21

4．合并逻辑：域信息收集

mergeFields函数根据当前多个段内文档管理的域信息，对fdt与fdx文件进行合并操作并生成新的文件。

代码清单3-14　mergeFields合并域信息

```
private final int mergeFields() {
  if (!mergeDocStores) {
    final SegmentReader sr = (SegmentReader) readers.elementAt(readers.size()-1);
    fieldInfos = (FieldInfos) sr.fieldInfos.clone();
  } else {
    fieldInfos = new FieldInfos();
  }

  for (int i = 0; i < readers.size(); i++) {
    IndexReader reader = (IndexReader) readers.elementAt(i);
    if (reader instanceof SegmentReader) {
      SegmentReader segmentReader = (SegmentReader) reader;
      for (int j = 0;
           j < segmentReader.getFieldInfos().size(); j++) {

        FieldInfo fi
          = segmentReader.getFieldInfos().fieldInfo(j);
        fieldInfos.add(fi.name, fi.isIndexed,
                       fi.storeTermVector,
                       fi.storePositionWithTermVector,
```

```
                        fi.storeOffsetWithTermVector,
                        !reader.hasNorms(fi.name),
                        fi.storePayloads);
      }
    }
  }
}
```

遍历所有的段中文档的域并写入fieldInfos。fieldInfos.add函数内部会基于byName字典来判断当前域是否有记录。如果有，忽略当前域，否则addInternal函数将域登记进byName词典中。

如果一个域已经在一个文档中出现，并提前向byName字典进行了注册，此时则直接进入else分支，对存在的fieldInfo实例字段进行丰富。反之进入addInternal函数，向byName词典添加新域。

代码清单3-15 fieldInfo管理字段域

```
public FieldInfo fieldInfo(String fieldName) {
  return (FieldInfo) byName.get(fieldName);
}

public FieldInfo add(String name, boolean isIndexed,
                     boolean storeTermVector,
                     boolean storePositionWithTermVector,
                     boolean storeOffsetWithTermVector,
                     boolean omitNorms, boolean storePayloads){
  FieldInfo fi = fieldInfo(name);
  if (fi == null) {
    return addInternal(name, isIndexed, storeTermVector,
                       storePositionWithTermVector,
                       storeOffsetWithTermVector, omitNorms,
                       storePayloads);
  } else {
    if (fi.isIndexed != isIndexed) {
      fi.isIndexed = true;
    }
    if (fi.storeTermVector != storeTermVector) {
      fi.storeTermVector = true;
    }
    if (fi.storePositionWithTermVector != storePositionWithTermVector) {
      fi.storePositionWithTermVector = true;
    }
    if (fi.storeOffsetWithTermVector != storeOffsetWithTermVector) {
      fi.storeOffsetWithTermVector = true;
    }
    if (fi.omitNorms != omitNorms) {
      fi.omitNorms = false;
    }
    if (fi.storePayloads != storePayloads) {
      fi.storePayloads = true;
    }

  }
```

```
  return fi;
}
```

5. 合并方法：操作fnm、fdt、fdx文件

Step1：判断待合并的段域名。

实现对多个段对应的独立fnm、fdx文件进行合并。通常在合并段数据信息的时候，有两种情况需要考虑。

- Case1：两个待合并的段所包含的域名以及域在文档中出现的顺序都是一样的。此时直接将要合并的段fdt文件批量复制到新的段文件fdt中，提高合并效率。
- Case2：两个待合并的段所包含的域的名称存在不同。此时就不能批量复制文件内容，而必须一个文档一个文档地添加。这样做的效率会低一些。

前述已将多个待合并段的所有域信息取出，并登记到fieldInfos.byName词典。紧接着，通过两层for循环执行如下逻辑。

- 第一层for循环遍历其中一个段并取出段的所有域信息，存放于segmentFieldInfos：

```
FieldInfos segmentFieldInfos = segmentReader.getFieldInfos();
```

- 第二层for循环比较合并段获取的所有fieldsInfo域与当前段获取的所有fieldsInfo域。

若两个待合并的段所包含的域名不同，则将matchingSegmentReaders[i]置空，否则将matchingSegmentReaders[i]赋值为对应段SegmentReader对象。

要判断不同SegmentReader管理的文档之间域是否完全相同，必须将文档管理的所有字段与另一个文档下的所有字段进行一一比较。只要文档中有一个字段与另一个文档的对应字段不匹配，就视为文档之间的元信息不同，会影响后续fdt文件合并的策略。

代码清单3-16 判断待合并的段域元信息是否相同

```
SegmentReader[] matchingSegmentReaders = new SegmentReader[readers.size()];

for (int i = 0; i < readers.size(); i++) {
  IndexReader reader = (IndexReader) readers.elementAt(i);
  if (reader instanceof SegmentReader) {
    SegmentReader segmentReader = (SegmentReader) reader;
    boolean same = true;
    FieldInfos segmentFieldInfos
      = segmentReader.getFieldInfos();

    for (int j = 0; same && j < segmentFieldInfos.size(); j++)
      same = fieldInfos.fieldName(j).equals(
                          segmentFieldInfos.fieldName(j));
    if (same) {
      matchingSegmentReaders[i] = segmentReader;
    }
  }
}
```

Step2：FieldsWriter写fdt文件。

合并逻辑有如下3层循环。

- 第一层：负责遍历所有待合并的段SegmentReader。
- 第二层：负责分析某一个待合并的段SegmentReader[i]。通过rawDocs方法提取一段包含docID的连续文件空间，通过addRawDocuments方法添加文档到合并的fdt、fdx索引文件。
- 第三层：扫描当前段SegmentReader[i]管理的文档列表，选出一段中间没有被标识成“deleted”（删除）文档的连续区间。统计一段连续的、未标识删除的文档列表，并记录起始（start）和文档数目（numDocs）。对于满足条件的连续文档列表，允许对fdt索引文件中相应的域信息进行批量复制。

代码清单3-17　FieldsWriter写fdt文件

```
// merge field values
final FieldsWriter fieldsWriter
  = new FieldsWriter(directory, segment, fieldInfos);

for (int i = 0; i < readers.size(); i++) {
     final IndexReader reader =
       (IndexReader) readers.elementAt(i);

     final int maxDoc = reader.maxDoc();
     for (int j = 0; j < maxDoc;) {
       if (!reader.isDeleted(j)) {
         // skip deleted docs
         if (matchingSegmentReader != null) {
           int start = j;
           int numDocs = 0;
           do {
             j++;
             numDocs++;
           } while(j < maxDoc
                 && !matchingSegmentReader.isDeleted(j)
                 && numDocs < MAX_RAW_MERGE_DOCS);

           IndexInput stream
             = matchingFieldsReader.rawDocs(
             rawDocLengths, start, numDocs);

           fieldsWriter.addRawDocuments(
             stream, rawDocLengths, numDocs);

           docCount += numDocs;
           if (checkAbort != null)
             checkAbort.work(300*numDocs);
         } else {
           fieldsWriter.addDocument(
             reader.document(j, fieldSelectorMerge));
           j++;
           docCount++;
           if (checkAbort != null)
```

```
            checkAbort.work(300);
          }
        } else
          j++;
      }
}
```

Step3：rawDocs提取一段包含docID的连续文件空间。

FieldsReader#rawDocs方法内部持有indexStream与fieldsStream来分别操作fdx与fdt索引文件。

首先介绍fdt、fdx两个文件的角色。fdt文件用于存储所有文档及文档域的信息，而fdx索引文件记录了每个文档在fdt文件中的偏移量。每个文档包含不同个数的域，并且每个文档在fdt文件中存储的大小是不同的。加速查找fdt文件是引入fdx索引文件的原因之一。反过来，如果每个文档要记录的信息在fdt中的大小是相同的，那么fdt索引文件的设计还能简化，只需要记录当前段中第一个文档的docID在fdt文件中的偏移量，其他文档的docID在fdt文件中的偏移量可以通过公式推导，比如：

```
first_doc_offset + (i - 1) * fixed-size-of-each-doc
```

可以这样理解：有多少文档存储于fdt文件，就有多少个对应的项存储于fdx文件，每项记录了对应文档在fdt文件中的偏移量，如图3-21所示。

现在待解决的问题是：批量写合并而不是单条写合并。提升效率的方法是将记录文档元信息的fdt文件按照文档区间来批量复制至新的fdt文件，而不是将单个文档写入新的fdt文件。但是执行批量文档合并时，必须将标识为删除的文档进行物理删除，不再写入新的fdt文件中。fdt文件格式简化如下：

```
[pre_doc, 3,4,del_9,5,6,8,del_3,9,10,11,43,next_doc]
```

fdt文件管理文档列表。原来只需要将fdt文件的内容一次性批量复制到目标fdt文件，但考虑到被删除文档的存在，现在需要进行分段复制。分成如下3段：

- [3,4]；
- [5,6,8]；
- [9,10,11,43]。

rawDocs方法返回每个文档的字节长度。它的输入是中间没有出现删除标识的连续的文档列表区间，输出是一个length[]数组，数组中的元素记录每个文档在fdt文件中存储的大小。

fieldsStream是fdt数据流。indexStream是对应fdt数据流的索引流。

fdx索引文件用于在fdt文件中定位每个文档的起始地址与结束地址。fdt文件中SegSize的值对应段内的SegSize个文档。每个FieldValuePosition项固定长度为8字节。由于是固定长度的项，所以方便随机定位与访问。

代码清单3-18 FieldsReader类定义

```
final class FieldsReader {
  private final FieldInfos fieldInfos;
  private final IndexInput cloneableFieldsStream;
```

```
  private final IndexInput fieldsStream;
  private final IndexInput indexStream;

  final IndexInput rawDocs(int[] lengths,
                           int startDocID,
                           int numDocs){
    indexStream.seek(startDocID * 8L);

    long startOffset = indexStream.readLong();
    long lastOffset = startOffset;
    int count = 0;

    while (count < numDocs) {
      final long offset;
      final int docID = startDocID + count + 1;
      assert docID <= numTotalDocs;
      if (docID < numTotalDocs)
        offset = indexStream.readLong();
      else
        offset = fieldsStream.length();
      lengths[count++] = (int) (offset-lastOffset);
      lastOffset = offset;
    }

    fieldsStream.seek(startOffset);

    return fieldsStream;
  }
}
```

这解释了rawDoc方法为什么使用indexStream.seek(startDocID * 8L)来定位。docID * FieldValuePosition偏移量用来访问fdx索引文件并快速定位docID在fdt文件中的起始地址。

比如，rawDocs方法需要读取numDocs个文档域数据。它需要遍历[startDocID, startDocID+numDocs]区间，区间内每个元素记录docID文档在fdt文件中的偏移量，最终返回一个lengths[]数组，其元素内容代表每个文档在fdt文件中的字节量。

代码清单3-19　统计每个文档在fdt文件中的字节量

```
while (count < numDocs) {
  final long offset;
  final int docID = startDocID + count + 1;
  assert docID <= numTotalDocs;
  if (docID < numTotalDocs)
    offset = indexStream.readLong();
  else
    offset = fieldsStream.length();
  lengths[count++] = (int) (offset-lastOffset);
  lastOffset = offset;
}
```

Step4：addRawDocuments添加文档到合并的fdt、fdx索引文件。

addRawDocuments方法接收3个参数。其中前两个重要参数如下。

- stream：代表fdt索引文件的句柄。它的读指针已经正确初始化为第一个文档的偏移量。
- lengths[]：存储着连续numDocs个文档在fdt文件中域存储的字节量。

数据本身存储在fdt文件中。为了提高查询效率，间隔采样的索引数据存储在fdx文件中。fieldsStream.copyBytes(stream, position-start)将多个连续文档的域从旧的fdt文件批量复制到新的fdt文件中。indexStream.writeLong(position)将每个文档在fdt文件中的偏移量更新进fdx索引文件。

代码清单3-20 添加文档到合并的fdt、fdx索引文件

```
final void addRawDocuments(IndexInput stream,
                           int[] lengths,
                           int numDocs) {
  long position = fieldsStream.getFilePointer();
  long start = position;
  for(int i=0;i<numDocs;i++) {
    indexStream.writeLong(position);
    position += lengths[i];
  }
  fieldsStream.copyBytes(stream, position-start);
  assert fieldsStream.getFilePointer() == position;
}
```

3.4.6 合并段内分词：mergeTerms

合并多个段的分词词典文件（tis、tii）与合并多个段的域相关文件（fnm、fdt、fdx）高度类似，同样有两种情况需要分析。

- Case1：两个待合并的段所包含的域名以及域在文档中出现的顺序都是一样的。此时直接将要合并段的tis文件批量复制到新的段文件tis中，提高合并效率。
- Case2：两个待合并的段所包含的域的名称存在不同。此时就不能批量复制文件内容，而必须是一个文档一个文档地添加。这样做的效率会低一些。

1. 词典文件tis格式

tis扩展文件格式如下：

```
.tis -> TermCount, TermInfos
TermCount -> UInt32
TermInfos -> <terminfo> TermCount
terminfo -> <Term, DocID, DocFreq, FreqDelta, ProxDelta>
Term -> <PrefixLength, Suffix, fieldnum>
Suffix - -> String
PrefixLength, DocFreq, FreqDelta, ProxDelta

TermPositions --> <Positions>DocFreq
Positions --> <PositionDelta>Freq
PositionDelta --> VInt
```

2. 变量初始化

（1）SegmentReader

SegmentReader构造函数会初始化一些关键结构，这些关键结构用来直接或间接管理fnm、fdt、fdx、frq、prx、tis、tii、tvf、tvd和tvx等索引文件。SegmentReader采用聚合设计模式。

- 它聚合了TermInfosReader，比如操作tis、tii文件。
- 它聚合了TermVectorsReader，比如操作tvf、tvd、tvx文件。
- 它聚合了FieldsReader，比如操作fnm、fdt、fdx文件。
- 它聚合了IndexInput（freqStream/proxStream），比如操作frq、prx文件。
- 它聚合了BitVector，比如操作del文件、管理被删文档列表。

代码清单3-21　SegmentReader类定义

```
class SegmentReader extends DirectoryIndexReader {
  private String segment;
  private SegmentInfo si;

  FieldInfos fieldInfos;
  private FieldsReader fieldsReader;

  TermInfosReader tis;
  TermVectorsReader termVectorsReaderOrig = null;
  ThreadLocal termVectorsLocal = new ThreadLocal();

  BitVector deletedDocs = null;

  IndexInput freqStream;
  IndexInput proxStream;

  CompoundFileReader cfsReader = null;
  CompoundFileReader storeCFSReader = null;
}
```

SegmentReader构造初始化后触发loadDeletedDocs方法。该方法负责从索引目录中读del文件并将其加载进SegmentReader#deleteDocs成员字段。初始化deletedDocs的代码如下：

```
private void loadDeletedDocs() throws IOException {
  if (hasDeletions(si)) {
    deletedDocs = new BitVector(directory(), si.getDelFileName());
  }
}
```

接下来初始化freqStream和proxStream文件句柄，需要打开frq、prx索引文件句柄加载流数据。代码如下：

```
freqStream = cfsDir.openInput(segment + ".frq",
                              readBufferSize);
proxStream = cfsDir.openInput(segment + ".prx",
                              readBufferSize);
```

接下来使用termVectorsReaderOrig字段管理tvf、tvd、tvx索引文件。初始化TermVectorsReader

的代码如下：

```
termVectorsReaderOrig =
  new TermVectorsReader(storeDir, vectorsSegment,
                        fieldInfos, readBufferSize,
                        si.getDocStoreOffset(),
                        si.docCount);
```

（2）mergeTerms

mergeTerms方法连续打开两个frq、prx文件，这是段合并写入的新文件。前述打开的frq、prx文件是SegmentReader单个待合并段自身管理的内容，需要将二者区别开来。

代码清单3-22 合并段

```
private final void mergeTerms() throws CorruptIndexException, IOException {
  try {
    freqOutput = directory.createOutput(segment + ".frq");
    proxOutput = directory.createOutput(segment + ".prx");
    termInfosWriter =
      new TermInfosWriter(directory,
                          segment, fieldInfos,
                          termIndexInterval);

    skipListWriter =
      new DefaultSkipListWriter(skipInterval,
                                maxSkipLevels, mergedDocs,
                                freqOutput, proxOutput);

    queue = new SegmentMergeQueue(readers.size());
    mergeTermInfos();
  }
}
```

对于来自不同段的多个文档、不同文档相同域的相同分词，以及不同文档不同域的相同分词，都需要将相同分词进行合并存储。分词存储涉及两块：分词词典与分词的倒排索引信息，它们分开存储在不同的索引文件中。分词词典使用tii和tis文件，而分词倒排索引使用frq和prx文件。freqOutput、proxOutput和termInfosWriter内存建模结构用来写分词词典与倒排索引信息文件。

3．SegmentMergeInfo

SegmentMergeInfo持有待合并段的分词词典及倒排列表信息，它能解决段合并过程中的两个典型问题。

问题1：当多个段合并后变成一个Lucene索引时，如何在索引级别唯一地标识一个文档呢？

SegmentMergeInfo保存待合并段的分词词典及倒排列表信息。图3-22中使用3根虚线将SegmentMergeInfo持有依赖的对象模型标识了出来。如前所述，SegmentReader构造函数会初始化一些关键结构来直接或间接管理fnm、fdt、fdx、frq、prx、tis、tii、tvf、tvd和tvx等索引文件。

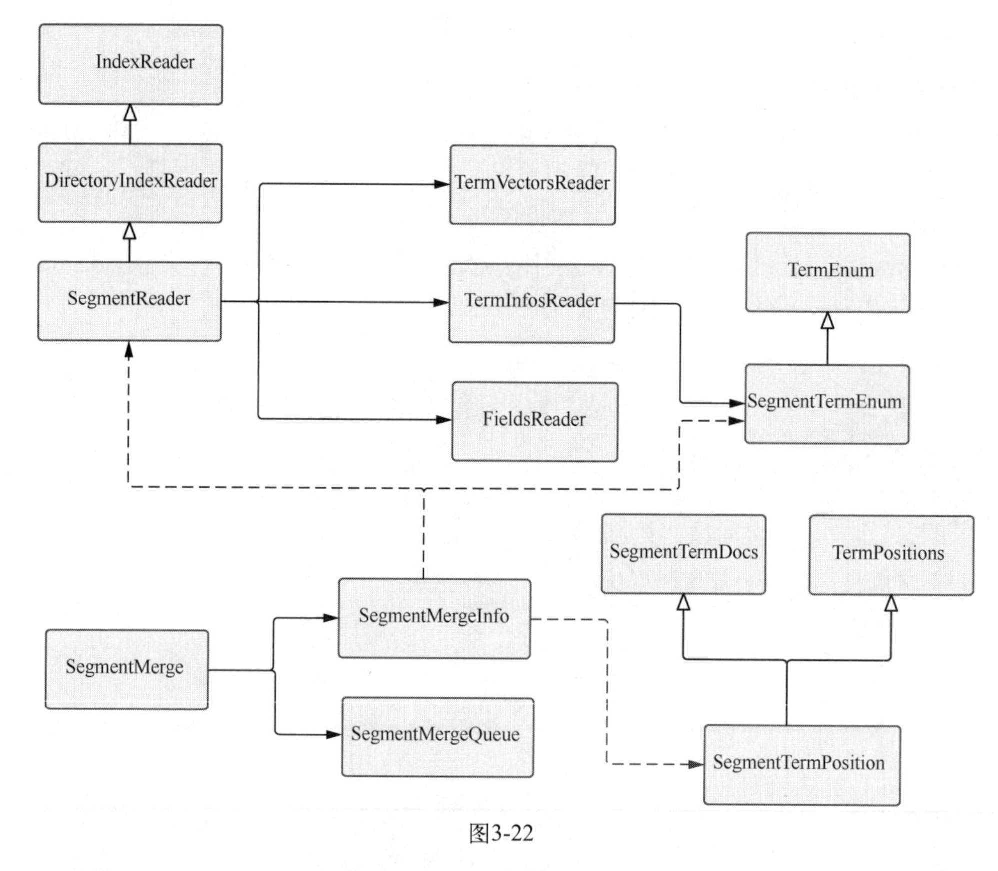

图3-22

代码清单3-23 SegmentMergeInfo类定义

```
final class SegmentMergeInfo {
  Term term;
  int base;
  TermEnum termEnum;
  IndexReader reader;
  private TermPositions postings;
}
```

SegmentMergeInfo构造函数接收SegmentReader。当SegmentMergeInfo尝试管理tis文件句柄时，本质是通过SegmentReader字段来访问tis文件。如果觉得这种说法有点绕，不够直观，那么只需要简单记住一点：SegmentMergeInfo提供对段分词词典及倒排列表进行访问的接口。

- SegmentMergeInfo.termEnum字段：负责访问tis、tii文件。
- SegmentMergeInfo.postings字段：负责访问frq、prx文件。

代码清单3-24 合并的段分词词典

```
private final void mergeTermInfos()  {
  int base = 0;
```

```
  for (int i = 0; i < readers.size(); i++) {
    IndexReader reader =
      (IndexReader) readers.elementAt(i);

    TermEnum termEnum = reader.terms();
    SegmentMergeInfo smi =
      new SegmentMergeInfo(base, termEnum, reader);

    base += reader.numDocs();
    if (smi.next())
      queue.put(smi);              // initialize queue
    else
      smi.close();
  }
}
```

问题1的解决方案如下。

当遍历待合并段时，mergeTermInfos方法需要对段内的文档进行重新编号。

- 可以将SegmentMergeInfo简单理解成一个段元信息的提取器。base代表当前段所有docID的基准值。遍历第一个待合并段时将base赋值为0。
- 当遍历第二个待合并段时，base已被赋值为reader.numDocs，即前一个段包含的文档总数。
- 后续合并段时，待合并段内的文档基于base进行重新编号，并且保证生成的新段内所有docID是一致的。

代码清单3-25 遍历合并段并对段内文档重新编号

```
int base = 0;
for (int i = 0; i < readers.size(); i++) {
  IndexReader reader =
    (IndexReader) readers.elementAt(i);

  TermEnum termEnum = reader.terms();
  SegmentMergeInfo smi =
    new SegmentMergeInfo(base, termEnum, reader);

  base += reader.numDocs();
}
```

问题2：索引段内的分词如何有序存储?

为了将索引段中的分词有序合并，Lucene引入了SegmentMergeQueue容器，其中存储的就是待合并段的分词词典及倒排列表信息，即SegmentMergeInfo实例对象。

代码清单3-26 SegmentMergeQueue类定义

```
final class SegmentMergeQueue extends PriorityQueue {
  SegmentMergeQueue(int size) {
    initialize(size);
  }
```

```
  protected final boolean lessThan(Object a, Object b) {
    SegmentMergeInfo stiA = (SegmentMergeInfo)a;
    SegmentMergeInfo stiB = (SegmentMergeInfo)b;
    int comparison = stiA.term.compareTo(stiB.term);
    if (comparison == 0)
      return stiA.base < stiB.base;
    else
      return comparison < 0;
  }
}
```

压入优先队列的SegmentMergeInfo实例都需要提前调用next方法，代码如下：

```
base += reader.numDocs();
if (smi.next())
  queue.put(smi);              // initialize queue
```

这样做有两个原因。

① SegmentMergeInfo通过持有SegmentTermEnum字段来实现对tis文件的解析。tis文件中的分词元组格式简化如下。

```
<term, <docID, docFreq, position-list>, <docID, docFreq, position-list>>*
```

② 压入优先队列前调用SegmentMergeInfo#next方法，先读出tis文件的第一个分词元组并加载进内存，即<term, <docID, docFreq, position-list>, <docID, docFreq, position-list>>。

问题2的解决方法为，待合并段的分词信息在压入优先队列时必须确保分词的有序性。如果两个不同索引段存在相同的分词，需要使用一种方法来决定哪个索引段的分词应该优先被合并。Lucene中采用的方法是使用一个联合主键<term, docID/docBase>来进行比较。其中term表示分词，docID或者docBase表示分词所在的docID。SegmentMergeQueue类中通过实现lessThan方法重新定义优化队列的比较规则。在这个规则中，首先比较分词字符串，如果相同，则继续比较对应的docID来确定两个分词的写入顺序。

4．mergeTermInfos

每个SegmentMergeInfo实例对象用来保存需要合并的段的词典和倒排列表信息。mergeTermInfos方法用于对排序后的段内分词进行合并，其中包含3层循环，如代码清单3-27所示。

代码清单3-27中第一层for循环遍历所有待合并段并为每个段生成SegmentMergeInfo对象。SegmentMergeInfo使用next方法获得当前段的第一个分词元组，并将SegmentMergeInfo对象放入SegmentMergeQueue中。每个SegmentMergeInfo各自代表一个独立的tis文件，即<term, <docID, docFreq, position-list>, <docID, docFreq, position-list>>元组集合。在压入优先队列前，每个SegmentMergeInfo调用next方法定位各自的第一个分词元组信息，即<term, docFreq, fre-pointer, prx-pointer>。

第二、三层循环遍历SegmentMergeQueue，取出其中相同分词的SegmentMergeInfo对象并放入match[]数组中。遍历所有段的SegmentMergeInfo，将具备相同分词的<term, docFreq, fre-pointer, prx-pointer>的段SegmentMergeInfo对象缓存于match[]数组。mergeTermInfo(match, matchSize)对相同分词的多个SegmentMergeInfo对象进行实际的合并操作。

代码清单3-27 对多个段内分词进行合并

```
private final void mergeTermInfos(){
  int base = 0;
  for (int i = 0; i < readers.size(); i++) {
    IndexReader reader = (IndexReader) readers.elementAt(i);
    TermEnum termEnum = reader.terms();
    SegmentMergeInfo smi = new SegmentMergeInfo(base, termEnum, reader);
    base += reader.numDocs();
    if (smi.next())
      queue.put(smi);                 // initialize queue
    else
      smi.close();
  }

  SegmentMergeInfo[] match = new SegmentMergeInfo[readers.size()];

  while (queue.size() > 0) {
    int matchSize = 0;             // pop matching terms
    match[matchSize++] = (SegmentMergeInfo) queue.pop();
    Term term = match[0].term;
    SegmentMergeInfo top = (SegmentMergeInfo) queue.top();

    while (top != null && term.compareTo(top.term) == 0) {
      match[matchSize++] = (SegmentMergeInfo) queue.pop();
      top = (SegmentMergeInfo) queue.top();
    }

    final int df = mergeTermInfo(match, matchSize);
    // add new TermInfo

    while (matchSize > 0) {
      SegmentMergeInfo smi = match[--matchSize];
      if (smi.next())
        queue.put(smi);            // restore queue
      else
        smi.close();             // done with a segment
    }
  }
}
```

对多个段中相同分词的合并操作最终交给了appendPostings方法来完成。代码如下：

```
private final int mergeTermInfo(SegmentMergeInfo[] smis,
                                int n){
  long freqPointer = freqOutput.getFilePointer();
  long proxPointer = proxOutput.getFilePointer();

  int df = appendPostings(smis, n);

  long skipPointer = skipListWriter.writeSkip(freqOutput);

  if (df > 0) {
    termInfo.set(df, freqPointer, proxPointer, (int) (skipPointer - freqPointer));
    termInfosWriter.add(smis[0].term, termInfo);
```

```
    }

    return df;
}
```

5. appendPostings

如图3-23所示，DocumentsWriter#flush方法将所有新插入的文档写入新的段中，方便后续搜索，它的内部逻辑会调用appendPostings方法将多个段的倒排列表合并写入磁盘。appendPostings方法重新写入词频和位置文件，即把合并后的同名分词的倒排索引表重新填写到新索引中。同名分词是指不同文档中出现相同的分词。在Lucene中合并倒排索引的过程中，为了确保有序列性，会使用SegmentMergeQueue优先队列排序规则将分词的docID进行二次排序，以确保同名分词正确合并。

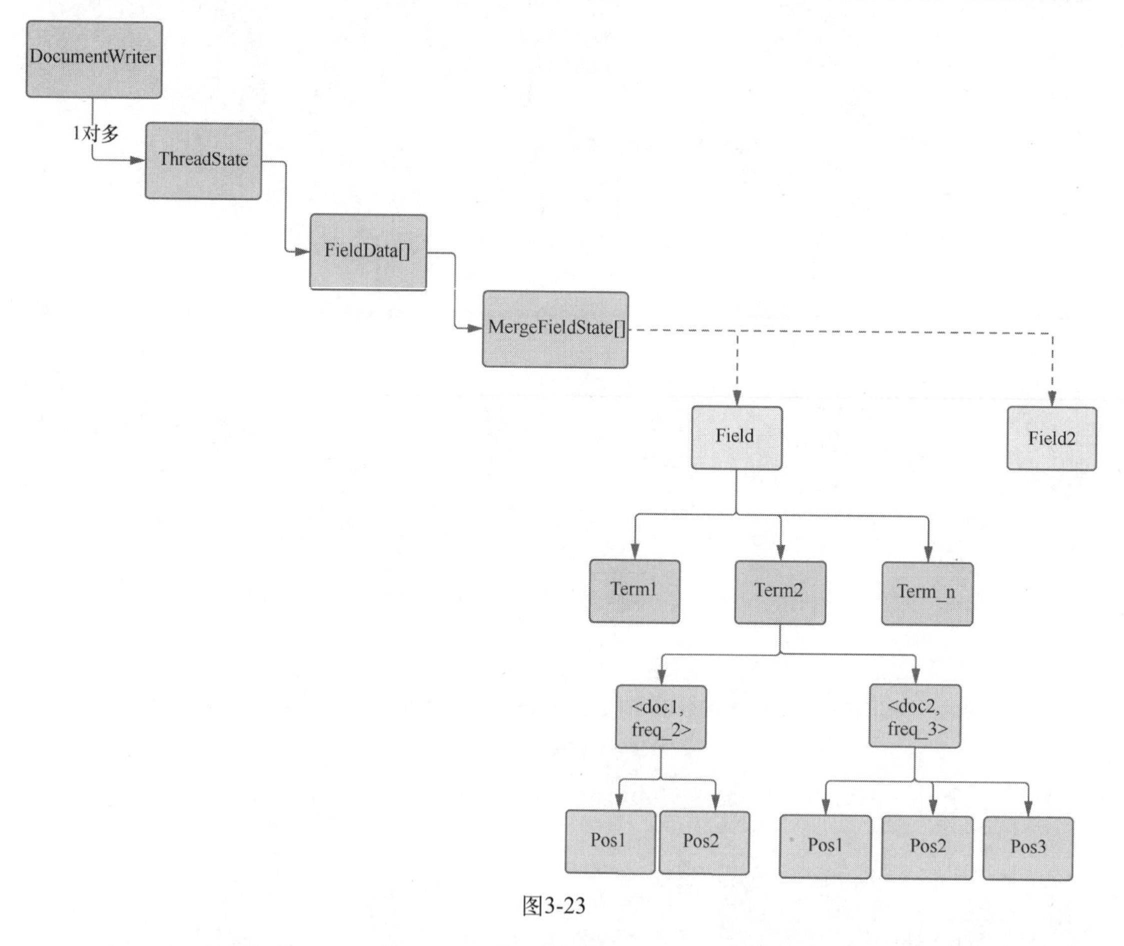

图3-23

getDocMap方法返回一个docMap[]数组。索引是docID，若键值为-1则说明当前docID在索引中被标记为删除。Lucene的删除只是一个软删除，在对应del文件中做了一个标记，并没有真正从物理磁盘中对文档进行清除，直到小的索引段不断进行合并，才会真正从物理磁盘中进行清除。与此同时，会重新分配段内的所有docID，并保证在磁盘中连续存储的文件的docID也是连续。

代码清单3-28 将有序合并后的分词写入索引

```
appendPostings(SegmentMergeInfo[] smis, int n){
  for (int i = 0; i < n; i++) {
    SegmentMergeInfo smi = smis[i];
    TermPositions postings = smi.getPositions();
    int base = smi.base;
    int[] docMap = smi.getDocMap();
    postings.seek(smi.termEnum);
    while (postings.next()) {
      int doc = postings.doc();
      if (docMap != null)
        doc = docMap[doc];
      doc += base;

      df++;
      if ((df % skipInterval) == 0) {
        skipListWriter.setSkipData(lastDoc, storePayloads, lastPayloadLength);
        skipListWriter.bufferSkip(df);
      }

      int docCode = (doc - lastDoc) << 1;
      lastDoc = doc;

      int freq = postings.freq();
      if (freq == 1) {
        freqOutput.writeVInt(docCode | 1);
      } else {
        freqOutput.writeVInt(docCode);
        freqOutput.writeVInt(freq);
      }

      freqOutput.writeVInt(docCode);      // write doc
      freqOutput.writeVInt(freq);        // write frequency in doc
    }
  }
}
```

for (int i = 0; i < n; i++) 最外层循环用来遍历具有相同分词的多个段，对多个段的相同分词的<docID, docFrq>与<docID, position>元信息进行合并。

while(postings.next())与int doc = postings.doc()分别用来定位当前段分词的<docID, docFrq>信息和<docID, position>信息。

接下来将<docID, docFrq>元信息写入frq词频文件。

图3-24中展示了frq文件的格式。

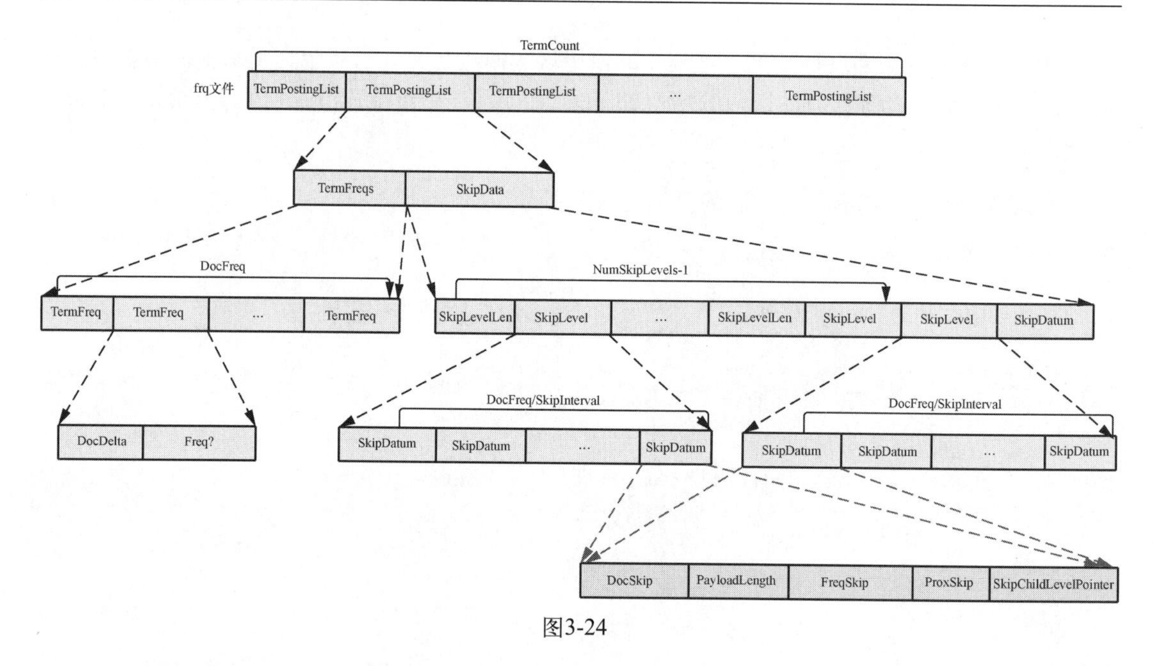

图3-24

例如，有如下两个Segment需要对“leon-term”分词进行合并：

```
Segment1:
leon-term -> <doc1, 2> <doc2, 5> <doc3-del, 2> <doc4, 6>

Segment2:
leon-term -> <doc1, 2> <doc2, 5> <doc3-del, 2>
```

Segment1建模采用SegmentMergeInfo1结构。它的base值为0，并且SegmentMergeInfo1管理的“leon-term”分词对应的文档为<doc1,doc2,doc3,doc4>，即SegmentMergeInfo1.maxDocSize=4。需注意“doc3-del”代表标记为删除的文档。

Segment2建模采用SegmentMergeInfo2结构。它的base值为SegmentMergeInfo2.maxDocSize的大小，并且SegmentMergeInfo2管理的“leon-term”分词对应的文档为<doc1,doc2,doc3>，即SegmentMergeInfo2.maxDocSize=3。

appendPostings将多个小的段合并成一个更大的段时，需要解决docID冲突的问题，其编码如下：

```
Segment1:
leon-term -> <doc1, 2> <doc2, 5><doc3, 6>

Segment2:
leon-term -> <doc4, 2> <doc5, 5>
```

其中Segment2管理的所有docID都在Segment2.base=Segment1.maxDocSize=4的基础上进行递增，保证Segment2与Segment1的docID不冲突。最后写入frq文件中格式如下：

```
leon-term -> <doc1, 2> <doc2, 5><doc3, 6> <doc4, 2> <doc5, 5>
```

prx文件的写入逻辑类似，不再赘述。

6. 更新tii、tis词典索引文件

mergeTermInfo方法对具有相同分词的多个段SegmentMergeInfo进行合并操作，主要逻辑是使用appendPostings方法完成倒排列表的合并。

代码清单3-29　更新tii、tis词典索引文件

```
private final int mergeTermInfo(SegmentMergeInfo[] smis, int n) {
  long freqPointer = freqOutput.getFilePointer();
  long proxPointer = proxOutput.getFilePointer();

  int df = appendPostings(smis, n);
  long skipPointer = skipListWriter.writeSkip(freqOutput);

  if (df > 0) {
    termInfo.set(df, freqPointer, proxPointer, (int) (skipPointer - freqPointer));
    termInfosWriter.add(smis[0].term, termInfo);
  }

  return df;
}
```

图3-25展示了tis词信息文件的结构。tis词信息文件用于存储分词后的词条，即某个段中的所有分词数据。这些分词按照所属域的名称排序，格式如下：

```
TermInfoFile (.tis)-> TIVersion, TermCount, IndexInterval, SkipInterval, MaxSkipLevels,
TermInfos

TermInfos -> <TermInfo>^TermCount
TermInfo -> <Term, DocFreq, FreqDelta, ProxDelta, SkipDelta>

Term -> <PrefixLength, Suffix, FieldNum>
```

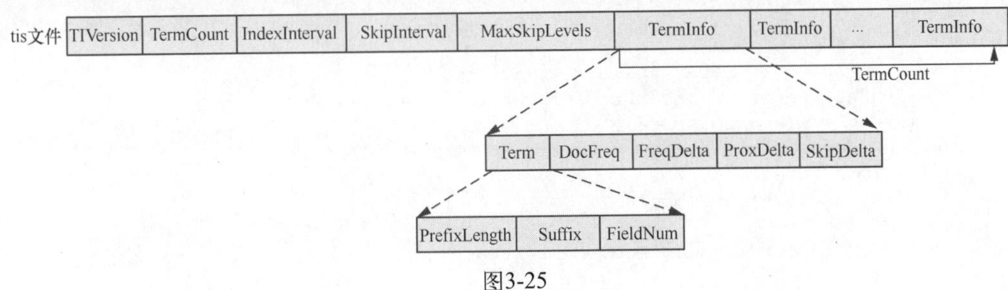

图3-25

TermInfo.freqPointer用来定位分词在frq文件中的偏移量。TermInfo.proxPointer用来定位分词在prx文件中的偏移量。换言之，利用TermInfo持有的FreqDelta和ProxDelta字段间接将分词词典（tis、tii）与倒排索引（frq、prx）联系起来了。

代码清单3-30　TermInfo类定义

```
final class TermInfo {
  long freqPointer = 0;
```

```
  long proxPointer = 0;
  int skipOffset;

  final void set(int docFreq, long freqPointer,
                 long proxPointer, int skipOffset) {
    this.docFreq = docFreq;
    this.freqPointer = freqPointer;
    this.proxPointer = proxPointer;
    this.skipOffset = skipOffset;
  }
}
```

termInfosWriter.close()执行tis文件写磁盘操作，代码如下。

```
private final void mergeTerms()  {
  try {
    mergeTermInfos();
  } finally {
    if (termInfosWriter != null) termInfosWriter.close();
  }
}
```

3.4.7 合并段内词向量：mergeVectors

正如2.5.3小节中讲过的，词向量域中包含tvf文件、tvd文件和tvx文件，因此合并段内词向量需要操作这3个文件。可以使用reader.getTermFreqVectors(docNum)内部的get函数来对tvx、tvd、tvf这3个索引文件的数据格式进行线性检索。

代码清单3-31 合并正排索引

```
private final void mergeVectors() {
  TermVectorsWriter termVectorsWriter =
    new TermVectorsWriter(directory, segment, fieldInfos);

  try {
    for (int r = 0; r < readers.size(); r++) {
      IndexReader reader = (IndexReader) readers.elementAt(r);
      int maxDoc = reader.maxDoc();
      for (int docNum = 0; docNum < maxDoc; docNum++) {
        // skip deleted docs
        if (reader.isDeleted(docNum))
          continue;
        termVectorsWriter.addAllDocVectors(reader.getTermFreqVectors(docNum));
      }
    }
  }
}
```

readTermVectors方法用于从tvf文件读取文档下所有的域信息。在内存中，SegmentTermVector结构存储readTermVectors方法返回的正排索引信息，该信息代表某个域经过分词器后生成的多个分词在tvf文件中存储的元信息，包含TermText、TermFreq、TermPosition和TermOffset等。SegmentTermVector类的定义如下：

```
class SegmentTermVector implements TermFreqVector {
```

```
  private String field;       // field代表文档的某个域
  private String terms[];     // terms[]代表文档的某个域下分析出的所有分词
  private int termFreqs[];    // termFreqs[]代表文档的某个域下分析出的所有分词及其词频信息
}
```

换言之，SegmentTermVector结构体代表tvf文件中最小的存储单元。

代码清单3-32　读取文档的正排索引

```
private SegmentTermVector[] readTermVectors(int docNum,
                      String fields[], long tvfPointers[]) {

  SegmentTermVector res[] =
    new SegmentTermVector[fields.length];

  for (int i = 0; i < fields.length; i++) {
    ParallelArrayTermVectorMapper mapper =
      new ParallelArrayTermVectorMapper();
    mapper.setDocumentNumber(docNum);

    readTermVector(fields[i], tvfPointers[i], mapper);
    res[i] = (SegmentTermVector) mapper.materializeVector();
  }

  return res;
}
```

3.5　索引段提交点与快照

3.5.1　概述

最简单的索引备份方法是关闭IndexWriter对象，然后对索引目录中的所有文件进行全量复制。索引备份的过程中不能打开另一个IndexWriter，因为新打开的IndexWriter在运行过程中会更改索引并破坏备份。这意味着备份过程中不能对索引进行任何更新，索引会被强制改成只读模式。

如何在不关闭IndexWriter对象的情形下支持索引备份？Lucene提供了一套解决方案：引入提交点（Commit Point）机制帮助实现快照的功能，备份某时间点的索引副本。默认情况下只保留最后一个提交点。

3.5.2　提交点

当有新的文档写入段时，执行IndexWriter#flush方法创建一个新的段。一旦段被创建并写入磁盘后就不可变更。Lucene中有一个文件（segment_N)用来记录所有的段信息，这个文件就对应一个提交点(也称为“检查点”)，如图3-26所示。

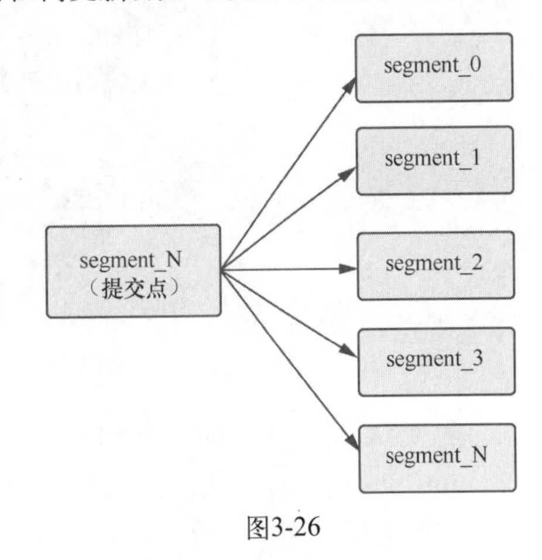

图3-26

每次打开索引写入文档时，搜索引擎需要操作SegmentInfos容器。SegmentInfos类记录了操作索引时产生的元信息，并使用Segment.gen与segment_N文件来存储段的元信息。

索引包含多个段，每个段都存在对应的segment_N文件。段中真正的正排索引与倒排索引分别独立保存在不同的文件中。

一个索引只有一个Segment.gen文件，但可以有多个segment_N文件。最理想的情况是一个索引对应一个segment_N文件。后台线程定期触发检查，检查是否需要把多个小段合并成一个大段，目的是支持索引的高效查询。

一个segment_N文件记录着某次索引提交（IndexWriter#commit）时磁盘的数据状态。它的建模对象SegmentInfo定义了一组文件用来记录当前段的文档内容。

当有新的文档写入段时，执行提交操作会创建一个新段。因此索引目录下会出现多个segment_N文件，每个segment_N文件记录着某次索引提交时磁盘的数据状态。

在Lucene引擎中，使用SegmentInfo结构来建模segment_N文件，并使用CommitPoint结构来表示提交点。segment_N文件格式如下：

```
segment_N -> <fomrat, version, segment_infos_cnt, segment_infos>
segment_infos -> <docCount, file*>
file -> frq | prx | tis | tii | tvf | tvd | tvx
```

图3-27中，使用CommitPoint结构对提交点进行建模。由于小段逐渐合并生成大段，本次最新提交点包含索引多个段的元信息。

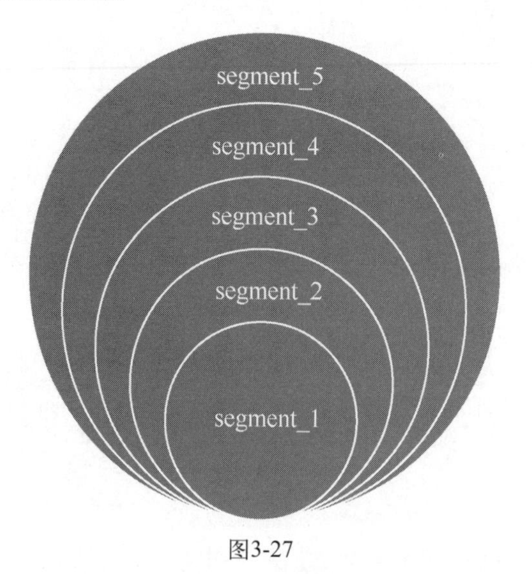

图3-27

两个数据结构SegmentInfo与CommitPoint是如何相互转换的？当创建一个新的CommitPoint对象时，构造函数接收的参数是一组SegmentInfo对象，然后将每个段各自维护的索引文件进行拍平，最后将扁平化的段文件合并存储到CommitPoint对象中。假如索引目录存在如下两个索引段：

```
// Segment1
[frq1, prx1, tis1, tii1, tvf1,tvd1,tvx1]

// Segment2
[frq2, prx2, tis2, tii2, tvf2,tvd2,tvx2]

//CommitPoint.files
[frq1, prx1, tis1, tii1, tvf1,tvd1,tvx1,frq2, prx2, tis2, tii2, tvf2,tvd2,tvx2]
```

在某个时刻生成CommitPoint对象时，需要取出当前索引目录下所有的段包含的fnm、fdt、fdx、frq、prx、tis、tii、tvf、tvd、tvx文件，然后进行复制、合并。CommitPoint类的定义如下：

```
final private class CommitPoint implements Comparable, IndexCommitPoint {

  List files;
  String segmentsFileName;
  boolean deleted;

  public CommitPoint(SegmentInfos segmentInfos) throws IOException {
    segmentsFileName = segmentInfos.getCurrentSegmentFileName();
    int size = segmentInfos.size();
    files = new ArrayList(size);
    files.add(segmentsFileName);
    gen = segmentInfos.getGeneration();
    for(int i=0;i<size;i++) {
      SegmentInfo segmentInfo = segmentInfos.info(i);
      if (segmentInfo.dir == directory) {
        files.addAll(segmentInfo.files());
      }
    }
  }
}
```

SegmentInfos和SegmentInfo的结构如下所示：

```
final class SegmentInfos extends Vector {
    public final void write(Directory directory){
    IndexOutput output =
    directory.createOutput(segmentFileName);
    boolean success = false;

    try {
      output.writeInt(CURRENT_FORMAT); // write FORMAT
      output.writeLong(++version); // every write changes
                                   // the index
      output.writeInt(counter); // write counter
      output.writeInt(size()); // write infos
      for (int i = 0; i < size(); i++) {
        info(i).write(output);
      }
    }
  }
}
```

```
final class SegmentInfo {
  public String name;
  public int docCount;
  public Directory dir;

  private boolean preLockless;
  private long delGen;
  private long[] normGen;
  private byte isCompoundFile;
  private List files;
}
```

3.5.3 快照

Lucene通过SnapshotDeletionPolicy#snapshot方法实现快照。该方法返回一个CommitPoint对象，它可以方便地引用某个时间点下索引的准确数据状态。

图3-28所示的是Lucene快照功能涉及的几个核心类。SnapshotDeletionPolicy用来保留提交的快照，同时使用装饰设计模式封装了其他的删除策略，比如KeepOnlyLastCommitDeletionPolicy用来控制如何处理上一个提交点。

当调用SnapshotDeletionPolicy#snapshot方法时，创建一个新的CommitPoint对象，同时旧的CommitPoint对象就会交由KeepOnlyLastCommitDeletionPolicy执行控制删除。KeepOnlyLastCommitDeletionPolicy默认删除策略仅保留最近的提交点的索引文件，并删除所有之前提交点的索引文件。

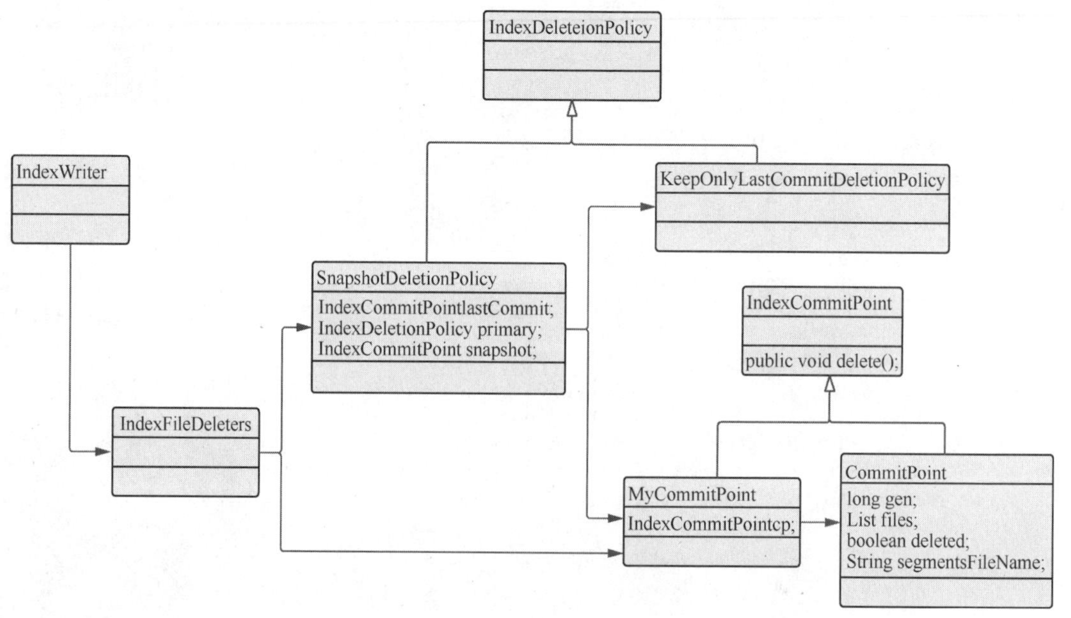

图3-28

3.5.4 触发快照的场景

有两个场景会触发记录快照并且对上一个旧的快照执行控制策略，一个是SnapshotDeletionPolicy#onInit，另一个是SnapshotDeletionPolicy#onCommit。触发记录快照后，SnapshotDeletionPolicy会咨询控制策略来决定哪些旧的CommitPoint对象应该被清除。KeepOnlyLastCommitDeletionPolicy对象用来删除最近一次提交点之外的所有CommitPoint对象。

代码清单3-33 SnapshotDeletionPolicy类定义

```
public class SnapshotDeletionPolicy implements IndexDeletionPolicy {

  private IndexCommitPoint lastCommit;
  private IndexDeletionPolicy primary;
  private IndexCommitPoint snapshot;

  public SnapshotDeletionPolicy(IndexDeletionPolicy primary)      {
    this.primary = primary;
  }

  public synchronized void onInit(List commits) throws IOException {
    primary.onInit(wrapCommits(commits));
    lastCommit = (IndexCommitPoint) commits.get(commits.size()-1);
  }

  public synchronized void onCommit(List commits) throws IOException {
    primary.onCommit(wrapCommits(commits));
    lastCommit = (IndexCommitPoint) commits.get(commits.size()-1);
  }
}
```

1. 场景1：Lucene初始化阶段

当Lucene初始化时，IndexWriter#init方法会实例化IndexFileDeleter对象间接调用IndexDeletionPolicy.onInit方法，默认会读取索引目录下所有的段信息，并将其实例化成SegmentInfos对象。SegmentInfos把其管理的索引文件转换成CommitPoint对象并缓存于SnapshotDeletionPolicy。IndexDeletionPolicy接口的定义如下：

```
public interface IndexDeletionPolicy {
  public void onInit(List commits) throws IOException;
  public void onCommit(List commits) throws IOException;
}
```

2. 场景2：索引段提交

Lucene在初始化阶段会调用IndexDeletionPolicy.onInit方法实现记录快照，并对上一个旧的快照执行控制策略。当IndexWriter#commit提交或者关闭时，IndexDeletionPolicy.onCommit(List commits)方法记录快照并对上一个旧的快照执行控制策略。

代码清单3-34　持久化索引段并触发快照

```
SnapshotDeletionPolicy dp = new SnapshotDeletionPolicy(new KeepOnlyLastCommitDeletionPolicy());

final IndexWriter writer = new IndexWriter(dir, true, new StandardAnalyzer(), dp);
```

3.6　索引段删除文档

3.6.1　概述

Lucene是一个面向段的架构体系。它采用单次提交策略，索引文件一旦写入磁盘就不允许修改，未来修改索引文件只是追加新文件。如果段中有被删除的文档，那么这些被删除文档的ID列表会被编码记录进del文件中。直到段合并之后，被打上删除标记的文档才会真正从段中被物理地移除。换句话说，通过delete接口删除的文档在段合并之前都不会从物理上移除，它所占用的空间也不会释放。

3.6.2　del扩展文件

被删除文档的文件格式如下：

```
Deletions (.del) -> <[Format],ByteCount,BitCount, Bits | DGaps>

Format,ByteSize,BitCount --> Uint32
Bits -> <Byte> ByteCount

DGaps -> <DGap,NonzeroByte> NonzeroBytesCount
DGap -> VInt
NonzeroByte --> Byte
```

- Format：表示存储格式。它支持BitVector和DGaps两种选择，其值为-1表示采用DGaps策略存储，值为非负值表示采用BitVector策略。
- ByteCount：表示字节数。初始化为(segmentDocSize / 8)+ 1，即段中包含多少文档就应该有多少位，这些位以字节数进行计数。
- BitCount：表示当前段中有多少数目的文档被删除，其docID对应的位被置1。
- Bits：当前段中包含的每一个文档对应一个位。当docID在Bits对应位被置1时，表示该文档被标记为删除，例如，Bits只包含字节0x00和0x04时，表示docID为10的文档被标记为删除。
- DGaps：如果段内删除的文档数量很小，使用Bits进行存储会导致Bits中大部分为0，就会特别浪费空间。DGaps使用比Bits更加高效的方式表示稀疏位向量。

1. BitVector

当前段中包含的每一个文档对应一个位。当docID在Bits对应的位被置1时，表示该文档被标记为删除，例如，Bits包含字节0x00、0x04、0x02、0x00时，表示docID为10和17的文档被标记为删除。其中docID从索引0开始进行编码，如图3-29所示。

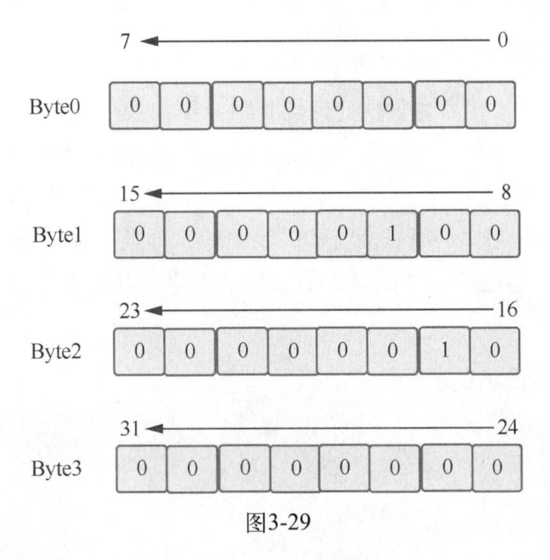

图3-29

2. DGaps

DGaps由位的非零字节索引和非零字节本身两部分构成，而位的零字节不存储。DGaps的格式如下：

```
DGaps -> <DGap,NonzeroByte> NonzeroBytesCount
DGap -> VInt
NonzeroByte --> Byte
```

例如有4字节共计32位，其中只有第10位与17位非零，其他30位均为零。使用位图方案特别浪费空间，因此考虑DGaps方案，将其简单看成键值对数组。每一项键值对代表非零字节的信息。它的键代表非零字节索引，值代表非零字节本身，如图3-30所示。

```
(1, 4) (2, 2)
```

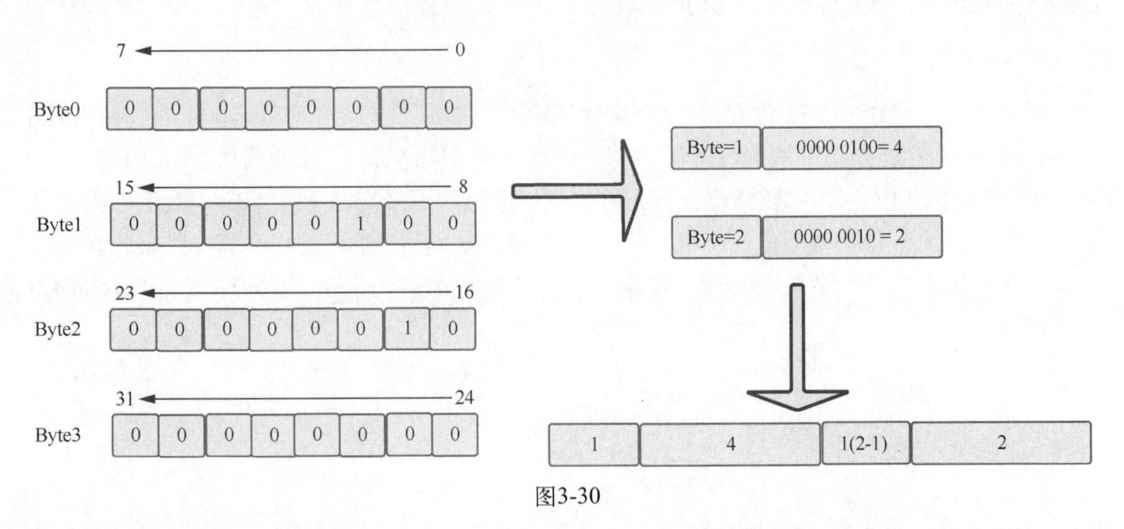

图3-30

3.6.3 位向量

位向量（BitVector）在很多海量数据处理场景中会用到。典型应用场景包含数据过滤、数据统计与查询。BitVector本质上是一个位数组，使用位数组中对应的位来表示一个对应的数字。位数组的元素类型是字节（8位）。

比如，数字1对应位数组Bits[]第一个元素的第一位，而数字10超出了第一个元素表达的8位范围，它需要使用Bits[]数组的第二个元素的第二位来表达。以此类推，可以将段中所有的docID映射到这个bits[]数组中。

代码清单3-35　BitVector类定义

```
public final class BitVector {
  private byte[] bits;
  private int size;
  private int count = -1;

  public BitVector(int n) {
    size = n;
    bits = new byte[(size >> 3) + 1];
  }
}
bits = new byte[(size >> 3) + 1]
```

上面代码中的加1操作，是考虑到整型除法向下取整的特点，比如10/8结果为1，而要访问文档的docID为9时，则需要bits[1]的字节中的第二位来表达。

对于段内的某个docID，它只需要1 bit，而不是一个字节或者整型来表达。

假定原来一个docID使用一个字节来映射，现在只使用Bits[]（位图数据结构）中的一位来映射，只需要使用原来空间的1/8，节省了7/8的内存空间，优化效果很显著。操作BitVector本质就是操作Bits[]数组。针对位图数据结构的算法由下列3个基本操作组成。

1．set接口

set接口用于将Bits的第n位置1，这个操作可以通过 Bits |= (1 << n)和set(char[] bits, int n)实现。比如对某索引段下的docID为1753的文档进行删除标记，可以调用set(bits[1753/8], 1753%8)实现，其中1753/8是以8位进行分组，使用分组的编号1753/8来对Bits[]数组元素进行索引，然后在组内（每8位看成一个组）通过1753%8求解偏移量。使用位运算操作来代替乘法与除法操作以提升运算效率。因此n/8就等价于n >>3，而n%8就等价于 n & 7。将BitVector第n位置1的代码如下：

```
public final void set(int bit) {
  if (bit >= size) {
    throw new ArrayIndexOutOfBoundsException(bit);
  }
  bits[bit >> 3] |= 1 << (bit & 7);
  count = -1;
}
```

2. get接口

get接口用于取出Bits的第n位的值（0或1），可以通过 (x >> n) & 1实现，代码如下：

```
public final boolean get(int bit) {
  if (bit >= size) {
    throw new ArrayIndexOutOfBoundsException(bit);
  }
  return (bits[bit >> 3] & (1 << (bit & 7))) != 0;
}
```

3. clear接口

clear接口用于将Bits的第n位清0，可以通过Bits &= ~(1 << n)实现，代码如下：

```
public final void clear(int bit) {
  if (bit >= size) {
    throw new ArrayIndexOutOfBoundsException(bit);
  }
  bits[bit >> 3] &= ~(1 << (bit & 7));
  count = -1;
}
```

4. count接口

count接口用于计算Bits[]数组里面所有置1的位的个数。对此，我们需要逐个遍历Bits[]数组的每一个字节，并判断每个字节中包含的1的个数。

传统的思路是将每个字节与数字1进行移位与运算。如果结果为0，表示该位为0；如果结果为1，则表示该位被置1了。这种方法符合直观思考，但对于每个字节，都需要用数字1进行8次移位与运算，效率并不高。使用传统思路获取BitVector数组置1位的个数的代码如下：

```
public final int count() {
  // if the vector has been modified
  if (count == -1) {
    int c = 0;
    int end = bits.length;
    for (int i = 0; i < end; i++)
      c += BYTE_COUNTS[bits[i] & 0xFF];    // sum bits per byte
    count = c;
  }
  return count;
}

private static final byte[] BYTE_COUNTS = {    // table of bits/byte
  0, 1, 1, 2, 1, 2, 2, 3, 1, 2, 2, 3, 2, 3, 3, 4,
  1, 2, 2, 3, 2, 3, 3, 4, 2, 3, 3, 4, 3, 4, 4, 5,
  1, 2, 2, 3, 2, 3, 3, 4, 2, 3, 3, 4, 3, 4, 4, 5,
  2, 3, 3, 4, 3, 4, 4, 5, 3, 4, 4, 5, 4, 5, 5, 6,
  1, 2, 2, 3, 2, 3, 3, 4, 2, 3, 3, 4, 3, 4, 4, 5,
  2, 3, 3, 4, 3, 4, 4, 5, 3, 4, 4, 5, 4, 5, 5, 6,
  2, 3, 3, 4, 3, 4, 4, 5, 3, 4, 4, 5, 4, 5, 5, 6,
  3, 4, 4, 5, 4, 5, 5, 6, 4, 5, 5, 6, 5, 6, 6, 7,
  1, 2, 2, 3, 2, 3, 3, 4, 2, 3, 3, 4, 3, 4, 4, 5,
```

```
  2, 3, 3, 4, 3, 4, 4, 5, 3, 4, 4, 5, 4, 5, 5, 6,
  2, 3, 3, 4, 3, 4, 4, 5, 3, 4, 4, 5, 4, 5, 5, 6,
  3, 4, 4, 5, 4, 5, 5, 6, 4, 5, 5, 6, 5, 6, 6, 7,
  2, 3, 3, 4, 3, 4, 4, 5, 3, 4, 4, 5, 4, 5, 5, 6,
  3, 4, 4, 5, 4, 5, 5, 6, 4, 5, 5, 6, 5, 6, 6, 7,
  3, 4, 4, 5, 4, 5, 5, 6, 4, 5, 5, 6, 5, 6, 6, 7,
  4, 5, 5, 6, 5, 6, 6, 7, 5, 6, 6, 7, 6, 7, 7, 8
};
```

可以使用BYTE_COUNTS[]数组优化传统思路，即引入BYTE_COUNTS[]数组，将一个字节包含的8位（0或1）进行任意组合，总共有28 = 256种组合。每种组合提前统计包含1的个数，并定义在BYTE_COUNTS[]数组中。这是典型的空间换时间策略。使用BYTE_COUNTS[]优化计数的代码如下：

```
for (int i = 0; i < end; i++)
  c += BYTE_COUNTS[bits[i] & 0xFF];
      // sum bits per byte
```

BYTE_COUNTS[]数组有256种组合，每种组合表示对应数字1的个数。Bits[i] & 0xFF得到一个8位的数字，范围从0到255。遍历Bits[]数组中每一个字节，查询事先编码的BYTE_COUNTS[]数组来快速返回此字节包含的1的个数。

5．readBits/writeBits接口

readBits函数从输入流中读入一个整数count，表示要读取的比特的数量，进而计算需要分配的字节数，最后从流中读取数据并存储在bits数组中。writeBits函数将一个位向量写入磁盘文件，其中size()和count()分别返回位向量的长度和位向量中为1的位数。

代码清单3-36　its[]数组序列化

```
/** Read as a bit set */
private void readBits(IndexInput input){
  count = input.readInt();        // read count
  bits = new byte[(size >> 3) + 1];     // allocate bits
  input.readBytes(bits, 0, bits.length);
}

/** Write as a bit set */
private void writeBits(IndexOutput output)  {
  output.writeInt(size());        // write size
  output.writeInt(count());       // write count
  output.writeBytes(bits, bits.length);
}
```

3.6.4　索引段删除分词

如图3-31所示，删除操作本质包含两个动作：先查找，然后删除。删除分词的流程简化如下。

- 实例化SegmentReader和SegmentTermDocs对象。SegmentTermDocs对象可以获取待删除分词所关联的文档列表。

- 实例化BitVector(maxDoc())对象：遍历关联文档列表，将待删除文档的docID写入BitVector中。

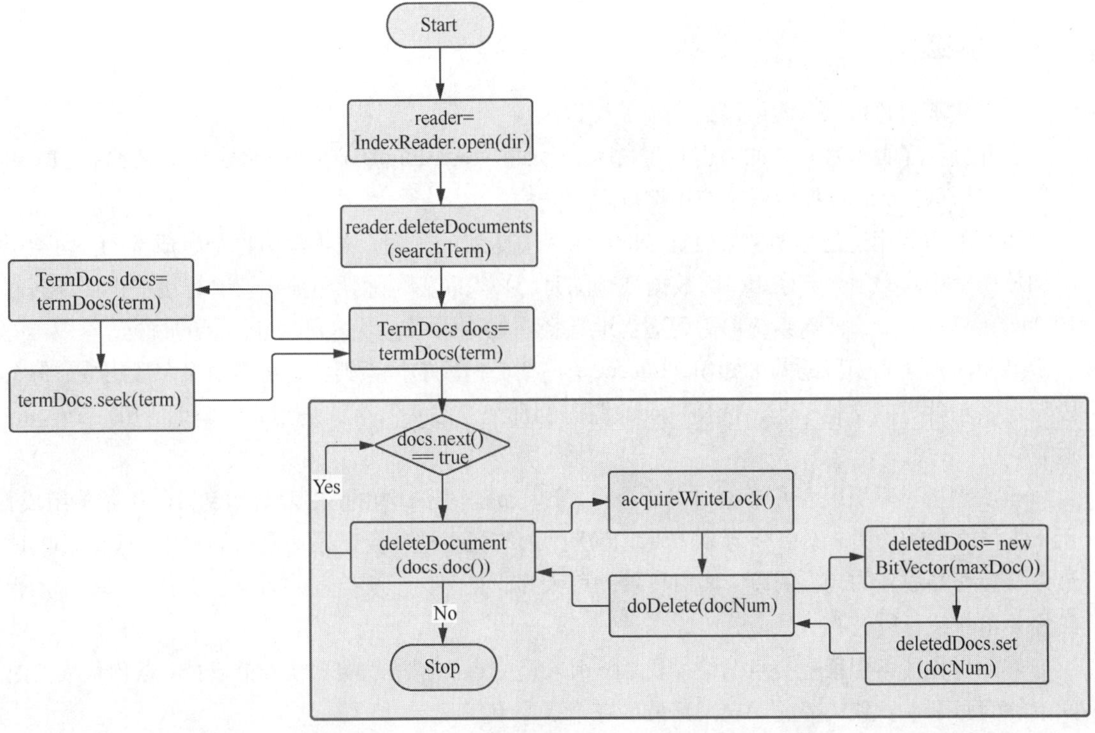

图3-31

3.6.5 索引段查询分词

当查询分词时，需判断分词关联的文档是否已经被删除，以下是具体的判断逻辑。

- 首先判断SegmentInfo数据结构中是否存在del文件信息。如果不存在，则说明整个段并没有删除文档的操作发生。
- 然后检查并加载段目录del文件，运用BitVector deletedDocs来精确判断分词关联的docID是否标识为删除。

代码清单3-37 SegmentReader类定义

```
class SegmentReader extends DirectoryIndexReader {
  BitVector deletedDocs = null;
  private SegmentInfo si;

  static boolean hasDeletions(SegmentInfo si)   {
    return si.hasDeletions();
  }
```

```
  public synchronized boolean isDeleted(int n) {
    return (deletedDocs != null && deletedDocs.get(n));
  }
}
```

3.7 小结

本章主要讨论Lucene索引段的几个关键技术。

首先介绍了典型数据库的索引实现技术，比如MySQL InnoDB存储引擎使用B+树结构、Redis使用跳表结构、Lucene搜索引擎使用倒排索引结构。

索引的主要用途是协助检索数据。世界上没有免费的午餐，维护索引也是有成本的。向索引添加数据意味着必须更新索引。当数据被删除时，必须同步删除索引数据。所有这些操作都会影响性能。简单来说，任何系统都需要适当地选择和构造索引，以达到改进性能的目标。

其次阐述了索引段的基础知识。Lucene是一个面向段的体系架构。索引由多个段组成，每个段包含各自独立的文档子集。读懂Lucene源码的那个“线头”应该是充分理解tis、tii、frq、prx这4类文件格式。

再次剖析了索引段合并策略与实现流程。Lucene索引结构由正排索引和倒排索引结构组成，用于支持文本的检索。索引分为多个段，每次添加的新文档都会存入一个新的段中，多个小的段最终又会合并成新的较大的段。索引目录的段太多，自然会影响搜索的效率。因此，Lucene后台线程要不断执行段合并。

然后讨论了索引段提交点与快照机制。引入提交点机制帮助实现快照的功能，备份代表某时间点的索引副本。默认情况下只保留最后一个提交点。

最后分析索引段删除文档机制。

第4章

Lucene分析器

4.1 背景

分析器是搜索引擎的一个重要组件，负责在索引和查询执行期间处理字符串。它将字符串转换为可以添加到倒排索引中的标记。Lucene内置了一些可以使用的预构建的分析器，最常用的分析器是标准分析器（StandardAnalyzer）。StandardAnalyzer通过一些规则来操作字符串，比如，删除不需要的停用词与标点部分，为了提高效率把单词简化为最基本的形式等。图4-1展示了分析器在搜索引擎中扮演着重要的角色。

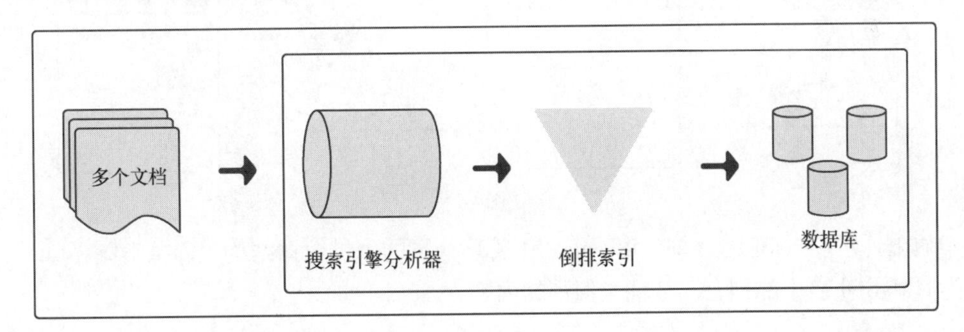

图4-1

要使用 Lucene 解析查询字符串，首先需要实例化一个查询解析器，随后查询解析器会使用分析器（比如StandardAnalyzer）对输入字符串进行分词。查询解析器借助分析器将查询从一个原始字符串转换为一个抽象语法树（Abstract Syntax Tree，AST），即BooleanQuery对象。BooleanQuery表示布尔查询，允许使用 AND、OR 运算符构建复杂的表达式。

在Lucene引擎中，无论是建立索引还是检索信息，输入部分都需要通过分析器进行解析。分析器将输入的文档或者查询串解析成Token对象流，进一步传递给索引模块构建倒排索引或者传递给检索模块进行数据查询。创建索引与查询时建议使用相同的分析器，以便索引的内容与检索的内容完全匹配。

很多时候，现有的分析器并不总是能够解决我们的需求，Lucene允许定制自定义分析器，它可以使用内置的过滤器。同义词搜索依赖同义词自定义分析器，其基本原理是在同义词分析器的过滤器阶段对单词流进行扩充，将同义词插入倒排索引中。

在本章中，我们将讨论在搜索引擎中使用的各种类型的分析器对象和其他相关对象。了解分析器分析文本、构建分词的工作原理可以让你深入掌握Lucene搜索引擎，其中4.5节介绍如何设计与实现一个中文分词器。

4.2　Field、Token与Term概念

Lucene索引由存储文档的正排索引和倒排索引组成，用于支持文本搜索。如图4-2所示，索引由多个段（Segment）组成，段中存储着具体的文档（Document），每个文档由多个字段（Field）组成，一个字段由多个分词（Term）构成。它们之间的组合关系如下：

```
Index -> Segment -> Document -> Field -> Term
```

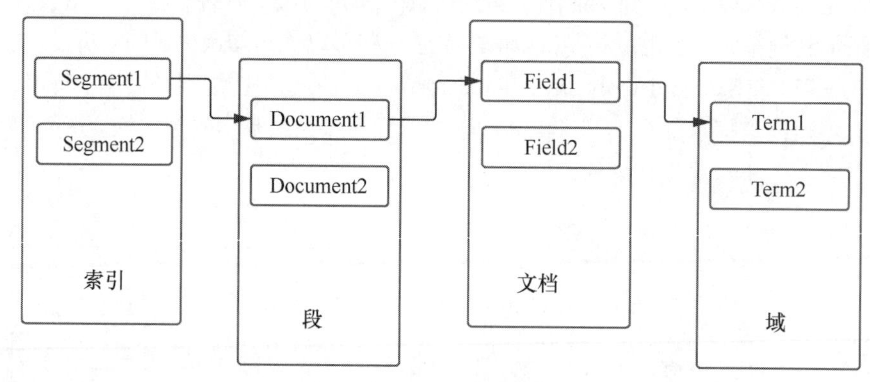

图4-2

本质上，字段+标记= 分词。Lucene索引管理分词的倒排数据结构。简单类比：Lucene中的字段类似MySQL表中的列，而分词类似列的内容。

1．字段（Field）

一个简单的例子是，文档的标题和正文可以被定义成Lucene索引中的两个单独的字段，你可以将标题字段的数据与正文字段的数据分开存储与搜索。

2．标记（Token）

Lucene中的分析器提供文本分析的功能。简单地说，它接收文本（比如文档）并将其分解成单词，然后返回Token对象流。比如，用Elasticsearch的分析API可以做如下试验：

```
curl -XGET 'localhost:9201/_analyze?pretty' -H 'Content-Type: application/json' -d'
{
  "analyzer" : "standard",
  "text" : "this is a test"
}'
```

它的响应是：

```
{
  "tokens" : [
    {
      "token" : "this",
      "start_offset" : 0,
      "end_offset" : 4,
      "type" : "<ALPHANUM>",
      "position" : 0
    },
    {
      "token" : "is",
      "start_offset" : 5,
      "end_offset" : 7,
      "type" : "<ALPHANUM>",
      "position" : 1
    },
    {
      "token" : "a",
      "start_offset" : 8,
      "end_offset" : 9,
      "type" : "<ALPHANUM>",
      "position" : 2
    },
    {
      "token" : "test",
      "start_offset" : 10,
      "end_offset" : 14,
      "type" : "<ALPHANUM>",
      "position" : 3
    }
  ]
}
```

被分割的文档字符（"this is a test"）经过StandardAnalyzer返回多个Token。Token是一个对象，它有如下属性。

- Offset：Token相对于文档的开始和结束位置的字符偏移量。
- Payload：有效负载。
- type：Token的类型。
- position：Token在文档中的相对位置信息，即该Token与其他Token之间的顺序关系。当进行短语匹配与搜索时，需要确保多个Token按照正确的顺序出现在文档中，就可以使用position信息来确认。对搜索结果进行排序时，也需要将位置接近的Token进行排序，从而提高搜索结果的相关性和可读性。

StandardAnalyzer是Lucene中最核心且复杂的一个分析器，它将输入的文档转换成一系列的Token，中间包括提取Token、转换小写、去除停用词。

记住一点：StandardAnalyzer从文档中提取出Token对象，并与其Field进行结合后，就形成了Term的概念。Token对象的属性被Token一起附带到Field最终形成Term分词。

3. 分词（Term）

在Lucene中，有许多重要概念都与Term有关，比如词频、分词词典和分词向量。

代码清单4-1　tis、frq扩展文件格式

```
term1 -> <doc1, doc2, doc_n>
term2 -> <doc-x,doc_y, ...>

TermInfoFile (.tis) -> <TIVersion, TermCount, IndexInterval, SkipInterval, MaxSkipLeve
ls, TermInfos>
TermInfos -> < <TermInfo> TermCount>
TermInfo -> <Term, DocFreq, FreqDelta, ProxDelta, SkipDelta>

FreqFile (.frq) -> <TermFreqs, SkipData>^TermCount
TermFreqs -> <TermFreq>^DocFreq
TermFreq -> DocDelta[, Freq?]
```

Lucene索引维护如下内容。

- Field Name：字段名。
- Field Value：字段值。
- Term Dictionary：分词词典。由tis与tii两个索引文件建模实现。
- Term Frequency：词频。由frq文件建模实现。
- Term Position：分词位置。由prx文件建模实现。
- Term Vector：分词向量，即文档中管理的每个字段，表达正排索引。由prx文件建模实现Index -> Document -> Field -> Term -> Freq/Pos的正排索引过程。正是因为有了Term Vector信息，才可以得知一个文档包含哪些Term的信息，此过程由tvf/tvd/tvx文件建模实现。

4.3 JavaCC与查询解析器

4.3.1 Yacc与JavaCC

1. Yacc：用于生成自底而上的语法分析程序的生成器

有很多方法可以实现语法分析程序的生成器，其中一种方法是，语法分析程序的生成器的产生基于提供给它的方法的表，这些表和代码部分一起构成完整的语法分析程序。Yacc（Yet Another Compiler Compiler）是一个用于生成自底而上的语法分析程序的生成器，如图4-3所示。

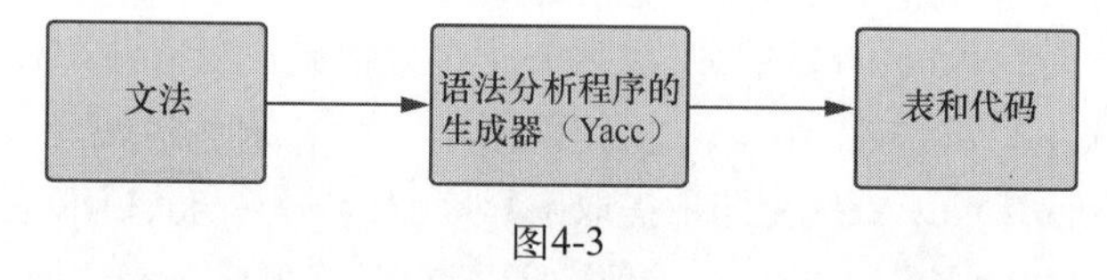

图4-3

和Yacc的功能一样，goyacc根据输入的语法规则文件，生成该语法规则的Go语言版解析器。

goyacc使用SQL语法规则文件生成SQL语法解析器（SQL Parse），在分布式关系数据库TiDB中将SQL语句转换为抽象语法树。

2．JavaCC：用于生成自顶而下的语法分析程序的生成器

JavaCC（Java Compiler Compiler）是一个用于生成自顶而下的语法分析程序的生成器，它提供一种方式来定义词法规则和语法规则，它生成的语法分析程序将识别输入流中的标记，并根据给定的语法规则生成语法树或者解释器指令。JavaCC接收一个XX.jj文件，此文件包含正则表达式（描述了单词符号管理器是如何工作的）和一个翻译文法（又称产生式，用来分析每个Token的结构语义）。JavaCC输出一个文件，包含对应的Java代码，如图4-4所示。

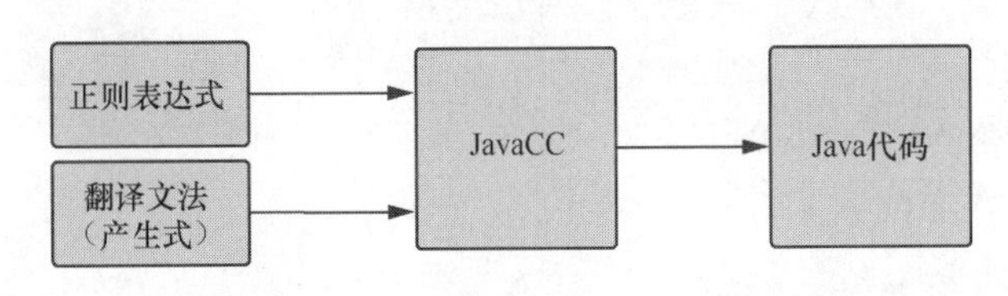

图4-4

Yacc采用LR(k)语法分析方法，其中k表示向右查看输入串符号的个数。此方法分析速度快，能准确指出出错位置，但缺点是分析器的构造工作量相当大，k值越大构建越复杂。而JavaCC是用来产生自顶而下语法分析程序的生成器，可以解决此问题。

4.3.2 在JavaCC中扩展正则表达式

相比于常见的正则表达式，JavaCC中包含一些扩展的正则运算符。

（1）选择运算符（|）

比如，表达"b"或"c"的表达式如下：

```
"b" | "c"
```

相反，如下表达式表达一个单独的串"b|c"，其中的"|"并不表示选择操作，因为它出现在双引号中。

```
"b | c"
```

（2）*、+、？运算符

在JavaCC扩展正则表达式中，可以使用"*"（表示出现0次或者多次）、"+"（表示出现1次或者多次）和"？"（表示出现0次或者1次）运算符。使用这些运算符时，必须使用括号进行标识。

比如，表达包含0个或者多个 b的串的表达式是：

```
("b")*
```

而不是：

```
"b"*
```

（3）方括号（[]）

使用方括号可以描述单个字符的集合，比如：

```
["a","b","c"]
```

上方表达式与下方表达式是等价的：

```
"a" | "b" | "c"
```

用方括号的优点是我们可以通过横线来描述符号的范围，而避免枚举每个符号，例如：

```
["a"-"z", "A"-"Z"]
```

（4）取补运算符（~）

作用于方括号定义的符号集合，比如下方表达式表示除了"b"外的单个字符：

```
~["b"]
```

使用上述正则运算符，我们可以定义一个字符串全集的正则表达式：

```
(~[])*
```

我们还可以定义数学表达式，考虑如下4种情况：

- 没有小数点（42）；
- 小数点前后都有数字（4.34）；
- 仅在小数点之前有数字（32.）；
- 仅在小数点之后有数字（.23）。

针对上述4种情况分别进行枚举定义，再用选择运算符（"|"）组合它们，就可以构造一个正确的数学表达式，比如：

```
(["0"-"9"])+
  | (["0"-"9"])+ "." (["0"-"9"])+
  | (["0"-"9"])+ "."
  | "." (["0"-"9"])+
```

JavaCC允许为正则表达式关联一个名字，将名字与正则表达式用一对角括号< >进行标识，二者使用冒号分隔开。

比如，将名字“unsigned”与无符号正则表达式关联起来：

```
<unsigned: (["0"-"9"])+>
```

该表达式在后续定义中可以使用。

4.3.3　JavaCC的输入文件之XX.jj

JavaCC的输入文件的扩展名为“.jj”，其文件格式如下：

```
options
{
}

parse_begin(语法分析程序的生成器类名)
  //parse类和其他类
parse_end(语法分析程序的生成器类名)

token_msg_decls:
{
    //变量和方法的声明
    //用于单词符号管理器
}
```

```
skip:
{
    //描述单词符号的正则表达式
}

token:
{
    //描述单词符号的正则表达式
}

//翻译文法（产生式）
```

1. JavaCC生成的单词符号管理器

在JavaCC生成的单词符号管理器中，skip/token块中的正则表达式在匹配输入的字符时，遵循一个重要规则：尽可能用最长的字符匹配。例如，如果有下方代码中test符号定义的正则表达式，那么当提供给单词符号管理器的输入是"bbbccc"时，单词符号管理器将返回符合匹配条件的最长字符"bbb"。test符号定义的正则表达式如下：

```
token:
{
    <test: ("b")+>
}
```

2. JavaCC正则表达式动作描述

在XX.jj文件中，可以使用关联正则表达式的动作来定义单词符号管理器的操作。

比如，如果一个正则表达式关联一个动作，每当匹配表达式时，这个动作就会被执行。描述动作的方式与翻译文法中的相同——使用{}中的Java代码。例如，unsigned符号定义的正则表达式及其执行动作的代码如下：

```
token:
{
    <unsigned: (["0"-"9"])+>
   {//执行动作
    println("unsigned")
   }
}
```

当单词符号管理器发现可以匹配的正则表达式后，也可以使用matchedToken来引用这个被识别出的单词符号。

4.3.4 Lucene中Token的正则表达式定义

下面解释主要的Token的正则表达式定义。

（1）数字Token

```
<#_NUM_CHAR:    ["0"-"9"] >
```

（2）特殊字符Token

```
_ESCAPED_CHAR::= "\" [ "\", "+", "-", "!", "(", ")", ":", "^", "[", "]", """, "{", "}"
```

```
, "~", "*", "?" ] >
```

(3) 分词的起始字符Token

除了下面明确列出的不可用的字符以外，其他字符都可以作为分词的起始字符。

```
<#_TERM_START_CHAR: ( ~[ " ", "\t", "\n", "\r", "+", "-", "!", "(", ")", ":", "^", "["
, "]", "\"", "{", "}", "~", "*", "?", "\\" ]
| <_ESCAPED_CHAR> ) >
```

(4) TERM_CHAR Token

```
<#_TERM_CHAR: ( <_TERM_START_CHAR> | <_ESCAPED_CHAR> | "-" | "+" ) >
```

(5) 分词的Token

分词由TERM_START_CHAR和(TERM_CHAR)*两部分组成。

```
<TERM: <_TERM_START_CHAR> (<_TERM_CHAR>)*  >
```

(6) 空格和回车Token

```
<#_WHITESPACE: ( " " | "\t" | "\n" | "\r") >
```

(7) 分词权重Token

字符串必须以字符"~"开始，而后是数字。

```
<FUZZY_SLOP: "~" ( (<_NUM_CHAR>)+ ( "." (<_NUM_CHAR>)+ )? )? >
```

(8) 引号Token

表示用"""进行标识的字符串。以字符"""开始，中间由不是"""的字符或者连着的两个"""字符组成，并且以字符"""结束。

```
<QUOTED:     "\"" (~["\""] | "\\\"")* "\"">
```

(9) 模糊查找Token

模糊字符串的正则表达式必须以字符"~"开始。

```
<FUZZY_SLOP:     "~" ( (<_NUM_CHAR>)+ ( "." (<_NUM_CHAR>)+ )? )? >
```

(10) 前缀查询Token

前缀字符串的正则表达式必须以"*"结尾。

```
<PREFIXTERM:  ("*") | ( <_TERM_START_CHAR> (<_TERM_CHAR>)* "*" ) >
```

(11) 通配字符串Token

通配字符串的正则表达式必须包含"*"或者"?"字符。

```
<WILDTERM:  (<_TERM_START_CHAR> | [ "*", "?" ]) (<_TERM_CHAR> | ( [ "*", "?" ] ))* >
```

(12) 范围查询Token

范围查询有两种形式：有界的范围查询[begin to end]和无界的范围查询{begin to end}。

```
| <RANGEIN_START: "[" > : RangeIn
| <RANGEEX_START: "{" > : RangeEx

<RangeIn> TOKEN : {
<RANGEIN_TO: "TO">
| <RANGEIN_END: "]"> : DEFAULT
| <RANGEIN_QUOTED: "\"" (~["\""] | "\\\"")+ "\"">
| <RANGEIN_GOOP: (~[ " ", "]" ])+ >
}

<RangeEx> TOKEN : {
```

```
<RANGEEX_TO: "TO">
| <RANGEEX_END: "}"> : DEFAULT
| <RANGEEX_QUOTED: "\"" (~["\""] | "\\\"")+ "\"">
| <RANGEEX_GOOP: (~[ " ", "}" ])+ >
}
```

4.3.5 Lucene语法产生式：分析与生成查询

1．产生式1：连接语义

如果产生式的输入是一串包含连接词的Token，匹配连接产生式后，它的返回参数（ret）会被初始化成CONJ_AND或者CONJ_OR。

```
Conjunction::=[ <AND> { ret = CONJ_AND; } | <OR> { ret = CONJ_OR; } ]


int Conjunction() : {
  int ret = CONJ_NONE;
}
{
  [
    <AND> { ret = CONJ_AND; }
    | <OR>  { ret = CONJ_OR; }
  ]
  { return ret; }
}
```

2．产生式2："+ - !"语义

如果产生式的输入是一串包含"+ - !"的Token，匹配连接产生式后，它的返回参数（ret）会被初始化成MOD_REQ或者MOD_NOT，分别代表必选与可选项，具体举例如下：

- (a b) 会转换成 a OR b；
- +a +b 会转换成a AND b。

代码清单4-2　必选与可选项的语法产生式

```
Modifiers::=[ <PLUS> { ret = MOD_REQ; } | <MINUS> { ret = MOD_NOT; } | <NOT> { ret = M
OD_NOT; } ]


int Modifiers() : {
  int ret = MOD_NONE;
}
{
  [
     <PLUS> { ret = MOD_REQ; }
     | <MINUS> { ret = MOD_NOT; }
     | <NOT> { ret = MOD_NOT; }
  ]
  { return ret; }
}
```

布尔逻辑运算符包含如下连接符，产生式1与产生式2用来支持布尔逻辑表达式。

- AND。
- OR。
- NOT。
- +/-。

3．产生式3：查询语义

一个查询语句是由多个子句（Clause）组成的，每个子句有对应的连接符"+"或者"-"。TopLevelQuery方法根据用户输入的待搜索字符串构建查询对象，比如BooleanQuery代表布尔查询对象，它由一个或者多个布尔子句组成。分析器可以看成分词器和过滤器的组合，用来读取原始文件并将其转换成Token对象列表。TopLevelQuery方法底层会依赖分析器对输入字符串进行分词。

代码清单4-3　查询语句产生式

```
Query::=Modifiers Clause (Conjunction Modifiers Clause)*

// This makes sure that there is no garbage after the query string
Query TopLevelQuery(String field) :
{
    Query q;
}
{
    q=Query(field) <EOF>
    {
        return q;
    }
}

Query Query(String field) :
{
  Vector clauses = new Vector();
  Query q, firstQuery=null;
  int conj, mods;
}
{
  mods=Modifiers() q=Clause(field)
  {
    addClause(clauses, CONJ_NONE, mods, q);
    if (mods == MOD_NONE)
        firstQuery=q;
  }
  (
    conj=Conjunction() mods=Modifiers() q=Clause(field)
    { addClause(clauses, conj, mods, q); }
  )*
    {
      if (clauses.size() == 1 && firstQuery != null)
        return firstQuery;
```

```
      else {
  return getBooleanQuery(clauses);
      }
    }
}
```

查询语句产生式的原理如下。

- 首先匹配连接符，它可以为空。连接符后面是另一个子句的产生式，它可以生成子查询语句，比如"field:abc"。
- 如果后续出现了AND、OR连接符，需要考虑"field:abc" AND "field2:xyz"的查询输入。

4. 产生式4：子句语义

子句产生式使用LL(2)，提前查询两个Token以避免函数的回溯。值得注意的是，JavaCC是自顶而下的非递归算法，自顶而下算法需要依赖驱动表（First集和Follow集）和堆栈（Stack）数据结构。LL(2)是一种语法分析方法，它在分析过程中提前使用两个符号（lookahead）来进行处理，并根据这两个符号来预测下一步的操作，对应下面代码中调用的LOOKAHEAD(2)方法。

代码清单4-4　查询子句的产生式

```
Clause::=[(<TERM> <COLON>|<STAR> <COLON>)]


Query Clause(String field) : {
  Query q;
  Token fieldToken=null, boost=null;
}
{
  [
    LOOKAHEAD(2)
    (
    fieldToken=<TERM> <COLON> {field=discardEscapeChar(fieldToken.image);}
    | <STAR> <COLON> {field="*";}
    )
  ]

  (
   q=Term(field)
   | <LPAREN> q=Query(field) <RPAREN> (<CARAT> boost=<NUMBER>)?

  )
    {
      if (boost != null) {
        float f = (float)1.0;
  try {
    f = Float.valueOf(boost.image).floatValue();
          q.setBoost(f);
  } catch (Exception ignored) { }
      }
      return q;
    }
}
```

子句产生式的原理如下。

- 当遇到"field : abc"时，确定是Field而不是Term查询。基于Field作为输入的特征，通过执行动作field=discardEscapeChar(fieldToken.image)来获得Field的值。
- 当遇到"abc AND (xyz OR efg)"时，确定是分组（Grouping）情况，支持使用圆括号对每个子句进行分组，从而支持更加复杂的嵌套查询逻辑。分组递归定义如下：

```
| <LPAREN> q=Query(field) <RPAREN> (<CARAT> boost=<NUMBER>)?
```

5. 产生式5：Term语义

Query产生式分析由4个阶段组成，分别是对常用分词、模糊分词、范围查询的产生式进行分析并构造查询对象。

（1）第一阶段：根据预定义产生式标识出Term的类型，分类如下。

- 普通（Normal）。
- 通配（Wildcard）。对应的解析动作是Wildcard变量进行了初始化。
- 前缀（Prefix）。对应的解析动作是Prefix变量进行了初始化。
- 模糊词（Fuzzy）。它必须以"~"开头，后面接数字。对应的解析动作是Fuzzy变量进行了初始化。
- 数字。

对Term变量进行正确初始化，并且根据Token来初始化Wildcard、Prefix和Fuzzy这样的布尔值。

代码清单4-5 识别不同Term的类型

```
Query Term(String field) : {
  Token term, boost=null, fuzzySlop=null, goop1, goop2;
  boolean prefix = false;
  boolean wildcard = false;
  boolean fuzzy = false;
  boolean rangein = false;
  Query q;
}
{
  (
     (
       term=<TERM>
       | term=<STAR> { wildcard=true; }
       | term=<PREFIXTERM> { prefix=true; }
       | term=<WILDTERM> { wildcard=true; }
       | term=<NUMBER>
     )
     [ fuzzySlop=<FUZZY_SLOP> { fuzzy=true; } ]
     [ <CARAT> boost=<NUMBER> [ fuzzySlop=<FUZZY_SLOP> { fuzzy=true; } ] ]
     {
       String termImage=discardEscapeChar(term.image);
       if (wildcard) {
       q = getWildcardQuery(field, termImage);
       } else if (prefix) {
```

```
          q = getPrefixQuery(field,
            discardEscapeChar(term.image.substring
           (0, term.image.length()-1)));
        } else if (fuzzy) {
              float fms = fuzzyMinSim;
              try {
             fms = Float.valueOf(fuzzySlop.image.substring(1)).floatValue();
              } catch (Exception ignored) { }
             if(fms < 0.0f || fms > 1.0f){
               throw new ParseException("Minimum similarity for a FuzzyQuery has to be
between 0.0f and 1.0f !");
             }
             q = getFuzzyQuery(field, termImage,fms);
        } else {
          q = getFieldQuery(field, termImage);
        }
      }
```

(2) 第二阶段：根据第一阶段识别出的Term的类型，调用不同API生成不同子类的Term对象。

- 对于只包含普通字符的Term（如"abc"），调用getFieldQuery。
- 对于包含wildcard的Term（如"abc*xyz" 或者"abc ?xyz"），调用getWildcardQuery。
- 对于包含prefix的Term（如"abc*"，其中"*"必须出现在末尾），调用getPrefixQuery。
- 对于包含fuzzy的Term（如"abc~3"），调用getFuzzyQuery。
- 对于包含数字的Term（如"333"），调用getFieldQuery。

代码清单4-6　构建不同子类的Term对象

```
{
      String termImage=discardEscapeChar(term.image);
      if (wildcard) {
      q = getWildcardQuery(field, termImage);
      } else if (prefix) {
        q = getPrefixQuery(field,
          discardEscapeChar(term.image.substring
         (0, term.image.length()-1)));
      } else if (fuzzy) {
          float fms = fuzzyMinSim;
          try {
           fms = Float.valueOf(fuzzySlop.image.substring(1)).floatValue();
          } catch (Exception ignored) { }
        if(fms < 0.0f || fms > 1.0f){
        throw new ParseException("Minimum similarity for a FuzzyQuery has to be betw
een 0.0f and 1.0f !");
        }
        q = getFuzzyQuery(field, termImage,fms);
      } else {
        q = getFieldQuery(field, termImage);
      }
    }
```

(3) 第三阶段：支持有界与无界的范围查询。举例如下。

- 有界，如[date1 to date2]。
- 无界，如[name1 to name2]。

假设对title: {Leon to Sammi}进行范围匹配，流程如下。

- <pangein_start>匹配 "{"。
- goop = <pangein_goop>取"Leon"。
- <pangein_to>匹配 "to"。
- goop = <pangein_goop>取"Sammi"。
- <pangein_end>匹配 "}"。

上述流程对应的执行动作是调用getRangeQuery函数创建RangeQuery对象。

代码清单4-7　构建RangeQuery对象

```
| ( <RANGEIN_START> ( goop1=<RANGEIN_GOOP>|goop1=<RANGEIN_QUOTED> )
         [ <RANGEIN_TO> ] ( goop2=<RANGEIN_GOOP>|goop2=<RANGEIN_QUOTED> )
         <RANGEIN_END> )
       [ <CARAT> boost=<NUMBER> ]
        {
          if (goop1.kind == RANGEIN_QUOTED) {
            goop1.image = goop1.image.substring(1, goop1.image.length()-1);
          }
          if (goop2.kind == RANGEIN_QUOTED) {
            goop2.image = goop2.image.substring(1, goop2.image.length()-1);
          }
          q = getRangeQuery(field, discardEscapeChar(goop1.image), discardEscapeChar(g
oop2.image), true);
        }
      | ( <RANGEEX_START> ( goop1=<RANGEEX_GOOP>|goop1=<RANGEEX_QUOTED> )
         [ <RANGEEX_TO> ] ( goop2=<RANGEEX_GOOP>|goop2=<RANGEEX_QUOTED> )
         <RANGEEX_END> )
       [ <CARAT> boost=<NUMBER> ]
        {
          if (goop1.kind == RANGEEX_QUOTED) {
            goop1.image = goop1.image.substring(1, goop1.image.length()-1);
          }
          if (goop2.kind == RANGEEX_QUOTED) {
            goop2.image = goop2.image.substring(1, goop2.image.length()-1);
          }

          q = getRangeQuery(field, discardEscapeChar(goop1.image), discardEscapeChar(g
oop2.image), false);
        }
      |
|
```

（4）第四阶段：设置权重。

Lucene支持给不同的查询词设置不同的权重。设置权重使用"^"符号，将它放置于查询词Term的尾部，同时紧跟权重值。权重值越大，这个词就越重要，在搜索过程中具备更高的相关性。例如，Term查询的加权匹配为field:" xyz^4"，Lucene先匹配"^"，然后初始化boost=4。

代码清单4-8 设置权重

```
{
    if (boost != null) {
      float f = (float) 1.0;
      try {
        f = Float.valueOf(boost.image).floatValue();
      }
      catch (Exception ignored) {
    /* Should this be handled somehow? (defaults to "no boost", if
     * boost number is invalid)
     */
      }

      // avoid boosting null queries, such as those caused by stop words
      if (q != null) {
        q.setBoost(f);
      }
    }
    return q;
}
```

综上，Term语义的分词产生式如下：

```
(Term|<LPAREN> Query <RPAREN> (<CARAT> <NUMBER>)?)

Term::=(
  (<TERM>|<STAR>|<PREFIXTERM>|<WILDTERM>|<NUMBER>) [<FUZZY_SLOP>] [<CARAT><NUMBER>[<FU
ZZY_SLOP>]]

| ( <RANGEIN_START> (<RANGEIN_GOOP>|<RANGEIN_QUOTED>) [ <RANGEIN_TO> ] (<RANGEIN_GOOP>
|<RANGEIN_QUOTED> <RANGEIN_END> ) [ <CARAT> boost=<NUMBER> ]

| ( <RANGEEX_START> <RANGEEX_GOOP>|<RANGEEX_QUOTED> [ <RANGEEX_TO> ] <RANGEEX_GOOP>|<R
ANGEEX_QUOTED> <RANGEEX_END> )[ <CARAT> boost=<NUMBER> ]

| <QUOTED> [ <FUZZY_SLOP> ] [ <CARAT> boost=<NUMBER> ]
)
```

4.3.6 getFieldQuery公共函数

getFieldQuery使用分析器获取所有Token，然后构建一个 TermQuery对象。

代码清单4-9 构建TermQuery对象

```
protected Query getFieldQuery(String field, String queryText)  throws ParseException {

    TokenStream source = analyzer.tokenStream(field, new StringReader(queryText));
    Vector v = new Vector();
    org.apache.lucene.analysis.Token t;
    int positionCount = 0;
    boolean severalTokensAtSamePosition = false;
```

```
    while (true) {
      try {
        t = source.next();
      }
      catch (IOException e) {
        t = null;
      }
      if (t == null)
        break;
      v.addElement(t);
      if (t.getPositionIncrement() != 0)
        positionCount += t.getPositionIncrement();
      else
        severalTokensAtSamePosition = true;
    }
    try {
      source.close();
    }

    if (v.size() == 0)
      return null;
    else if (v.size() == 1) {
      t = (org.apache.lucene.analysis.Token) v.elementAt(0);
      return new TermQuery(new Term(field, t.termText()));
    } else {
      if (severalTokensAtSamePosition) {
        if (positionCount == 1) {
          // no phrase query
          BooleanQuery q = new BooleanQuery(true);
          for (int i = 0; i < v.size(); i++) {
            t = (org.apache.lucene.analysis.Token) v.elementAt(i);
            TermQuery currentQuery = new TermQuery(
                new Term(field, t.termText()));
            q.add(currentQuery, BooleanClause.Occur.SHOULD);
          }
          return q;
        }
        else {
          // phrase query
          MultiPhraseQuery mpq = new MultiPhraseQuery();
          mpq.setSlop(phraseSlop);
          List multiTerms = new ArrayList();
          int position = -1;
          for (int i = 0; i < v.size(); i++) {
            t = (org.apache.lucene.analysis.Token) v.elementAt(i);
            if (t.getPositionIncrement() > 0 && multiTerms.size() > 0) {
              if (enablePositionIncrements) {
                mpq.add((Term[])multiTerms.toArray(new Term[0]),position);
              } else {
                mpq.add((Term[])multiTerms.toArray(new Term[0]));
              }
              multiTerms.clear();
            }
            position += t.getPositionIncrement();
```

```
          multiTerms.add(new Term(field, t.termText()));
        }
        if (enablePositionIncrements) {
          mpq.add((Term[])multiTerms.toArray(new Term[0]),position);
        } else {
          mpq.add((Term[])multiTerms.toArray(new Term[0]));
        }
        return mpq;
      }
    }
    else {
      PhraseQuery pq = new PhraseQuery();
      pq.setSlop(phraseSlop);
      int position = -1;
      for (int i = 0; i < v.size(); i++) {
        t = (org.apache.lucene.analysis.Token) v.elementAt(i);
        if (enablePositionIncrements) {
          position += t.getPositionIncrement();
          pq.add(new Term(field, t.termText()),position);
        } else {
          pq.add(new Term(field, t.termText()));
        }
      }
      return pq;
    }
  }
}
```

1. TermQuery

TermQuery称为分词搜索，它是最简单、常用的搜索方式之一，允许对单个单词进行搜索。比如，输入"field: Beijing"，搜索内容"Beijing"只会被解析成一个分词，对应term1("Beijing")。如果分词后只有一个Token，则生成new TermQuery(new Term(field, t.termText()))对象。

代码清单4-10 构建TermQuery对象

```
if (v.size() == 0)
    return null;
else if (v.size() == 1) {
   t = (org.apache.lucene.analysis.Token) v.elementAt(0);
   return new TermQuery(new Term(field, t.termText()));
}
```

2. BooleanQuery

BooleanQuery称为组合查询，由多个查询条件对象组合生成，比如，可以使用逻辑与运算符组合两个TermQuery生成一个新的BooleanQuery。当输入field:"Beijing China"时，搜索内容"Beijing China"会被解析成两个分词，对应term1("Beijing")和term2("China")，最后会实例化TermQuery对象和BooleanQuery对象。这背后的语义是所有的分词在搜索中必须同时匹配与满足。

代码清单4-11 构建BooleanQuery对象

```
BooleanQuery q = new BooleanQuery(true);
          for (int i = 0; i < v.size(); i++) {
            t = (org.apache.lucene.analysis.Token) v.elementAt(i);
            TermQuery currentQuery = new TermQuery(
                new Term(field, t.termText()));
            q.add(currentQuery, BooleanClause.Occur.SHOULD);
          }
          return q;
```

图4-5展示了如何将字符串"+(foo bar) +(baz boo)"转换成用于Lucene中BooleanQuery的布尔逻辑表达式，即 (foo OR bar) AND (baz OR boo)，对应代码如下：

```
assertQueryEquals("(foo OR bar) AND (baz OR boo)", null,
            "+(foo bar) +(baz boo)");
```

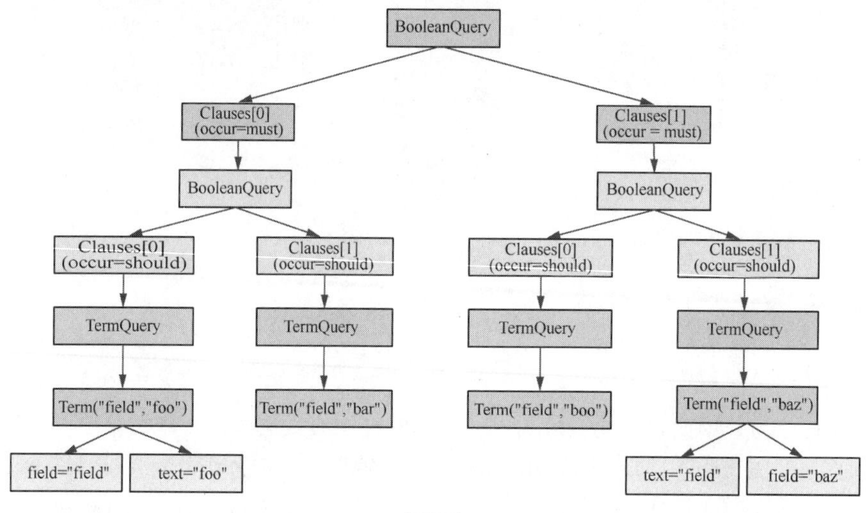

图4-5

总结：

- (a b) 会转换成 a OR b；
- +a +b 会转换成a AND b；
- +(foo bar) +(baz boo)会转换成(foo OR bar) AND (baz OR boo)；
- (+(a b) -c) d会转换成((a OR b) AND NOT c) OR d。

4.4 分析器

4.4.1 概述

Lucene中的分析器提供文本分析的功能。简单地说，它接收文本（比如文档）并将其分解成单词，并返回Token对象流。

Lucene分析器的设计遵循一个基本过程：

- 文档。
- Token对象。
- 过滤器链表，比如小写过滤、停用词过滤、自定义逻辑过滤。
- 生成的Token对象将由索引模块构建分词的倒排索引。

无论是内置的还是自定义的分析器，其底层都由3个基本模块组成，分别是字符过滤器、分词器（Tokenizer）和Token过滤器。

本质上，字段+标记=分词。Lucene索引管理分词的倒排数据结构。简单类比：Lucene中字段类似MySQL表中的列，而分词类似列的内容。

文档被分词器标记后，产生Token对象流。每个Token的位置信息都相对于前一个Token的位置增量值进行保存，表示所有Token都是连续的。Token对象有如下属性。

- Offset：Token相对文档的开始和结束字符的偏移量。
- Payload：有效负载。
- type：Token的类型。
- Position Increment：Token的位置增量。

4.4.2　分析器的组成：分词器和过滤器

1. 分词器

分词器基于规则将一个字符串分解成多个子串，比如LetterTokenizer，它继承自CharTokenizer，通过next方法遍历输入字符串，根据特殊符号将字符串分解成一个个单词，然后封装成Token返回。分词器只保留字符，并删除任何特殊字符或者数字。分词器的输入与输出如下所示：

```
Input => "to Address address 2 Problems"
Output => [to, Address, address, Problems]
```

2. 过滤器

过滤器对分词器返回的一系列Token列表进行基于规则的操作。

比如，LowerCaseFilter将接收的Token列表转换成小写，代码如下：

```
Input => [to, Address, address, Problems]
Output => [to, address, address, problems]
```

比如，PorterStemFilter进行词干过滤，代码如下：

```
Input => [to, Addressing, address, Problems]
Output => [to, address, address, problem]
```

比较分词器和过滤器，如图4-6所示。TokenFilter聚合了TokenStream基类，而TokenFilter与Tokenizer两个子类体系都是从TokenStream继承下来的。换句话说，TokenFilter与Tokenizer的子类体系是组合关系。

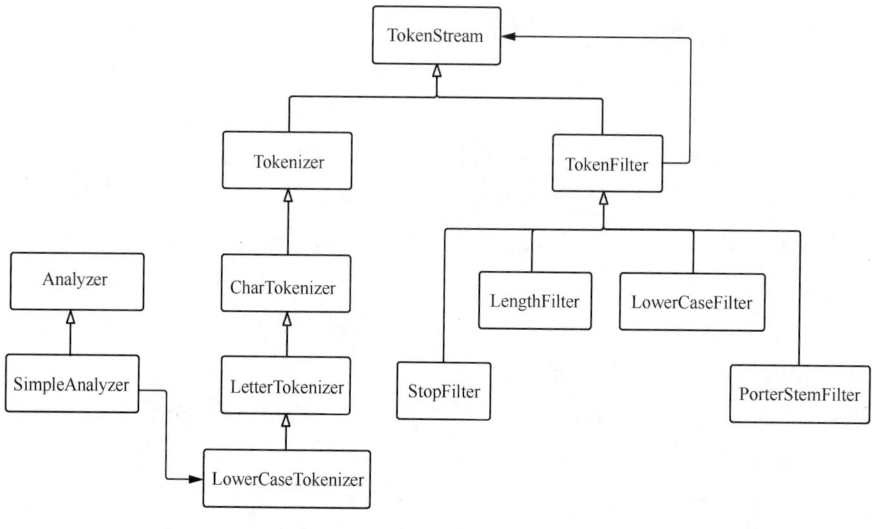

图4-6

TokenFilter的字段TokenStream类似next指针的作用，将Tokenizer的子类与TokenFilter的子类组成一个过滤器调用链。Lucene引擎将输入文本传递进过滤器过滤链，经过Tokenizer产生Token对象流，然后经过若干个TokenFilter，最后输出Token对象流。

3. 分析器

如图4-7所示，分析器可以看成分词器和过滤器的组合，可以应用于任何全文搜索系统中。如果将分析器看成一个管道，分词器是第一个分析阶段的工具，有且只有一个，用来读取原始文件并将其转换成Token对象列表；过滤器是第二个分析阶段的工具，允许由多个过滤器组成一个过滤器列表，用来对输入的Token对象列表进行分析，其输出仍然是Token对象列表。

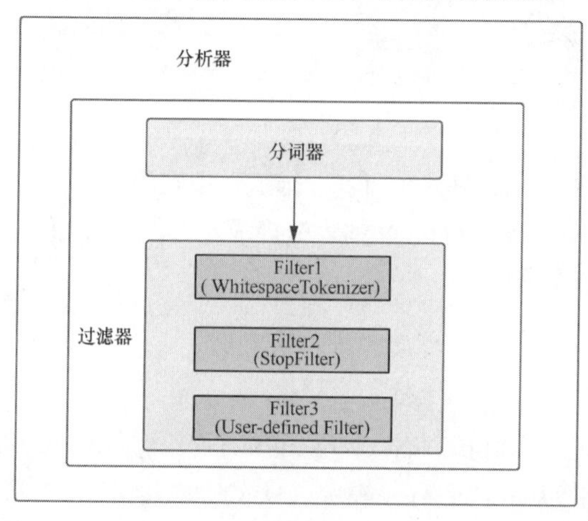

图4-7

4.4.3 分析器的两个典型场景

在Lucene引擎中，无论是建立索引还是检索信息，输入部分都需要通过分析器进行解析。它将输入文档或者输入的查询串解析成Token对象流，进一步传递给索引模块构建倒排索引，或者传递给检索模块进行数据查询。分析器的架构大致如图4-8所示。

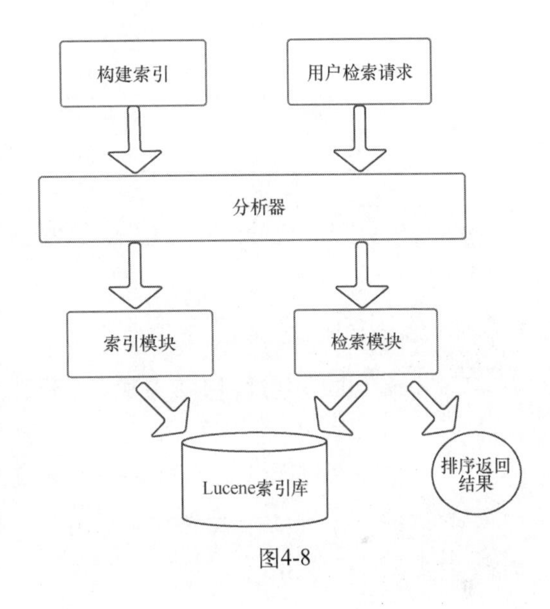

图4-8

查询解析器使用的分析器与创建索引时依赖的分析器必须相同吗？推荐创建索引时使用与查询解析器相同的分析器，从而让索引的内容与检索的内容完全匹配。为你的字段选择恰当的分析器是很重要的，如果你选择错了，它可能不会返回预期的搜索结果。从这个角度来看，分析器是Lucene搜索引擎的关键模块。

1. 索引

Lucene索引过程中，通过IndexWriter对象将输入文档中Field的Field-Value进行分词并写入索引文件，如图4-9所示。

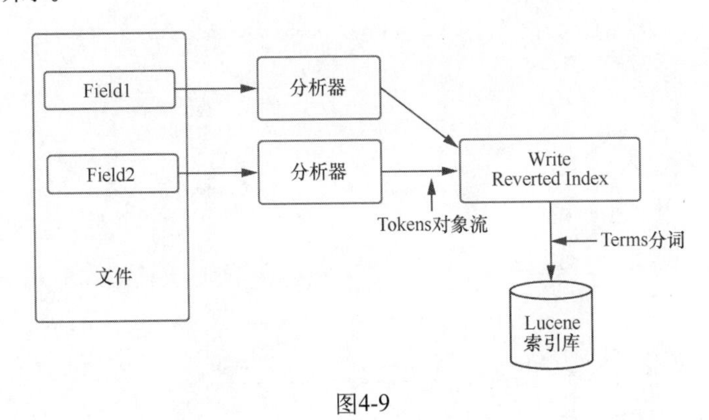

图4-9

代码清单4-12 创建IndexWriter对象

```
RAMDirectory indexStore = new RAMDirectory();
IndexWriter writer = new IndexWriter(indexStore, new StandardAnalyzer(new String[]{}),
                                    true);
```

2. 查询

Lucene引擎查询解析器的基本功能是将一个满足特定语法的查询字符串转换成查询树，本质上会构建出一个BooleanQuery对象树，如图4-10所示。

输入串	解释
"Leon"	在默认字段中检索"Leon"关键字
"Name":"Leon"	在Name字段中检索"Leon"关键字
"Leon OR Andy"	在默认字段中检索"Leon"和"Andy"关键字，它们是逻辑或关系
"Leon AND Andy"	在默认字段中检索"Leon"和"Andy"关键字，它们是逻辑与关系
"(Leon OR Andy) AND Peter"	在默认字段中检索"Leon"或"Andy"关键字，但必须包含"Peter"关键字

图4-10

4.4.4 索引的构建流程

Lucene索引的构建过程主要分成四个阶段，如图4-11所示。第一阶段，对待索引的文档进行预处理，去除停用词、标点符号等无意义的词。第二阶段，使用Tokenizer对文档进行分词。第三阶段，对分词结果进行修正，例如同义词替换、大小写转换。第四阶段，将结果写入倒排索引。

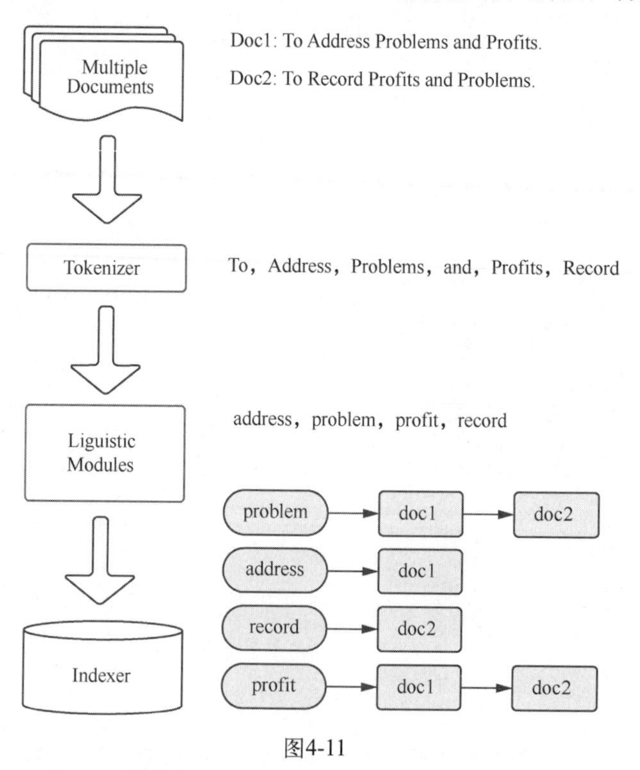

图4-11

4.4.5 QueryParse查询流程

用户提交一个字符串来表达查询需求，Lucene使用QueryParse进行解析并生成布尔逻辑表达式，但首先需要将原始查询经过分词器切分成Token对象流，接着通过过滤器链表生成一个分词序列。每一个分词将作为布尔逻辑表达树的叶子节点，比如Query={ term1 AND term2 OR term3}。

倒排索引是一个以分词为中心的数据结构。对于查询语句中出现的每个分词分别检索倒排索引库，返回各自分词对应的文档列表集合，最后依据分词之间的AND、OR逻辑运算符，对多个文档集取交集或并集后得到的即为查询的结果集。

PerFieldAnalyzerWrapper支持不同域使用不同的解析器。PerFieldAnalyzerWrapper类的构造函数接收一个默认的分析器作为参数，同时提供一个addAnalyzer方法用来接收不同的Field使用不同的分析器。PerFieldAnalyzerWrapper使用装饰设计模式，向一个分析器（.defaultAnalyzer）添加额外功能，同时又不改变其结构。这个额外功能是使用PerFieldAnalyzerWrapper.analyzerMap哈希表字段记录不同域使用的不同解析器对象。

代码清单4-13 PerFieldAnalyzerWrapper的构建

```
public PerFieldAnalyzerWrapper(Analyzer defaultAnalyzer) {
  this.defaultAnalyzer = defaultAnalyzer;
}

public void addAnalyzer(String fieldName, Analyzer analyzer{
  analyzerMap.put(fieldName, analyzer);
}

public TokenStream tokenStream(String fieldName, Reader reader) {
    Analyzer analyzer = (Analyzer) analyzerMap.get(fieldName);
    return analyzer.tokenStream(fieldName, reader);
}
```

当QueryParser解析输入的待查询串时，比如"partnum:Q36"，QueryParser#getFieldQuery函数的调用点从StandardAnalyzer变成PerFieldAnalyzerWrapper#tokenStream。使用PerFieldAnalyzerWrapper作为装饰对象，tokenStream方法内对"field:term"实施了额外的一层逻辑判断。如果当前field在PerFieldAnalyzerWrapper.analyzerMap中提前注册了自己的解析器，自然会取出这个自定义的解析器来为当前field的term进行分词处理，否则退回到defaultAnalyzer进行分词处理。

代码清单4-14 QueryParser类的定义

```
public class QueryParser implements QueryParserConstants {
  protected Query getFieldQuery(String field,
                              String queryText){
    TokenStream source = analyzer.tokenStream(field, new StringReader(queryText));
  }
}
```

1. testPerFieldAnalyzer

testPerFieldAnalyzer方法用来说明如何为指定的域配置指定的解析器。例如，使用KeywordAnalyzer对"Q36"进行解析，输出仍为"Q36"；使用SimpleAnalyzer对"Q36"进行解析，输出则为"q"。

代码清单4-15　测试不同域使用不同的解析器

```
public void testPerFieldAnalyzer() throws Exception {
    PerFieldAnalyzerWrapper analyzer = new PerFieldAnalyzerWrapper(new SimpleAnalyzer(
));
    analyzer.addAnalyzer("partnum", new SimpleAnalyzer());

    QueryParser queryParser = new QueryParser("description",
                                              analyzer);
    Query query = queryParser.parse("partnum:Q36 AND SPACE");
    assertEquals("Q36 kept as-is","+partnum:q +space",
                 query.toString("description"));

    analyzer.addAnalyzer("partnum", new KeywordAnalyzer());
    queryParser = new QueryParser("description", analyzer);
    assertEquals("Q36 kept as-is", "+partnum:Q36 +space",
                 query.toString("description"));
}
```

2. PerFieldAnalyzerWrapper

PerFieldAnalyzerWrapper中使用analyzerMap缓存域名和关联的解析器，当对输入内容进行标记分析时，基于域名取出关联解析器实例并进行分词。

代码清单4-16　PerFieldAnalyzerWrapper类定义

```
public class PerFieldAnalyzerWrapper extends Analyzer {
    public TokenStream tokenStream(String fieldName, Reader reader) {
    Analyzer analyzer = (Analyzer) analyzerMap.get(fieldName);
    if (analyzer == null) {
      analyzer = defaultAnalyzer;
    }
    return analyzer.tokenStream(fieldName, reader);
  }
}
```

4.4.6　位置增量

位置增量（Position Increment）将当前Token与前一个Token在位置上关联起来，如图4-12所示。

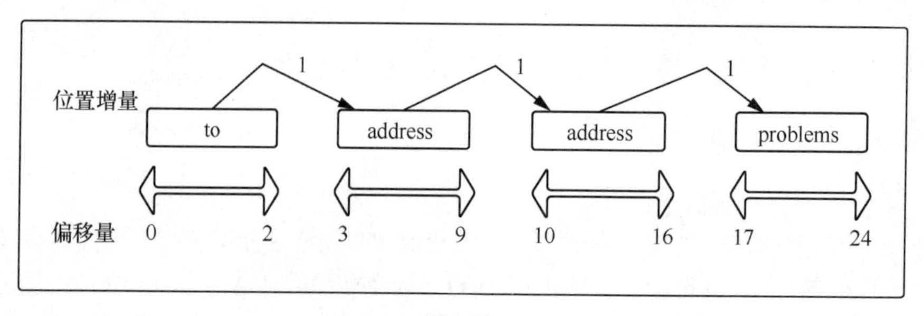

图4-12

通常来说，有如下几种情况。

- 位置增量值为1，表示每个Token存在于Field中唯一并且连续的位置上。
- 位置增量值大于1，表示Token之间并不连续。该Token前面的词基于规则不算作Token，比如停用词（Stop Word）。
- 位置增量为0，表示该Token与前一个Token放置在相同的位置，即当前的Token与前一个Token是重叠词。别名（Alias）或者同义词分析器将一个Token的位置增量设为0，用来表明新插入的Token与前一个Token是同义词。

自定义MultiAnalyzer实现同义词功能，MultiAnalyzer在同一位置将multi扩展为multi和multi2。基本思想是创建了一个自定义的TestFilter，并将它插入分析器的过滤器链表中。

对于查询字符串（比如"+(foo multi) field:"bar multi""），使用分析器的TestFilter#next方法对其进行语言规则的处理。TestFilter中定义了一个有趣的规则，用来实现同义词功能：它通过硬编码的方式，对于查询串中出现的"multi"关键字，会动态实例化一个Token对象并将其作为Token对象流的一部分进行返回。

代码清单4-17 初始化位置增量元信息

```
Token token = new Token("multi"+(multiToken+1),
                        prevToken.startOffset(),
                        prevToken.endOffset(),
                        prevToken.type());
token.setPositionIncrement(0);
```

需要说明的是：新创建的Token对象的positionIncrement设置为0，当QueryParse查询解析对象检测到某个token.positionIncrement属性为0时，会视情况启动MultiPhraseQuery查询。

代码清单4-18 MultiAnalyzer类定义

```
private class MultiAnalyzer extends Analyzer {
  public TokenStream tokenStream(String fieldName, Reader reader) {
    TokenStream result = new StandardTokenizer(reader);
    result = new TestFilter(result);
    result = new LowerCaseFilter(result);
    return result;
  }
}

private final class TestFilter extends TokenFilter {
  private Token prevToken;
  public TestFilter(TokenStream in) {
    super(in);
  }

  public final Token next() {
    if (multiToken > 0) {
      Token token = new Token("multi"+(multiToken+1),
                              prevToken.startOffset(),
                              prevToken.endOffset(),
```

```
                            prevToken.type());
      token.setPositionIncrement(0);
      multiToken--;
      return token;
    } else {
      org.apache.lucene.analysis.Token t = input.next();
      prevToken = t;
      if (t == null)
        return null;
      String text = t.termText();
      if (text.equals("triplemulti")) {
        multiToken = 2;
        return t;
      } else if (text.equals("multi")) {
        multiToken = 1;
        return t;
      } else {
        return t;
      }
    }
  }
}
```

在解析输入的待查询串"+(foo multi) field:"bar multi""的时候，主要存在两个阶段：第一阶段使用分析器将查询串转换为Token对象流；第二阶段通过while循环遍历所有的Token对象，发现positionIncrement为0的Token后，需要考虑将该Token与前一个Token构成一组同义词进行查询。

比如，在查询"foo multi"时，自定义MultiAnalyzer将生成3个Token："foo-token"、"multi-token"和"multi-2-token"（并且multi-2-token.positionIncrement被设置为0），经过QueryParser解析后，将生成一个MultiPhraseQuery对象。

代码清单4-19　QueryParser类定义

```
public class QueryParser implements QueryParserConstants {
  protected Query getFieldQuery(String field, String queryText){
    TokenStream source = analyzer.tokenStream(
                      field, new StringReader(queryText));
    Vector v = new Vector();
    org.apache.lucene.analysis.Token t;
    int positionCount = 0;
    boolean severalTokensAtSamePosition = false;

    while (true) {
      try {
        t = source.next();
      }
      v.addElement(t);
      if (t.getPositionIncrement() != 0)
        positionCount += t.getPositionIncrement();
      else
        severalTokensAtSamePosition = true;
    }
```

```
  if (v.size() == 0)
    return null;
  else if (v.size() == 1) {
    t = (Token) v.elementAt(0);
    return new TermQuery(new Term(field, t.termText()));
  } else {
     if (severalTokensAtSamePosition) {
        if (positionCount == 1) {
          // no phrase query
          BooleanQuery q = new BooleanQuery(true);
          for (int i = 0; i < v.size(); i++) {
            t = (Token) v.elementAt(i);
            TermQuery currentQuery = new TermQuery(
                new Term(field, t.termText()));
            q.add(currentQuery, BooleanClause.Occur.SHOULD);
          }
          return q;
        }
        else {
          // phrase query
          MultiPhraseQuery mpq = new MultiPhraseQuery();
          mpq.setSlop(phraseSlop);
          List multiTerms = new ArrayList();
          int position = -1;
          for (int i = 0; i < v.size(); i++) {
            t = (Token) v.elementAt(i);
            if (t.getPositionIncrement() > 0
                && multiTerms.size() > 0) {
              if (enablePositionIncrements) {
                mpq.add((Term[])multiTerms.toArray(
                  new Term[0]),position);
              } else {
                mpq.add((Term[])multiTerms.toArray(
                  new Term[0]));
              }
              multiTerms.clear();
            }
            position += t.getPositionIncrement();
            multiTerms.add(new Term(field, t.termText()));
          }
          if (enablePositionIncrements) {
            mpq.add((Term[])multiTerms.toArray(
              new Term[0]),position);
          } else {
            mpq.add((Term[])multiTerms.toArray(
              new Term[0]));
          }
          return mpq;
        }
      }
  }
}
```

1. 应用场景1：带有should (OR) 逻辑的布尔查询

比如，查询"multi"，自定义MultiAnalyzer将生成两个Token：multi-token和multi-2-token（并且multi-2-token.positionIncrement被设置为0）。经过QueryParser解析后，会生成一个BooleanQuery对象。它通过“OR”逻辑运算符组织两个叶子节点TermQuery对象，分别代表"multi"和"multi-2"的查询项。

代码清单4-20 逻辑或关系的BooleanQuery对象

```
if (severalTokensAtSamePosition) {
  if (positionCount == 1) {
    // no phrase query
    BooleanQuery q = new BooleanQuery(true);
    for (int i = 0; i < v.size(); i++) {
      t = (org.apache.lucene.analysis.Token) v.elementAt(i);
      TermQuery currentQuery = new TermQuery(
          new Term(field, t.termText()));
      q.add(currentQuery, BooleanClause.Occur.SHOULD);
    }
    return q;
  }
}
```

2. 应用场景2：MultiPhraseQuery

PhraseQuery用于实现短语搜索，比如使用由两个Term组成的待查询串"address problem"进行搜索。PhraseQuery有两个重点。

- PhraseQuery需要依赖Term的位置信息，如果索引阶段没有保存Term的位置信息，就无法支持短语查询。
- PhraseQuery使用slop来指定两个Term之间允许的编辑距离。

MultiPhraseQuery支持多短语查询，可以通过多个查询短语的拼接来实现复杂的查询。例如，提供Term组成的数组["address","resolve"]、["problem","issue"]，然后将这两个数组传递给MultiPhraseQuery构造函数，Lucene搜索引擎会将这两个数组中的内容组合成4种组合形式，即"address problem"、"address issue"、"resolve problem"和"resolve issue"，用于对索引进行全文搜索。每一种组合形式其实就是PhraseQuery的短语搜索类型。

上面例子说明PhraseQuery是MultiPhraseQuery的一种特殊形式。如果构造MultiPhraseQuery对象时传递的每个数组中只有一个Term元素，就退化成PhraseQuery短语查询。

在MultiPhraseQuery中，一个数组内的多个Term元素之间被定义成逻辑OR的关系，也就是说这些Term共享位置信息，用来实现同义词搜索。比如，使用StandardAnalyzer建立索引，希望找出同时包含"spicy food"和"spicy diet"两个查询短语的文档。其中一个解决方案是：指定一个前缀"spicy"，一个后缀数组Term[] (new Term("food"), new Term("diet"))，则查询的结果即满足要求。

代码清单4-21 多短语查询测试

```
public void testMPQ2() throws Exception {
  MultiPhraseQuery q = new MultiPhraseQuery();
  q.add(ta(new String[] {"spicy"}));
  q.add(ta(new String[] {"food","diet"}));
}
```

3．应用场景3：StopFilter

停用词过滤器（StopFilter）添加自定义停用词，管理着一个停用词名单（stopWords）。StopFilter#next方法用来对Token对象流进行遍历，判断每个Token是否出现在停用词名单中，如果出现则直接过滤掉当前Token，并累计过滤Token的数目。如果Token没有出现在停用词名单中，则需要对Token的位置增量进行修改，默认positionIncrement为1。此时需要考虑该Token前面有几个被过滤的Token，即将累计过滤掉Token的数目赋值给该token.positionIncrement。

代码清单4-22 StopFilter类定义

```
public final class StopFilter extends TokenFilter {
  private final CharArraySet stopWords;
  public static final Set makeStopSet(String[] stopWords,
                                      boolean ignoreCase) {
    CharArraySet stopSet =
      new CharArraySet(stopWords.length, ignoreCase);
    stopSet.addAll(Arrays.asList(stopWords));
    return stopSet;
  }

  public final Token next(Token result) throws IOException {
    int skippedPositions = 0;
    while((result = input.next(result)) != null) {
      if (!stopWords.contains(result.termBuffer(), 0, result.termLength)) {
        if (enablePositionIncrements) {
          result.setPositionIncrement(result.getPositionIncrement() + skippedPositions
);
        }
        return result;
      }
      skippedPositions += result.getPositionIncrement();
    }
    return null;
  }
}
```

4.5 中文分词器

4.5.1 概述

Lucene引擎中通常包括四大模块，分别是分词器、索引模块、检索模块和排名模块。大多数时候，用户会将主要精力放在索引模块（由倒排索引与正排索引设计与实现）与检索模块。但实际上，这4个模块中任意一个模块都将对搜索返回的结果起到至关重要的作用。那么，中文分词器究竟对搜索引擎有多大的影响呢?

对于搜索引擎而言，最重要的并非返回全部的搜索结果——返回海量的互联网数据并没有太多的意义，毕竟没有人能看得完成千万上亿的数据记录。相反，搜索引擎最重要的是将最相关的结果排列在结果集的最前面，这也称为相关度排序。中文分词的准确与否会直接影响搜索结果的相关度排序。从这个角度来看，搜索引擎始终无法被传统数据库所替代有如下主要原因：

- 搜索引擎支持模糊查询；
- 相比传统数据库，搜索引擎更理解用户的需求。

对于第一点，Lucene天生的基因中包含分词器和倒排索引，而传统数据库对模糊查询的支持几乎是无解的。

对于第二点，传统数据库对于查询就是简单粗暴地进行匹配。相反，Lucene搜索引擎并不是简单地匹配，而是会加入各种自然语言的高级技术，基本的方法就是引入不同的分词模块。

所以说，分词器是Lucene搜索引擎中的基石。应用项目中如果需要进行深入探究的话，比如探究搜索结果的相关度，就需要考虑分词器的配置。举一个我自己项目的例子，在展示搜索结果前，需要考虑给不同的客户配置不同的权重，或者需要给一些词更高的权重，这个时候就可以考虑在分词器中做一些工作。

4.5节有以下两个重点。

- 词典树的构建，其背后依赖Double-Array Trie树，即将词典加载到内存结构中。这是对Trie树的一种改进，通过使用两个数组来表示词典树中的节点和边信息。
- 基于最短路径算法进行分词时，词的切分与匹配。

分词功能本质上是Trie树算法与有向无环图（Direted Acyclic Graph，DAG）算法的结合。基于此，就可以实现最简单的分词。这有点像走迷宫，我们自己甚至很难意识到中文分词是图论问题。

4.5.2　中文分词器的思想

众所周知，英文句子以词为基本单位，词与词之间通过空格进行分隔，检索比较直观与简单。相对来说，中文以字为基本单位，通过连续的多个字组成一个句子。中文词与词之间是没有分隔符的。因此想建立基于中文词的索引，就需要将中文字符串按照一定的规则分成正确的词序列，即需要采用中文分词技术。

目前中文分词采用的算法主要有两类：基于字符串搜索的分词算法和基于统计的分词方法。

1．基于字符串搜索的分词算法

将中文字符串与一个预先准备好的词典中的词条进行匹配。如果在词典中匹配了字符串，则匹配成功，即识别出了一个词。根据扫描的方向和不同长度的优先级，分词算法可以分成前向最大匹配与后向最大匹配。

（1）前向最大匹配（Forward-Max Matching）

下面通过一个示例来理解前向最大匹配。当输入中文串“研究生命的起源”后，如果采用前向最大匹配，中文分词器会进行如下操作。

- 建立词典（研究、研究生、生命、的、起源）。
- 设定最大匹配max-length为4。
- 第一次断词。
  - “研究生命”在词典中没有出现。
  - “研究生”在词典中出现了。
  - “研究”在词典中出现了。
- 第二次断词。
  - 选择“研究生”作为一个单独的词。
  - 研究生[命的起源]。在研究生这个词汇后断开，从而形成词“命的起源”，查询词典中没有出现。
  - “命的起”在词典中没有出现。
  - “命的”在词典中没有出现。
- 第三次断词。
  - 选择“研究”作为一个单独的词。
  - “生命的起”在词典中没有出现。
  - “生命的”在词典中没有出现。
  - “生命”在词典中出现了。
- 第四次断词。
  - “的起源”在词典中没有出现。
  - “的起”在词典中没有出现。
  - “的”在词典中没有出现。
- 第五次断词。
  - “起源”在词典中出现了。

最后，经过基于前向最大匹配算法匹配，中文串“研究生命的起源”的分词输出结果为：

- 研究；
- 生命；
- 的；
- 起源。

（2）后向最大匹配（Backward-Max Matching）

接下来，通过相同的示例来理解后向最大匹配。当输入中文串“研究生命的起源”后，如果采用后向最大匹配，中文分词器会进行如下操作。

- 建立词典（研究、研究生、生命、的、起源）。
- 设定最大匹配max-length为4。
- 第一次断词。
  - “命的起源”在词典中没有出现。
  - “的起源”在词典中没有出现。
  - “起源”在词典中出现了。
- 第二次断词。
  - “究生命的”在词典中没有出现。
  - “生命的”在词典中没有出现。
  - “命的”在词典中没有出现。
  - “的”在词典中出现了。
- 第三次断词。
  - “研究生命”在词典中没有出现。
  - “究生命”在词典中没有出现。
  - “生命”在词典中出现了。
- 第四次断词。
  - “研究”在词典中出现了。

最后，经过基于后向最大匹配算法匹配，中文串“研究生命的起源”的分词输出结果为：

- 研究；
- 生命；
- 的；
- 起源。

通过比较，在这个场景下，后向最大匹配算法的效率高于前向最大匹配算法。

2．基于统计的分词方法

根据字符串在预先建立的词典中出现的统计频率来决定是否构成词。基本思想是对输入的中文字符串进行全部切分，找出所有可能切分结果的组合，对每种切分结果计算它出现的概率，从结果中选取概率最大的一种组合。

4.5.3　sego中文分词器

sego是Go语言中的中文分词器，词典使用Double-Array Trie树实现，分词器的算法基于词频的最短路径算法实现。

1．切分词图

如果一个输入串有x个字符，考虑每个字符左边与右边的位置，那么就存在x+1个点，点对应的编号为0～x。与此同时，将所有的候选词看作一条边，从而根据词典生成一个切分词图，此图是一个有向带权图。

如图4-13所示，输入串“研究生命的起源”有7个字符，因此有8个节点。其中，“研究”这条边的起点是0，而终点是2；“研究生”这条边的起点是0，而终点则是3。以此类推，切分方案就是从源点0到终点7之间的所有可能的路径。

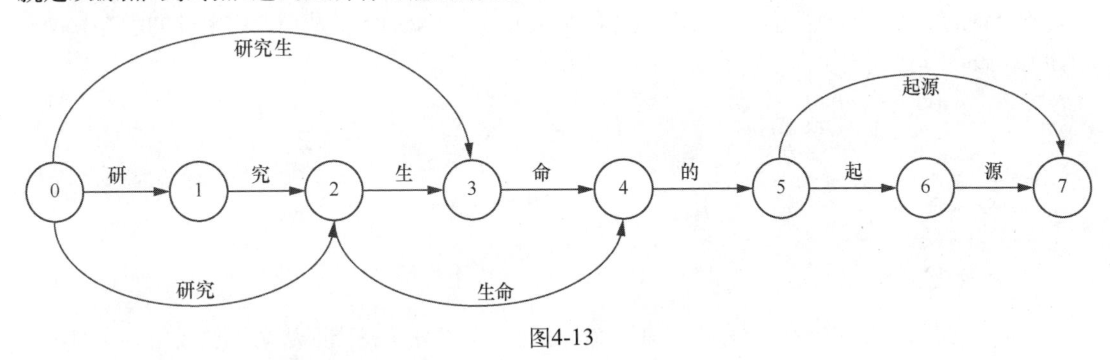

图4-13

目前存在两条切分路径。

- 0-3-4-5-7，对应的切分方案是：研究生/命/的/起源。
- 0-2-4-5-7，对应的切分方案是：研究/生命/的/起源。

2．数据结构

Sego中文分词器的数据结构中包含Token、Segment、Dictionary。

（1）Token

Token数据结构代表一个分词，其中text字段是分词的字符串，frequency字段是分词在词典中的词频数，pos字段用来表示对词性的注释，比如，给分出的词标注上名词或者动词等词性，词性的标注可以部分消除词的歧义。

```
type Token struct {
  text []Text
  frequency int

  distance float32
  pos string
  segments []*Segment
}
```

（2）Segment

Segment同样代表文本中的一个分词，它对Token做了进一步的封装，其中start和end分别代表分词在文本中的起始与结束字节位置。Segment内部聚合了Token字段，用来表示一个分词具体的元信息。值得注意的是，Segment代表的是切分图中的一条边，它的start和end用来表示边的起点与终点。

```
type Segment struct {
   start int
   end int
   token *Token
}
```

（3）Dictionary

Dictionary代表一个字符串的Trie树。一个分词Token可以出现在叶子节点中，也可以出现在非叶子节点中。其中，trie字段就是Trie树，下文有详细的介绍；maxTokenLength字段表示词典中最长的分词的长度，即每次尝试匹配时使用的最大长度；tokens字段是词典中统计的所有分词；totalFrequency字段代表词典中所有分词的频率和。

```
type Dictionary struct {
   trie           *cedar.Cedar
   maxTokenLength int
   tokens         []Token
   totalFrequency int64
}
```

3. 初始化

sego中文分词器的初始化过程主要有两个部分，一个部分是将分词从文件加载至内存词典中（LoadDictionary），另一个部分是计算token.distance。

代码清单4-23　加载分词初始化内存词典

```
func (seg *Segmenter) LoadDictionary(files string) {
  seg.dict = NewDictionary()
  for _, file := range strings.Split(files, ",") {
    dictFile, err := os.Open(file)
    defer dictFile.Close()

    reader := bufio.NewReader(dictFile)
    var text string
    var freqText string
    var frequency int
    var pos string

    for {
      size, _ := fmt.Fscanln(reader, &text, &freqText, &pos)

      if size == 0 {
        break
      } else if size < 2 {
        continue
      } else if size == 2 {
        pos = ""
      }

      var err error
      frequency, err = strconv.Atoi(freqText)
```

```
    if err != nil {
      continue
    }

    // 将分词添加到词典中
    words := splitTextToWords([]byte(text))
    token := Token{text: words, frequency: frequency, pos: pos}
    seg.dict.addToken(token)
  }
}

// 计算每个分词的路径值
logTotalFrequency := float32(math.Log2(float64(seg.dict.totalFrequency)))
for i := range seg.dict.tokens {
  token := &seg.dict.tokens[i]
  token.distance = logTotalFrequency
  - float32(math.Log2(float64(token.frequency)))
}


// 对每个分词进行细致划分，用于搜索引擎模式
for i := range seg.dict.tokens {
  token := &seg.dict.tokens[i]
  segments := seg.segmentWords(token.text, true)

  // 计算需要添加的子分词数目
  numTokensToAdd := 0
  for iToken := 0; iToken < len(segments); iToken++ {
    if len(segments[iToken].token.text) > 0 {
      numTokensToAdd++
    }
  }
  token.segments = make([]*Segment, numTokensToAdd)

  // 添加子分词
  iSegmentsToAdd := 0
  for iToken := 0; iToken < len(segments); iToken++ {
    if len(segments[iToken].token.text) > 0 {
      token.segments[iSegmentsToAdd] = &segments[iToken]
      iSegmentsToAdd++
    }
  }
 }
}
```

计算token.distance有两种逻辑。第一种计算逻辑是用seg.dict.totalFrequency来统计整个词典中的词频总数。token.distance取值与token.frequency成反比，词频越高的分词被定义的distance值越小。此处，选择使用减法来进行映射。代码如下：

```
logTotalFrequency := float32(math.Log2(float64(seg.dict.totalFrequency)))

token.distance = logTotalFrequency - float32(math.Log2(float64(token.frequency)))
```

第二种计算逻辑是使用倒数来达到相同的目的。我们使用维特比（Viterbi）算法计算图（代

表某个字符串）的最短路径。一个词（由图的边表示）出现的频率越高，那么这个词自然是最短路径覆盖的边。因为是求解最短路径，最高频率的边（词）又是选择的目标，所以最短路径的连接权重与词频之间是反比的关系。

4. 构建切分图

如前所述，将中文字符串按照一定的规则分成正确的词序列，即中文分词技术。

那么，如何构建一个图？有了图的数据结构才方便应用维特比算法求解最短路径。图由点与边组成。常用的数据结构是邻接表。图4-13中，以“研究生命的起源”中文字符串为例，它有7个字符，考虑每个字符与左右两边的位置，故存在7+1=8个点。与此同时，词典中的词代表图的边。图的边使用token来进行建模。jumper代表切分图中的边（Edge）。

代码清单4-24　jumper和Token的结构定义

```
type jumper struct {
  minDistance float32
  token       *Token
}

type Token struct {
  text []Text
  frequency int

  distance float32
  pos string
  segments []*Segment
}
```

5. 最短路径算法：维特比算法

维特比算法按照拓扑的顺序从最简单的子问题求解，然后逐个解决更加复杂的聚合问题，直至解决原问题。

代码清单4-25　维特比算法的实现过程

```
func (seg *Segmenter) segmentWords(text []Text, searchMode bool) []Segment {
  if searchMode && len(text) == 1 {
    return []Segment{}
  }

  // jumpers定义了每个字符处的向前跳转信息，包括这个跳转对应的分词，
  // 以及从文本段开始到该字符的最短路径值
  jumpers := make([]jumper, len(text))

  tokens := make([]*Token, seg.dict.maxTokenLength)
  for current := 0; current < len(text); current++ {
    // 找到前一个字符处的最短路径，以便计算后续路径值
    var baseDistance float32
    if current == 0 {
```

```
      // 当本字符在文本首部时，基础距离应该是0
      baseDistance = 0
    } else {
      baseDistance = jumpers[current-1].minDistance
    }

    // 寻找所有以当前字符开头的分词
    numTokens := seg.dict.lookupTokens(
      text[current:minInt(current+seg.dict.maxTokenLength, len(text))], tokens)

    // 对所有可能的分词，更新分词结束字符处的跳转信息
    for iToken := 0; iToken < numTokens; iToken++ {
      location := current + len(tokens[iToken].text) - 1
      if !searchMode || current != 0 || location != len(text)-1 {
        updateJumper(&jumpers[location], baseDistance, tokens[iToken])
      }
    }

    // 当前字符没有对应分词时补加一个伪分词
    if numTokens == 0 || len(tokens[0].text) > 1 {
      updateJumper(&jumpers[current], baseDistance,
                &Token{text: []Text{text[current]}, frequency: 1, distance: 32, pos
: "x"})
    }
  }

  // 从后向前扫描第一遍得到需要添加的分词数目
  numSeg := 0
  for index := len(text) - 1; index >= 0; {
    location := index - len(jumpers[index].token.text) + 1
    numSeg++
    index = location - 1
  }

  // 从后向前扫描第二遍添加分词到最终结果
  outputSegments := make([]Segment, numSeg)
  for index := len(text) - 1; index >= 0; {
    location := index - len(jumpers[index].token.text) + 1
    numSeg--
    outputSegments[numSeg].token = jumpers[index].token
    index = location - 1
  }

  // 计算各个分词的字节位置
  bytePosition := 0
  for iSeg := 0; iSeg < len(outputSegments); iSeg++ {
    outputSegments[iSeg].start = bytePosition
    bytePosition += textSliceByteLength(outputSegments[iSeg].token.text)
    outputSegments[iSeg].end = bytePosition
  }
  return outputSegments
}
```

上述代码中，jumper代表切分图中的边，jumpers[]数组中的索引代表图的节点，即某个状态，

而边代表所有的词。

seg.dict.lookupTokens用于寻找所有以当前字符开头的分词。例如，要分析的文本为“研究生命的起源”，如果current指针指向“研”这个词，并且假设maxTokenLength=3，那么会尝试以“研究生”这3个字符长度的子串查询词典，确定相应的分词是否存在。如果词典中存在对应的词，将之返回并写入tokens[]数组。

current指针从起始点开始，其相邻边存储在tokens[]数组中（tokens[]数组每个元素代表图中一条边）。遍历current指针所有相邻的边（遍历tokens[]数组），然后更新结束点（location := current + len(tokens[iToken].text)-1）在图中与起始点之间的最短路径值，即通过baseDistance && newDistance := baseDistance + token.distance表达式不断更新某个节点的距离。

代码清单4-26　查询所有以当前字符开头的分词

```
numTokens := seg.dict.lookupTokens(
  text[current:minInt(current+seg.dict.maxTokenLength, len(text))], tokens)

// 对所有可能的分词，更新分词结束字符处的跳转信息
for iToken := 0; iToken < numTokens; iToken++ {
  location := current + len(tokens[iToken].text) - 1
  if !searchMode || current != 0 || location != len(text)-1 {
    updateJumper(&jumpers[location], baseDistance, tokens[iToken])
  }
}
```

4.5.4　双数组前缀树算法

双数组前缀（Double-Array Trie，DAT）树是一种Trie树的高效实现，兼顾了查询效率和空间存储。DAT树本质是一个有限状态自动机，需要构建一些状态来表达状态的自动转移。

DAT树中有两个数组。

- base[]数组：负责记录状态，用于状态转移。
- check[]数组：负责检查各个字符串是否是从同一个状态转移而来的。当check[i]为负值时，表示此状态为字符串的结束。

DAT树的基本概念是压缩Trie树，使用两个一维的数组base[]和check[]来表示整棵树。

1．DAT树计算过程

DAT树本质还是在表达一棵树，其中的parent与next-children的概念是相通的。

给任意一个字符串赋一个状态，添加一个字符导致进入一个新的状态。前后两个状态可以理解为树中两个相邻的节点，而边为输入字符。例如，当前字符串状态为s，在s状态下添加一个字符"c"后进入状态t。两个一维数组满足如下转移方程：

```
base[s] + c = t
check[t] = s
```

2. 举例

假定输入字符集只有{a, b, c}，词典中包含单词{a, ab, bc, bcc, bd}。现在来构建一个DAT树。

首先给3个字符进行如下编码。

```
a:1
b:2
c:3
```

牢记如下几点。

- base[]与check[]数组的索引表示的是某个字符串的状态。
- base[]数组里存储的是偏移量。这个值是随意给的，它的作用是作为一个基准值，一旦给定这个“随意值”后，后序字符串的状态就依赖这个“随意值”。
- check[]数组索引表示某个字符串的状态，而check[]数组存储的内容指向了父状态的索引，即同样是base[]的索引值。

这几点描述有些抽象，但反复对照实例后理解还是比较轻松的。DAT树的计算过程如下。

（1）初始状态。

开始的时候状态为0，即给空字符串对应的base[0]一个随机值：

```
base[0] = 0
```

（2）分析第一个单词（"a"）。

对状态为0的空字符串添加一个"a"字符，下面计算单词"a"的状态：

```
state["a"] = base[state[empty]] + code["a"]
           = base[0] + 1
           = 0 + 1
           = 1
```

（3）分析第二个单词（"ab"）。

将单词"ab"看作给状态为1的单词"a"添加一个单词"b"转化而来，计算单词"ab"的状态如下：

```
state["ab"] = base[state["a"]] + code["b"]
            = base[1] + 2
```

现在的问题是：目前对于状态为1的单词"a"，它的base[1]的值是空的，还没有赋值。如前文所述，base数组里存储的是偏移量，这个值是随意给的。我们现在显式地将base[1]赋值为0。计算state["ab"]值的过程如图4-14所示，具体代码如下：

```
state["ab"] = base[state["a"]] + code["b"]
            = base[1] + 2
            = 0 + 2
            = 2
```

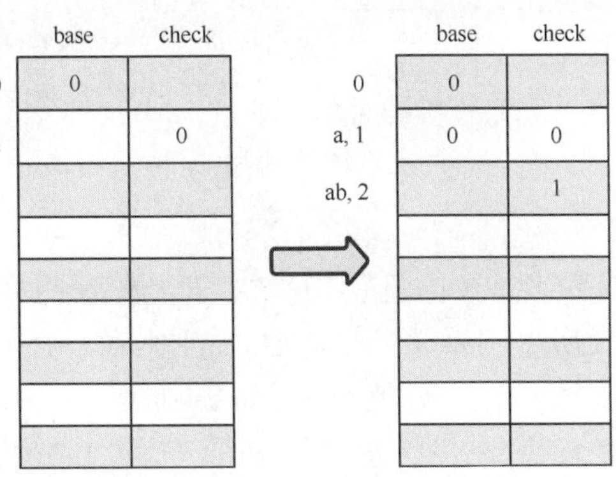

图4-14

（4）分析第三个单词（"bc"）。

第一个字母是"b"，通过简单计算得到其状态state["b"]=base[empty]+code("b")=2)。但是状态2已经被单词"ab"的状态在base[]索引中占用了。

base的值已经不允许修改了。尽管当初也是随意设定的一个初始值，但后续的单词"a"与"ab"的状态都与base[0]的值紧密相关。如果修改base[0]的值，那么前面计算出的单词"a"与"ab"的状态值全部需要重新计算。

这个时候，代价最小的方法是只将单词"ab"的状态值2进行"修正"。那么应该怎么计算呢？

之前单词"ab"的状态是由base[state["a"]] + code("b")计算而来的。我们当时给state["a"]随意设定了一个0值，现在我们重新给一个"随意值"，比如6，这个时候计算state["ab"]值的过程如图4-15所示，具体代码如下：

```
state["ab"] = base[state["a"]] + code["b"]
            = base[1] + 2
            = 6 + 2
            = 8
```

继续添加"bc"，对于状态为2的单词"b"，"随意"给定一个base[2]值（此处设置为1）。计算state["bc"]值的过程如图4-16所示，具体代码如下：

```
state["bc"] = base[state["b"]] + code["c"]
            = base[2] + 3
            = 1 + 3
            = 4
```

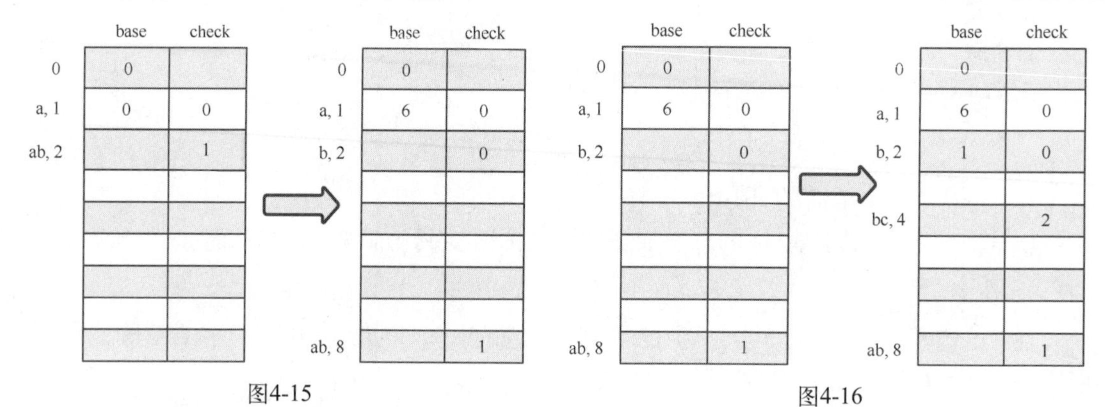

图4-15

图4-16

（5）分析第四个单词（"bcc"）。

将单词"bcc"看作给状态为4的单词"bc"添加一个词"c"转化而来，计算单词"bcc"的状态如下：

```
state["bcc"] = base[state["bc"]] + code["c"]
             = base[4] + 3
```

现在的问题是：目前对于状态为4的单词"bc"，它的base[4]的值是空的，还没有赋值。如前文所述，base数组里存储的是偏移量，这个值是随意给的。我们现在显式地将base[4]赋值为2。计算state["bcc"]值的过程如图4-17所示，具体代码如下：

```
state["bcc"] = base[state["bc"]] + code["c"]
             = base[3] + 3
             = 2 + 3
             = 5
```

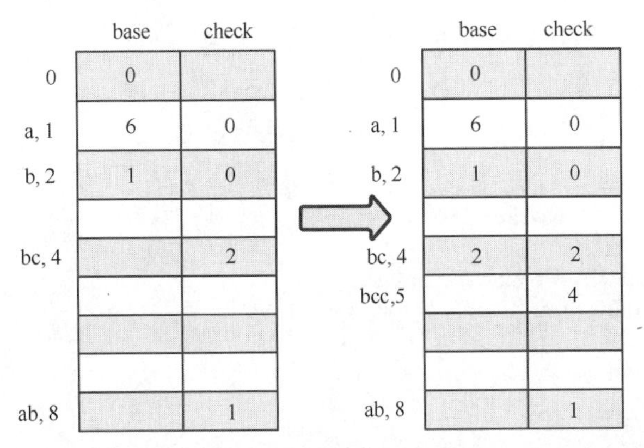

图4-17

综上，base数组的索引就是Trie树某个节点的状态，而check[x]的值是指向Trie树的状态，即check[x]的值指向的是base[]数组的索引。

3. 小结

DAT树的缺点是在构建过程中，每个状态都依赖其他的状态，所以当词典中插入或者删除单词的时候，需要对数组结构进行全局性的调整，灵活性很差。但是当核心的词典是有序并且稳定的时候，即并不会出现添加或者删除单词时，DAT树的效率就能有保证，此缺点就可以忽略。换句话说，DAT树常用于构建稳定的词典。

DAT树对Trie树进行了高效压缩，克服了Trie树占用巨大空间的不足，被广泛应用于不同领域，比如词法分析器、搜索、拼写错误、单词过滤等。

4. 开源代码实现

代码清单4-27　DAT树算法

```
const (
  initSize  int = 64
  rootIndex int = 0
  rootBase  int = 1
  failState int = -1
)

// Ac result shape of AhoCorasick
type Ac struct {
  doubleArrayTrie
  fail   []int
  output []int // maxLength of suffix
}

// doubleArrayTrie the AhoCorasick's base implication
type doubleArrayTrie struct {
```

```
  base  []int
  check []int
}


// buildTrie build trie what we need
func (ac *Ac) buildTrie(keywords [][]rune) {
  darts := &dartsBuild{}
  // the length we know is equal to keywords
  darts.keys = make(dartsKeySlice, len(keywords))

  for k, v := range keywords {
    darts.keys[k] = v
  }
  sort.Sort(darts.keys)

  darts.dat = &doubleArrayTrie{}
  darts.resize(initSize)

  darts.tree = &tree{}
  darts.tree.root = &node{
    depth: 0,
    left:  0,
    right: len(darts.keys),
    base:  rootBase,
    index: rootIndex,
    term:  false,
  }

  queue := []*node{darts.tree.root}

  for len(queue) != 0 {
    node := queue[0]
    queue = queue[1:]

    children := darts.getChildren(node)
    if len(children) != 0 {
      queue = append(queue, children...)
    }
    darts.setBC(node)

    if node.term {
      darts.output[node.index] = len(darts.keys[node.left])
    }

    if node.depth == 0 || node.depth == 1 {
      darts.fail[node.index] = rootIndex
      continue
    }
    pIndex := darts.dat.check[node.index]
    inState := darts.fail[pIndex]
```

```
    set_state:
    outState := darts.dat.getState(inState, node.code)
    if outState == failState {
      inState = darts.fail[inState]
      goto set_state
    }
    if value := darts.output[outState]; value != 0 && value > darts.output[node.index]
 {
      darts.output[node.index] = value
    }
    darts.fail[node.index] = outState
  }
  ac.base = darts.dat.base
  ac.check = darts.dat.check
  ac.fail = darts.fail
  ac.output = darts.output
}


// setBC set base and check
func (darts *dartsBuild) setBC(parent *node) {
  if len(parent.children) == 0 {
    begin := parent.base
    darts.dat.base[parent.index] = -begin
  } else {
    begin := 0
    if parent.depth == 0 {
      begin = parent.base
    } else {
      begin = darts.getBegin(parent)
      parent.base = begin
    }

    if parent.term {
      darts.dat.base[parent.index] = -begin
    } else {
      darts.dat.base[parent.index] = begin
    }
    for _, v := range parent.children {
      pos := begin + int(v.code)
      v.index = pos
      v.base = begin
      if len(darts.dat.base) <= pos {
        darts.resize(pos + initSize)
      }
      darts.dat.base[pos] = begin
      darts.dat.check[pos] = parent.index
    }
  }
}
```

4.5.5　维特比算法

sego中文分词器默认使用维特比算法。维特比算法使用最短路径法的分词，按照拓扑的顺序从最简单的子问题开始求解，然后逐个解决更复杂的聚合问题，直至解决原问题。下面通过一个例子来理解维特比算法。

输入串：研究生命的起源。

```
词典: [研究, 研究生, 生命, 的, 起源]
词频: [10,   33,   34,  66, 12]
权重: [1/10, 1/33, 1/34, 1/66, 1/12]
```

图4-13中，针对中文字符串"研究生命的起源"，根据词典信息构建出一个有向无环图。现在希望求出从第0个节点到第7个节点的最短路径。这是我们求解的目标。

我们引入f(x)，它表示从起点0到节点x的最短路径。

为了求解f(7)，即求解从第0个节点到第7个节点的最短路径，我们要考虑的问题是，哪些点可以抵达节点7，答案是节点5和6。我们需要将所有到达节点7的路径（边）考虑进来，存在如下公式：

```
f(7) = MIN(f(6) + weight(6-7), f(5) + weight(5-7))
```

其中weight(5-7)代表以5为起点、以7为终点的边在图中的权重。

进一步，f(6)、f(5)和f(4)的计算过程如下：

```
f(6) = f(5) + weight(5-6)
f(5) = f(4) + weight(4-5)
f(4) = min(f(2) + weight(2-7), f(3) + weight(3-4))
```

以此类推。这是经典的动态规划的问题。

4.5.6　迪杰斯特拉算法

迪杰斯特拉（Dijkstra）算法和维特比算法类似，都是使用最短路径法进行分词。迪杰斯特拉算法用来求解从单源点到有向图中其余各节点的最短距离，其基本思想是利用递归，求一个节点到源节点的最短距离，可以求其所有前驱节点到源点的最短距离。

维特比算法和迪杰斯特拉算法解决相似的问题，它们看起来特别相似，但还是有本质区别的。

- 维特比算法应用于有向无环图中，而迪杰斯特拉算法同时适用于有向无环和有向有环图。
- 搜索顺序不同：维特比算法按照拓扑顺序从最简单的子问题开始求解，然后逐个解决更复杂的聚合问题，直至解决原问题；迪杰斯特拉算法每步选择最短路径的节点进行扩展。
- 维特比算法的本质是动态规划，而迪杰斯特拉算法是基于贪心思想实现的。

1. 朴素实现

下面展示迪杰斯特拉算法的朴素实现方法。

代码清单4-28　迪杰斯特拉算法求解节点间最短路径

```
public Dijkstra(WeightedGraph G, int s){
```

```
  this.G = G;
  G.validateVertex(s);
  this.s = s;

  dis = new int[G.V()];
  Arrays.fill(dis, Integer.MAX_VALUE);
  dis[s] = 0;

  visited = new boolean[G.V()];
  while(true){
    int cur = -1, curdis = Integer.MAX_VALUE;
    for(int v = 0; v < G.V(); v ++)
      if(!visited[v] && dis[v] < curdis){
        curdis = dis[v];
        cur = v;
      }

    if(cur == -1) break;
    visited[cur] = true;
    for(int w: G.adj(cur))
      if(!visited[w]){
        if(dis[cur]
            + G.getWeight(cur, w) < dis[w])
          dis[w] = dis[cur] + G.getWeight(cur, w);
      }
  }
}
```

简单讨论下代码清单4-28的时间复杂度。因为最外层循环while(true)每次循环都确定了起点到某一个节点的最短路径，而整个图中共有V个节点，所以最外层while(true)最多执行V次。

进入 while(true)循环内部后，有如下两个for循环。

- for(int v = 0; v < G.V(); v ++)循环，它最多执行V次。
- for(int w: G.adj(cur))循环，用来寻找当前cur节点所有相邻的边。这个循环的执行次数肯定不会超过V次。

那么，整体执行的时间复杂度是$O(V \times V)$。

2．优先队列实现

在朴素的迪杰斯特拉算法实现中，性能的瓶颈是for(int v = 0; v < G.V(); v ++)循环。

代码清单4-29　迪杰斯特拉朴素实现的算法片段

```
//最外层循环
while(true){
  int cur = -1, curdis = Integer.MAX_VALUE;
  //第一层循环
  for(int v = 0; v < G.V(); v ++)
    if(!visited[v] && dis[v] < curdis){
      curdis = dis[v];
      cur = v;
    }
```

```
  //第二层循环
  for(int w: G.adj(cur))
    if(!visited[w]){
      if(dis[cur]
         + G.getWeight(cur, w) < dis[w])
        dis[w] = dis[cur] + G.getWeight(cur, w);
    }
}
```

如果去除这个for(int v = 0; v < G.V(); v ++)循环，那么整个循环由两部分组成：while(true)外层循环和for(int w: G.adj(cur))内层循环。它的本质就是遍历了一次图中所有的节点和所有的边。while(true)用来循环V个节点，而for(int w: G.adj(cur))用来对图中每个节点遍历相邻的边。因此，此时的时间复杂度不再是$O(V \times V)$，而变成了$O(V+E)$，大幅降低了代码的时间复杂度。

继续分析有性能瓶颈的代码 for(int v = 0; v < G.V(); v ++)，它究竟完成了什么功能？又应该怎样进行优化？它的逻辑是找到当前未访问的dis值最小的节点，本质是找一个最小值。我们是否可以求助某些数据结构，快速得到这个"最小值"呢？答案是可以使用优先队列来获得最小值。

代码清单4-30 使用优先队列以减少第一层循环的时间开销

```
public class Dijkstra {
  private WeightedGraph G;
  private int s;
  private int[] dis;
  private boolean[] visited;

  private class Node implements Comparable<Node>{

    public int v, dis;

    public Node(int v, int dis){
      this.v = v;
      this.dis = dis;
    }

    @Override
    public int compareTo(Node another){
      return dis - another.dis;
    }
  }

  public Dijkstra(WeightedGraph G, int s){

    this.G = G;

    G.validateVertex(s);
    this.s = s;

    dis = new int[G.V()];
    Arrays.fill(dis, Integer.MAX_VALUE);
    dis[s] = 0;
```

```
    visited = new boolean[G.V()];
    PriorityQueue<Node> pq = new PriorityQueue<Node>();
    pq.add(new Node(s, 0));
    while(!pq.isEmpty()){

      int cur = pq.remove().v;

      if(visited[cur]) continue;

      visited[cur] = true;
      for(int w: G.adj(cur))
        if(!visited[w]){
          if(dis[cur] + G.getWeight(cur, w) < dis[w]){
            dis[w] = dis[cur] + G.getWeight(cur, w);
            pq.add(new Node(w, dis[w]));
          }
        }
    }
  }
}
```

4.6 小结

本章主要分析Lucene分析器的实现与应用。

首先介绍了一些基本概念，最常见的有Field、Token和Term，并对比了自底向上的语法分析程序的生成器和自顶向下的语法分析程序的生成器。

接着重点介绍了Lucene查询解析器使用JavaCC工具生成解析器生成器的流程。Lucene查询解析器使用QueryParser.jj定义查询语法将输入字符串解析为查询对象。

然后讲解了分析器的组成部分，即分词器和过滤器。Lucene在创建索引时和检索索引时需要使用分析器，前者通过分析器内部的分词器将输入的字符串解析成标记序列并写入倒排索引；后者对输入的查询字符串进行分词以供检索使用。

最后介绍了一个基于词频的最短路径算法设计与实现。

第 5 章

Lucene搜索与排名

5.1 背景

布尔检索和查询是现代搜索引擎的重要基石。检索系统由下面几个部分组成。

- 首先，文本处理模块负责对用户查询字符串进行预处理，比如中文分词、小写过滤、停用词过滤。
- 其次，查询处理模块经过查询解析器进行解析，生成查询的内部表达式，即布尔逻辑表达式。
- 再次，搜索模块从倒排索引中查询候选文档集。
- 最后，排序模块对候选文档集与查询单词计算相关度。

在布尔模型中，文档表示为若干关键词的集合，查询表示为若干关键词通过AND、OR、NOT运算符连接的布尔组合。相关度计算是指根据文档与查询词之间的匹配程度来评估二者之间的相关性。布尔检索模型是描述查询、文档和它们之间匹配关系的数学模型。

考虑一个简单的布尔连接查询条件："leon" AND "andy"。

首先，在分词词典中，寻找"leon"这个词对应的倒排列表。假定如下：

```
leon-posting -> [1, 2, 4, 11, 31, 174]
```

其次，在分词词典中，寻找"andy"这个词对应的倒排列表。假定如下：

```
andy-posting => [2, 31, 101]
```

将两个倒排列表求交集，结果如下：

```
intersection => [2, 31]
```

对两个倒排列表集合取交集的高效算法是合并算法。维护两个倒排列表的指针，并同时遍历两个倒排列表。对于每个步骤，比较两个指针指向的docID，如果它们相同，将这个docID放入结果列表中，并将两个指针同时向前移一个位置；否则向前移动较小的docID的指针。

布尔查询可以处理更加复杂的查询，比如：

```
(a OR b) AND NOT c
(a AND b) AND c
```

Lucene查询器模块与评分体系密切相关，背后隐藏了很多复杂的细节。如果用户需要对搜索结果自定义一套评分机制，有必要深入理解搜索和标准评分机制。

回顾"+(foo bar) +(baz boo)"字符串转换成Lucene布尔查询（BooleanQuery）逻辑表达式的流

程，如图5-1所示。

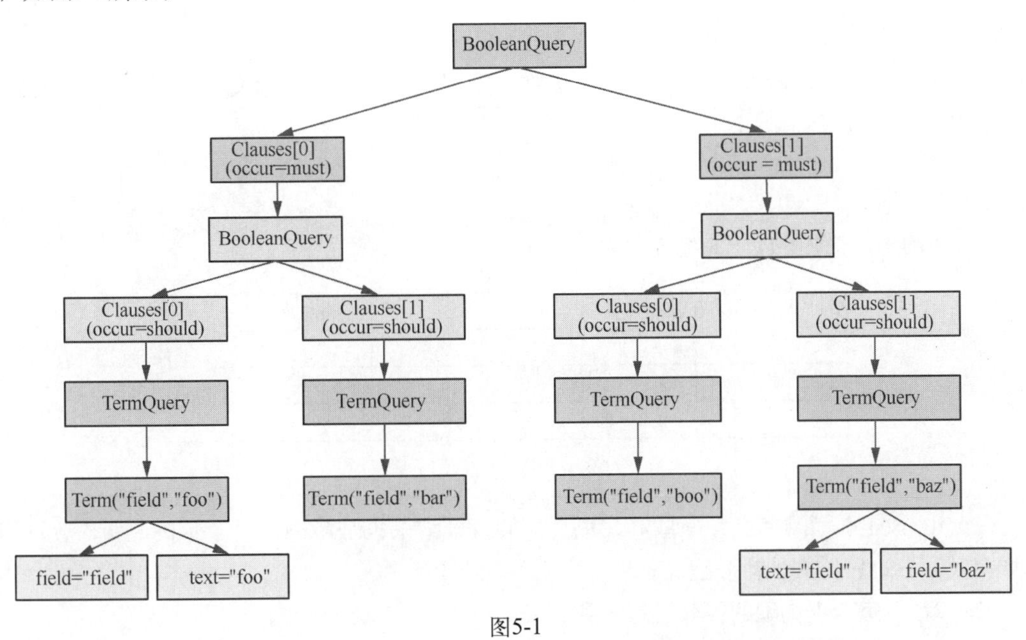

图5-1

在本章中，我们将讨论搜索与排名功能如何满足用户丰富的检索需求。本章主要由以下几个方面的内容组成：搜索结果排名、过滤器、全文搜索、短语搜索和模糊搜索。

5.2 搜索结果排名

5.2.1 TF-IDF模型

假如你希望使用少量的关键字对文档进行总结，一种常用技巧是选择最常用的词，即词频高的分词。但是在现实生活中，出现次数最多的词往往是一些无意义的词，比如“是”“这”“那”。这类词称为停用词，它们对搜索结果毫无帮助，必须通过分词器提前过滤掉。

TF-IDF模型是一种常用的文本特征模型，它用来衡量一个分词对于一个文档集合的重要程度。词频（Term Frequency，TF）表示一个分词在文档中出现的次数。另外，还需要想办法来衡量一个分词的独特程度，即采用逆向文档频率（Inverse Document Frequency，IDF），它表示包含某个分词的文档数量的倒数。IDF能够弱化常见分词对于文档的重要性，同时强调罕见分词对于文档的重要性。TF-IDF模型将TF和IDF相结合，即计算一个分词的词频（TF）与逆向文档频率（IDF）的乘积，其值越高，说明这个分词与这些文档的关联度越高。

TF-IDF算法帮助我们计算每个分词在索引文档中的得分，得分越高表明它越重要，在索引文档中越有代表性，该分词就越可视为索引文档的关键词，在搜索引擎中可以使用它对结果进行排名或者向用户推荐类似的内容。

1. 打分举例

Case1：词频越高得分越高。

使用StandardAnalyzer对文档进行分词处理。假设索引中有如下3个文档，搜索"dog"，那么哪一个文档会被优先返回给用户？

```
doc 1: "dog"
doc 2: "dog dog"
doc 3: "dog dog dog"
```

图5-2中展示了使用TF-IDF模型的打分结果。

docID	文档内容	打分结果
doc 1	dog	0.167
doc 2	dog dog	0.183
doc 3	dog dog dog	0.189

图5-2

doc3中分词"dog"的出现频率最高，该文档的打分结果也是最高。这个示例说明，分词出现的频率越高，对应的文档得分越高。

Case2：对每个查询项的得分进行求和。

假设索引中有如下两个文档，搜索"dog dog cat"，哪一个文档会被优先返回给用户？

```
doc 1: "cat"
doc 2: "dog"
```

图5-3中展示了使用TF-IDF模型的打分结果。

docID	文档内容	打分结果
doc 1	cat	0.6
doc 2	dog	1.3

图5-3

为什么doc2的得分是doc1的两倍多？因为"dog dog cat"中有两个"dog"项，查询得分是将每个查询项的得分进行求和。使用标准分词器并不能去除重复的查询项。查询中每个"dog"项都匹配文档doc2，并对总得分的贡献大约为0.6，求和总计约为1.3。

Case3：越罕见的分词得分越高。

假设索引中有如下七个文档，搜索"dog dog cat"，哪一个文档会被优先返回给用户？

```
doc 1: "dog"
doc 2: "dog"
doc 3: "dog"
doc 4: "dog"
doc 5: "dog"
doc 6: "dog"
doc 7: "cat"
```

图5-4中展示了使用TF-IDF模型的打分结果。

docID	文档内容	打分结果
doc 1	dog	0.4
doc 2	dog	0.4
doc 3	dog	0.4
doc 4	dog	0.4
doc 5	dog	0.4
doc 6	dog	0.4
doc 7	cat	1.5

图5-4

这里先了解一个概念——文档频率，它是指某分词倒排索引中包含的文档数量。相应地，IDF的公式定义如下：

```
idf(t) = 1 +log(文档总数/(包含t的文档数+1))
```

IDF表达了这样一个事实：某个分词索引中包含的文档数量越少，即文档频率越低，这个分词越重要。

上面例子中，分词"cat"在整个索引中是比较罕见的，它的文档频率很低，这也恰恰帮助"cat"分词在文档中获得更高的得分。

Case4：越短的文档得分越高。

假设索引中有如下两个文档，搜索"dog"，哪一个文档会被优先返回给用户？

```
doc 1: "dog cat zebra"
doc 2: "dog cat
```

图5-5中展示了使用TF-IDF模型的打分结果：

docID	文档内容	打分结果
doc 1	dog cat zebra	0.16
doc 2	dog cat	0.19

图5-5

2. TF-IDF理论模型

Lucene在进行关键词查询的时候，默认使用TF-IDF模型来计算关键词与文档的相关性。可以将TF-IDF看成一个排名函数，它告诉我们如何对返回的文档集进行排序。根据排名函数返回的得分，得分越高的文档在返回给用户的结果列表中的位置越靠前。

（1）计算TF

通常来说，一个分词出现的次数越多，代表它越重要。于是，Lucene使用TF进行统计。它的定义如下：

```
TF = 某个分词在文章中出现的次数
```

考虑到文档大小不一致，为了方便在不同文档中进行比较，对“词频”进行标准化：

```
TF = 某个分词在文章中出现的次数 / 文章总词数
```

（2）计算IDF

在现实生活中，出现次数最多的词是一些无意义的词，比如“是”“这”“那”。这类词称为停用词，表示对搜索结果毫无帮助，必须通过分词器提前过滤掉。于是，Lucene在词频的基础上，为每个词分配一个重要性因子，即IDF，它类似一个词出现的概率。它的定义如下：

```
IDF = lg(文档总数/(包含该词的文档数 + 1) )
```

（3）计算TF-IDF

一个分词的相关性计算公式如下：

```
TF-IDF = TF × IDF
```

TF-IDF模型包含如下两个简单事实。

- 一个分词的TF值越大，即某个分词在一个文档中出现次数越多，这个分词与文档越相关。
- 一个分词的IDF值越大，即某个分词索引中包含的文档数量越少，这个分词越重要。

考虑一个包含100个单词的文档，其中"Leon"分词出现了10次。这个时候TF = 10 / 100 = 0.1。同时假设索引中有1000万份文档数量，其中有1000份文档中出现了"Leon"这个分词，此时IDF计算为 IDF = lg(10000000 / 1000+1) ≈ 4。因此，TD-IDF计算为 TF × IDF = 0.1 × 4 = 0.4。

TF-IDF优点是容易计算，基于上面的举例，你可以非常快速地计算两个相似性文档的关联度；其缺点是不能捕捉分词在文档中的位置，无法捕获语义，比如“武松打虎”和“虎打武松”，这两个文档对TF-IDF模型来说是没有区别的。

3．TF-IDF模型的实现

为了提高可编程性，Lucene基于TF-IDF的规则做了一些扩充，加入了一些编程接口，但核心公式还是TF × IDF。

Lucene搜索过程有典型的3个阶段：Query、Weight和Scorer。首先JavaCC负责基于用户的布尔查询生成Boolean Query表达式，进而生成Query树，接下来生成Weight树，最后创建Scorer树。当我们谈到Weight时，第一时间就应该考虑IDF。Lucene的评分计算方式如下：

```
score(q, d) = queryNorm(q) * coord(q,d) *∑( tf(t in d) * idf(t)² * t.getBoost() * norm(t,d) )
```

- tf(t in d)：文档中所有经过分词器解析出的分词的词频。
- idf：逆向文档频率。
- t.getBoost()和norm(t,d)：可编程接口。Lucene中可以在3个不同层次配置调整权重，分别是Field、Document、Query。
- queryNorm(q)：它是一个标准化因子，用于使查询之间的得分具备可比性。这个因素并不会影响文档排名，只是尝试让不同查询的得分具备可比性。
- coord(q,d)：评分因子。一个文档中包含的查询项越多，说明该文档的匹配度越高，比如，查询"leon andy"，那么同时包含"leon"和"andy"两个分词的文档比只包含"leon"的文档得分更高。

代码清单5-1　计算查询权重

```
public TermWeight(Searcher searcher)
  throws IOException {
  this.similarity = getSimilarity(searcher);
  idf = similarity.idf(term, searcher); // compute idf
}

public Weight weight(Searcher searcher)
  throws IOException {
  Query query = searcher.rewrite(this);
  Weight weight = query.createWeight(searcher);
  float sum = weight.sumOfSquaredWeights();
  float norm = getSimilarity(searcher).queryNorm(sum);
  weight.normalize(norm);
  return weight;
}
```

5.2.2　余弦相似性

什么是相似性？我们考虑如下文档。

- *老师在一个空会议室做报告。*
- *教授讲话的时候几乎没有人。*

尽管它们表达的意思非常相似，但两个文档的文字完全不同。

计算文档相似性的传统方法是将文档转换为向量，然后根据线性代数来计算。将文档看成一系列分词，每一个分词都有一个权重，不同的分词根据自己在文档中的权重来影响文档相关性的计算。我们将文档中所有分词的权重看作一个向量，如下所示：

```
doc1 => {term1, term2, ... , term_N}
doc1_vector => {weight1, weight2, ..., weight_N}
```

同样，将查询语句看作一个文档，也使用向量来表示：

```
query => {term1, term2, ... , term_N}
query_vector => {weight1, weight2, ..., weight_N}
```

我们将搜索出的所有文档向量与查询向量放在一个N维空间中，每个分词代表一个维度，如图5-6所示。两个向量之间夹角越小，相关性就越强。将夹角的余弦值作为相关性的打分依据，夹角越小，余弦值越大，分数越高，相关性越强，如图5-7所示。

假如，Lucene索引中所有文档只包含10个分词，换句话说，整个分词的集合中只有10个元素。该Lucene索引中有两个文档定义如下：

```
doc1 => term1 term2 term3 term1 term2 term1
doc2 => term1 term5 term2 term3 term5 term1
```

向量空间模型中，每个词看作一个维度。将上面两个文档表示成向量，维度为10，如下所示：

```
doc1_vector => (2,2,1,0,0,0,0,0,0,0)
doc2_vector => (2,1,1,0,2,0,0,0,0,0)
```

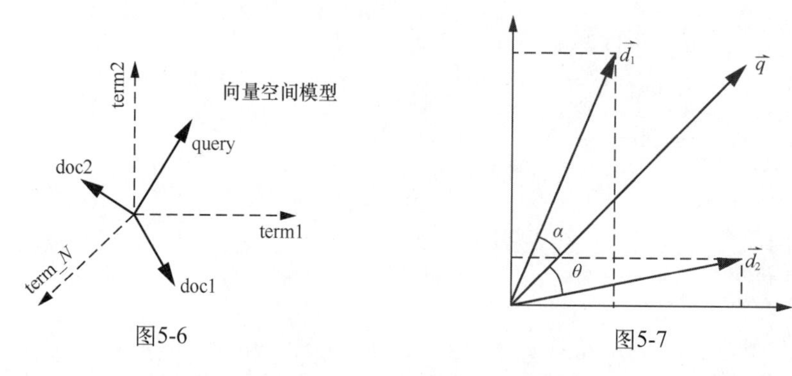

图5-6 图5-7

计算两个文档的相似性就是计算两个文档向量***A***和***B***的点积，计算公式如下。

$$相似性=\cos(\theta)=\frac{\boldsymbol{A}\cdot\boldsymbol{B}}{\|\boldsymbol{A}\|\|\boldsymbol{B}\|}=\frac{\sum_{i=1}^{n}A_iB_i}{\sqrt{\sum_{i=1}^{n}A_i^2}\sqrt{\sum_{i=1}^{n}B_i^2}}$$

根据上方公式，计算doc1_vector与doc2_vector两个向量的点积的过程如下：

```
(2*2+2*1+1*1) / ((2^2+2^2+1^2)^0.5 * (2^2+1^2+1^2+2^2)^0.5)
```

5.3 过滤器

5.3.1 概述

Lucene过滤器是一种缩小搜索空间的机制，它将可能的搜索匹配结果限制在所有文档的一个子集中。Lucene查询器本身支持丰富和强大的查询解析器，查询语句"(Leon AND Andy) OR Shawn"会被解析成Term和运算符。其中Term可以是一个单词，也可以是一个由双引号标识的短语，并且将多个Term和布尔逻辑运算符（AND、OR、NOT）组合在一起会形成一个更加复杂的组合查询。对于Lucene查询器来说，原子查询节点是TermQuery，而BooleanQuery属于非原子查询节点。

事实上，过滤器与查询器可以一起工作，来优化搜索结果。比如，CachingWrapperFilter可以缓存结果，而查询器的搜索是实时的。当你的应用场景需要重复搜索时，建议使用过滤器，但前提是确保有足够的内存可供分配。缓存的过滤器会为搜索体验带来积极的影响。

5.3.2 过滤

如图5-8所示，过滤器是一种缩小搜索空间的机制，只允许将文档集的一个子集作为命中结果返回。有PrefixFilter和QueryFilter两类过滤器可以实现在搜索空间内进一步搜索的功能，以便在先前的一组文档结果集中进行连续搜索，或者出于安全原因来限制文档搜索的空间。

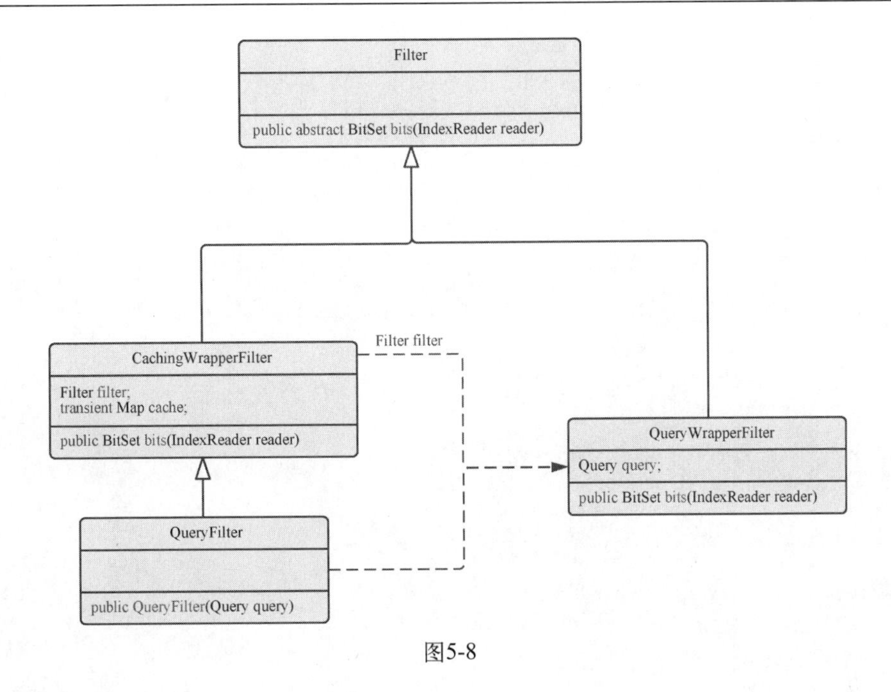

图5-8

1. Filter抽象类

Lucene中提供了过滤器的功能。自定义的过滤器通过继承Filter来实现特定的过滤功能。所有Filter子类只需要重写BitSet bits(IndexReader reader)方法，初始化bitset位集合。

简单来说，BitSet类管理<docID, Boolean>键值对映射，其中键是docID，而值是布尔值。Lucene以Boolean取值来决定文档是否被过滤。换句话说，Lucene使用search#scorer对象从倒排列表返回文档结果集时，会访问filter#bitset位集合，只允许那些BitSet[docID]值为True的文档被返回。

代码清单5-2 Filter类定义

```
public abstract class Filter implements java.io.Serializable {
  public abstract BitSet bits(IndexReader reader);
}
```

2. PrefixFilter类

PrefixFilter前缀过滤器继承自抽象基类Filter，实现在索引读取过程中对指定前缀进行过滤。对于一个给定前缀，PrefixFilter类通过重写bits和generate方法来生成一个BitSet位集合，该位集合中的索引对应于满足前缀匹配条件的文档集。PrefixFilter有很多应用场景，比如搜索引擎中的前缀搜索和数据筛选，它能提高检索和过滤的效率和准确性。

代码清单5-3 PrefixFilter类定义

```
public class PrefixFilter extends Filter {
```

```
  public BitSet bits(IndexReader reader){
    final BitSet bitset = new BitSet(reader.maxDoc());
    new PrefixGenerator(prefix) {
      public void handleDoc(int doc) {
        bitset.set(doc);
      }
    }.generate(reader);
    return bitset;
  }
}

abstract class PrefixGenerator implements IdGenerator {
  protected final Term prefix;

  public void generate(IndexReader reader) {
    TermEnum enumerator = reader.terms(prefix);
    TermDocs termDocs = reader.termDocs();

    try {
      String prefixText = prefix.text();
      String prefixField = prefix.field();
      do {
        Term term = enumerator.term();
        if (term != null &&
            term.text().startsWith(prefixText) &&
            term.field() == prefixField)
        {
          termDocs.seek(term);
          while (termDocs.next()) {
            handleDoc(termDocs.doc());
          }
        }
      } while (enumerator.next());
    } finally {
      termDocs.close();
      enumerator.close();
    }
  }
}
```

3. QueryFilter和QueryWrapperFilter

QueryFilter类继承自CachingWrapperFilter，并且聚合了QueryWrapperFilter，如图5-8所示。

CachingWrapperFilter是其他过滤器的装饰器，它将其他过滤器的结果缓存起来以便后续使用，从而提高性能。它的filter字段初始化为QueryWrapperFilter对象，map字段代表本地cache缓存，存储的内容是<indexReader, bitset>键值对映射。

QueryFilter是一个装饰器对象，它通过将查询封装成QueryWrapperFilter过滤器对象，实现在搜索过程中对文档进行过滤操作。它可以提高搜索的性能，避免对所有文档进行完整的评分和排序，而只需要关注满足查询条件的文档候选集。通过使用位集合，可以快速有效地记录和存储满足查询条件的文档集。

QueryWrapperFilter是一个查询过滤器，它接收一个查询作为参数，并将此查询用于索引文档集中。在bits方法逻辑中，它首先创建一个BitSet位集合，然后通过创建一个新的IndexSearcher对象来进行指定查询的搜索操作。对于每次搜索返回的匹配文档，HitCollector对象会将对应的匹配文档设置为true，即将位集合中匹配文档的对应位标记为命中，最后返回生成的位集合。

代码清单5-4　QueryFilter类定义

```
public class QueryFilter extends CachingWrapperFilter {
  public QueryFilter(Query query) {
    super(new QueryWrapperFilter(query));
  }
}

public class QueryWrapperFilter extends Filter {
  private Query query;
  public BitSet bits(IndexReader reader) {
    final BitSet bits = new BitSet(reader.maxDoc());

    new IndexSearcher(reader).search(query, new HitCollector() {
      public final void collect(int doc, float score) {
        bits.set(doc);  // set bit for hit
      }
    });
    return bits;
  }
}
```

Lucene工作流中使用过滤器与查询器一起工作来实现高效搜索。IndexSearcher#search通过调用bits = filter.bits(reader)方法创建一个BitSet对象，其中filter是QueryWrapperFilter对象。紧接着使用collector = new HitCollector()创建一个自定义的文档收集器，通过重写collect方法来实现查询器与过滤器的组合使用。

代码清单5-5　IndexSearcher类定义

```
public class IndexSearcher extends Searcher {
  public void search(Weight weight, Filter filter,
                     final HitCollector results) {
    HitCollector collector = results;
    if (filter != null) {
      final BitSet bits = filter.bits(reader);
      collector = new HitCollector() {
        public final void collect(int doc, float score) {
          if (bits.get(doc)) {
            results.collect(doc, score);
          }
        }
      };
    }
    Scorer scorer = weight.scorer(reader);
```

```
    scorer.score(collector);
  }
}
```

collector#collect方法如何将过滤器与查询器进行结合？

我们知道collector对象将作为参数传递给scorer.score(collector)方法。评分器会从倒排列表中取出文档，在决定返回此文档前，通过调用collector#collect方法来判断此文档是否出现在过滤器中（对应bits.get(doc)的逻辑）。

可以看到，collector#collect方法会根据评分器返回文档来判断过滤器位集合filter.bitset中是否有对应的键。如果返回True，则表示允许将此文档返回给文件收集器HitCollector。

代码清单5-6　对返回文档应用过滤器

```
collector = new HitCollector() {
  public final void collect(int doc, float score) {
    if (bits.get(doc)) {
      // skip docs not in bits
      results.collect(doc, score);
    }
  }
}
```

以ConjunctionScorer为例子，它用来解析"Leon AND Andy AND Shawn"这个查询语句，那么ConjunctionScorer.scorers[]数组有3个元素。每个元素是一个termScorer对象，分别代表分词Term("Leon")、Term("Andy")和Term("Shawn")的Scorer对象，即多个倒排列表取交集。

合并倒排列表也是按照树的结构来进行递归操作的：首先合并叶子节点，然后是子树与子树的合并，最后合并根节点。ConjunctionScorer树的叶子节点是TermScorer类型的，调用TermScorer#score方法遍历该Term的倒排列表，取出docID后，调用collector.collect(doc, score)方法进行文档收集。这部分代表可参考TermScorer#score代码。

代码清单5-7　TermScorer类定义

```
final class TermScorer extends Scorer {
  protected boolean score(HitCollector c, int end) {
    while (doc < end) {
      int f = freqs[pointer];
      float score = similarity.tf(f)*weightValue;
      c.collect(doc, score);
      // collect score

      pointerMax = termDocs.read(docs, freqs);
      doc = docs[pointer];
    }
    return true;
  }
}
```

5.3.3 CachingWrapperFilter

CachingWrapperFilter是一个装饰器模型，装饰器允许向一个现有的对象添加新的功能，同时又不改变其结构。CachingWrapperFilter封装了另一个过滤器并缓存它的过滤结果，目的是允许过滤器进行自定义规则的过滤，然后进行缓存以提升性能。从设计模式角度来看，CachingWrapperFilter对过滤器和缓存有依赖。它的设计体现出对两个关注点的解耦与组合。

CachingWrapperFilter类有两个主要的成员变量：filter和cache。其中filter引用QueryWrapperFilter原始过滤器，而cache是一个Map对象，用来缓存已计算出的过滤结果。在bits方法中，首先检查缓存是否为空，如果为空，则创建一个新缓存，然后通过synchronized关键字对缓存进行同步操作，在缓存中查找是否已经存在当前IndexReader对象的缓存结果，如果存在就直接返回缓存的位集合，否则使用QueryWrapperFilter原始过滤器对象计算过滤结果，并将结果写入缓存中，最后返回计算出的位集合。

CachingWrapperFilter的设计目的是提高过滤操作的性能，通过使用缓存来避免重复计算相同的过滤结果，节省计算资源。在多次查询中，如果使用相同的IndexReader对象进行过滤操作，那么就可以直接从缓存中获取过滤结果，避免重复执行耗时的过滤计算。

代码清单5-8 CachingWrapperFilter类定义

```
public class CachingWrapperFilter extends Filter {
  protected Filter filter;
  protected transient Map cache;

  public BitSet bits(IndexReader reader) {
    if (cache == null) {
      cache = new WeakHashMap();
    }

    synchronized (cache) {  // check cache
      BitSet cached = (BitSet) cache.get(reader);
      if (cached != null) {
        return cached;
      }
    }

    final BitSet bits = filter.bits(reader);
    synchronized (cache) {  // update cache
      cache.put(reader, bits);
    }
    return bits;
  }
}
```

Lucene中每个查询都由CachingWrapperFilter进行缓存，这样做带来的问题是消耗的内存会越来越多。CachingWrapperFilter中引入了WeakHashMap来缓解这个问题，如下所示：

```
cache = new WeakHashMap();
```

在计算机程序中，程序在执行过程中使用两种内存结构：栈与堆。前者保存正在运行函数的局部变量，后者保存进程范围的长期信息。在Java面向对象语言中，堆中数据的释放会经历一个垃圾回收（Garbage Collection，GC）过程。系统在这个过程中检查堆中是否有不再使用的对象，如果有则删除它们以防止内存泄漏。当程序包含对堆上某个对象的地址的引用时，该对象具有强引用，垃圾回收器不会删除这个对象。相反，被弱引用关联的对象只能生存到下一次垃圾回收器回收之前。在垃圾回收器工作时，无论当前内存是否足够，被弱引用的对象都会被回收并释放。

回到CachingWrapperFilter中的Cache键值对内容，它的键值对存放入WeakHashMap后，键（IndexReader）会被弱引用封装起来存储。如果这个键（IndexReader）在WeakHashMap外部没有对IndexReader强引用的话，垃圾回收时就能回收IndexReader关联的bitset位集合。CachingWrapperFilter中的Cache使用WeakHashMap管理键值对，这意味着一旦内存压力增加，Cache中的键值对会被自动清除。

实现缓存时通常会用到WeakHashMap，从而避免内存的泄漏。但是使用WeakHashMap作缓存时需要注意，如果它的键只有WeakHashMap自身在使用，在WeakHashMap之外没有对此键的强引用，那么下一次垃圾回收就会回收键对应的Entry。因此，WeakHashMap不建议用作主缓存，最佳实践是用WeakHashMap作二级内存缓存。

5.3.4 创建自定义过滤器

Lucene提供了相当多的内置过滤器，这些过滤器被设计用来适应大多数现实世界的应用程序。如果开发中确实发现没有一个恰当的内置过滤器能够满足你的需求，Lucene的可扩展性允许开发者构建自定义的过滤器。

根据上面的分析，一个自定义的过滤器通过内聚bitset位集合来管理<docID, boolean>键值对映射。我们只需要将希望保留下来的docID列表保存在filter.bitset位集合中，那么自定义的过滤器与查询器结合才能返回定制的文档集。

测试代码的逻辑如下。

- docs1 = searcher.search(queryE)从索引中返回文档集。此次查询关闭filter选项。
- 自定义一个filter，并且将docs1文档集的第一个文档写入filter.bitset位集合。
- docs2 = searcher.search(queryE, filt)，它的查询语句queryE与第一次调用完全一致，区别在于这次传入了上一步自定义的过滤器。docs2从索引中取出文档集经过自定义过滤器后只会保留第一个文档。

代码清单5-9 自定义过滤器测试

```
public void testTopDocsScores() throws Exception {
  Sort sort = new Sort();
  int nDocs=10;
```

```
  Query queryE = new TermQuery (new Term ("contents", "e"));
  final TopDocs docs1
    = searcher.search(queryE,null,nDocs,sort);

  Filter filt = new Filter() {
    public BitSet bits(IndexReader reader) {
      BitSet bs = new BitSet(reader.maxDoc());
      bs.set(docs1.scoreDocs[0].doc);
      return bs;
    }
  };

  TopDocs docs2
    = searcher.search(queryE, filt, nDocs, sort);
}
```

自定义过滤器有一些典型的应用场景，比如，查询过程中希望对用户隐藏某些索引，可以将相关索引删除，但相关索引一旦删除就无法恢复，因此最佳实践是自定义过滤器。此外，自定义过滤器内可以对查询语句添加权限控制逻辑。

5.3.5 过滤与查询的区别

事实上，过滤器与查询器结合起来可以优化搜索结果。通常将查询限制在部分索引记录中，这时候使用一个经过缓存的CachingWrapperFilter对数据进行预加载。比如：

```
main query      =>  <product_name,BMW>
filter query    =>  <region,China>
```

首先使用"region"作为过滤条件，预加载索引中的部分记录并缓存到内存中，然后使用"product_name"查询条件来提升查询效率。

5.4 全文搜索

5.4.1 概述

一般来说，通过文档可以检索它包含的单词，这是正排索引；反之，通过一个单词可以找到包含它的文档，这是倒排索引。倒排索引项中有docID、单词在这个文档中出现的次数（词频），以及单词在文档中出现的位置（位移）。当你给出一个查询单词时，它对倒排索引的搜索是线性时间复杂度；当你给出多个查询单词时，只需要取出各自单词对应的倒排列表并对它们取交集即可。Lucene中使用倒排索引支持高效搜索。

搜索流程中，首先会通过查询对象（如BooleanQuery）来创建对应的weight对象，表示查询的权重，然后通过weight.score方法获得评分器scorer对象，用于计算查询的得分。接下来继续调用scorer.score方法遍历索引中的文档集，对每个匹配的文档计算得分，最终将匹配的文档结果存储在HitCollector类中。这个过程中将使用大量的类相互协作来实现搜索功能。

5.4.2　Query、Weight和Scorer对象树

Lucene中引入Query、Weight和Scorer对象树来提供强大的查询能力、灵活性和可定制性。Query对象提供了通用的抽象查询表示层，用户可以使用统一的查询接口。Weight对象用于计算查询的权重，权重的计算规则可以根据不同的查询类型进行个性化定制。Scorer对象用于在倒排索引中执行评分操作，计算文档与查询的匹配程度，并将结果返回给用户。基于Query、Weight和Scorer对象树的组合与嵌套，Lucene可以方便地执行并优化查询操作，比如对查询进行重写，从而改善查询的性能与准确性。

首先，JavaCC根据定义的规则生成词法分析器和语法分析程序的生成器。通过语法分析程序的生成器将用户的布尔查询表达式" ((a OR b) AND NOT c)"转换成一个查询树（Query Tree）。查询树的主要职责是创建一个权重树（Weight Tree）。当谈到Weight实例对象时，第一时间应该想到IDF权重因子。

代码清单5-10　构建权重树

```
protected Weight createWeight(Query query) {
  return query.weight(this);
}

public Weight weight(Searcher searcher)
{
  Query query = searcher.rewrite(this);
  Weight weight = query.createWeight(searcher);
  float sum = weight.sumOfSquaredWeights();
  float norm = getSimilarity(searcher).queryNorm(sum);
  weight.normalize(norm);
  return weight;
}
```

其次，Weight对象树的主要职责有两部分：计算查询的权重和建立查询对应的评分器树（Scorer Tree）。设计Weight对象树是为了确保搜索不会修改查询树。IndexSearcher相关的查询状态全部驻留在Weight对象树中，以便于重用查询对象实例。

代码清单5-11　构建布尔查询（BooleanQuery）对象

```
BooleanQuery bq = new BooleanQuery();
bq.add(query, BooleanClause.Occur.MUST);
bq.add(new TermQuery(
  new Term("mandant",
          Integer.toString(switcher))),
      BooleanClause.Occur.MUST);

//query1
IndexSearcher searcher1 = new IndexSearcher(directory1);
Hits hits = searcher1.search(bq);

//query2
```

```
IndexSearcher searcher2 = new IndexSearcher(directory2);
Hits hits = searcher2.search(bq, filter);
```

最后，Weight对象树会创建对应的Scorer对象树，查询器会创建HitCollector子类并传入Scorer对象树。IndexSearcher相关的查询状态全部驻留在Weight对象树中；而IndexReader的依赖状态全部驻留在Scorer对象树中。

比如，TermScorer对应布尔查询"Leon AND Andy"，Lucene分别从索引中取出分词项"Leon"和"Andy"的倒排索引列表，然后对这两个分词项的倒排列表求交集，最终可以获得查询返回的文档集。IndexReader依赖的最终状态是通过诸如TermScorer管理倒排列表的状态。TermScorer对象中分别定义的docs[]与freqs[]数组，用来存储某个分词对应的<docID,docFreq>倒排索引信息。

代码清单5-12　TermScorer类定义

```
final class TermScorer extends Scorer {
  private Weight weight;
  private TermDocs termDocs;

  private final int[] docs = new int[32];
  // buffered doc numbers
  private final int[] freqs = new int[32];
  // buffered term freqs

  private int pointer;
  private int pointerMax;
}
```

下面介绍3棵对象树的转换。

如果用户需要对搜索结果自定义一套评分机制，并且获得更强的控制力，可以自定义一套Query、Weight和Scorer对象树。如图5-9所示。

- Query对象树是对用户查询信息的抽象，比如布尔逻辑表达式。
- Weight对象树是对查询内部统计信息的抽象，比如TF-IDF值。
- Scorer对象树提供了评分与解说（Explain）评分的接口能力。

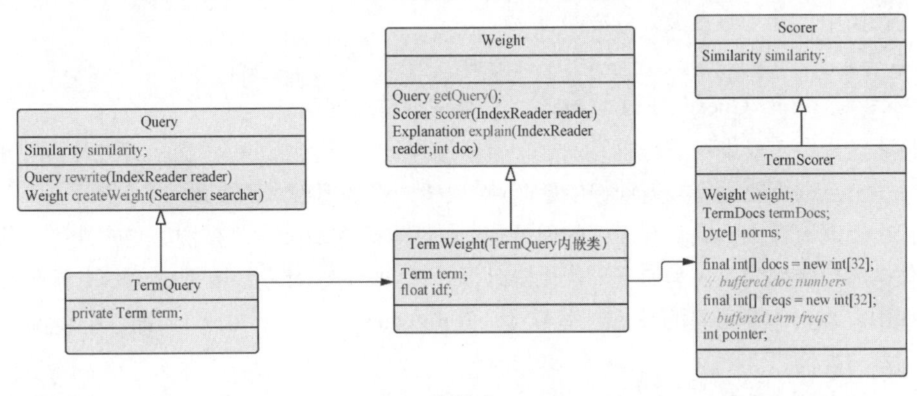

图5-9

5.4.3 搜索流程（关闭过滤器）

图5-10中描述了搜索的主要流程，简单概括如下。

- 解析查询条件并生成一棵基于查询字符串的查询语法树。
- 提取基于分词的原子查询。
- 通过分词词典信息定位分词在倒排索引结构中的位置。
- 读取倒排列表并实施文档评分。
- 通过收集器收集目标文档集合。

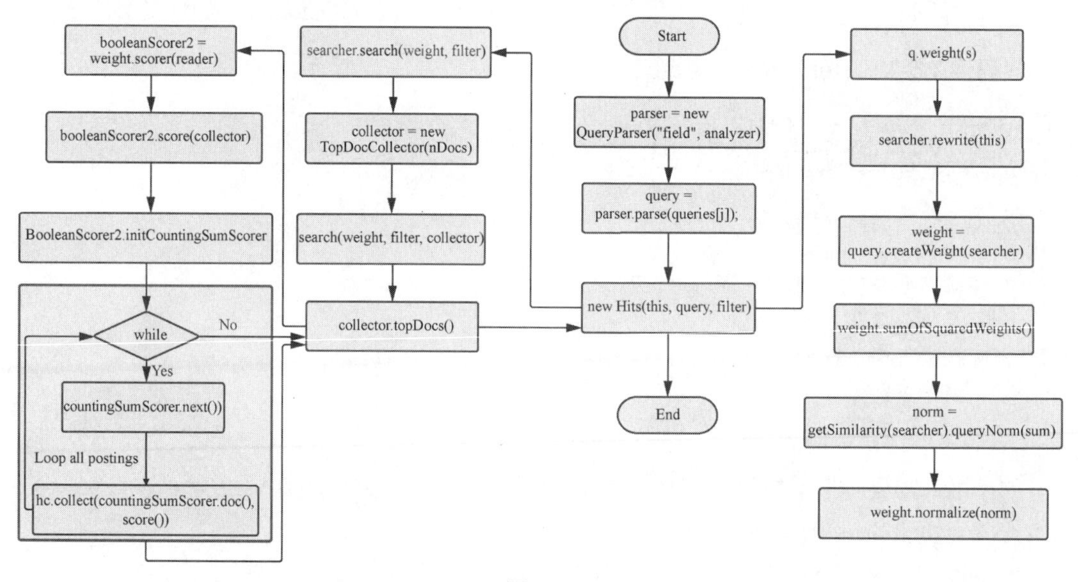

图5-10

1. 第一阶段：Query.rewrite

在查询树中，叶子节点大致分成两类。

- 第一类：TermQuery，表示一个精确的词。
- 第二类：PrefixQuery、FuzzyQuery，表示一堆模糊的词。

在搜索过程中对查询树进行重写。这个重写过程是一个递归过程，会一直处理到叶子节点。如果有叶子节点则需要重写并返回新的Query对象树，否则返回老的Query对象树。

为什么要重写查询？最直观简单的理解是：通过重写查询来改善查询语句的性能。当下几乎所有的数据库产品都会引入类似查询优化器以提升查询效率。对查询树进行递归遍历重写查询语句的过程中，真正需要重写的是第二类节点（PrefixQuery和FuzzyQuery），即一个查询节点代表多个分词参与查询。

下面介绍重写逻辑。

首先，对于一个布尔逻辑表达式"Leon AND Andy"，它的查询对象BooleanQuery是一个组合对象，遍历的叶子节点属于第二类（PrefixQuery）。如果想从索引文件中将多个分词取出来，比如"lu*"，需要从倒排索引文件中取出"lucene"、"luke"、"luggage"这3个分词，这3个分词都参与查询过程。显然不能使用"lu*"参与查询过程，因为索引文件中并没有"lu*"分词。

其次，将取出的多个分词重新组织成新的查询对象进行查询，基本有两种实现方法。

- 方法1：将多个分词看成一个分词，即将包含这些分词的docID全部取出来放在一起，构成doc ID集（docID-Set）。
- 方法2：将多个分词组成一个新的BooleanQuery树，并且这些分词之间使用运算符OR进行连接。它会被重写成一个BooleanQuery对象，包含索引中以PrefixQuery分词开头的所有单词，比如，"lu*"会被转换成以OR连接的布尔逻辑表达式"lucene OR luke OR luggage"。

最后，调用BooleanQuery#rewrite本质是遍历组合中所有Query子类rewrite方法，但并不是所有的Query子类都需要重写，比如，TermQuery就不需要重写，而PrefixQuery必须重写。

代码清单5-13　查询重写逻辑

```
public Query rewrite(IndexReader reader){

  BooleanQuery clone = null;
  // recursively rewrite
  for (int i = 0 ; i < clauses.size(); i++) {
    BooleanClause c = (BooleanClause)clauses.get(i);
    Query query = c.getQuery().rewrite(reader);
    if (query != c.getQuery()) {
      if (clone == null)
        clone = (BooleanQuery)this.clone();
      clone.clauses.set(i, new BooleanClause(query, c.getOccur()));
    }
  }
  if (clone != null) {
    return clone;
  } else
    return this;
}
```

PrefixQuery#rewrite用于实现前缀匹配，通过Term迭代器访问倒排索引，逐个检查枚举的分词是否以指定前缀开头，如果是则构建复合查询，即使用布尔查询来存储匹配的TermQuery。重写后的PrefixQuery会生成多个TermQuery对象，并再次组合成BooleanQuery对象。本质上，这是将查询转换成等价的、效率更高的形式。

代码清单5-14　PrefixQuery类定义

```
public class PrefixQuery extends Query {
  private Term prefix;

  public Query rewrite(IndexReader reader) {
    BooleanQuery query = new BooleanQuery(true);
```

```
    TermEnum enumerator = reader.terms(prefix);
    try {
      String prefixText = prefix.text();
      String prefixField = prefix.field();
      do {
        Term term = enumerator.term();
        if (term != null &&
            term.text().startsWith(prefixText) &&
            term.field() == prefixField)
        {
          TermQuery tq = new TermQuery(term);
          tq.setBoost(getBoost());
          query.add(tq, BooleanClause.Occur.SHOULD);
        } else {
          break;
        }
      } while (enumerator.next());
    }
    return query;
  }
}
```

2. 第二阶段：Query.createWeight

BooleanQuery展开重写后，开始创建Weight对象树。BooleanQuery通过递归遍历组合中每一个查询对象来生成Weight树。当遍历的叶子节点类型是TermQuery时，它生成TermWeight对象。

代码清单5-15　creatWeight构建BooleanWeight对象

```
protected Weight createWeight(Searcher searcher) {
  return new BooleanWeight(searcher);
}

public BooleanWeight(Searcher searcher){
  this.similarity = getSimilarity(searcher);
  for (int i = 0 ; i < clauses.size(); i++) {
    BooleanClause c = (BooleanClause)clauses.get(i);
    weights.add(c.getQuery().createWeight(searcher));
  }
}
```

在TermWeight构造函数中，最重要的是计算IDF值。作为BooleanQuery的叶子节点，TermWeight代表布尔查询表达式中的某一项，比如 name="Leon"，IDF的值用来表达"Leon"分词在整个索引文档中的统计信息，IDF值越大，代表"Leon"这一分词对结果文档评分的影响越大。

代码清单5-16　构建TermWeight对象并计算IDF值

```
public TermWeight(Searcher searcher) {
  this.similarity = getSimilarity(searcher);
  idf = similarity.idf(term, searcher); // compute idf
}
```

```
public float idf(Term term, Searcher searcher) {
  return idf(searcher.docFreq(term), searcher.maxDoc());
}

public float idf(int docFreq, int numDocs) {
  return (float)(Math.log(numDocs/(double)(docFreq+1)) + 1.0);
}

public Weight weight(Searcher searcher) {
  Query query = searcher.rewrite(this);
  Weight weight = query.createWeight(searcher);
  float sum = weight.sumOfSquaredWeights();
  float norm = getSimilarity(searcher).queryNorm(sum);
  weight.normalize(norm);
  return weight;
}
```

TermWeight#sumOfSquaredWeights用来计算组合查询条件中每一个查询子项的权重。getBoost表示查询中给分词设置的Boost值，比如"Leon^2"。Lucene使用的评分计算方式如下：

```
(score(q,d) = queryNorm(q)*coord(q,d)*Σ (tf(t in d)*idf(t)²*t.getBoost()*norm(t,d))
```

BooleanWeight#sumOfSquaredWeights用来计算整个查询的权重。对BooleanWeight树递归遍历每一个叶子节点（查询子项）并累计求和权重。

代码清单5-17 BooleanWeight类定义

```
private class BooleanWeight implements Weight {
  public float sumOfSquaredWeights() throws IOException {
    float sum = 0.0f;
    for (int i = 0 ; i < weights.size(); i++) {
      BooleanClause c = (BooleanClause)clauses.get(i);
      Weight w = (Weight)weights.elementAt(i);
      float s = w.sumOfSquaredWeights();
      // sum sub weights
      if (!c.isProhibited())
        sum += s;
    }

    sum *= getBoost() * getBoost();
    return sum ;
  }
}

private class TermWeight implements Weight {
  public float sumOfSquaredWeights() {
    queryWeight = idf * getBoost();
    // compute query weight
    return queryWeight * queryWeight;
  }
}
```

DefaultSimilarity#queryNorm是一个标准化因子，用于使查询之间的分数具有可比性。这个因素不影响文件排名，只是使不同查询的分数具有可比性。

代码清单5-18　DefaultSimilarity定义标准化因子

```
float norm = getSimilarity(searcher).queryNorm(sum);
weight.normalize(norm);

public class DefaultSimilarity extends Similarity {
  public float queryNorm(float sumOfSquaredWeights) {
    return (float)(1.0 / Math.sqrt(sumOfSquaredWeights));
  }
}

public void normalize(float queryNorm) {
  this.queryNorm = queryNorm;
  queryWeight *= queryNorm;
  value = queryWeight * idf;
}
```

3．第三阶段：Hits

首先，执行 new Hits(this, query, filter)，返回包含检索结果的集合Hits。Hits类内部维护了一个最近最少使用缓存（Least Recently Used Cache，LRU-Cache）对象。Lucene从多个倒排索引中取出文档集，在执行逻辑AND或者OR运算后，将它们放入hitDocs LRU-Cache中。

其次，执行searcher#search(weight, filter, n)方法从Hits类返回IndexSearcher类中，调用collector = new TopDocCollector(nDocs)方法初始化一个优先队列。优先队列的元素是ScoreDoc类型，比如找到"Leon"分词的倒排列表（scoreDoc-leon1、scoreDoc-leon2）。如果scoreDoc-leon1.score > scoreDoc-leon2.score，则选择让scoreDoc-leon1插入队列。继续调用IndexSearcher类中另一个search重载方法search(Weight,Filter,HitCollector)将检索结果放入collector队列中，实现把ScoreDoc类型转换成 TopDocs对象返回。

代码清单5-19　构建检索结果集合Hits

```
public Hits search(Query query, Filter filter) {
  return new Hits(this, query, filter);
}

private final void getMoreDocs(int min) {
  searcher.search(weight, filter, n)
}

public TopDocs search(Weight weight, Filter filter,final int nDocs){
  TopDocCollector collector = new TopDocCollector(nDocs);
  search(weight, filter, collector);
  return collector.topDocs();
}
```

再次，weight#scorer(reader)生成一个 Scorer对象树，它可以基于查询语句"Leon AND Andy"解析出ConjunctionScorer对象树，也可以基于查询语句"Leon OR Andy"解析出

DisjunctionSumScorer对象树。DisjunctionSumScorer#score方法从Lucene中获取满足条件的文档集，并放入优先队列collector中。

关于ConjunctionScorer和DisjunctionSumScorer组合对象树从索引中检索出文档集的逻辑，后面会进行详述。

代码清单5-20 构建 Scorer对象树

```
public void search(Weight weight, Filter filter,
                   final HitCollector results) {
  Scorer scorer = weight.scorer(reader);
  scorer.score(collector);
}

public void score(HitCollector hc){
  while (next()) {
    hc.collect(doc(), score());
  }
}
```

最后，我们以TermScorer原子对象为例，来说明如何从索引中检索出文档集。

代码清单5-21 TermScorer类定义

```
final class TermScorer extends Scorer {
  private final int[] docs = new int[32];
  private final int[] freqs = new int[32];

  public boolean next() {
    this.pointerMax = this.termDocs.read(this.docs, this.freqs);
  }
}
```

比如，TermScorer对应布尔查询（"leon"）。Lucene从索引中取出分词项"leon"的倒排列表并返回。TermScorer#next方法内部使用termDocs#read方法分别从tis与frq索引文件中读出当前"leon"分词关联的所有docID列表，并缓存在TermScorer.doc[]数组中，后续会基于文档得分写入collector优先队列中。

HitCollector类如图5-11所示，其有两个文档收集器：TopDocCollector和TopFieldDocCollector。TopDocCollector根据文档得分进行排序，写入TopDocCollector优先队列，而TopFieldDocCollector根据字段进行排序。HitCollector允许用户自由扩展，通过重写collect方法来决定收集哪些文档并返回给用户。

在Hits类的构造函数中，首先调用q.weight(s)计算查询权重，其次设置搜索器与过滤器成员变量，然后调用 countDeletions(s)统计已经删除的文档数目，最后使用getMoreDocs获取满足查询条件的文档集合。将这些操作放在构造函数中是为了提高搜索效率，通过在构造函数中计算查询权重，避免在后续操作中重复计算。

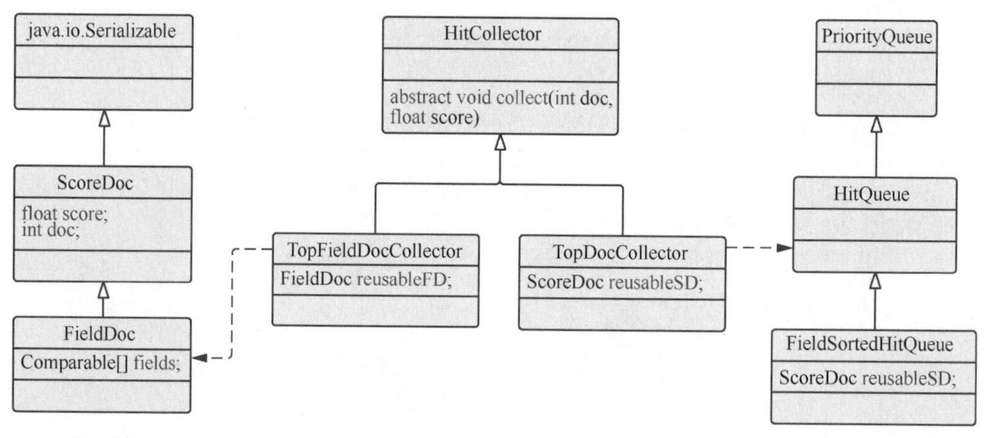

图5-11

代码清单5-22　Hits类定义

```
public final class Hits {
  private Weight weight;
  private Searcher searcher;
  private Filter filter = null;
  private Sort sort = null;

  private int length;
  // the total number of hits
  private Vector hitDocs = new Vector();
  // cache of hits retrieved
  private HitDoc first;          // head of LRU-Cache
  private HitDoc last;           // tail of LRU-Cache

  Hits(Searcher s, Query q, Filter f) throws IOException {
    weight = q.weight(s);
    searcher = s;
    filter = f;
    nDeletions = countDeletions(s);
    getMoreDocs(50); // retrieve 100 initially
    lengthAtStart = length;
  }
}
```

4．第四阶段：Weight.createScore

TermScorer对象树负责读取Lucene索引文件，而TermWeight与TermQuery对象树只负责管理Term在索引中的统计信息。TermScore的处理流程如下。

首先，我们知道分词词典与倒排索引这两部分信息独立存储在不同索引文件中，比如tis、tii、frq、prx索引文件中，如图5-12所示。

其次，TermScorer依赖SegmentTermDocs对象，它负责从tis文件维护的<Term,Posting>元组中找到查询条件中某分词的倒排索引列表。

再次，获得了某个分词的倒排列表后，就可以方便地从frq与prx文件中取得docID-list与

docFreq-list信息，这些信息会加载进TermScore对象。

代码清单5-23 TermScore类定义docID-list与docFreq-list

```
 // buffered doc numbers
private final int[] docs = new int[32];

// buffered term freqs
private final int[] freqs = new int[32];
private byte[] norms;
```

最后，Scorer是Lucene搜索流程中用于计算查询词与文档相似度的组件。它实际上并不负责文档得分的计算逻辑，这部分工作委托给了Similarity组件，Scorer只负责对文档打分的补充工作，比如为文档打分提供额外的参数。Termscorer类定义的docs与freqs字段分别表示某个分词出现在哪些文档列表中，以及在各自文档中出现的频率。接下来介绍标准化因子对文档打分的影响，以及TermScorer#next方法是如何初始化docID-list与docFreq-list的。

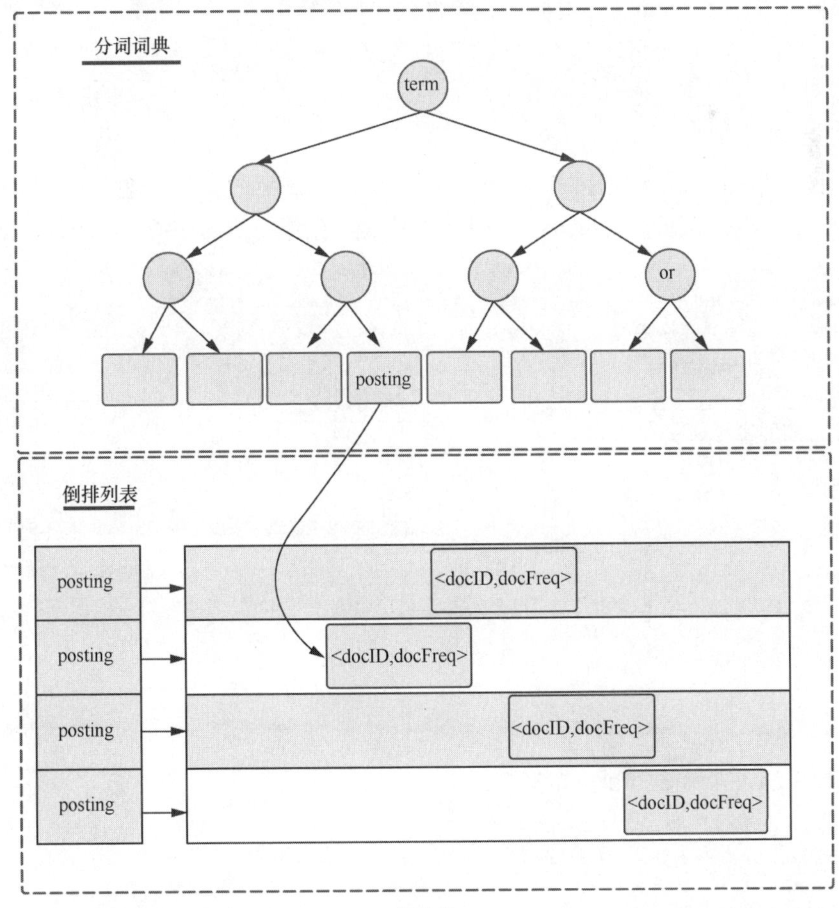

图5-12

（1）标准化因子nrm文件

为什么会有标准化因子？根据Lucene搜索流程，搜索出的文档要按照与查询语句的相关性进行排序，相关性得分高的文档，会排列在结果集的前面。根据TF-IDF的模型，计算分词权重时主要有两个影响因素：一个是此分词在文档中出现的次数，另一个是此分词在整个索引中的流行程度。显然此分词在此文档中出现次数越多，此分词在此文档中越重要。

TF-IDF模型非常普及，但也存在以下问题：不同的文档重要性不同；文档的不同域重要性不同。根据分词在文档中出现的绝对次数来决定分词对文档的重要性，存在不合理的设计。比如在长的文档中，某个分词出现绝对次数相对多，而短的文档中出现某个分词的绝对次数相对少。因此，Lucene在计算分词权重的时候，都会考虑乘以一个标准化因子，来抵消上述问题的影响。比如，一个分词出现在不同的文档的不同域中，其标准化因子设定不同。

事实上，Lucene设计了nrm文件来包含标准化因子。它表示索引创建期间收集的权重信息，每个文档的不同域在这个nrm文件中都有对应的字节来存储权重元信息。nrm扩展文件格式如下：

```
AllNorms (.nrm) --> NormsHeader,<Norms> NumFieldsWithNorms
NormsHeader --> 'N','R','M',Version

Norms --> <Byte> SegSize
Version --> Byte
```

图5-13中，以TermScorer为例，TermScorer#next方法遍历某个分词出现的所有docID列表，取出docID以及文档得分并创建ScoreDoc对象表示单个搜索结果，写入HitCollector优先队列中。

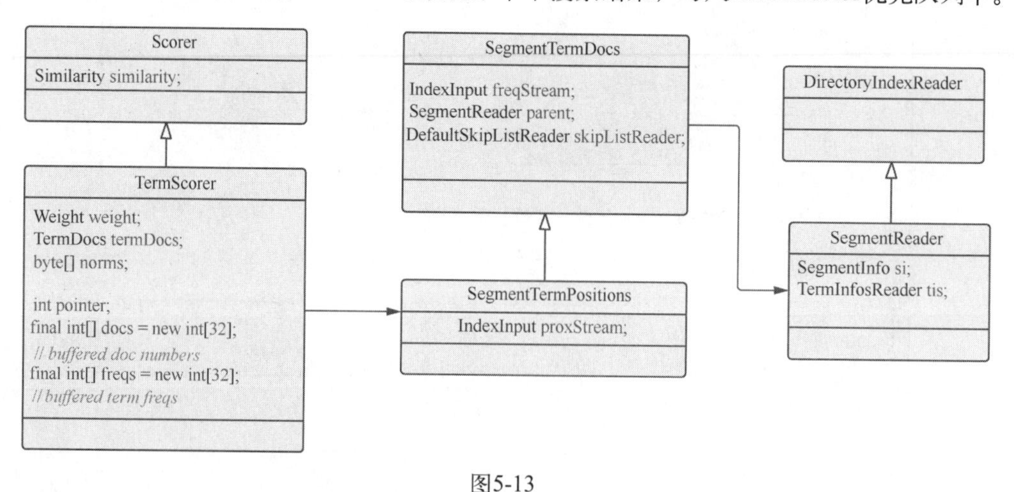

图5-13

代码清单5-24　TermScorer类定义

```
public abstract class Scorer {
  public void score(HitCollector hc) throws IOException {
    while (next()) {
      hc.collect(doc(), score());
    }
```

```
  }
}

final class TermScorer extends Scorer {
  public float score() {
    int f = freqs[pointer];
    float raw =
      // compute tf(f)*weight
      f < SCORE_CACHE_SIZE
      // check cache
      ? scoreCache[f]
      // cache hit
      : getSimilarity().tf(f)*weightValue;
    // cache miss
    return raw * Similarity.decodeNorm(norms[doc]);
    // normalize for field
  }
}

public void collect(int doc, float score) {
  if (score > 0.0f) {
    totalHits++;
    reusableSD = new ScoreDoc(doc, score);
    reusableSD = (ScoreDoc) hq.insertWithOverflow(reusableSD);
  }
}
```

（2）布尔查询

BooleanQuery对多个查询条件进行连接，连接方式有如下选择。

- must（AND）：条件必须成立。
- should（OR）：条件可以成立。
- must_not（NOT）：条件必须不成立。
- Filter：条件必须成立。它的性能比Searcher更高，它不需要计算得分并且引入了缓存。

在真实的场景下，多个查询条件组合的复合查询比较普遍，Lucene使用BooleanQuery来描述一个复合查询，如图5-14所示。

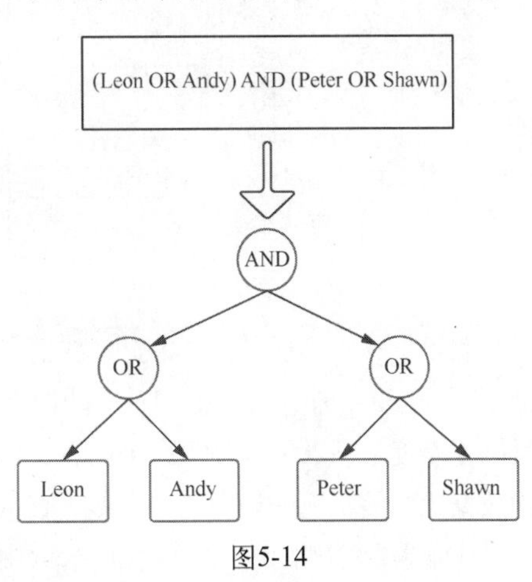

图5-14

所有叶子节点都是原子查询，都代表某个分词的原子查询，每个分词的原子查询都需要读取索引文件来获取分词对应的倒排列表。所有非叶子节点都是通过对叶子节点的倒排列表进行各种谓词逻辑运算来获得的。BooleanQuery还可以继续嵌套BooleanQuery。

查询语句的组合大致分为如下几类。

- 多个must的组合，比如"+leon +Andy"，经过Query树、Weight树和Scorer树转换并生成

ConjunctionScorer对象树。对所有叶子节点的倒排列表求交集。

- must与must_not的组合，比如"+leon -Andy"，经过Query树、Weight树和Scorer树转换并生成ReqExclScorer(required,exclusive)对象树。返回must的倒排列表并删除must_not倒排列表中的文档。
- must与should的组合，比如"+Leon Andy"，经过Query树、Weight树和Scorer树转换并生成ReqOptSumScorer(required,optional)对象树。返回must的倒排列表。如果文档也出现在should的倒排列表中，则增加对应文档的得分。
- 多个should的组合，比如"Leon Andy"，经过Query树、Weight树和Scorer树转换并生成DisjunctionSumScorer对象树。对所有叶子节点的倒排列表求并集。
- should与must_not的组合，比如"Leon -Andy"，经过Query树、Weight树和Scorer树转换并生成ReqExclScorer对象树。

5. 第五阶段：两个倒排列表合并

如图5-15所示，ConjunctionScorer是一棵组合查询树，对应布尔逻辑与运算，要求将所有分词的倒排数据取交集。我们以两个倒排数据取交集进行说明。一个显而易见的方法是使用两层for循环，外层循环遍历Posting-List1，内层循环对Posting-List2元素进行遍历。它的时间复杂度为*O*(Posting-List1-Num × Posting-List2-Num)。

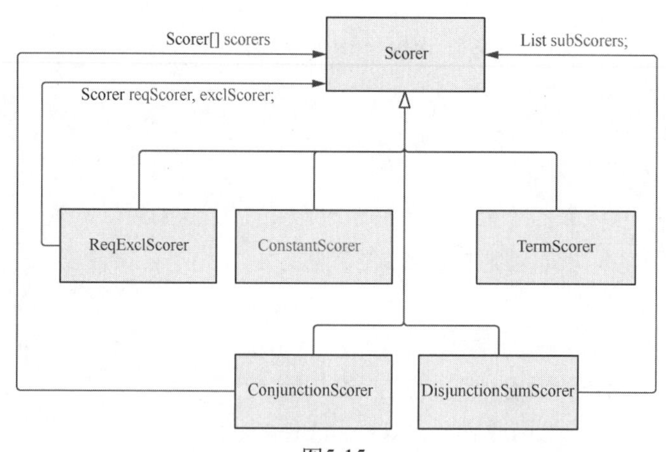

图5-15

假设，一个索引包含100万个文档，每个文档有1000个词。根据经验100万个文档中大概有50万个不同的分词，那么每个分词对应的倒排列表长度为100万 × 1000 ÷ 50万=2000。使用上述两层循环，时间复杂度是*O*(2000 × 2000) = 400万，即大致比较400万次才能返回检索的结果。事实上，互联网中的数据比当前举例的规模要大得多，查询比较的次数就更多了。那么有没有更加高效的算法呢?

上面算法忽略了一个事实：Lucene中任意分词在frq索引文件中都是以docID字段有序存储的。

代码清单5-25 合并倒排列表逻辑

```
//合并倒排列表，p1, p2是根据docID排序的倒排列表，对p1和p2求交集（合并）
Intersect(p1, p2)
    answer = <>                                    // 初始化取交集的结果
    while p1 ≠ NIL and p2 ≠ NIL                    // 倒排列表不为空
        if docID(p1) == docID(p2)
        // 两个倒排列表遇到一样的docID
            Add(answer, docID(p1))
            p1 = p1.next
            p2 = p2.next
        else if docID(p1) < docID(p2)
            p1 = p1.next
        else
            p2 = p2.next
    return answer
```

6. 第六阶段：BooleanScorer2

IndexSearcher#search方法把Weight树生成BooleanScorer2对象树。BooleanScorer2是布尔查询的评分器对象。它在执行布尔查询时，会根据查询的逻辑关系对子查询的评分进行组合和计算，通过求交集和求并集等操作来确定最终的匹配文档集。例如，查询条件为"+leon +peter andy"，即要求返回的文档中同时包含"leon"和"peter"，并且可以包含也可以不包含"andy"。那么，BooleanScorer2对象会先执行"leon"和"peter"对应的倒排索引的交集操作，找到同时满足这两个条件的文档集，然后判断返回的文档是否包含"andy"，是的话则提高文档评分。

代码清单5-26 构建BooleanScorer2对象

```
public void search(Weight weight, Filter filter,
                   final HitCollector results) {
  java
    Scorer scorer = weight.scorer(reader);
  scorer.score(collector);
}

public Scorer scorer(IndexReader reader) {
  BooleanScorer2 result =
    new BooleanScorer2(similarity,
                       minNrShouldMatch,
                       allowDocsOutOfOrder);

  for (int i = 0 ; i < weights.size(); i++) {
    BooleanClause c = (BooleanClause)clauses.get(i);
    Weight w = (Weight)weights.elementAt(i);
    Scorer subScorer = w.scorer(reader);
    if (subScorer != null)
      result.add(subScorer, c.isRequired(), c.isProhibited());
    return result;
  }
}
```

根据输入的查询，BooleanScorer2#initCountingSumScorer函数最终生成ConjunctionScorer或者DisjunctionSumScorer对象树。

代码清单5-27　构建ConjunctionScorer或DisjunctionSumScorer对象树

```
public void score(HitCollector hc) throws IOException {
  if (countingSumScorer == null) {
    initCountingSumScorer();
  }
  while (countingSumScorer.next()) {
    hc.collect(countingSumScorer.doc(), score());
  }
}
```

代码不断从索引中取出docID，并且加入检索结果集中。取下一个文档的过程，就是合并倒排列表的过程。countingSumScorer本身是一个树，合并倒排列表也是按照树的结构来尝试递归进行的：首先合并叶子节点，然后是子树与子树的合并，最后合并根节点。倒排列表合并主要使用的countingSumScorer有如下几种。

- 交集：ConjunctionScorer。
- 并集：DisjunctionSumScorer。
- 差集：ReqExclScorer。

7．第七阶段：ConjunctionScorer

ConjunctionScorer类维护了scorers[]数组，它代表查询语句树中每个叶子节点，即代表每一个原子分词对应的TermScorer对象。

比如，仍然是"Leon AND Andy AND Shawn"这个查询语句， ConjunctionScorer.scorers[]数组有3个元素。每个元素是一个TermScorer对象，分别代表Term("Leon")、Term("Andy")、Term("Shawn")的Scorer对象。5.4.2小节中分析过，TermScorer具备获取倒排列表的接口。TermScorer对象中分别定义的docs[]与freqs[]数组用来存储某个分词对应的<docID,docFreq>倒排索引信息。ConjunctionScorer就是将这些倒排列表（scorers[]）取交集，然后将交集中的docID在nextDoc函数中返回。

代码清单5-28　ConjunctionScorer类定义

```
class ConjunctionScorer extends Scorer {
  private final Scorer[] scorers;

  public boolean next() throws IOException {
    return doNext();
  }

  private boolean doNext() throws IOException {
    int first=0;
    Scorer lastScorer = scorers[scorers.length-1];
    Scorer firstScorer;
    while (more && (firstScorer=scorers[first]).doc() < (lastDoc=lastScorer.doc())) {
```

```
      more = firstScorer.skipTo(lastDoc);
      lastScorer = firstScorer;
      first = (first == (scorers.length-1)) ? 0 : first+1;
    }
    return more;
  }
}
```

8．第八阶段：DisjunctionSumScorer

假设使用"Leon OR Andy OR Shawn"查询语句。DisjunctionSumScorer.subScorers是一个链表，每个元素代表一个分词对应的倒排列表。DisjunctionSumScorer对这些倒排列表进行求并集运算，然后将并集中的docID在nextDoc函数中返回。

在实现过程中，next方法首先调用initScorerDocQueue方法初始化一个优先队列，然后不断调用advanceAfterCurrent方法进行遍历，直到找到满足minimumNrMatchers条件的文档。

当布尔查询中包含多个可选的should子查询时，DisjunctionSumScorer使用成员变量minimumNrMatchers表示最少需要满足的子条件的个数，即在subScorer中必须至少有minimumNrMatchers个scorer数组都包含此docID，此docID才允许作为并集结果被返回。

代码清单5-29　DisjunctionSumScorer类定义

```
class DisjunctionSumScorer extends Scorer {
  protected final List subScorers;

  public boolean next() throws IOException {
    if (scorerDocQueue == null) {
      initScorerDocQueue();
    }
    return (scorerDocQueue.size() >= minimumNrMatchers)
      && advanceAfterCurrent();
  }

  protected boolean advanceAfterCurrent() {
    do { // repeat until minimum nr of matchers
      currentDoc = scorerDocQueue.topDoc();
      currentScore = scorerDocQueue.topScore();
      nrMatchers = 1;
      do { // Until all subscorers are after currentDoc
        if (! scorerDocQueue.topNextAndAdjustElsePop()) {
          if (--queueSize == 0) {
            break; // nothing more to advance, check for last match
          }
        }
        if (scorerDocQueue.topDoc() != currentDoc) {
          break; // All remaining subscorers are after currentDoc
        }
        currentScore += scorerDocQueue.topScore();
        nrMatchers++;
      } while (true);
```

```
      if (nrMatchers >= minimumNrMatchers) {
        return true;
      } else if (queueSize < minimumNrMatchers) {
        return false;
      }
    } while (true);
  }
}
```

通过调整minimumNrMatchers值，可以灵活地控制should子查询的要求：minimumNrMatchers值越小导致查询结果越宽松，minimumNrMatchers值越高导致查询结果越严格。需要注意的是，对于必须匹配的must子查询，必须全部满足子查询条件才能看作匹配，minimumNrMatchers并不应用于must子查询。下面通过一个具体例子来进行理解，假定minimumNrMatchers=4，倒排列表初始状态如图5-16所示。

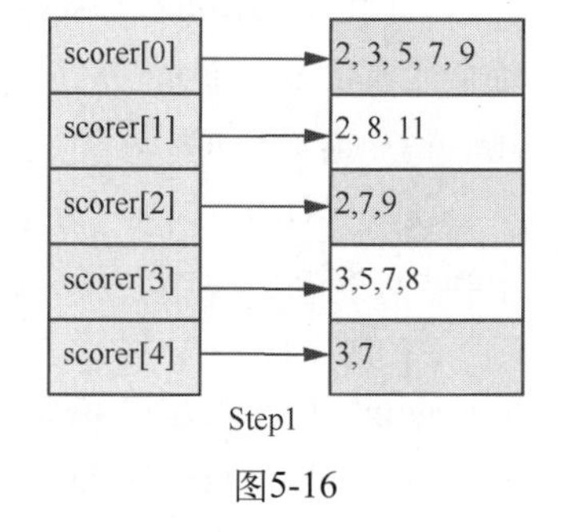

图5-16

DisjunctionSumScorer在遍历倒排列表的过程中会将结果放入一个优先队列scorerDocQueue中，它是一个最小堆。它的初始化数据完全来自subScorers[]数组。换句话说，scorerDocQueue堆顶对应的元素肯定是最小的。

代码清单5-30　基于ScorerDocQueue队列分析返回文档

```
private void initScorerDocQueue() throws IOException {
  Iterator si = subScorers.iterator();
  scorerDocQueue = new ScorerDocQueue(nrScorers);
  queueSize = 0;
  while (si.hasNext()) {
    Scorer se = (Scorer) si.next();
    if (se.next()) { // doc() method will be used in scorerDocQueue
      if (scorerDocQueue.insert(se)) {
        queueSize++;
      }
    }
  }
}
```

当调用DisjunctionSumScorer#next方法时，会间接调用advanceAfterCurrent函数，此函数主要逻辑如下。

- scorerDocQueue.topDoc和topScore：取出最小堆堆顶的docID及文档打分值。
- scorerDocQueue.topNextAndAdjustElsePop：从堆顶scorer取下一个文档。如果存在，则此时最小堆可能不再是最小堆了，需要通过downHeap进行调整。如果堆顶scorer的倒排列表已经不存在文档元素了，说明堆顶已经为空了，需要弹出队列并减小堆。
- 当堆顶scorer的倒排列表取到下一个文档后，此时如果堆顶docID值与currentDoc不相等，说明currentDoc已经统计完毕，退出内层循环，代码如下。

```
    if (scorerDocQueue.topDoc() != currentDoc) {
       break; // All remaining subscorers are after currentDoc.
    }
```

- 如果统计出某个currentDoc出现的次数nrMatchers大于定义的最少需满足条件的个数，则此currentDoc就是满足条件的文档，可以将它返回给用户，代码如下：

```
 if (nrMatchers >= minimumNrMatchers) {
   return true;
 }
```

当currentDoc=7的时候，它累计的nrMatchers等于4，大于等于minimumNrMatchers（4），所以将docID(7)作为结果返回给用户。图5-17～图5-21详细说明了整个过程。

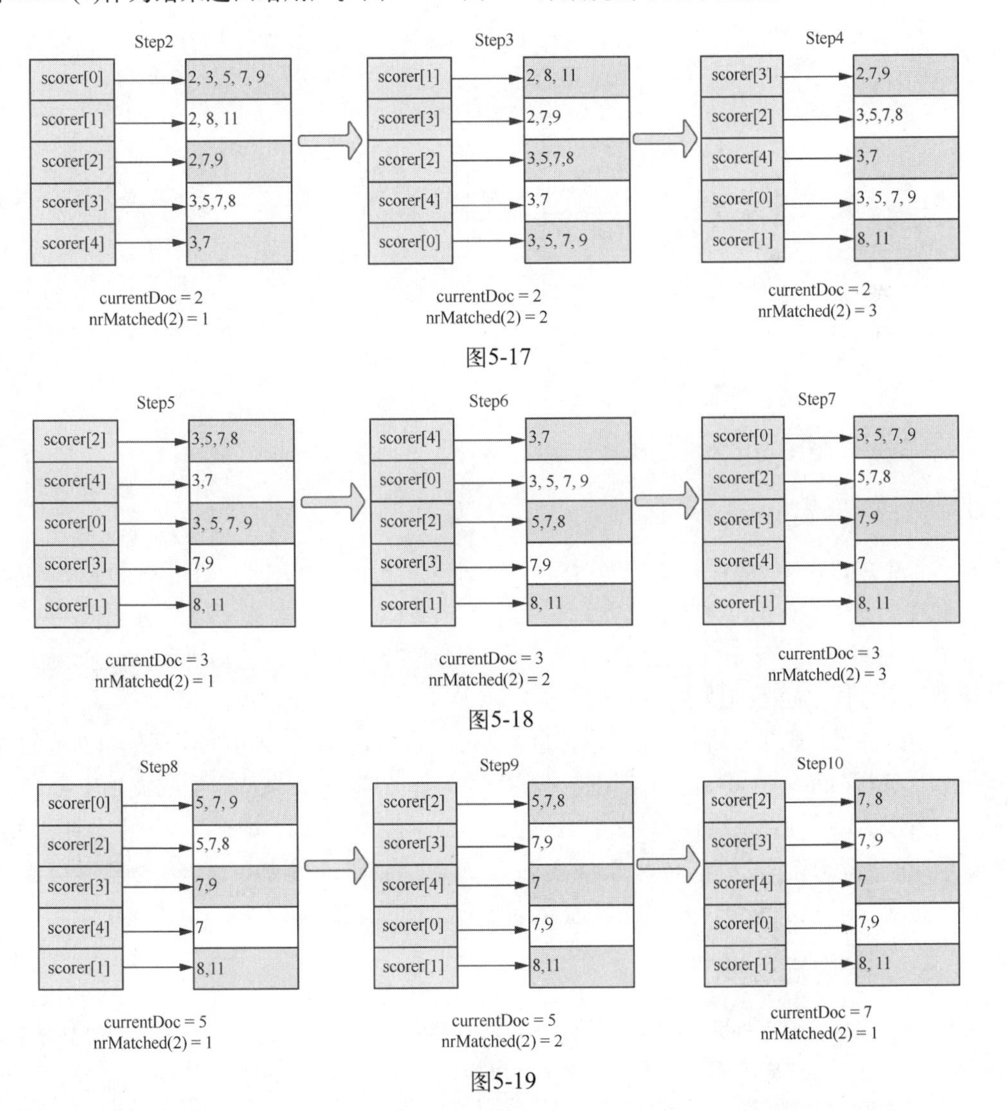

图5-17

图5-18

图5-19

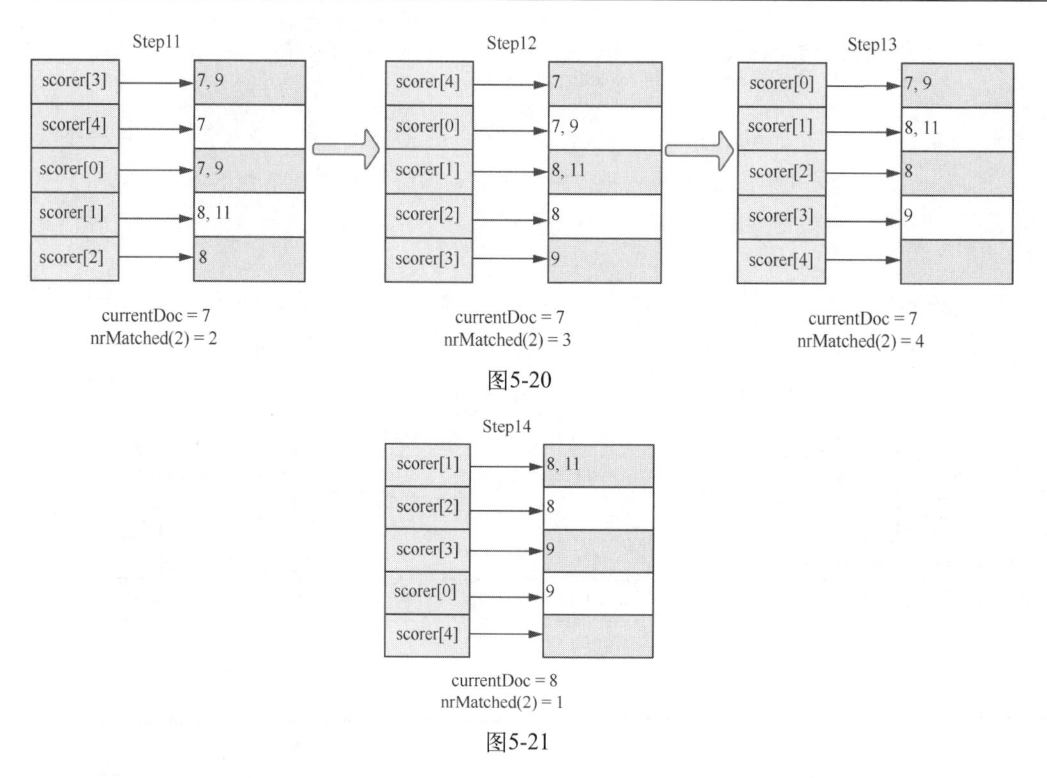

图5-20

图5-21

5.5　短语搜索：相关性搜索

5.5.1　概述

Lucene中的PhraseQuery用于搜索短语，并返回包含所查询短语的文档列表。PhraseQuery会使用存储在索引中的分词位置信息。

所查询短语中分词与分词之间允许的最大间隔距离称为slop，所查询短语和slop之间通过"~"符号连接。两个分词之间距离越小，短语查询的相关性得分越高。slop的默认值为0，表示严格按照查询语句中的分词顺序在文档中进行搜索，也就是不允许所查询的分词中间出现任何其他的分词。

例如，使用"spicy food"这个短语进行搜索，当slop为0时，如果待匹配的文档中包含"spicy food"，这个文档就算匹配成功；如果待匹配的文档中包含"spicy Chinese food"，则会匹配失败。但如果将slop设置为1，即表示"spicy food"这两个分词之间可以“添加”或者“删除”至多1个分词，那么包含"spicy Chinese food"的文档也能成功匹配查询短语"spicy food"。

5.5.2　一个查询短语举例

假设一个文档内容为"abcba"，对其执行短语查询"a b c"~1，此处的slop为1。文档中每个分词的位置doc_term_pos以及短语查询中每个分词的偏移量query_offset如图5-22所示。

在短语查询"a b c"~1中，3个分词查询构成整个短语查询，其中term1="a"、term2="b"、term3="c"。在查询语句PhraseQuery(term1:query_offset1，term3:query_offset3，slop:1)中：term1在文档中的位置标记为doc_term1_pos，term3在文档中的位置标记为doc_term3_pos；term1的偏移量是query_offset1，term3的偏移量是query_offset3。有如下两种情况。

document	a	b	c	b	a
doc_term_pos	0	1	2	3	4

query	a	b	c
query-offset	0	1	2

图5-22

① 若文档中doc_term3_pos出现在doc_term1_pos后面，则必须满足：

```
doc_term3_pos - doc_term1_pos ≤ query_offset3 - query_offset1 + slop
```

即：

```
(doc_term3_pos - query_offset3) - (doc_term1_pos - query_offset1) ≤ slop
```

② 若文档中doc_term3_pos出现在doc_term1_pos前面，则必须满足：

```
doc_term1_pos - doc_term3_pos ≤ query_offset1 - query_offset3 + slop
```

即：

```
(doc_term1_pos - query_offset1) -(doc_term3_pos - query_offset3) ≤ slop
```

综合上述两种情况，查询短语必须满足：

```
MAX(doc_term1_pos - query_offset1, doc_term3_pos - query_offset3) - MIN(doc_term1_pos
- query_offset1, doc_term3_pos - query_offset3) ≤ slop
```

自然地，当slop为0时，查询短语中每个phrase_term需要满足如下条件：

```
doc_term1_pos - query_offset1 = doc_term2_pos - query_offset2 = doc_term3_pos - query_offset3
```

Lucene中设计了PhrasePositions类。查询短语中每个分词会被封装成对应的PhrasePositions实例。这样查询短语中第*i*个分词的信息（doc_term_i_pos − query_offset_i）就被完全封装在PhrasePositions#nextPosition方法中。

类似地，doc_term_pos − query_offset由PhrasePositions类负责计算，这个差值也称为phrase_position。

因此，可将前文中的条件总结为：

```
max_phrase_position - min_phrase_position ≤ slop
```

1. PhrasePositions类

PhrasePositions类用来统计每个分词分别在文档与查询短语中的相对位置。PhrasePositions#nextPosition方法找到分词在当前文档的下一个位置，并设置PhrasePositions.position = doc_term_pos − query_offset。

代码清单5-31 PhrasePositions类定义

```
final class PhrasePositions {
  int doc;                        // current doc
  int position;                   // position in doc
  int count;                      // remaining pos in this doc
  int offset;                     // position in phrase
```

```
  TermPositions tp;            // stream of positions

  final boolean nextPosition() {
    if (count-- > 0) {
      position = tp.nextPosition() - offset;
      return true;
    } else
      return false;
  }
}
```

2．查询短语中每个分词的phrase_position的计算

对文档内容"abcba"执行短语查询"a b c"~1，需计算每个分词在文档中每个出现位置所对应的phrase_position，计算方法为phrase_position= doc_term_pos – query_offset，其中doc_term_pos为分词在文档中的位置，query_offset为分词在短语查询中的偏移量，如图5-23所示。

term	doc_term_pos	query_offset	phrase_position
a	0, 4	0	0, 4
b	1, 3	1	0, 2
c	2	2	0

图5-23

接着，计算每种分词位置组合的match_length = max_phrase_position−min_phrase_position。当满足match_length≤ slop时，表示短语查询在文档中找到匹配项。

在文档内容"abcba"中，分词"a"出现两次，分词"b"出现两次，分词"c"出现一次，故通过两层嵌套的for循环来遍历所有可能符合短语查询"a b c"~1的分词位置组合。

- 第一层for循环遍历分词"a"。分词"a"在文档中的第一个位置doc_term_pos_a=0，对应的phrase_position_a=0。
  - 第二层for循环遍历分词"b"。分词"b"在文档中的第一个位置doc_term_pos_b=1，对应的phrase_position_b=0，如图5-24所示。此时，计算出：

```
match_length = max(phrase_position_a[0], phrase_position_b[1], phrase_position_c[2])-
min(phrase_position_a[0], phrase_position_b[1], phrase_position_c[2]) = max(0,0,0)-
min(0,0,0) = 0
```

    由于match_length（值为0）小于slop（值为1），说明找到了一个满足条件的短语匹配，对应的文档位置为[0,1,2]，即doc_term_pos_a=0，doc_term_pos_b=1，doc_term_pos_c=2。
  - 继续遍历分词"b"，找到分词"b"在文档中的第二个位置doc_term_pos_b=3，对应的phrase_position_b=2，如图5-25所示。此时，计算出：

```
match_length = max(phrase_position_a[0], phrase_position_b[3], phrase_position_c[2])-
min(phrase_position_a[0], phrase_position_b[3], phrase_position_c[2]) = max(0,2,0)-
min(0,2,0) = 2
```

由于match_length（值为2）大于slop（值为1），说明这个分词位置组合不满足短语查询条件。

position	0	1	2	3	4
document	a	b	c	b	a
phrase_position_a	0				4
phrase_position_b		0		2	
phrase_position_c			0		

图5-24

position	0	1	2	3	4
document	a	b	c	b	a
phrase_position_a	0				4
phrase_position_b		0		2	
phrase_position_c			0		

图5-25

– doc_term_pos_a=0情况下的分词"b"遍历完成，返回第一层for循环。

- 在第一层for循环中继续遍历分词"a"，找到分词"a"在文档中的第二个位置doc_term_pos_a=4，对应的phrase_position_a=4。
  – 重新开始第二层for循环遍历分词"b"。分词"b"在文档中的第一个位置doc_term_pos_b=1，对应的phrase_position_b=0，如图5-26所示。此时，计算出：

```
match_length = max(phrase_position_a[4], phrase_position_b[1], phrase_position_c[2])-
min(phrase_position_a[4], phrase_position_b[1], phrase_position_c[2]) = max(4,0,0)-
min(4,0,0) = 4
```

由于match_length（值为4）大于slop（值为1），说明这个分词位置组合不满足短语查询条件。

– 继续遍历分词"b"，找到分词"b"在文档中的第二个位置doc_term_pos_b=3，对应的phrase_position_b=2，如图5-27所示。此时，计算出：

```
match_length = max(phrase_position_a[4], phrase_position_b[3], phrase_position_c[2])-
min(phrase_position_a[4], phrase_position_b[3], phrase_position_c[2]) = max(4,2,0)-
min(4,2,0) = 4
```

由于match_length（值为4）大于slop（值为1），说明这个分词位置组合不满足短语查询条件。

position	0	1	2	3	4
document	a	b	c	b	a
phrase_position_a	0				4
phrase_position_b		0		2	
phrase_position_c			0		

图5-26

position	0	1	2	3	4
document	a	b	c	b	a
phrase_position_a	0				4
phrase_position_b		0		2	
phrase_position_c			0		

图5-27

– doc_term_pos_a=4情况下的分词"b"遍历完成，返回第一层for循环。

- 第一层for循环中，所有分词"a"均已遍历，结束短语查询。

综上，只找一个满足条件的短语匹配，对应的文档位置为[0,1,2]，即doc_term_pos_a=0，doc_term_pos_b=1，doc_term_pos_c=2。

5.5.3 TermPositions与TermDocs

TermDocs提供一个用于枚举索引中某个分词所有<docID, docFreq>键值对映射的接口。其中，文档包含当前的分词，并且分词在文档中出现的频率次数是frequency。< docID, docFreq >键值对映射是根据docID有序存储的。

TermDocs接口中的主要方法如下。

- TermDocs#next方法用于移动下一对< docID, docFreq >。如果返回true，则说明某个分词存在于索引中的更多的文档中。
- TermDocs#skipTo(target)方法用于跳转到当前文档大于或等于target的位置。

继承自TermDocs的子类TermPositions，它提供一个用于枚举索引中某个分词所有<term, <docID, docFreq, <position>* > *>元组的接口，其中position列表部分列出了文档中每个分词出现位置的元信息。TermPositions子类中的主要方法是TermPositions#nextPosition方法，它用于返回某个分词在当前文档中的下一个位置。

5.5.4 PhraseQuery类体系

PhraseQuery用来匹配包含特定分词序列（短语）的文档。PhraseQuery定义了一个terms[]数组，表示支持对多个分词的组合查询。Positions[]也是一个数组，元素类型是SegmentTermPositions，用来存储每个分词在索引中的位置信息。

代码清单5-32　PhraseQuery类定义

```
public class PhraseQuery extends Query {
  private String field;
  private Vector terms = new Vector();
  private Vector positions = new Vector();
  private int slop = 0;
}
```

1. SegmentTermPositions类

PhraseQuery涉及统计不同分词之间的间隔，因此把分词和查询相关的信息< docID, docFreq, <position>* > 封装成TermPositions的子类，以便TermPositions子类的nextPosition方法用于返回某个分词在当前文档中的下一个位置。

代码清单5-33　SegmentTermPositions类定义

```
final class SegmentTermPositions extends SegmentTermDocs implements TermPositions {
  private IndexInput proxStream;
  private int proxCount;
  private int position;
}
```

2．PhraseScorer类

PhraseScorer类中有如下重要方法。

- getpositions：返回查询短语中分词的相对位置。
- getTerms：返回查询短语中分词的列表。
- createWeight：为当前查询的PhraseQuery构建一个PhraseWeight对象。

PhraseWeight#score方法根据slop的值决定构建ExactPhraseScorer或者SloppyPhraseScorer对象，二者都是PhraseScorer的子类。

PhraseWeight#scorer方法使用IndexReader.termPositions(term)返回SegmentTermPositions对象，该对象被传递到Scorer的PhrasePosition对象中。PhrasePositions是对TermPositions的一个封装，在ExactPhraseScorer和SloppyPhraseScorer类中被用来计算phrase_position信息。

代码清单5-34　slop决定构建Scorer子类

```
public Scorer scorer(IndexReader reader) {
  if (slop == 0)              // optimize exact case
    return new ExactPhraseScorer(this, tps, getPositions(),
                             similarity,
                             reader.norms(field));
  else
    return new SloppyPhraseScorer(this, tps, getPositions(),
                              similarity, slop,
                              reader.norms(field));
}
```

3．PhrasePositions类

PhrasePositions用来统计查询短语中每个分词的phrase_position数据。

代码清单5-35　PhrasePositions类定义

```
final class PhrasePositions {
  int doc;                      // current doc
  int position;                 // position in doc
  int count;                    // remaining pos in this doc
  int offset;                   // position in phrase
  TermPositions tp;             // stream of positions
  PhrasePositions next;         // used to make lists
  boolean repeats;

  PhrasePositions(TermPositions t, int o) {
    tp = t;
    offset = o;
  }
}
```

5.5.5　PhraseScorer工作流

PhraseQuery短语搜索入口依然是indexSearch.search方法。

首先，基于PhraseQuery实例对象会生成PhraseWeight对象，Weight对象提供的scorer方法根据查询短语是否设置slop值来创建评分器对象。如果slop为0，则构建ExactPhraseScorer子类对象；如果slop非0，则构建SloppyPhraseScorer子类对象。

代码清单5-36　Scorer类定义

```
public abstract class Scorer {
  public void score(HitCollector hc) throws IOException {
    while (next()) {
      hc.collect(doc(), score());
    }
  }
}
```

然后，PhraseScorer子类的next方法循环遍历短语在索引中的文档集来收集结果，其中score#next方法是一个虚方法，PhraseScorer负责具体的实现。PhraseScorer#next内部又会进一步调用phraseFreq函数找到一个同时包含所有分词的文档。phraseFreq在两个子类ExactPhraseScorer和SloppyPhraseScorer中的具体实现如图5-28所示。整个过程是一个典型的模板设计模式，在基类Scorer#next中定义了通用的流程，每个子类根据各自的定义扩展自己的逻辑实现。

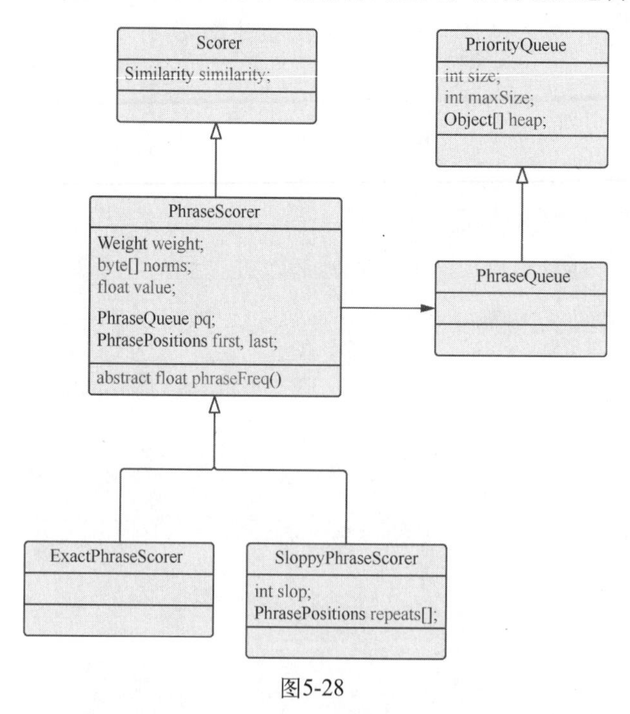

图5-28

对比SpanNearQuery与PhraseQuery的实现可以发现，本质上，每个子查询（可理解成对一个分词的查询）都需要满足两个基本条件：

- 所有分词都指向同一个文档；

- 查询短语中每个分词在同一个文档中的距离不能大于slop。

代码清单5-37 NearSpansOrdered类定义

```
class NearSpansOrdered implements Spans {
  private boolean advanceAfterOrdered() throws IOException {
    while (more && (inSameDoc || toSameDoc())) {
      if (stretchToOrder()
          && shrinkToAfterShortestMatch()) {
        return true;
      }
    }
    return false; // no more matches
  }
}

public class SpanNearQuery extends SpanQuery {
  public Spans getSpans(final IndexReader reader) {
    return inOrder
      ? (Spans) new NearSpansOrdered(this, reader)
      : (Spans) new NearSpansUnordered(this, reader);
  }
}
```

1．算法1：确定所有分词都出现在同一个文档

PhraseScorer类的构造函数中会创建一个链表，由first和last分别指向链表的首尾两端。链表元素PhrasePositions表示查询短语中出现的每个分词的phrase_position信息。

代码清单5-38 PhraseScorer类定义

```
abstract class PhraseScorer extends Scorer {
  private Weight weight;
  protected byte[] norms;
  protected float value;
  protected PhraseQueue pq;
  protected PhrasePositions first, last;

  PhraseScorer(Weight weight, TermPositions[] tps,
              int[] offsets, Similarity similarity,
              byte[] norms) {
    for (int i = 0; i < tps.length; i++) {
      PhrasePositions pp = new PhrasePositions(tps[i], offsets[i]);
      if (last != null) {
        // add next to end of list
        last.next = pp;
      } else
        first = pp;
      last = pp;
    }

    pq = new PhraseQueue(tps.length);
    // construct empty pq
```

```
  }
}
```

在PhraseScorer#next方法中，init用来遍历PhrasePositions链表并初始化优先队列。PhrasePositions链表中的每一个元素代表查询短语中的某一个分词。

代码清单5-39　遍历PhrasePositions链表

```
public boolean next() throws IOException {
  if (firstTime) {
    init();
    firstTime = false;
  } else if (more) {
    more = last.next();
    // trigger further scanning
  }
  return doNext();
}
```

因为分词可能在一个文档中出现多次，也可能在多个文档中出现多次，所以Lucene索引中存在类似<term, <docID, docFreq, <position>* >* >的元组。

基于<term, <docID, docFreq, <position>* > *>的存储格式，PhrasePositions#next实现在一个分词上遍历多个docID，而PhrasePositions#nextPosition方法则实现在一个固定docID上遍历多个分词在该文档中出现的位置（position）列表。理解这点很关键。

代码清单5-40　在各自文档内遍历分词

```
private void init() throws IOException {
  for (PhrasePositions pp = first; more && pp != null; pp = pp.next)
    more = pp.next();
  if(more)
    sort();
}

private void sort() {
  pq.clear();
  for (PhrasePositions pp = first; pp != null; pp = pp.next)
    pq.put(pp);
  pqToList();
}
```

对链表每个元素进行循环。对每个PhrasePositions元素调用next方法，间接对每个分词在各自文档的位置进行定位。

代码清单5-41　PhrasePositions类定义

```
final class PhrasePositions {
  int doc;                      // current doc
  int position;                      // position in doc
  int offset;                   // position in phrase
  TermPositions tp;                  // stream of positions
  PhrasePositions next;
```

```
  final boolean next(){
    // increments to next doc
    if (!tp.next()) {
      return false;
    }
    doc = tp.doc();
    position = 0;
    return true;
  }
}

final boolean nextPosition() throws IOException {
    if (count-- > 0) {              // read subsequent pos's
     position = tp.nextPosition() - offset;
     return true;
   } else
     return false;
   }
}
```

此处，关键函数是PhraseScorer#doNext，它的第一部分是找出查询短语中分词同时出现的文档列表；第二部分是使用PhraseScorer#phraseFreq函数，允许两个子类重写这个逻辑。

代码清单5-42　查询短语中分词同时出现的文档列表

```
private boolean doNext() {
  while (more) {
    while (more && first.doc < last.doc) {
      // find doc w/ all the terms
      more = first.skipTo(last.doc);
      // skip first upto last
      firstToLast();
      // and move it to the end
    }

    if (more) {
      // found a doc with all of the terms
      freq = phraseFreq();
      // check for phrase
      if (freq == 0.0f)
        // no match
        more = last.next();
      // trigger further scanning
      else
        return true;
      // found a match
    }
  }
  return false;
  // no more matches
}
```

我们先分析PhraseScorer#doNext方法的第一部分逻辑，它用来对查询短语中每个分词对应的倒排列表进行求交集运算。循环会一直执行，直到first和last指向相同的文档号，也就是找到了包含相同分词的文档。

代码清单5-43　倒排列表求交集

```
while (more && first.doc < last.doc) {
  // find doc w/ all the terms
  more = first.skipTo(last.doc);
  // skip first upto last
  firstToLast();
  // and move it to the end
}
```

ConjunctionScorer#doNext方法同样用来求解多个倒排列表的交集。

代码清单5-44　ConjunctionScorer类定义

```
class ConjunctionScorer extends Scorer {
  private final Scorer[] scorers;

  private boolean doNext() {
    int first=0;
    Scorer lastScorer = scorers[scorers.length-1];
    Scorer firstScorer;
    while (more && (firstScorer=scorers[first]).doc()
          < (lastDoc=lastScorer.doc())) {
      more = firstScorer.skipTo(lastDoc);
      lastScorer = firstScorer;
      first = (first == (scorers.length-1)) ? 0 : first+1;
    }
    return more;
  }
}
```

2．算法2：查询短语中每个分词在一个文档中出现的距离不大于slop

继续看PhraseScorer#doNext方法的第二部分逻辑：已知某个文档包含查询短语中所有的分词，如何判断所有分词在当前文档中出现的距离是否大于slop？主要的逻辑由子类ExactPhraseScorer#phraseFreq函数重载实现。

代码清单5-45　计算分词phrase_position

```
private boolean doNext() {
  while (more) {
    // 第一部分：对多个分词的倒排列表取交集
    // 第二部分：如果当前分档中存在所有分词，调用phraseFreq检查文档是否有短语匹配
    if (more) {
      // found a doc with all of the terms
      freq = phraseFreq();
      if (freq == 0.0f)
        more = last.next();
      else
        return true;
      // found a match
    }
  }
  return false;
}
```

代码清单5-45中最重要的部分是ExactPhraseScorer#phraseFreq函数，它用于计算phrase_position。

如前所述，对于短语查询中每个分词在文档中匹配的所有位置，可以计算出phrase_position，计算公式如下。

```
phrase_position = doc_term_pos - query_offset
```

当slop为0时，查询短语中每个phrase_term需要满足如下条件：

```
doc_term1_pos - query_offset1 = doc_term2_pos - query_offset2 = doc_term3_pos - query_
offset3
```

我们还是以之前的例子来说明，假设一个文档内容为“abcba”，执行查询短语"a b c"~1，考虑如何计算查询短语中每一个分词的phrase_position信息。考虑到一个分词（比如term_a）在文档中会出现多次，需要通过firstPosition、nextPosition方法取出分词在文档出现的所有位置，然后计算相应的phrase_position。只有计算的所有分词在某一文档中的phrase_position值完全相同，才说明该文档匹配。

代码清单5-46 使用phraseFreq计算分词phrase_position值

```
protected final float phraseFreq() throws IOException {
  // sort list with pq
  pq.clear();
  for (PhrasePositions pp = first;
       pp != null; pp = pp.next) {
    pp.firstPosition();
    pq.put(pp);                    // build pq from list
  }
  pqToList();                      // rebuild list from pq


  int freq = 0;
  do {
    // find position w/ all terms
    while (first.position < last.position) {
      // scan forward in first
      do {
        if (!first.nextPosition())
          return (float)freq;
      } while (first.position < last.position);
      firstToLast();
    }
    freq++;
    // all equal: a match
  } while (last.nextPosition());

  return (float)freq;
}
final void firstPosition() {
  count = tp.freq();                // read first pos
  nextPosition();
}

final boolean nextPosition() {
```

```
  if (count-- > 0) {             // read subsequent pos's
    position = tp.nextPosition() - offset;
    return true;
  } else
    return false;
}
```

再次遍历PhrasePositions链表，使用next方法通过firstPosition间接调用nextPosition方法，并通过position = tp.nextPosition() − offset计算出phrase_position的值。

搜索遍历文档集的同时会把计算出phrase_position值的链表元素插入优先队列PhraseQueue中。PhraseQueue中的元素是基于phrase_position值进行排序的。

代码清单5-47　PhraseQueue类定义

```
final class PhraseQueue extends PriorityQueue {
  PhraseQueue(int size) {
    initialize(size);
  }

  protected final boolean lessThan(Object o1, Object o2) {
    PhrasePositions pp1 = (PhrasePositions)o1;
    PhrasePositions pp2 = (PhrasePositions)o2;
    if (pp1.doc == pp2.doc)
      if (pp1.position == pp2.position)
        return pp1.offset < pp2.offset;
    else
      return pp1.position < pp2.position;
    else
      return pp1.doc < pp2.doc;
  }
}
```

紧接着使用pqToList函数来基于优先队列PhraseQueue重建PhrasePositions链表。

代码清单5-48　优先队列转换成PhrasePositions链表

```
protected final void pqToList() {
  last = first = null;
  while (pq.top() != null) {
    PhrasePositions pp = (PhrasePositions) pq.pop();
    if (last != null) {             // add next to end of list
      last.next = pp;
    } else
      first = pp;
    last = pp;
    pp.next = null;
  }
}
```

为什么需要从pqToList重建PhrasePositions链表呢？这相当于不断从priorityQueue中弹出PhrasePositions对象并将其插入有序链表中来完成转换。PriorityQueue通过lessThan重新定义对phrase_position值进行排序的规则。

5.5.6 MultiPhraseQuery

MultiPhraseQuery支持多短语查询，可以通过多个查询短语的拼接来实现复杂的查询。

比如，使用StandardAnalyzer建立索引，希望找出同时包含"spicy food"和"spicy ingredients"两个查询短语的文档。一个解决方案是指定一个前缀"spicy"和一个后缀数组Term[]（new Term("food"), new Term("ingredients")），则查询的结果即满足要求。当然，也可以指定一个后缀、多个前缀，并且设定slop值来指定前缀与后缀之间最长可以相距的间隔。

5.6 模糊搜索：利用模糊性改善搜索性能

5.6.1 概述

FuzzyQuery模糊匹配允许用户非精确地匹配结果集。FuzzyQuery是许多搜索引擎框架的基石，也是即使用户在查询中有一个拼写错误，仍旧能够获得搜索结果的主要原因。包括FuzzyQuery在内，几乎所有搜索引擎框架背后主要使用编辑距离算法来实现模糊字符串匹配。

5.6.2 编辑距离算法

如何计算编辑距离？正如1.2.6小节中讲过的，你只需逐个比较两个字符串的差异。比较过程中，如果两个字符不同，就可以将单词之间的距离加1。图5-29中展示了拼写错误的单词"acqurie"和正确的单词"acquire"之间的编辑距离，上述两个单词的编辑距离为2。

输入的单词	a	c	q	u	r	i	e
正确的单词	a	c	q	u	i	r	e
编辑距离	0	0	0	0	1	1	0
总编辑距离	0	0	0	0	1	2	2

图5-29

下面讲解编辑距离算法的原理。

1. 问题简化

输入：给定两个字符串s1与s2。

输出：计算出s1转换成s2所使用的最少步数。

允许对字符串有3种操作：插入、删除和替换一个字符。

Lucene最终便是从索引中取出域值串与查询短语字符串逐个比较编辑距离，来判断是否保留域值。

2. 思考框架

对于s1[i]与s2[j]中的每个字符，有如下4种情况：

```
if s1[i] == s2[j]
    i++; j++
else
    insert | delete | replace
```

运用上面的框架，问题就容易解决了。else分支中究竟选择哪个，需要通过暴力枚举插入、删除、替换3种操作，最后选择编辑距离最小的那种情况。

3. 递归框架

定义函数minEditDistance[i][j]语义为：当字符串s1的长度为i、字符串s2的长度为j时，将s1转换成s2时所需要的最少转换次数为minEditDistance[i] [j]。

- 如果s1[i]与s2[j]相等，此时不需要做任何操作，显然有minEditDistance[i][j]= minEditDistance[i - 1] [j -1]。
- 如果s1[i]与s2[j]不相等，有3种调整的选择。
  - 如果把字符s1[i]替换成s2[j]，则此时minEditDistance[i] [j] = minEditDistance[i - 1] [j - 1] + 1。
  - 如果把字符s1[i]从s1字符串中删除，则此时minEditDistance[i] [j] = minEditDistance[i - 1] [j] + 1。
  - 如果在字符串s1末尾添加一个与s1[j]相等的字符，则此时minEditDistance[i] [j] = minEditDistance[i] [j - 1] + 1。

求s1和s2字符串的编辑距离的代码如下：

```
func minEditDistance(i, j int) int {
  distances := [][]int{}
  for i := 0; i < len(s2); i++ {
    distances[0][i] = i
  }
  for i := 0; i < len(s1); i++ {
    distances[i][0] = i
  }

  if s1[i] == s2[j] {
    return distances[i-1][j-1]
    else {
      return min(
        minEditDistance(i, j - 1) + 1,
        minEditDistance(i -1, j) + 1,
        minEditDistance(i -1, j -1) + 1
      )
    }
  }
}
```

当s1[i] != s2[j]时，每层涉及的3种递归调用如下。

- minEditDistance(i, j - 1)递归：表示在s1[i]后面插入一个与s2[j]相等的字符。

- minEditDistance(i - 1, j)递归：表示将s1[i]字符删除。
- minEditDistance(i - 1, j - 1)递归：表示将s1[i]替换成s2[j]。

4．DP框架

动态规划（Dynamic Programming，DP）与递归算法最大的区别是：前者是自底向上；后者是自顶向下。显然DP算法更加高效，可以充分避免子问题被重复计算。

代码清单5-49　DP算法实现最短编辑距离

```
int minEditDistance(String s1, String s2) {
  int m = s1.length(), n = s2.length();
  int[][] editDist = new int[m + 1][n + 1];

  for (int i = 1; i <= m; i++)
    editDist[i][0] = i;
  for (int j = 1; j <= n; j++)
    editDist[0][j] = j;

  // 自底向上
  for (int i = 1; i <= m; i++)
    for (int j = 1; j <= n; j++)
      if (s1.charAt(i-1) == s2.charAt(j-1))
        editDist[i][j] = editDist[i - 1][j - 1];
  else
    editDist[i][j] = min(
    editDist[i - 1][j] + 1,
    editDist[i][j - 1] + 1,
    editDist[i-1][j-1] + 1
  );
  return editDist[m][n];
}
```

minEditDistance的动态规划算法揭示出：editDist[i] [j] 只和它相邻的3个状态相关，如图5-30所示。

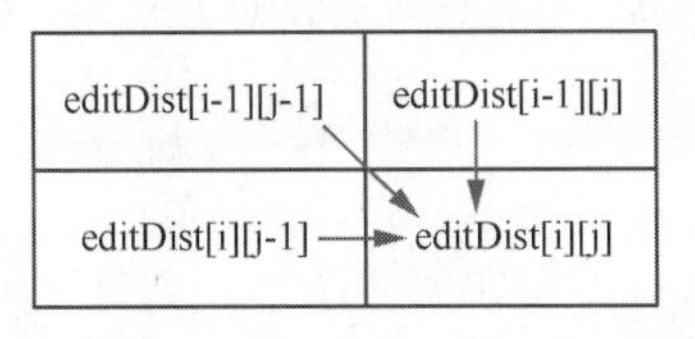

替换	删除
插入	editDist[i][j]

图5-30

5.6.3 FuzzyQuery工作流

首先，FuzzyQuery使用IndexReader打开索引文档，读取索引文件的内容。其次，将new FuzzyQuery(new Term("field", "aaaaa"))查询树转换成Weight对象树，Weight对象树会考虑分词的权重。接着，使用Weight对象树构建Scorer对象树，这个过程会引入文档评分机制。Scorer对象树的叶子节点，比如TermScorer会从索引中取出倒排列表。最后，基于查询语句特征对多个倒排列表取交集或并集后，将文档结果集返回给用户。

FuzzyQuery#search的执行流程与普通的TermQuery大致相同：创建Hits对象，将FuzzyQuery查询对象转换成FuzzyQuery#weight对象前会对FuzzyQuery的查询进行重写。

代码清单5-50　FuzzyQuery搜索流程

```
public Hits search(Query query, Filter filter)  {
  return new Hits(this, query, filter);
}

Hits(Searcher s, Query q, Filter f) {
  weight = q.weight(s);
}

public Weight weight(Searcher searcher) {
  Query query = searcher.rewrite(this);
  Weight weight = query.createWeight(searcher);
}
```

1. 查询重写

查询重写主要涉及MultiTermQuery，即一个查询语句代表了多个分词参与查询，比如PrefixQuery和当前分析的FuzzyQuery。对于这种类型的查询，Lucene无法直接查询，必须进行重写。有以下两种情况。

- 一种情况是：查询语句使用FuzzyQuery或者PrefixQuery。PrefixQuery获取索引中具体包含的域值，然后将一个分词的多个域值，使用OR逻辑关系组织多个BooleanClause对象生成BooleanQuery对象。
- 另一种情况是：查询语句本身使用多个分词。转换也很直观，将多个分词使用OR逻辑关系组成多个BooleanClause对象并生成BooleanQuery对象。

FuzzyQuery#rewrite重写逻辑与PrefixQuery#rewrite高度相似，唯一不同的是在查询重写中引入了编辑距离算法来计算两个分词之间的编辑距离。通过这种查询重写技术，可以让查询结果更加准确。

代码清单5-51　FuzzyQuery搜索重写逻辑

```
public Query rewrite(Query original) {
  Query query = original;
  for (Query rewrittenQuery = query.rewrite(reader);
       rewrittenQuery != query;
       rewrittenQuery = query.rewrite(reader)) {
    query = rewrittenQuery;
  }
  return query;
}
```

2. FuzzyQuery#rewrite

FuzzyQuery基于编辑距离算法，它提供了一个定义前缀长度的选项，允许在检查模糊匹配之前对可能的结果进行预先搜索，从而提高性能。

FuzzyQuery查询重写逻辑有两部分：第一部分是基于PrefixQuery从索引倒排列表中取出候选分词项。对应第一个循环中next方法取出分词列表，它会间接调用FuzzyQuery#termCompare方法完成候选分词与查询短语之间编辑距离的计算，满足条件的分词会留下来放入优先队列，并进入第二部分继续进行处理。

第二部分，确定找到满足PrefixQuery和编辑距离的分词项，有了这些分词后，将它们组装成BooleanQuery对象，同样使用OR逻辑关系。

代码清单5-52 FuzzyQuery类定义

```
public class FuzzyQuery extends MultiTermQuery {
  private int prefixLength;
  private float minimumSimilarity;

  public Query rewrite(IndexReader reader) {
    FilteredTermEnum enumerator = getEnum(reader);
    int maxClauseCount = BooleanQuery.getMaxClauseCount();
    ScoreTermQueue stQueue =
      new ScoreTermQueue(maxClauseCount);

    try {
      do {
        float score = 0.0f;
        Term t = enumerator.term();
        if (t != null) {
          score = enumerator.difference();
          reusableST = new ScoreTerm(t, score);
          reusableST = (ScoreTerm) stQueue.insertWithOverflow(reusableST);
        }
      } while (enumerator.next());
    }

    BooleanQuery query = new BooleanQuery(true);
    int size = stQueue.size();
    for(int i = 0; i < size; i++){
      ScoreTerm st = (ScoreTerm) stQueue.pop();
      TermQuery tq = new TermQuery(st.term);
      // found a match
      tq.setBoost(getBoost() * st.score);
      // set the boost
      query.add(tq, BooleanClause.Occur.SHOULD);
      // add to query
    }
    return query;
  }
}
```

3. FilteredTermEnum#setEnum和termCompare函数

termCompare方法使用编辑距离计算给定项和基于Prefix从索引中取出的分词项之间的距离。

FuzzyQuery提供了minimumSimilarity字段，用来代表最小相似度。通过指定一个相似度来决定模糊匹配的程度，其默认值为0.5。这个值越小，通过模糊查询得出的文档的匹配程度越低，文档数量也就越多；这个值越大，说明要匹配的程度越高，匹配的文档数目也就越少。当minimumSimilarity设为1时，会退化为TermQuery。

similarity方法用来计算两个输入字符串（查询短语串与基于prefix前缀从索引中取出的候选分词项）之间的编辑距离，然后返回1-(编辑距离/长度)。只有这个计算的值大于FuzzyQuery预定义的minimumSimilarity值，当前的分词才会被留下并放入优先队列。similarity作为查询重写逻辑的核心，留在优先队列的多个分词会转换成一个BooleanQuery对象，用来进行最后的索引查询。

代码清单5-53　返回满足模糊搜索定义的分词

```
protected void setEnum(TermEnum actualEnum){
    this.actualEnum = actualEnum;
    // Find the first term that matches
    Term term = actualEnum.term();
    if (term != null && termCompare(term))
        currentTerm = term;
    else next();
}
```

4．FuzzyTermEnum#similarity：本质是编辑距离算法

5.7.2小节已经详细分析了编辑距离算法的原理。下面是Lucene源码中对编辑距离算法的动态规划实现。了解原理后，实现过程就比较简单了。值得说明的是，此算法被广泛应用于拼写检查、语句识别、DNA分析等场景。

代码清单5-54　FuzzyTermEnum类定义

```
public final class FuzzyTermEnum extends FilteredTermEnum {

  private synchronized final float similarity(final String target) {
    final int m = target.length();
    final int n = text.length();

    final int maxDistance = getMaxDistance(m);
    if (d[0].length <= m) {
      growDistanceArray(m);
    }

    // init matrix d
    for (int i = 0; i <= n; i++) d[i][0] = i;
    for (int j = 0; j <= m; j++) d[0][j] = j;

    // start computing edit distance
    for (int i = 1; i <= n; i++) {
      int bestPossibleEditDistance = m;
```

```
        final char s_i = text.charAt(i - 1);
        for (int j = 1; j <= m; j++) {
          if (s_i != target.charAt(j-1)) {
            d[i][j] = min(d[i-1][j],
                          d[i][j-1],
                          d[i-1][j-1])+1;
          }
          else {
            d[i][j] = min(d[i-1][j]+1,
                          d[i][j-1]+1,
                          d[i-1][j-1]);
          }
          bestPossibleEditDistance =
            Math.min(bestPossibleEditDistance, d[i][j]);
        }

        if (i > maxDistance && bestPossibleEditDistance > maxDistance) {
          return 0.0f;
        }
      }

    return 1.0f - ((float)d[n][m] / (float) (prefix.length() + Math.min(n, m)));
  }
}
```

5.7 小结

本章对布尔检索与查询进行了深入分析。

首先介绍了TF-IDF理论模型和实现机制。搜索引擎在进行关键词查询的时候，默认使用TF-IDF模型来计算关键词与文档的相关度。对于一个词的词频（TF）与逆向文档频率（IDF）的乘积，其值越高，说明这个词与这些文档的关联度越高。此外，还介绍了余弦相似度。

其次讨论了查询过滤器的工作机制。过滤器是一种缩小搜索空间的机制，过滤器与查询器可以一起工作，从而优化搜索结果。再次讨论了全文搜索的工作流程。一般来说，搜索的主要流程包括：解析查询文本并生成布尔逻辑表达式；定位分词词典索引并返回倒排列表；计算倒排列表中的文档相关度；回收器收集目标文档集合并返回。

另外介绍了短语搜索工作流程。Lucene支持在双引号中输入多个分词将结果限制为精确的短语匹配。如果需要扩大对某个特定短语的搜索范围，可以使用slop，它允许在短语分词之间插入额外的分词。

最后讨论了模糊搜索的工作机制。模糊搜索使用编辑距离算法来查找近似的字符串。

第6章

Lucene的底层数据结构与算法

6.1 背景

数据结构和算法如同硬币的两面。数据结构描述了数据在内存中如何布置与组织，涉及数据的逻辑结构和物理结构。而算法描述的系统指令用来对内存中的内部数据结构进行读、写操作。数据结构和算法的选择会直接影响程序的性能和效率。

一般来说，搜索引擎执行以下几个阶段来获取搜索结果。

（1）爬虫：抓取网络中所有网页的信息。

（2）创建索引：为获取的网页创建倒排索引，并将其保存在分布式数据库中，方便以后的检索。

（3）文档检索（Retrieval）：当一个搜索请求进入搜索引擎内部时，查询解析器将查询字符串转换成布尔逻辑表达式，然后查找索引并返回关联的文档结果集。

（4）文档相关性排序（Relevance Ranking）：搜索引擎需要计算索引中文档与搜索字符串的相关性，根据相关性对文档进行排序后返回文档集。

（5）展示搜索结果。

在特定的场景下，使用合适的数据结构和算法对性能至关重要。下面列举Lucene采用的一些数据结构和算法，主要阐述前4个阶段。

第一阶段：爬虫。

- 图结构与广度优先搜索算法：跟踪一个网页到另一个网页的链接。本质是对图进行深度优先或者广度优先遍历来获取网络中所有的文档。
- Trie树结构：用于维护爬虫访问过的页面URL。很多URL会共享域名，Trie树结构可以提供快速查询，同时也提供一个合适的压缩率。
- 编码与压缩算法：对数据进行编码与压缩来减小倒排索引。编码和高度压缩在搜索中很重要，它们既有助于在内存中存储更多的数据，又有助于从磁盘读取更少的数据。

第二阶段：创建索引。

- 哈希表结构：一个索引段包含多个域，每个域都有很多元数据，保存在fnm索引文件中。当文档加载进内存中时，这些域的元信息存储在哈希表中。哈希表用于支持快速查找文档域的元信息，比如域名，域是否支持索引和分词。

- 有序存储结构和二分搜索算法：docID在倒排索引中要求有序存储，检索时可以执行分而治之的策略。getIndexOffset就是采用二分查找在tii文件中实现高效检索。
- 位图结构：当从索引中删除或者更新（删除+添加）文档时，文档不会立即被删除。因为重建索引的成本太高了，这个待删除文档会被记录在位图结构中，并被标记为删除。
- 数组模拟链表（Array Simulated Link）算法：ByteBlockPool代表动态二维数组。该算法在不连续的物理空间之上构建一个逻辑上连续的内存块数据片链表（Slice Link）。
- 倒排索引结构和算法：倒排索引结构允许快速访问关键词的索引文档，允许对多个跳表求交集、并集。搜索引擎在磁盘上使用跳表结构来构建倒排索引。索引是搜索引擎的核心结构。

第三阶段：文档检索。

- 迪杰斯特拉算法：基于最短路径算法进行中文分词，即进行词的切分与匹配。
- Trie树结构：大量使用Trie树构建文档数据的好处是避免重复的状态。
- 模糊查询和编辑距离算法：模糊查询允许用户非精确地匹配结果集，通过遍历索引中的所有分词并计算每个分词和查询字符串的编辑距离来完成。搜索引擎主要使用编辑距离算法来实现模糊字符串匹配。
- 树遍历与转换算法：涉及查询树、权重树、评分树之间的转换。

第四阶段：文档相关性排序。

- TF-IDF算法：根据分词在文档中出现的频率以及在给定文档集中的重要性对文档进行评分。
- 优先队列结构：搜索引擎根据搜索串与文档的匹配程度返回Top-N的文档集给用户。Lucene要解决的核心问题是如何快速返回Top-N的文档集。这本质上是一个排序问题。优先队列结构被用来实现堆排序。

然而，只要一个操作（比如检索）的成本降低，另一个操作（比如额外索引维护）的成本就会增加。例如，tis文件保存了所有分词的信息，但是为了加速检索，还设计了它的tii索引文件。如果将tis文件理解成基表，tii文件则是索引表。插入记录到tis基表的同时也需要向tii索引表更新记录，删除记录的过程是类似的。基表和索引表必须时刻保持同步，这便是代价。时间和空间是鱼和熊掌，不可兼得。在我看来，很多时候能够识别问题比记住解决问题的算法更重要。

本章的内容无法覆盖上述所有数据结构和算法，主要集中在对编码与压缩算法、跳表、ByteBlockPool和ByteSliceReader的分析。对于其他的数据结构与算法，读者可以回顾之前的章节，进行针对性的巩固与复习。

6.2 编码与压缩算法

6.2.1 概述

传统的压缩是基于块的，比如MySQL的InnoDB引擎将整个内存页面进行压缩并写入磁盘中。用户查询从磁盘取数据并将其写回内存后，会一直保持压缩，直到查询要读取并分析页面内容时，才会进行解压缩操作。Lucene在设计时引入了很多以时间换空间的数据压缩技术，以保证在最小的磁盘资源下存储最多的数据。编码和高度压缩在搜索中很重要，它们既有助于在内存中存储更多的数据，又有助于从磁盘读取更少的数据。

数据编码与压缩对大脑同样重要。保留学习成果的有效策略是在信息到达大脑之前对其编码与压缩。费曼学习法的核心是鼓励使用简洁语言阐述学习的知识。科学家将记忆分为短期记忆和长期记忆，这些记忆被分布式地存储在大脑中，既高效也冗余。毕竟大脑不是计算机，大脑存储数据能力有限，其检索数据的能力甚至更小。编码和压缩你的想法有助于更好地在大脑中存储和检索它。

6.2.2 前缀编码

1. 行程编码

行程编码（Run-length Encoding）是最简单的编码方式之一，其原理是使用当前的元素和该元素连续出现的次数来取代数据块（Block）中连续出现的数据部分。如图6-1所示，当一个Block中连续且重复出现的元素特别多时，可以考虑此种编码方式。

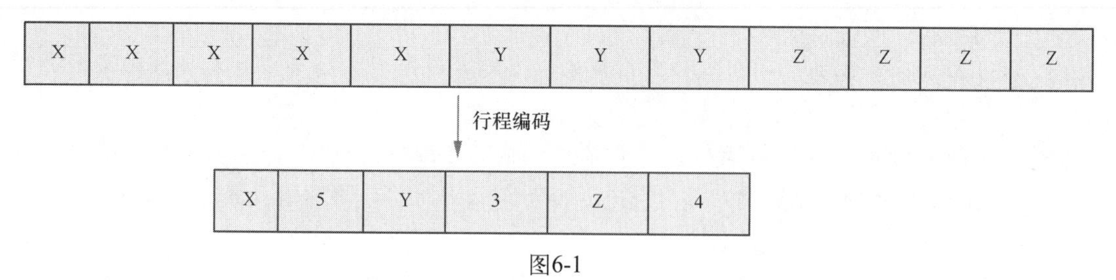

图6-1

2. 差分编码

Lucene中将分词信息写入磁盘文件时，采用了差分编码的方式。如图6-2所示，对于包含相同前缀的相邻分词，计算出公共前缀字符串，这样后面的分词就只需要保存公共前缀子串的长度和不同的字符子串。

代码清单6-1　对分词元信息进行差分编码

```
private void writeTerm(int fieldNumber, char[] termText,
                       int termTextStart,
                       int termTextLength){
  int start = 0;
```

```
  final int limit = termTextLength < lastTermTextLength ? termTextLength : lastTermTex
tLength;
  while(start < limit) {
    if (termText[termTextStart+start] != lastTermText[start])
      break;
    start++;
  }

  int length = termTextLength - start;
  output.writeVInt(start);
  // write shared prefix length
  output.writeVInt(length);
  // write delta length
  output.writeChars(termText, start+termTextStart, length);
  // write delta chars
  output.writeVInt(fieldNumber);
  // write field num
}
```

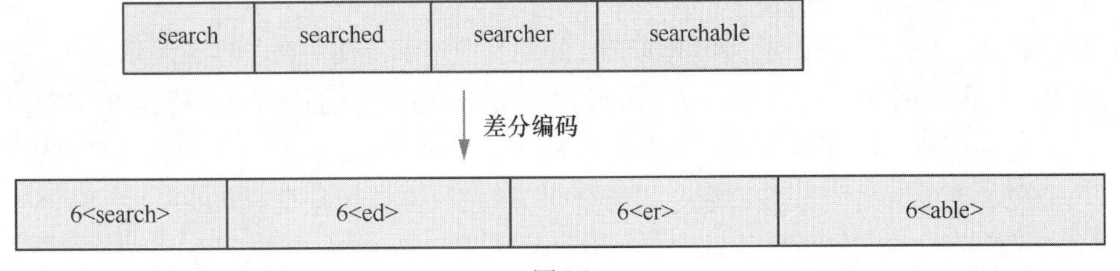

图6-2

6.2.3 增量编码

增量（Delta）编码存储一个基本值和两个后续相邻数据值的差值。

假如，你希望存储一个如下所示的非负整数序列。

```
Original: 105, 135, 112, 135, 143, 147
```

我们可以将这6个数字存储为整数，每个整数为32位（4字节），总共使用32×6位，如下所示。

```
Original: 105,       135, 142, 145, 146, 147
Delta:   105(base),30,  7,    3,   1,  1
```

将数据存储为连续样本之间的差异，而不是直接存储样本本身，这样增量的部分可以使用更少的位来存储与表达。Lucene对docID、词频或者分词的位置信息执行增量编码时，它们一定是非负整数。

代码清单6-2 对分词位置进行增量编码

```
private void addPosition(Token token) {
  if (docID != p.lastDocID) {
    // term not yet seen in this doc
    proxCode = position;
  } else {
    // term already seen in this doc
    p.docFreq++;
```

```
    proxCode = position-p.lastPosition;
  }
  writeProxVInt(proxCode<<1);
}
```

6.2.4　变长字节编码

Lucene会对基本数据结构进行压缩与优化，其中一个压缩策略是通过变长字节编码（Variable Byte Encoding）得到VINT类型的数据，即每个字节的最高位用来标识是否还有下一个字节需要读取，而低7位代表实际的数据，这样将隶属于同一个数字的字节组合起来就可以获得原来的整数。

对于整型，无论是数值较小的10、20，还是数值较大的1000、2000，都用4个字节表示。而VINT的压缩策略是采用可变长的字节来表示与存储一个整数：对于数值较小的整数，使用较少的字节来表示；对于数值较大的整数，则使用较多的字节来表示。

例如，整数1的变长字节编码使用一个字节来表示，即00000001。其最高位为0，表示没有更多的字节了，低7位则表示数值1。

又如，整数128（二进制表示为10000000）的变长字节编码使用两个字节表示：第一个字节是10000001，其中最高位1表示后面还有一个字节，低7位用于存储128的二进制值的第8～14位；第二个字节是00000000，其中最高位0表示这是最后一个字节，低7位用于存储128的二进制值的第1～7位。因此，去除最高位后，这两个字节的低7位合起来是10000000，即128的二进制值。

VINT举例如图6-3所示。

值	第一个字节	第二个字节	第三个字节
0	00000000		
1	00000001		
2	00000010		
127	01111111		
128	10000001	00000000	
129	10000001	00000001	
16,383	11111111	01111111	
16,384	10000000	10000000	00000001

图6-3

变长字节编码写操作（writeVInt）的代码如下。

```
public void writeVInt(int i) throws IOException {
  while ((i & ~0x7F) != 0) {
    writeByte((byte)((i & 0x7f) | 0x80));
    i >>>= 7;
  }
  writeByte((byte)i);
}
```

- (i & ～0x7F)：判断当前整数i的最低字节的第八位，如果返回true，说明整数的第二个字节仍旧保存着有效的字节。这些字节应该在后续遍历中执行相同的判断逻辑，以确定整数中有效字节个数。
- writeByte((byte)((i & 0x7f) | 0x80))：将当前整数i的低7位和一个标志位（设置为1）组成一个字节，并写入字节缓存。
- i >>>= 7：将整数i向右移7位，然后继续分析接下来的字节内容。

变长字节编码读操作（readVInt）的代码如下。

```
public int readVInt() throws IOException {
  byte b = readByte();
  int i = b & 0x7F;
  for (int shift = 7; (b & 0x80) != 0; shift += 7) {
    b = readByte();
    i |= (b & 0x7F) << shift;
  }
  return i;
}
```

- readByte：首先读取最低位的字节。
- b & 0x7F：取当前字节的低7位，并初始化整型变量i。
- for (int shift = 7; (b & 0x80) != 0; shift += 7)：使用循环判断从字节缓存读出的字节b的最高位，如果返回true，则说明后续还存在有效的字节内容，继续循环内的逻辑。如果返回false，则直接返回整数i。
- i |= (b & 0x7F) << shift：在循环内将当前取出的字节抹掉最高标志位后，左移shift位形成一个单独有效的字节，并返回整数i中。

6.3 跳表结构：分层有序链表

6.3.1 概述

Lucene中的跳表采用的是以空间换时间的基本设计思路。

如图6-4所示，Lucene索引是分层组织。Lucene索引由多个段组成，段由多个文档组成，文档进一步由多个域组成，每个域经过分词器会分解成多个分词。Lucene使用不同的扩展名来标识索引的不同部分（segment、doc、field、term)。具有相同扩展名的所有文档属于同一个段。

段文件（segment_N）代表某次提交（Flush）后产生的元信息文件。在这个段文件中，记录了当前索引中所有段的数量、各个段的名称，以及各个段的大小（此段包括的文档数量）等元信息。Segments.gen与segment_N文件用来保存段的元数据。索引有多个段，原则上就有多个对应的segment_N文件。每个段包含多个文档。段中真正的正排索引与倒排索引分别独立保存在不同的文件中。

一个索引只有一个segment.gen文件，但可以有多个segment_N文件。最理想的情况是一个索引有一个segment_N文件。这说明索引中多个小段可以通过后台不断合并成大段，以支持高效的索引查询。

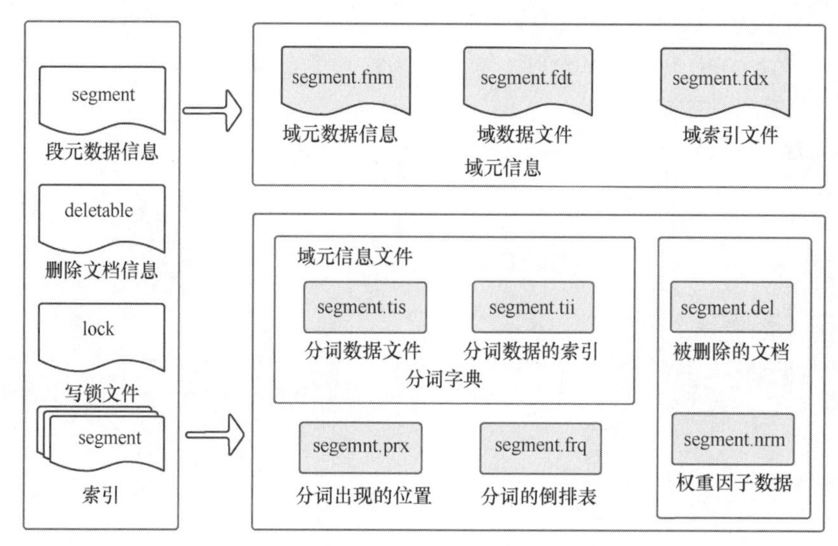

图6-4

segment.gen文件中包含当前索引管理的所有段中最后一个段的序号，它对应segment_N中的N，被称为generation。Lucene每次向索引提交更改时都会将这个N增加1。

6.3.2　跳表的定义与规则

相比红黑树数据结构，跳表是一种相对简单的数据结构，但是它具有与复杂的红黑树相同的效率。跳表的基本操作的时间复杂度如图6-5所示。

值	时间复杂度
插入	$O(\log N)$
删除	$O(\log N)$
查找	$O(\log N)$
枚举	$O(N)$

图6-5

跳表是一种非常有效率的数据结构，它可以作为排序的数据集的底层存储。跳表与链表在结构上相似，只是引入了“分层”的思想，从上到下的每一层都是一个有序链表。

跳表具有以下几个基本特征。

- 跳表元素节点按顺序进行排列。在Lucene中，按照docID从小到大有序排列，并且是从0开始计数的，比如SkipData-level0、SkipData-level1等。

- 跳表中不包括原始链表，SkipData-level0负责对原始链表进行一级索引。

跳表比顺序链表的查找效率更高。比如在图6-6展示的跳表中查询目标节点13，原来需要访问节点3、4、7、12、13总共5个元素，而应用跳表后，首先访问第一层的节点12，发现目标节点13大于节点12，并且第一层链表没有下一个节点，然后下沉到第二层的节点14，发现节点14大于目标节点13，然后继续下沉到原始链表的节点13，匹配到目标节点13，总共需要访问3个元素。此时的查找算法是从最高层向下查找，很接近二分搜索算法。当然，跳转数据越多，效率提高得越明显。

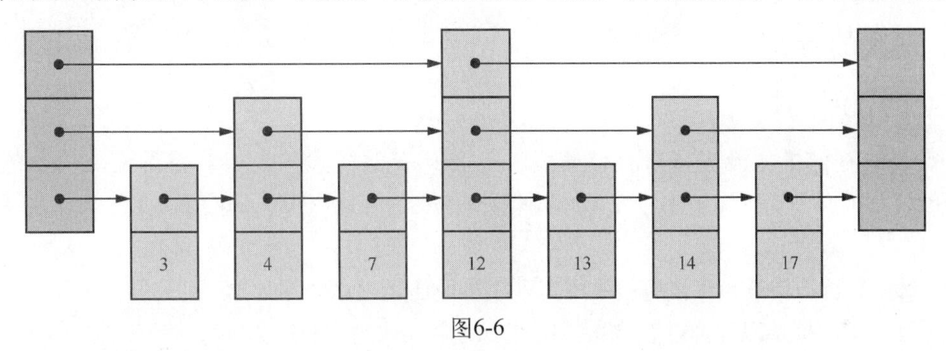

图6-6

6.3.3 从单链表到跳表

对于一个普通的有序单链表，它的插入、删除、查找和枚举操作的时间复杂度都是$O(N)$，如图6-7所示。对于链表结构，我们只能线性遍历，搜索时不能跳过节点。换句话说，有序单链表并没有充分利用“有序”这一特征，在操作复杂度方面完全退化成了无序的单链表。

操作	时间复杂度
插入	$O(N)$
删除	$O(N)$
查找	$O(N)$
枚举	$O(N)$

图6-7

那么，我们怎样才能使有序单链表上的操作更加高效呢？有一个思路是将其转化成一个排序的多层链表，类似图6-6的跳表。

这样，在多层链表中查找一个特定的元素的时间复杂度只需要$O(\log N)$。

$O(\log N)$是一个不错的搜索时间复杂度。它付出的代价是在对元素进行插入与删除的时候需要维护这个多层的链表结构。具体如下。

- 删除元素节点时，从高层链表索引向低层链表索引逐层递进查找，并在查找过程中对节点进行删除。
- 添加新元素节点时，需要对多层链表进行更新。每当有新的元素节点插入时，需要通过概率算法计算需要将其插入第几层链表索引节点中。

简言之，跳表采用以空间换时间的基本设计思路。

为什么Lucene提供跳表索引而不是B树呢？众所周知，在关系数据库中进行索引时，常用的数据结构是B树或者它的一些变体。相比其他数据结构，B树执行磁盘I/O操作来运行查找的次数更少。数据大部分时间都存储在磁盘上，只有在运行查询时才被加载到内存缓存中，B树本身的特征可以减少磁盘I/O的操作。但随着内存大小的增加，会有越来越多的数据直接加载进内存。而跳表数据结构更适合同时对内存和磁盘上的数据进行索引。

6.3.4 跳表的特点

1. 内存优化

Lucene的存储模型既支持行存储模式又支持列存储模式。其中对正排索引信息的存储（fdt、fdx文件）体现为行存储模式，对倒排索引信息的存储（tis、frq、prx文件）体现为列存储模式。

Lucene中，行存储是为了快速、保持高吞吐量地访问内存中的数据；列存储是为了集中管理分词的倒排索引数据，以便通过查询接口快速、方便地取出用户搜索的关键字对应的文档列表。相比B树结构，跳表的实现更加简单。例如，B树需要处理页合并与页分裂，而跳表不需要相应的操作。

2. 无锁与并发

跳表用于存储已排序的列表，非常类似二叉搜索树。对比B+树结构，跳表最主要的优点是它更适用于并发访问。

我们在研究B+树的时候，会将其简化成2-3-4树来理解与分析。而红黑树本质上可以看成2-3-4树。当一个数据元素被修改或者删除时，无论是2-3-4树、B+树还是红黑树都涉及页分裂与页合并操作。这个过程中也伴随着递归对树节点的旋转操作，以达成树的平衡。而并发访问（修改或者删除节点）树的问题就是互斥与锁定。

例如，在图6-8（a）中的叶子节点下方插入一个红色节点，并将其挂在4-Node类型的节点下（将框中“上黑下二红节点”理解成2-3-4树中的“4-Node类型的节点”）。因为红黑树中不允许有两个相邻的红色节点的，所以需要对4-Node类型的节点加锁并更换颜色，如图6-8（b）所示。更换颜色后的红黑树仍然违反“不允许有两个相邻的红色节点”的原则，因此需要自底向上进行递归调整，如图6-8（c）所示，整个过程可能会一直持续到根节点，加锁会损失对树操作的并发性。

对跳表而言，进行插入、更新和删除节点时，只有直接连接到受影响的节点才需要锁定。但是，跳表对缓存并不友好，因为它不会优化访问局部性，也就是说，链表连接的元素通常相隔很远，并不在相邻的页面上。

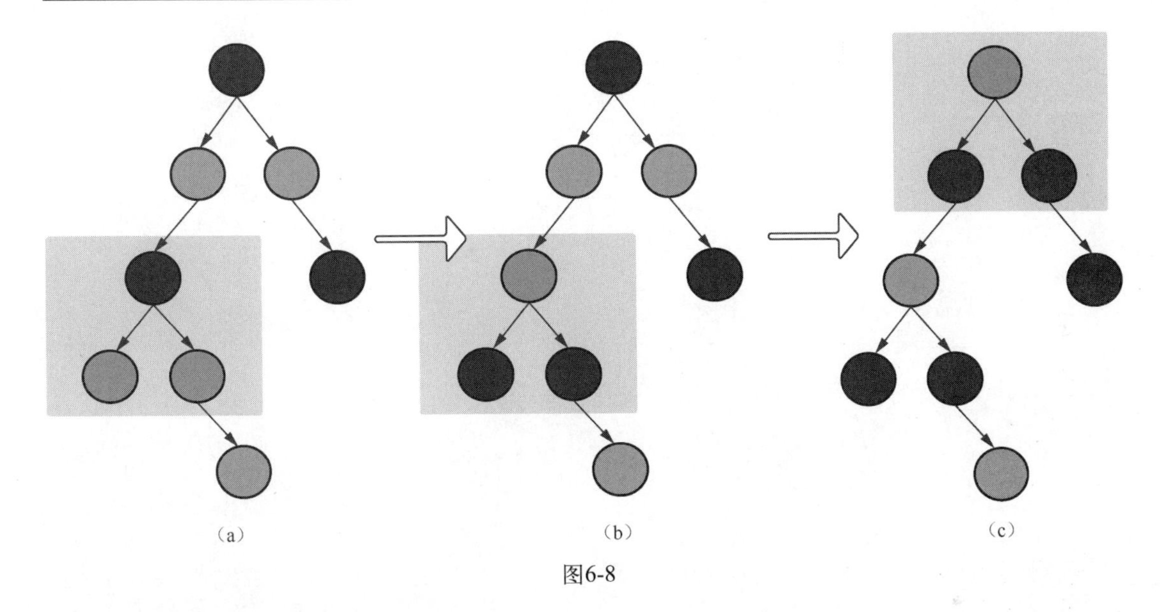

图6-8

跳表的缺点集中在以下两点。

- CPU缓存效率：跳表不能充分利用内存的局部性原理。在搜索结果中遍历时，跳表会在内存中基于分层的链表进行随机跳转。
- 反向迭代：大多跳表通过增加Previous指针来支持在列表中反向迭代。无锁的双向链表比较难以实现。

综上，跳表成为Lucene首选的索引数据结构。

6.3.5 frq索引文件中的跳表设计

如图6-9所示，frq文件内容中同时包含TermFreqs和SkipData，每个分词都有一个TermFreqs和SkipData。

- TermFreqs中保存的是分词在各个文档中出现的频率。
- SkipData是跳表，这是frq文件最复杂且关键的部分，也是设计和实现搜索引擎时最值得借鉴学习的部分之一。

代码清单6-3 frq扩展文件格式

```
FreqFile (.frq) -> <TermFreqs, SkipData>^TermCount

TermFreqs -> <TermFreq>^DocFreq
TermFreq -> DocDelta[, Freq?]

SkipData -> <<SkipLevelLength, SkipLevel>^NumSkipLevels-1, SkipLevel> <SkipDatum>

SkipLevel -> <SkipDatum>^DocFreq/(SkipInterval^(Level + 1))
SkipDatum -> DocSkip,PayloadLength?,FreqSkip,ProxSkip,SkipChildLevelPointer?
```

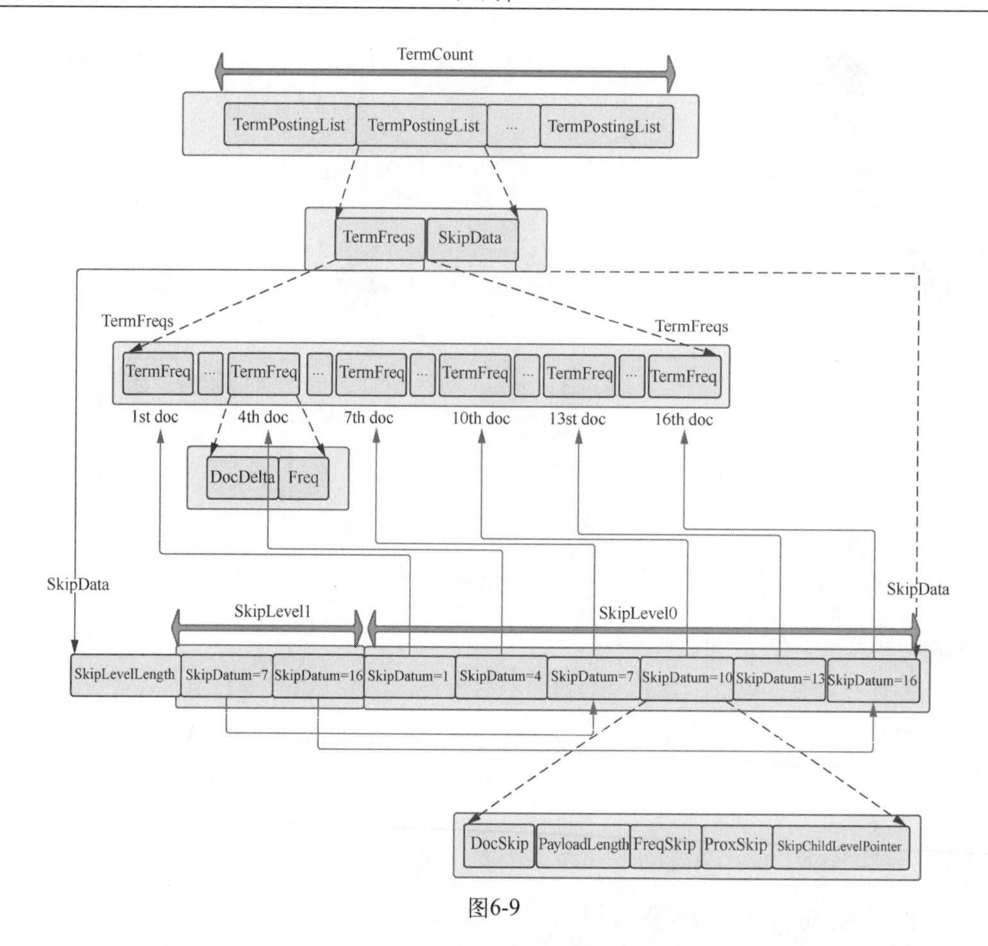

图6-9

应特别注意的是，TermFreqs与SkipData都是以分词进行组织的。也就是说，一个域经过分词器解析成多个分词列表，每个分词有自己的独立并且集中的TermFreqs与SkipData。

6.3.6　索引的设计思想：空间换时间

tis、frq、prx索引文件是用来实现倒排索引结构的主要机制。Lucene采用多层次跳表来对倒排列表数据进行索引。

如6.3.3小节中所述，跳表本质上是使用二分搜索的有序链表。它基于原始链表增加了多层索引，通过额外建立的索引实现快速查找。它首先会在最高层索引查找最后一个小于目标查找节点的元素，然后下沉到次高层索引继续查找，直到下沉到最底层的原始链表，这个时候查找的位置已经很接近目标查找节点的位置了。由于根据高层索引查找时一次可以跳过多个节点，所以查找效率也就被优化了。

因此Lucene为倒排索引构建跳表，并按照层级进行序列化存储，将搜索的耗时操作转嫁给多层索引，这便是Lucene索引中以空间换时间的基本设计思想。一般来说，越高层的索引拥有越少的次高层索引节点。

6.3.7 MultiLevelSkipListWriter类的相关状态

1. 跳跃节点

Lucene在构建索引时会为每个分词构建倒排索引结构，每个倒排索引结构都需要构建自己的跳表。在构建跳表时，需要从原始链表中抽取一些节点作为索引节点，这些节点就是跳跃节点（SkipDatum）。跳跃节点不仅包含数据信息，也包含下一层指针。

SkipInterval是跳表应用到原始链表的跳跃距离，即每隔SkipInterval就抽取一个节点到上一层建立索引，这个新抽取的节点其实就是跳表的跳跃节点。

代码清单6-4 跳跃节点定义

```
SkipData -> <<SkipLevelLength, SkipLevel>^NumSkipLevels-1, SkipLevel> <SkipDatum>

SkipLevel -> <SkipDatum>^DocFreq/(SkipInterval^(Level + 1))
SkipDatum -> DocSkip,PayloadLength?,FreqSkip,
ProxSkip,SkipChildLevelPointer?
```

图6-9中的SkipDatum就是跳跃节点，它兼顾以下两个职责。

- 除去第0层的跳表，每层跳表的SkipDatum会通过SkipChildLevelPointer字段指向低一层跳表的指针。
- 跳表中每个SkipDatum通过FreqSkip与ProxSkip字段来分别存储与管理分词在frq与prx索引文件中的偏移位置。

2. 计算跳表的层数

在跳表中，每一层都是原始链表的一个子集，层数越高，包含的节点数量越少。为了提升跳表查询的效率，我们需要根据原始链表的长度和skipInterval来决定跳表的层数。计算跳表的层数（numberOfSkipLevels）需要兼顾三个因素：跳跃距离（skipInterval），跳表最大层数（maxSkipLevels）和文档频率（Document Frequency，DF）。文档频率指包含某个分词的文档数目，用来确定某个分词在索引文档中的权重。

图6-10中展示了MultiLevelSkipListWriter类，其构造函数中使用如下语句来计算跳表层数：

```
numberOfSkipLevels = df == 0 ? 0 : (int) Math.floor(Math.log(df) / Math.log(skipInterval)
```

首先使用条件运算符判断文档频率是否为0，如果文档频率为0，则跳表的层数也为0，因为不需要为一个没有出现在任何文档中的分词创建索引和跳表。如果文档频率不为0，则使用对数来计算跳表的层数。

跳表中每一层节点的数量都是前一层节点数量的skipInterval倍，因此跳表第k层有skipInterval^k个节点。又因为文档频率等于跳表最大节点数，所以有skipInterval^k = df。等式两边取对数得到 k = log (skipInterval) (df)，最后通过对数换底公式得到计算跳表层数的公式。

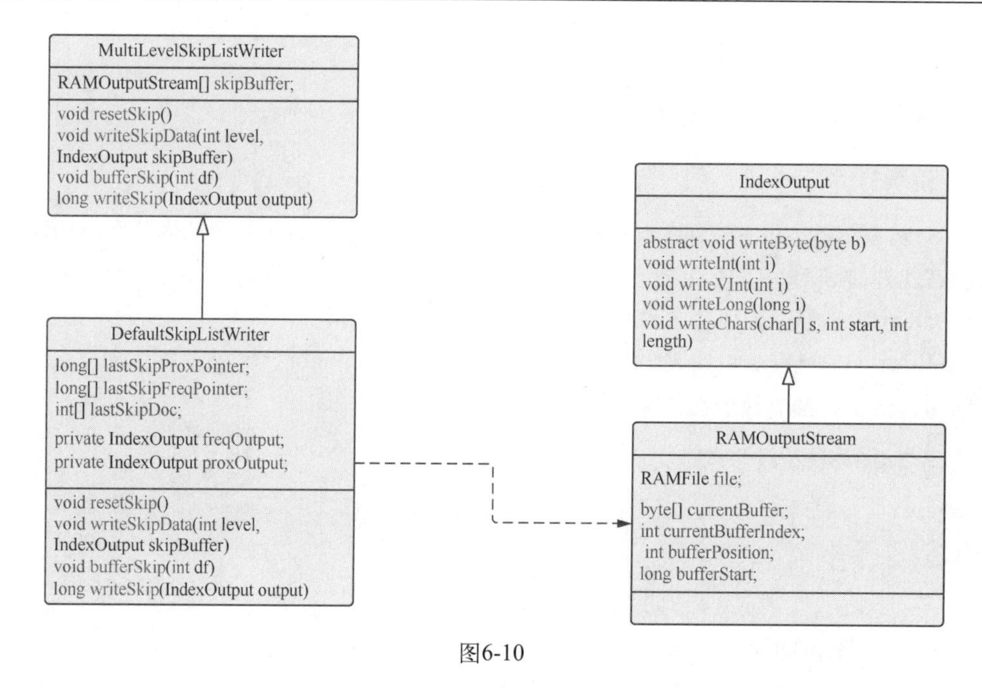

图6-10

代码清单6-5　计算跳表层数

```
protected MultiLevelSkipListWriter(int skipInterval, int maxSkipLevels, int df) {
  this.skipInterval = skipInterval;

  // calculate the maximum number of skip levels for this document frequency
  numberOfSkipLevels = df == 0 ? 0 : (int) Math.floor(Math.log(df) / Math.log(skipInte
rval));

  // make sure it does not exceed maxSkipLevels
  if (numberOfSkipLevels > maxSkipLevels) {
    numberOfSkipLevels = maxSkipLevels;
  }
}
```

3. skipBuffer[]数组设计

skipBuffer[]是RAMOutputStream的二维字节数组，用来存储跳表中每一层的跳跃节点数据。RAMOutputStream封装了文件句柄RAMFile。skipBuffer[]数组中的每个元素对应跳表中的某一层。

skipBuffer[]的设计目标是缓存写入的数据，然后批量将缓存数据写入磁盘文件。如果将RAMOutputStream理解成一个一维字节数组byte[]，那么skipBuffer[]就是byte[][]二维字节数组，每一维byte[i]存储第i层的跳表数据。使用skipBuffer[]数组可以便捷地对跳表的每个层次的信息进行更新与管理，而不需要针对每个层次单独写代码，这样的设计极大简化了代码，提高了效率。

代码清单6-6 RAMOutputStream类定义

```
public class RAMOutputStream extends IndexOutput {
  private RAMFile file;

  private byte[] currentBuffer;
  private int currentBufferIndex;
}
```

6.3.8 MultiLevelSkipListWriter类的相关操作

1. appendPostings：为分词对应文档列表创建跳表

将一个分词的所有频率信息与位置信息分别写入frq与prx索引文件后，还需要将它们各自的跳表索引数据写入frq与prx索引文件中。

这并不好理解。跳表数据定义为索引数据，它是对frq与prx这两个索引文件信息的冗余存储。严格来说，跳表数据的存在是为了提升查询分词词频与位置的效率。跳表数据是对frq与prx索引文件信息的索引，同时跳表数据还需要写入frq与prx文件中。frq索引文件包括两方面：分词倒排索引信息和倒排列表基础上构建的跳表信息。

2. 构建跳表工作流

整体而言，构建跳表包括如下步骤。

首先，遍历所有域。每个Field-Value经过分词器时可能生成一串分词列表，而每个分词对应一个倒排索引结构。倒排索引数据由frq与prx这两个索引文件分开存储。需要为每个分词构建独立的跳表数据。假设3个文档元信息定义如下：

```
- <doc1,<pos1,pos2,pos_freq_num_1>>
- <doc2,<pos1,pos2,pos_freq_num_2>>
- <doc3,<pos1,pos2,pos_freq_num_3>>
```

将分词出现的doc1、doc2、doc3列表本身看成一个原始链表。考虑到原始链表数据会很大，为了提高查询效率，在原始链表基础上引入多层索引，并创建文档列表的跳表。对当前遍历的域，每次遇到一个新的分词，需要调用skipListWriter.resetSkip完全清空变量，毕竟需要为每个分词构建独立的跳表。

其次，根据frq与prx索引文件格式定义，在分析一个分词时会生成<docID, docFreq>元组并写入frq索引文件。docFreq表示分词在指定docID的文档中出现的次数。枚举所有出现的位置信息构建^DocFreq 元组并写入prx索引文件。

代码清单6-7 frq扩展文件格式

```
FreqFile (.frq) -> <TermFreqs, SkipData>^TermCount
TermFreqs -> <TermFreq>^DocFreq
TermFreq -> DocDelta[, Freq?]

ProxFile (.prx) -> <TermPositions>^TermCount
```

```
TermPositions -> <Positions>^DocFreq
```

再次，随着某个分词的<docID, docFreq>和^DocFreq 元组信息分别写入frq与prx索引文件，根据变量SkipInterval动态生成上一层的跳跃节点（SkipDatum）。skipListWriter.bufferSkip(df)函数负责对应的逻辑。

最后，当所有的域的倒排索引信息全部写入frq与prx索引文件后，针对frq的跳表也在内存skipBuffer[]数组中完全构建出来，skipListWriter.writeSkip(freqOut)函数负责将skipBuffer[]数组写回frq文件，即将frq的跳表写回frq索引文件。

代码清单6-8　倒排索引写入frq、prx索引文件

```
voidappendPostings(ThreadState.FieldData[] fields,
                    TermInfosWriter termsOut,
                    IndexOutput freqOut,
                    IndexOutput proxOut){
void appendPostings(ThreadState.FieldData[] fields,
                    TermInfosWriter termsOut,
                    IndexOutput freqOut,
                    IndexOutput proxOut)
  throws CorruptIndexException, IOException {

  final int fieldNumber = fields[0].fieldInfo.number;
  int numFields = fields.length;

  final FieldMergeState[] mergeStates = new FieldMergeState[numFields];

  for(int i=0;i<numFields;i++) {
    FieldMergeState fms = mergeStates[i] = new FieldMergeState();
    fms.field = fields[i];
    fms.postings = fms.field.sortPostings();

    assert fms.field.fieldInfo == fields[0].fieldInfo;

    // Should always be true
    boolean result = fms.nextTerm();
    assert result;
  }

  final int skipInterval = termsOut.skipInterval;
  currentFieldStorePayloads = fields[0].fieldInfo.storePayloads;

  FieldMergeState[] termStates = new FieldMergeState[numFields];

  while(numFields > 0) {

    // Get the next term to merge
    termStates[0] = mergeStates[0];
    int numToMerge = 1;

    for(int i=1;i<numFields;i++) {
      final char[] text = mergeStates[i].text;
```

```
      final int textOffset = mergeStates[i].textOffset;
      final int cmp = compareText(text, textOffset, termStates[0].text, termStates[0].
textOffset);

      if (cmp < 0) {
        termStates[0] = mergeStates[i];
        numToMerge = 1;
      } else if (cmp == 0)
        termStates[numToMerge++] = mergeStates[i];
    }

    int df = 0;
    int lastPayloadLength = -1;

    int lastDoc = 0;

    final char[] text = termStates[0].text;
    final int start = termStates[0].textOffset;
    int pos = start;
    while(text[pos] != 0xffff)
      pos++;

    long freqPointer = freqOut.getFilePointer();
    long proxPointer = proxOut.getFilePointer();

    skipListWriter.resetSkip();

    // Now termStates has numToMerge FieldMergeStates
    // which all share the same term.  Now we must
    // interleave the docID streams.
    while(numToMerge > 0) {

      if ((++df % skipInterval) == 0) {
        skipListWriter.setSkipData(lastDoc, currentFieldStorePayloads, lastPayloadLeng
th);
        skipListWriter.bufferSkip(df);
      }

      FieldMergeState minState = termStates[0];
      for(int i=1;i<numToMerge;i++)
        if (termStates[i].docID < minState.docID)
          minState = termStates[i];

      final int doc = minState.docID;
      final int termDocFreq = minState.termFreq;

      assert doc < numDocsInRAM;
      assert doc > lastDoc || df == 1;

      final int newDocCode = (doc-lastDoc)<<1;
      lastDoc = doc;

      final ByteSliceReader prox = minState.prox;
```

```
    // Carefully copy over the prox + payload info,
    // changing the format to match Lucene's segment
    // format.
    for(int j=0;j<termDocFreq;j++) {
      final int code = prox.readVInt();
      if (currentFieldStorePayloads) {
        final int payloadLength;
        if ((code & 1) != 0) {
          // This position has a payload
          payloadLength = prox.readVInt();
        } else
          payloadLength = 0;
        if (payloadLength != lastPayloadLength) {
          proxOut.writeVInt(code|1);
          proxOut.writeVInt(payloadLength);
          lastPayloadLength = payloadLength;
        } else
          proxOut.writeVInt(code & (~1));
        if (payloadLength > 0)
          copyBytes(prox, proxOut, payloadLength);
      } else {
        assert 0 == (code & 1);
        proxOut.writeVInt(code>>1);
      }
    }

    if (1 == termDocFreq) {
      freqOut.writeVInt(newDocCode|1);
    } else {
      freqOut.writeVInt(newDocCode);
      freqOut.writeVInt(termDocFreq);
    }

    if (!minState.nextDoc()) {

      // Remove from termStates
      int upto = 0;
      for(int i=0;i<numToMerge;i++)
        if (termStates[i] != minState)
          termStates[upto++] = termStates[i];
      numToMerge--;
      assert upto == numToMerge;

      // Advance this state to the next term

      if (!minState.nextTerm()) {
        // OK, no more terms, so remove from mergeStates
        // as well
        upto = 0;
        for(int i=0;i<numFields;i++)
        if (mergeStates[i] != minState)
        mergeStates[upto++] = mergeStates[i];
        numFields--;
        assert upto == numFields;
```

```
        }
      }
    }

    assert df > 0;

    // Done merging this term

    long skipPointer = skipListWriter.writeSkip(freqOut);

    // Write term
    termInfo.set(df, freqPointer, proxPointer, (int) (skipPointer - freqPointer));
    termsOut.add(fieldNumber, text, start, pos-start, termInfo);
  }
}
```

Step1：resetSkip。

对当前遍历的域，每次遇到一个新的分词，需要调用skipListWriter.resetSkip完全清空变量，毕竟需要为每个分词构建独立的跳表。

代码清单6-9　初始化curFreqPointer、curProxPointer指针

```
protected void resetSkip() {
  super.resetSkip();
  Arrays.fill(lastSkipDoc, 0);
  Arrays.fill(lastSkipPayloadLength, -1);
  Arrays.fill(lastSkipFreqPointer,
             freqOutput.getFilePointer());
  Arrays.fill(lastSkipProxPointer,
             proxOutput.getFilePointer());
}
void setSkipData(int doc, boolean storePayloads, int payloadLength) {
  this.curDoc = doc;
  this.curStorePayloads = storePayloads;
  this.curPayloadLength = payloadLength;
  this.curFreqPointer = freqOutput.getFilePointer();
  this.curProxPointer = proxOutput.getFilePointer();
}
```

Step2：bufferSkip。

appendPostings函数将多个倒排列表（Posting）合并。其中，每个倒排列表都被建模成FieldData数据结构，存储该字段所有分词的倒排索引结构。函数通过不断调用minState#nextDoc和minState#nextTerm来获取倒排列表中每个分词的倒排索引信息。对于每个分词的倒排索引，提取出其中的DocFreq和Position信息分别写入FreqOut和ProxOut文件中，并通过DefaultSkipListWriter#bufferSkip函数来记录当前分词的跳表信息。

bufferSkip函数首先计算当前分词在跳表中的层数（numLevels），然后通过一个for循环从上到下遍历每一层，调用writeSkipData(level, skipBuffer[level])来写入当前层的跳表信息，接着根据当前层和上一层的指针信息计算当前层维护的childPointer，并写入当前的skipBuffer[level]流中。

使用RAMOutputStream对象来管理跳表中每一层的节点数据。所有层的数据对象被存储在skipBuffer数组中。在writeSkipData方法中，每次需要写入一个新的节点时，会根据当前Level选择对应的skipBuffer[level]，然后将这个新的节点写入skipBuffer[level]缓存中。

bufferSkip函数会调用writeSkipData方法来写入跳表中数据块（Block）的信息。它会依次写入当前DocID、DocFreq和Position指针与上一次同层跳表DocID、DocFreq和Position指针之间的差值。

代码清单6-10　记录跳表层次信息

```
void bufferSkip(int df)  {
  int numLevels;

  for (numLevels = 0; (df % skipInterval) == 0 && numLevels < numberOfSkipLevels; df /
= skipInterval) {
    numLevels++;
  }

  long childPointer = 0;

  for (int level = 0; level < numLevels; level++) {
    writeSkipData(level, skipBuffer[level]);

    long newChildPointer = skipBuffer[level].getFilePointer();

    if (level != 0) {
      // store child pointers for all levels except the lowest
      skipBuffer[level].writeVLong(childPointer);
    }

    //remember the childPointer for the next level
    childPointer = newChildPointer;
  }
}
```

在生成跳表的Block节点的过程中，writeSkipData用来进行跳跃节点的信息写入。

代码清单6-11　记录跳跃节点

```
protected void writeSkipData(int level,
                             IndexOutput skipBuffer){

  skipBuffer.writeVInt(curDoc -
                       lastSkipDoc[level]);
  skipBuffer.writeVInt((int) (curFreqPointer -
                              lastSkipFreqPointer[level]));
  skipBuffer.writeVInt((int) (curProxPointer -
                              lastSkipProxPointer[level]));
  lastSkipDoc[level] = curDoc;

  lastSkipFreqPointer[level] = curFreqPointer;
  lastSkipProxPointer[level] = curProxPointer;
}
```

Step3：writeSkip。

writeSkip函数将跳表数据写入输出流中。它按照从高到低的顺序遍历每一层的skipBuffer数组。对于跳表中每一层索引数组，如果当前索引层数组长度不为0，则先将当前索引的数组长度写入输出流中，再将当前索引层的内容写入输出流中，最后将第0层的原始跳表内容写入输出流中。bufferSkip与writeSkip函数的差别在于，bufferSkip在内存中构建跳表，writeSkip则将内存跳表序列化地写进文件。

Lucene采用这种多层的跳表结构，虽然给代码写入的过程增加了一定的时间和空间成本，但大大提升了Lucene的搜索性能，特别是对于大规模的倒排索引。

代码清单6-12 记录整个跳表结构

```
long writeSkip(IndexOutput output) {
  long skipPointer = output.getFilePointer();

  for (int level = numberOfSkipLevels - 1;
       level > 0; level--) {
    long length = skipBuffer[level].getFilePointer();
    if (length > 0) {
      output.writeVLong(length);
      skipBuffer[level].writeTo(output);
    }
  }
  skipBuffer[0].writeTo(output);

  return skipPointer;
}
```

6.3.9 MultiLevelSkipListReader类的相关状态和操作

MultiLevelSkipListReader类实现了加速查询指定分词在frq文件中的元信息。frq文件保存的是分词在各个文档中出现的频率。因为一个分词可能在一个段中重复出现，所以相同分词会生成大量的<docID，docFreq>元组列表。如果使用顺序查找方式来搜索某个分词在某个文档中的<docID, docFreq>元信息，效率非常低下。为了提高效率，Lucene设计了MultiLevelSkipListReader类来实现跳表机制，将待搜索分词在frq文件中的偏移量作为MultiLevelSkipListReader的构造函数的参数。

代码清单6-13 MultiLevelSkipListReader类的定义

```
skipListReader = new MultiLevelSkipListReader((IndexInput) freqStream.clone(),
maxSkipLevels, skipInterval);

skipListReader.init(skipPointer, freqBasePointer, proxBasePointer, df,
currentFieldStoresPayloads);

skipListReader.skipTo(targetDocID);
freqStream.seek(skipListReader.getFreqPointer());
```

在分词定位过程中，当需要查找指定分词在特定文档中的元信息时，可以使用跳表的skipTo(targetDocID)方法进行快速定位，它根据目标docID在跳表中的位置，逐层向下遍历跳表，直到找到最接近目标docID的位置或者到达最原始层。跳表在定位分词的目标文档位置的过程中扮演了加速器的角色，通过减少遍历开销，提高了分词的查询效率。skipTo方法中主要有两层逻辑，分别是loadSkipLevels和loadNextSkip。

代码清单6-14　skipTo方法

```
int skipTo(int targetDocID) throws IOException {
    if (!haveSkipped) {
      // first time, load skip levels
      loadSkipLevels();
      haveSkipped = true;
    }

    // walk up the levels until highest level is found that has a skip
    // for this targetDocID
    int level = 0;
    while (level < numberOfSkipLevels - 1 && targetDocID> skipDoc[level + 1]) {
      level++;
    }

    while (level >= 0) {
      if (targetDocID> skipDoc[level]) {
        if (!loadNextSkip(level)) {
          continue;
        }
      } else {
        // no more skips on this level, go down one level
        if (level > 0 && lastChildPointer > skipStream[level - 1].getFilePointer()) {
          seekChild(level - 1);
        }
        level--;
      }
    }

    return numSkipped[0] - skipInterval[0] - 1;
}
```

loadSkipLevels方法用来从磁盘frq文件中加载多层跳表数据。需要注意，在调用loadSkipLevels方法之前，已经初始化了skipPointer[0]，它指向一个待搜索的分词在frq文件中的偏移位置。构建内存跳表数据的步骤如下：

- 从最高层到最低层逐个构建跳表数据。
- 对于每个层次的跳表：
  - 读取当前层级的长度，并记录当前层级的数据起始位置指针；
  - 根据当前层级的长度调整缓冲区，将跳表的读取位置指针移动到下一个层级的起始位置。

loadSkipLevels用于加载多层跳表数据，同时为后续的跳表查询提供正确的数据起始位置。

代码清单6-15 loadSkipLevels方法

```
private void loadSkipLevels() throws IOException {
    numberOfSkipLevels = docCount == 0 ? 0 : (int) Math.floor(Math.log(docCount) /
Math.log(skipInterval[0]));
    if (numberOfSkipLevels > maxNumberOfSkipLevels) {
      numberOfSkipLevels = maxNumberOfSkipLevels;
    }

    skipStream[0].seek(skipPointer[0]);

    int toBuffer = numberOfLevelsToBuffer;

    for (int i = numberOfSkipLevels - 1; i > 0; i--) {
      // the length of the current level
      long length = skipStream[0].readVLong();

      // the start pointer of the current level
      skipPointer[i] = skipStream[0].getFilePointer();
      if (toBuffer > 0) {
        // buffer this level
        skipStream[i] = new SkipBuffer(skipStream[0], (int) length);
        toBuffer--;
      } else {
        // clone this stream, it is already at the start of the current level
        skipStream[i] = (IndexInput) skipStream[0].clone();
        if (inputIsBuffered && length < BufferedIndexInput.BUFFER_SIZE) {
          ((BufferedIndexInput) skipStream[i]).setBufferSize((int) length);
        }

        // move base stream beyond the current level
        skipStream[0].seek(skipStream[0].getFilePointer() + length);
      }
    }

    // use base stream for the lowest level
    skipPointer[0] = skipStream[0].getFilePointer();
}
```

loadNextSkip方法用来在指定层次的跳表中加载下一个跳跃节点（SkipDatum），不仅包含数据信息，也包含指向下一层跳表的指针信息。loadNextSkip支持跳跃式的搜索和定位操作。当跳表中包含大量数据时，loadNextSkip方法会极大提升搜索效率。

下面通过一个例子来理解skipTo(targetDocID)方法。假设有一个3层的跳表，每个层级的跳表数据如下所示：

```
第一层跳表：10, 20, 30, 40, 50, 60, 70, 80, 90, 100, 110, 120
第二层跳表：30, 60, 90, 120
第三层跳表：90
```

假设目标文档的docID为70，初始时skipDoc[]数组中的值都为0。skipTo(targetDocID)方法的流程如下，从最高层级开始搜索。

（1）使用loadSkipLevels方法从磁盘frq文件中加载多层跳表数据。

（2）进入循环while (level >= 0)。

（2.1）当前跳表层级为3，targetDocID（值为70）大于第3层跳表项skipDoc[level=3]（值为0）。

（2.1.1）执行loadNextSkip方法，获取第3层级跳表的下一个SkipDatum为90，并更新skipDoc[level=3]的值为90。

（2.1.2）继续循环判断，targetDocID（值为70）小于skipDoc[level=3]（值为90），进入else分支，执行level--，跳表层级从3变成2。

（2.2）当前跳表层级为2，targetDocID（值为70）大于第2层跳表skipDoc[level=2]（值为0）。

（2.2.1）执行loadNextSkip方法，获取第2层级跳表的下一个SkipDatum为30，并更新skipDoc[level=2]的值为30。

（2.2.2）继续循环判断，targetDocID（值为70）大于skipDoc[level=2]（值为30），进入if分支继续调用loadNextSkip方法，获取第2层级跳表的下一个SkipDatum为60，并更新skipDoc[level=2]的值为60。

（2.2.3）继续循环判断，targetDocID（值为70）大于skipDoc[level=2]（值为60），进入if分支继续调用loadNextSkip方法，获取第2层级跳表的下一个SkipDatum为90，并更新skipDoc[level=2]的值为90。

（2.2.4）继续循环判断，targetDocID（值为70）小于skipDoc[level=2]（值为90），进入else分支，执行level--，跳表层级从2变成1。

（2.3）当前跳表层级为1，从第1层级跳表中docID为60处开始顺序遍历，直至找到targetDocID（值为70）。

skipTo(targetDocID)方法本质上是借助MultiLevelSkipListReader逐层遍历跳表的方式，快速定位到最接近目标docID的跳表数据项，以便读取文档元信息（frq和position）。

6.4　ByteSliceReader结构

6.4.1　概述

在Lucene创建索引的过程中，需要为分词构建倒排索引结构。构建过程中统计每个分词在索引中出现的频率（docFreq），以及它们在各个文档中的具体位置（Position），将这些元信息写入磁盘不是一蹴而就的，而是一边分析一边写入内存的。

举例来说，两个域各自的Field-Value可能包括相同的分词，那么这些相同的分词对应的倒排索引信息就需要进行合并。对于边分析分词边写入内存的需求，Lucene设计出ByteBlockPool来满足，可以将ByteBlockPool看成动态数组，用来解决字节空间动态扩容的问题。

针对字节型，Lucene开发了ByteBlockPool；针对整型，有IntBlockPool。二者原理完全相同。

本节以ByteBlockPool存储细节来展开介绍。

ByteSliceReader在ByteBlockPool的基础上进一步封装并抽象出数据片（Slice）的概念。Slice是ByteBlockPool上的一段数据。通过离散的方式将多个Slice串联起来组成数据。ByteSliceReader聚合了ByteBlockPool。ByteSliceReader被设计用于读取ByteBlockPool内存空间分词的统计信息。本质上ByteBlockPool是使用连续线性数组模拟实现Slice的非连续的链表。ByteSliceReader将这个Slice节点从Slice链表中读出来，并解析每个Slice节点的数据格式。比如<docID,docFreq><position,payload>。

6.4.2 ByteBlockPool数据结构

使用一个二维字节空间作为分词倒排索引信息的存储容器。Lucene在建立倒排索引结构之初，并不能明确需要多大的字节空间来存储。显然不能定义一维字节数组作为容器，因为空间无法预先准确申请，如果扩容过程中导致数据频繁进行复制，效率会很低。ByteBlockPool数据结构分析如下。

- buffers byte[][]：代表二维字节数组，可看成字节矩阵。
- bufferUpto：代表矩阵行号。
- buffer：代表buffers[bufferUpto]，即当前正在写的行。
- byteUpto：代表矩阵列号，即当前行的开始写的位置。
- byteOffset：代表整个二维字节空间下的总体偏移量。

代码清单6-16 ByteBlockPool类定义

```
private final class ByteBlockPool {
  public byte[][] buffers = new byte[10][];
  int bufferUpto = -1;
  // Which buffer we are upto
  public int byteUpto = BYTE_BLOCK_SIZE;
  // Where we are in head buffer
  public byte[] buffer;
  // Current head buffer
  public int byteOffset = -BYTE_BLOCK_SIZE;
  // Current head offset
}
```

1. buffers[][]二维字节数组

一维数组在内存中是一段连续存储空间，它一旦被创建，空间就固定了，是不能简单扩大的。如果需要对一维字节数组进行扩容，必须创建一个更大的新数组，并将原数组的内容复制到更大的新数组中。这样的效率非常低。

ByteBlockPool的buffers[][]二维字节数组其实是一维数组的嵌套。可以将buffers[i]理解成一维数组的地址。当buffers[][]作为二维字节数组需要扩容时，它只需要申请一个更大空间的二维字节数组，然后将原来的buffers[][]复制到新的大数组中，但这次复制的内容是一维数组的地址，并不是整个一维数组的字节内容，效率获得极大提升。

2．ByteBlockPool存储格式

图6-11展示了一个二维字节数组，用于存储单个Segment-Scope维护的所有分词倒排索引信息。本质上，一个二维数组仍然可以理解成一维数组，只是它的每个元素不再是一个基本类型，而是另一个数组列表，可以被理解为一个Block。从这个角度看，当二维字节数组需要扩容时，Lucene需要动态申请新的Block。

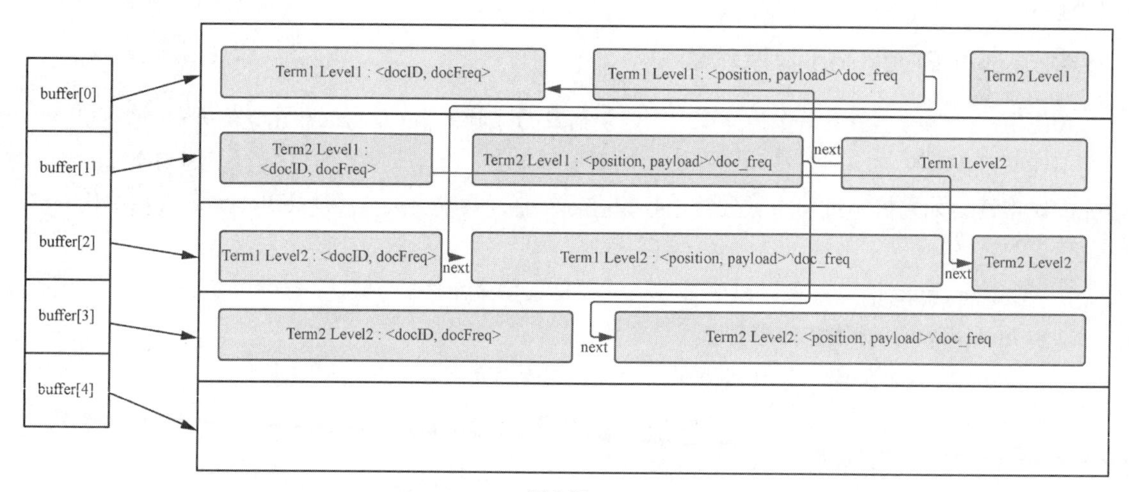

图6-11

3．Block与Slice

buffers[][]二维数组的第一个维度的元素buffers[i]被称为Block。每个Block的大小是固定的。

事实上整个Block是可以分配给多个Slice的。每个分词写入<docID, docFreq>与<position, payload>倒排索引信息时，需要从Block中申请一个字节数组，这个字节数组被称为Slice，可以理解成数据片。当这个Slice空间耗尽后，会继续向Block申请新的Slice元素。

Slice必须从Block的空间中申请分配。但Slice本身是分级的，不同级别的Slice分配的大小是不同的。它的依据是每次新申请Slice的时候都会在当前的级别上加1，总共有9个级别，当升级到10时，就维持在这个级别，新申请的Slice也不会扩容了。

代码清单6-17　Slice扩容规则

```
final static int[] nextLevelArray = {1, 2, 3, 4, 5, 6, 7, 8, 9, 9};
final static int[] levelSizeArray = {5, 14, 20, 30, 40, 40, 80, 80, 120, 200};
```

比如，第一次分配级别为1，对应的Slice的大小为5（levelSizeArray[0]），当这5个字节空间耗尽后，就会申请级别为2的Slice，对应的Slice的大小为14（levelSizeArray[1]）。当申请一直持续，级别增长到9时，nextLevelArray[9]还是9，后续申请的空间大小也会保持在200（即levelSizeArray[9]的值）。

前面分析过，解析段内所有的域时，由分词器进一步提取出所有的分词，相同的分词会交错出现。因此同一分词的众多Slice会被打散分配到整个Block中，散开的Slice通过尾部4字节的Next指针组织成Slice链表。Slice的Next指针代表Slice尾部4字节会写入同一个分词的下一个Slice的偏移量。

4．缓存扩容：Block与Slice

缓存扩容涉及以下两类。

- 第一类是对Block的扩容，即创建新的更大的二维字节数组，并让一维数组元素引用新创建的Block，通过nextBuffer方法实现。
- 第二类是对Slice的扩容，通过newSlice与allocSlice方法实现。

（1）nextBuffer

当buffers[][]二维字节数组没有足够的剩余空间分配给新的Slice时，需要调用nextBuffer方法对Block进行扩容，开辟新的字节空间。

代码清单6-18　数据块扩容

```
public void nextBuffer() {
  if (1+bufferUpto == buffers.length) {
    byte[][] newBuffers
      = new byte[(int) (buffers.length*1.5)][];

    System.arraycopy(buffers, 0,
                     newBuffers, 0, buffers.length);
    buffers = newBuffers;
  }

  buffer = buffers[1+bufferUpto] = getByteBlock();
  bufferUpto++;

  byteUpto = 0;
  byteOffset += BYTE_BLOCK_SIZE;
}
```

对Block进行扩容时，使用了System.arraycopy方法。ByteBlockPool在进行扩容的过程中，会将原数组的数据原封不动地复制到新数组中。System.arraycopy扩容的优势在于不对数据本身进行移动，移动的仅仅是第二维数组的地址。System.arraycopy被定义为本机方法，运行更高效。本机方法直接在JVM中使用C/C++编写实现，它绕过了JVM字节码。

代码清单6-19　源数组复制目标数组

```
System.arraycopy(buffers, 0, newBuffers, 0, buffers.length);
```

（2）newSlice与allocSlice

对于Slice的扩容，需要分两种场景：newSlice和allocSlice。

第一种场景中，newSlice代表第一次为一个分词在Block中申请一段Size大小的字节空间。默认Slice链表此时只有一个元素，故当前分析的Slice元素只是在最近4个字节强制设定一个16位标志，作为Slice链表的尾元素标志。

newSlice方法仅在遇到新的分词时才被触发，说明newSlice方法构建的Slice始终是当前分词的第一个Slice。

代码清单6-20　通过newSlice方法构建Slice

```
final ByteBlockPool postingsPool = new ByteBlockPool();

final int upto1 = postingsPool.newSlice(firstSize);
p.freqStart = p.freqUpto = postingsPool.byteOffset + upto1;

final int upto2 = postingsPool.newSlice(firstSize);
p.proxStart = p.proxUpto = postingsPool.byteOffset + upto2;
```

第二种场景中，allocSlice代表申请一个新的Slice元素，并插入现存的Slice链表中。本质上，Lucene使用字节数组来模拟链表。链表的元素即Slice。当一个链表元素插入时，需要重置Next指针。对新插入Slice元素与当前链表中最后一个Slice元素（旧Slice元素）做如下修正。

- 首先，从旧Slice元素尾部复制4个字节。
- 其次，将这4个字节的值写入新的Slice元素的前4个字节。
- 最后，提取新Slice元素位于Block的偏移量，并写入旧Slice元素的尾部4字节。

代码清单6-21　构建Slice并插入Slice链表

```
public int newSlice(final int size) {
  if (byteUpto > BYTE_BLOCK_SIZE-size)
    nextBuffer();
  final int upto = byteUpto;
  byteUpto += size;
  buffer[byteUpto-1] = 16;
  return upto;
}

public int allocSlice(final byte[] slice, final int upto) {

  final int level = slice[upto] & 15;
  final int newLevel = nextLevelArray[level];
  final int newSize = levelSizeArray[newLevel];

  // Maybe allocate another block
  if (byteUpto > BYTE_BLOCK_SIZE-newSize)
    nextBuffer();

  final int newUpto = byteUpto;
  final int offset = newUpto + byteOffset;
  byteUpto += newSize;

  // Copy forward the past 3 bytes (which we are about
  // to overwrite with the forwarding address)
  buffer[newUpto] = slice[upto-3];
```

```
  buffer[newUpto+1] = slice[upto-2];
  buffer[newUpto+2] = slice[upto-1];

  // Write forwarding address at end of last slice
  slice[upto-3] = (byte) (offset >>> 24);
  slice[upto-2] = (byte) (offset >>> 16);
  slice[upto-1] = (byte) (offset >>> 8);
  slice[upto] = (byte) offset;

  // Write new level
  buffer[byteUpto-1] = (byte) (16|newLevel);

  return newUpto+3;
}
```

始终牢记一点：Slice链表是分层组织，每层的Slice元素大小也是变化的。

6.4.3 ByteBlockPool使用数组来模拟链表

链表中通常使用指针或者引用类型来实现节点的连接。指针或者引用类型也需要额外的内存开销和运行支持，这可能会影响程序的性能和效率。

ByteBlockPool使用数组来模拟链表。一般来说，一维数组的每个元素只能存储一种数据。而链表节点数据至少需要包含两种数据：data本身和next指针。因此可以设计两个一维数组来分别存放data值和next值，如图6-12所示。

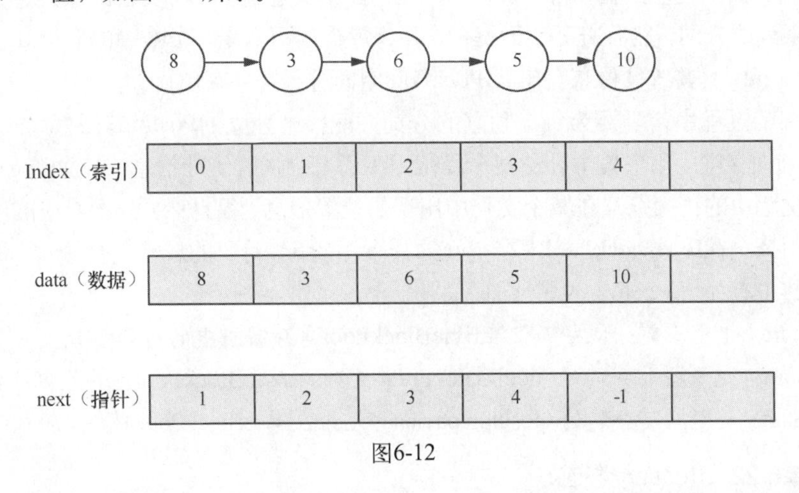

图6-12

那么，ByteBlockPool中Slice作为链表的元素，它申请的空间中必须同时管理两块数据：data和next指针。ByteBlockPool#allocSlice方法同时考虑了data和next指针的重置。

使用ByteBlockPool模拟链表结构的优势主要有两点：

- 空间利用率高。ByteBlockPool预先申请一块连续的内存空间，然后按需分配使用，这样可以大大减少内存碎片的产生，避免频繁的内存分配和回收，提高内存空间的利用率。
- 读写效率高。链表的节点分散存储在内存中的不同位置，这些位置是不固定的，无法预测哪些节点是否缓存了。而ByteBlockPool使用数组实现，在内存中是连续存储的。因为顺序读的效率远高于随机读，所以ByteBlockPool的访问效率远高于链表结构。

6.4.4 Posting倒排列表与ByteBlockPool的关系

倒排索引实现了从Term到docID的基本映射。如图6-13所示，左边是分词词典，右边是分词映射的倒排列表，它记录了文档编号、文档出现的次数以及分词对应的文档出现的位置。

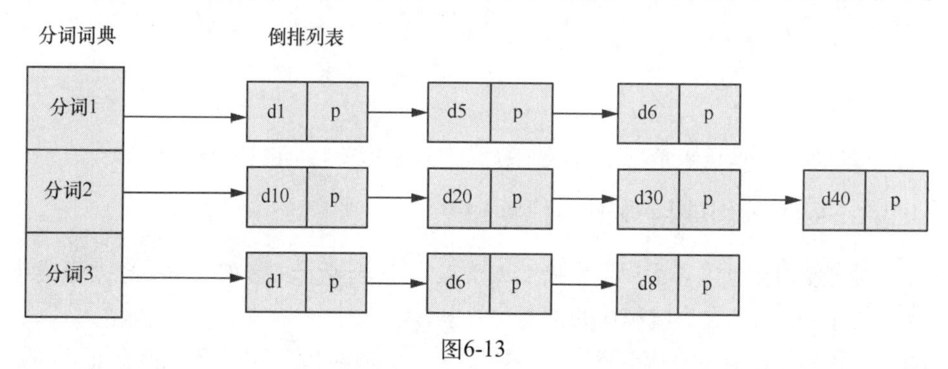

图6-13

Posting结构需要考虑如何收集分词的名字、分词在文档中出现的位置和统计信息，以及如何在大规模数据层面上进行去重和排序。Lucene在构建索引过程中，将文档的域经过分词器进行分割，生成一系列的分词，然后遍历分词集合，并为每个分词分配一个唯一的TermID。相同的分词共享相同的TermID，其统计信息在ByteBlockPool空间进行合并存储。

构建索引的过程中，需要为每个独立的分词分配一个独立的Posting对象。6.4.2小节讨论了ByteBlockPool内存空间用来集中存储某个段范围下所有分词的统计信息，比如分词所在的文档、分词在某个文档中的词频以及在某个文档中出现的位置信息。很自然，分词对应的Posting对象被设计用来索引分词在ByteBlockPool内存空间的分布。Posting对象的属性包含分词、词频和位置的相关信息，其中有如下3个重要的属性。

- textStart：记录当前分词字面值在ByteBlockPool内存空间中的起始位置。
- freqStart：记录当前分词的<docID,docFreq>元组在ByteBlockPool内存空间中的起始位置。
- proxStart：记录当前分词的<position,payload>元组在ByteBlockPool内存空间中的起始位置。

代码清单6-22　Posting类定义

```
private final static class Posting {
  int textStart;
  // Address into char[] blocks where our text is stored
  int docFreq;
  // times this term occurs in the current doc
  int freqStart;
  // Address of first byte[] slice for freq
  int freqUpto;
```

```
  // Next write address for freq
  int proxStart;
  // Address of first byte[] slice
  int proxUpto;
  // Next write address for prox
  int lastDocID;
  // Last docID where this term occurred
  int lastDocCode;
  // Code for prior doc
  int lastPosition;
  // Last position where this term occurred
  PostingVector vector;
  // Corresponding PostingVector instance
}
```

6.4.5 ByteSliceReader数据结构

ByteSliceReader聚合了ByteBlockPool。ByteSliceReader被设计用于读取位于ByteBlockPool内存空间中的分词的统计信息。我们知道ByteBlockPool是使用连续线性数组模拟实现Slice的非连续的链表。我们可以将这个Slice节点从Slice链表中读出来，并解析每个Slice节点的数据格式，比如<docID,docFreq>和<position, payload>。ByteSliceReader屏蔽了Slice链表读取与格式解析的细节。

代码清单6-23 ByteSliceReader类定义

```
private final static class ByteSliceReader extends IndexInput {
  ByteBlockPool pool;
  int bufferUpto;
  byte[] buffer;
  public int upto;
  public int bufferOffset;
}
```

ByteSliceReader声明并构建一个freq对象，调用freq.init进行初始化。

代码清单6-24 构建ByteSliceReader对象

```
private ByteSliceReader freq = new ByteSliceReader();
freq.init(field.threadState.postingsPool, p.freqStart, p.freqUpto);
```

freq.nextDoc用来从ByteBlockPool管理的Slice链表中取出对应的Slice，然后解析格式并从中取出<docID, docFreq>元组信息。

代码清单6-25 解析Slice元信息

```
public boolean nextDoc() throws IOException {
  final int code = freq.readVInt();
  docID += code >>> 1;
  if ((code & 1) != 0)
    termFreq = 1;
  else
    termFreq = freq.readVInt();
  return true;
}
```

```
public int readVInt() throws IOException {
  byte b = readByte();
  int i = b & 0x7F;
  for (int shift = 7; (b & 0x80) != 0; shift += 7) {
    b = readByte();
    i |= (b & 0x7F) << shift;
  }
  return i;
}

public byte readByte() {
  if (upto == limit)
    nextSlice();
  return buffer[upto++];
}
```

6.5　ByteBlockPool结构：数组模拟链表

6.5.1　概述

Lucene在建立倒排索引结构时，需要将分词信息、分词出现的docID列表信息、分词在各自文档中出现的频率和位置信息集中存储在ByteBlockPool中。

Lucene中ByteBlockPool通过连续内存数组方式来管理Slice链表。本质上，ByteBlockPool在动态二维数组物理空间之上构建一个逻辑上连续的内存块Slice链表。注意，Slice链表是逻辑上的连续，而不是物理上的连续。

6.5.2　数组如何模拟链表

一般来说，链表需要的连续内存少于数组，因此需要更少的内存来修改链表。比如，连续内存中有两个变量：str="ABCDEFHJKL"和int=1234 。为简化问题，不考虑字符串末尾以Null标记，如图6-14所示。

		A	B	C	D	E	F	H	J	K	L	1	2	3	4				

图6-14

部分内存块可以提供给str与int这两个变量使用。现在需要在"F"元素与"H"元素之间插入4个元素，分别使用"L"、"E"、"O"和"N"标示。要实现这个目标，需要将从"H"到"L"的所有元素向后移动4个位置，以便腾出空间来存储"LEON"这4个元素。可想而知，这个效率很低。

在这个例子中，还有个特殊情况——变量int挡在变量str的后面，这样是不允许移动的，因为可能有别的指针明确指向整型变量地址，如果移动会导致野指针的出现。因此我们必须将整个数组移动到一个有足够空间的内存位置。

假设一开始，"ABCDEFHJKL"在内存中是通过链表存储的。每个元素在内存中的位置是随机的、不连续的，并且是通过指针连接在一起的。注意，数组模拟链表的关键点是next指针的初始化，此处next指针是通过在前一条记录中留出4个字节来存储下一条记录在内存的地址来实现的。这个思路简单并且高效，如图6-15所示。

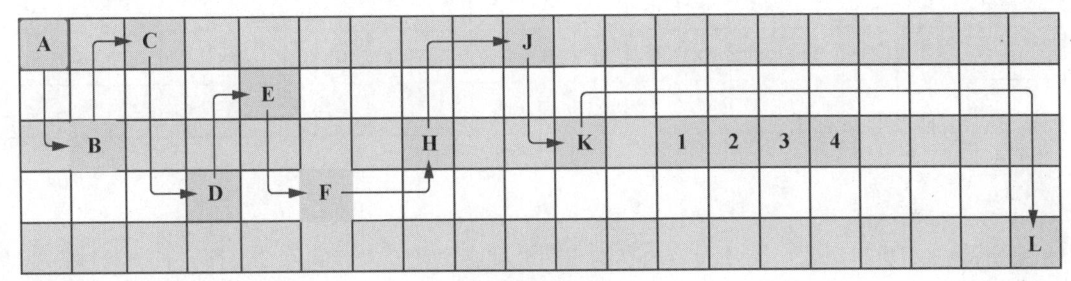

图6-15

要将"LEON"这4个元素插入链表中，我们需要做的就是为"L"、"E"、"O"和"N"这4个元素随机在内存中申请对应空间，然后将"F"元素的next指针初始化为"L"元素在内存的地址，"L"元素的next指针初始化为"E"元素在内存的地址，以此类推，如图6-16所示。

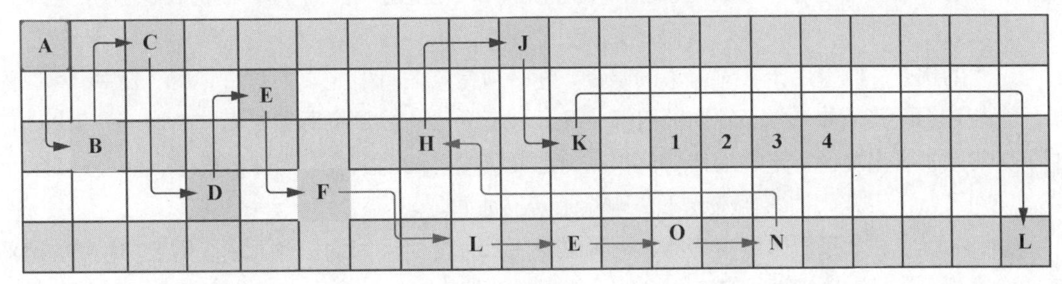

图6-16

在Lucene中ByteBlockPool通过连续内存数组方式来管理Slice链表。构建索引过程中需要为每个分词分配一块相对独立的空间来存储倒排列表信息。一个分词可以出现在不同的文档中，而且它在每个文档中出现的域以及位置都是无法提前确定的。termA第一次出现时，分配一个元素空间来存储termA关联的倒排列表信息。termB第一次出现时，同样分配一个元素空间来存储termB关联的倒排列表信息。

索引构建过程中，termA、termB、termC在文档中出现的顺序可能是交替的。当再次遇到termA

的时候，有两种情况：第一种情况是当前termA关联的Slice元素有足够的空间来存储新的信息；第二种情况是关联的Slice元素没有足够的空间，此时需要申请一个新的Slice链表元素（不连续的空间）来存储termA的倒排列表信息，与此同时，需要将前一个termA的Slice链表元素与新申请创建的termA的Slice链表元素通过next连接起来，如图6-17所示。

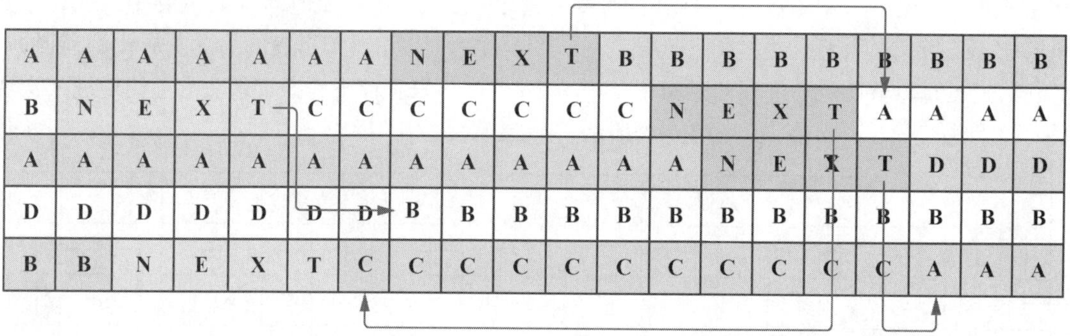

A	A	A	A	A	A	A	N	E	X	T	B	B	B	B	B	B	B	B	B
B	N	E	X	T	C	C	C	C	C	C	C	N	E	X	T	A	A	A	A
A	A	A	A	A	A	A	A	A	A	A	A	A	N	E	X	T	D	D	D
D	D	D	D	D	D	D	B	B	B	B	B	B	B	B	B	B	B	B	B
B	B	N	E	X	T	C	C	C	C	C	C	C	C	C	C	C	A	A	A

图6-17

总而言之，数组插入会涉及大量内存的重新分配，伴随着内存的移动操作。而针对链表的插入只需要很少内存的分配，以及几个指针的更改。对链表的删除与插入有类似的情况。

6.5.3　链表与数组

链表与数组都用于存储类似线性数据，但各自有各自的优缺点。在链表中存储不同大小的数据更加容易，而数组中每个元素的大小一般是相同的。数组是连续空间，而链表是非连续空间，因此链表的缓存并不友好。

链表的优点：数组由于其对元素的限制，你必须指定数组中元素的数目，在链表中，可以添加任意数量的元素。如果你必须在数组开头插入任意元素，必须将所有元素向右移一个位置，以便为新的元素腾出空间。这个操作代价很高，需要$O(N)$时间复杂度。而在链表中只需要$O(1)$时间复杂度即可在链表开头插入任意元素，删除元素也是如此。

数组的优点：如果数组是有序的，则可以使用二分搜索来查询任意元素，需要$O(\lg N)$的时间复杂度。然而，即使是有序的链表，也无法使用二分搜索，在链表中搜索任意元素的时间复杂度都是$O(N)$。

6.5.4　线性与非线性结构

现实世界中，大多数据并不是数组，它们的长度是未知的，还可能具有图形结构性质。链表就是最简单的例子。

对于类似图形的数据，如果需要能够引用不连续的元素，可以通过指针引用来实现。编程世界中，你需要能够编写代码来处理链表、图和树3种结构，如图6-18所示。

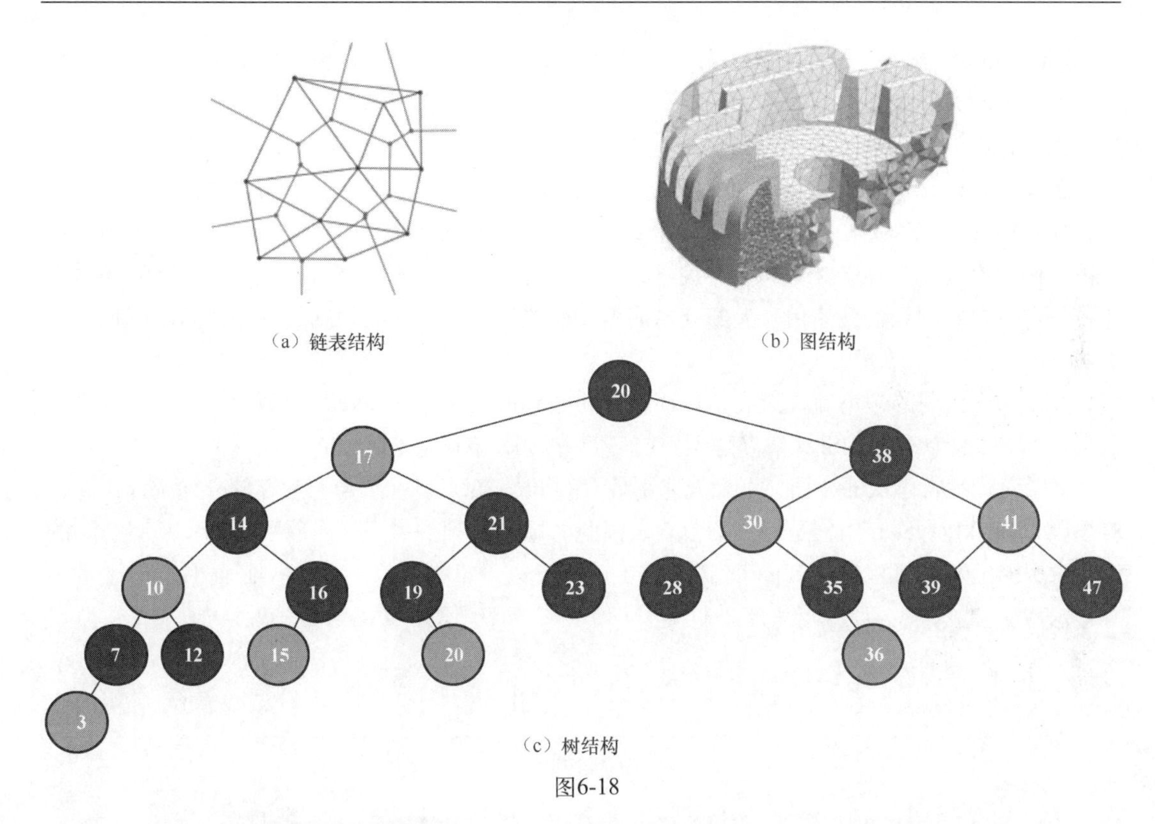

（a）链表结构　（b）图结构

（c）树结构

图6-18

6.5.5　ByteBlockPool再思考

很长时间以来，我一直困惑ByteBlockPool的设计目的是什么？明明是一个简单的Slice链表，为什么不大大方方定义成一个链表的接口与实现，而要折腾出这么个复杂机制？

通过查看ByteBlockPool类的使用情况后，可以清楚看出ByteBlockPool这样一段内存统计信息空间并不是给一个分词设计的，相反一个段管理的所有的分词的统计信息都可以写入ByteBlockPool缓存空间。

比如，几个文档简化如下：

```
doc1: Elon Musk buys Twitter for $44B and will take it private
doc2: Elon Musk reaches deal to buy Twitter for $44 billion
```

最后形成的分词列表如下：

```
doc1: [Elon, Musk, buys, Twitter, $44B]
doc2: [Elon, Musk, reaches, deal, buy, Twitter, $44, billion]
```

ByteBlockPool分析第一个文档并登记"Elon"分词统计信息（词频与词的位置、负载等）后，继续登记"Musk"分词统计信息，一直持续下去，直到分析第二个文档"Elon"分词统计信息时，必须具备将ByteBlockPool缓存定位到上一个"Elon"分词所在Slice节点的能力。

牢记一点：相同的分词会交错出现。因此同一分词的众多Slice会被打散分配到整个

ByteBlockPool缓存中，散开的Slice节点通过Slice尾部4字节Next指针组织成Slice链表。从本质上说，Lucene只能流式地扫描文档，逐个分析每个分词，遇到新的分词申请新的Slice节点来使用，遇到已有的分词则定位到旧的Slice位置，并对信息进行追加写操作。

ByteBlockPool使用数组来模拟链表管理内存的方法充分考虑了数据的特性。如图6-19所示，文档内容访问遵循二八原则，也就是20%的内容会占据80%的访问量。单词的出现频率与它被访问的次数也存在着类似的分布关系，被称为齐夫分布。齐夫分布是一个统计型的经验规律：只有少数单词经常被使用，大部分单词很少被使用。互联网的网站数量和访问比例也遵循类似原则。

少数单词出现的频率高，而大量单词出现的频率低。因此在ByteBlockPool的设计中，Slice链表被分级设计，最小的Slice节点是5字节，最大的Slice节点是200字节。

如果对词频特别低的分词一上来就使用最大的Slice节点（200字节）来存储分词统计信息，对于ByteBlockPool缓存空间是巨大的浪费。因此考虑到词频的齐夫分布原则，ByteBlockPool的设计中引入了9个不同大小的Slice机制。

代码清单6-26　Slice扩容规则

```
final static int[] nextLevelArray = {1, 2, 3, 4, 5, 6, 7, 8, 9, 9};
final static int[] levelSizeArray = {5, 14, 20, 30, 40, 40, 80, 80, 120, 200};
```

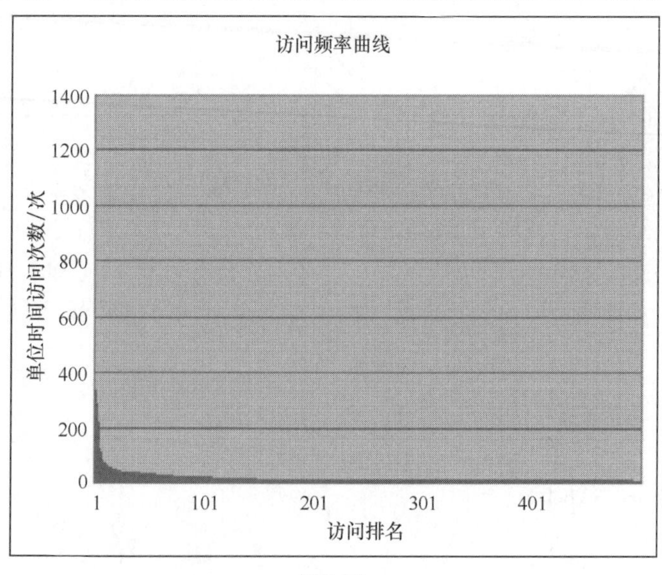

图6-19

6.6　小结

了解事物如何运行的最好方法之一就是自己尝试设计。本章对Lucene中常用的数据结构与算法进行了分析。

首先介绍了常用编码与压缩算法。然后讨论了分层有序链表，即跳表结构与算法。

另外介绍了Lucene中ByteBlockPool结构，它通过连续内存数组来管理Slice链表。

最后深入讨论了ByteSliceReader结构，它被设计用于读取ByteBlockPool内存空间的分词统计信息。本质上ByteBlockPool是使用连续线性数组模拟实现Slice的非连续的链表。ByteSliceReader将这个Slice节点从Slice链表中读出来，并解析每个Slice节点的数据格式。

这些常用数据结构与算法将为深入理解搜索引擎打下坚实的基础。

第7章

广告检索与定位

7.1 背景

从本质上来说，搜索引擎提供了两大主要功能：索引和检索。其中，索引是指提供了数据存储机制，而检索是指提供了读取和分析数据的功能。程序化广告系统中面临相似的问题。

- 如何设计和存储广告模型？比如广告活动（Campaign）和广告交易（Deal）。
- 为了提高检索能力，是使用传统的关系数据库索引、位图索引，还是倒排索引，抑或结合多种索引技术？

此外，程序化广告系统还需要考虑如何实现用户与广告之间的匹配。比如广告中使用析取范式（Disjunctive Normal Form，DNF）来建模广告选择，即用布尔逻辑表达式进行广告检索。DNF算法在广告库存预测领域也占有一席之地。当讨论广告检索时，对目标受众的精准定位将直接加强出版商将广告库存变现的能力，增加广告商的收入，同时提升广告观众的体验。

本章将从传统的全文索引和检索开始，对两种常用的位图与倒排列表索引模型进行讨论，并介绍位图和向量空间检索模型。然后重点讨论位图索引的相关知识，通过结合位图索引和其他的编码技术，对一张传统表进行重构来提高查询性能。

一直以来，广告检索与用户定位在程序化广告系统中具有至关重要的作用。如果说广告选择的核心是广告检索，那么DNF算法和倒排索引这两项关键技术就是广告检索模块的基石。DNF算法不仅在广告选择与表达上有广泛的应用，而且在广告库存预测与冲突领域中也有重要应用。

本章最后介绍程序化广告系统在进行用户定位的过程中所经历的几个重要阶段与解决方案：Cookie同步技术、集中式Cookie同步机制以及用户身份图的构建。

7.2 全文索引和检索

7.2.1 概述

全文检索是一种检索方式，它通过扫描每个标记（Token）生成分词，并为每个分词构建索引，还会指出每个分词在文档中出现的数量以及位置。它按照内容进行检索，检索的对象为文档。

索引是什么？数据库中的索引可以类比为书的目录，用来加快查询的速度。例如，查询指定

id的用户信息的代码如下所示。

```
select * from user where id = 101
```

如果没有索引，上面的查询必须扫描整个表空间，直到遇到id=101的记录才停止。而有了索引结构（对id列建立索引）后，利用索引列数据的有序性，可以应用诸如二分搜索之类的算法，极大减少查找与比较的次数，提升查询的效率。

7.2.2　全文索引模型

回忆2.5节讲解的正排索引和倒排索引。倒排索引展示的是从分词到docID的映射关系，其管理数据结构路径为：

```
field -> term -> docID -> freq/pos/offset/payload

term1 -><doc1, doc2, doc_n>
term2 -><doc-x,doc_y, ...>
```

正排索引展示的则是从docID到文档字段、分词的关联关系，其管理数据结构的路径为：

```
docID -> field -> term -> freq/pos/offset/payload
```

Lucene在实际存储倒排索引时，需要考虑支持一些复杂搜索场景，从而使存储的信息更加丰富。它会记录分词在一个文档中出现的频率，以及分词出现的位置信息。

7.2.3　检索模型

检索的目标是判断所查询的内容与候选文档集的匹配程度。在现实生活中，我们评价事物之间的相关性是基于我们所掌握的知识，检索的原理也是类似的。目前存在几种模型来评价所查询的内容与文档之间的匹配程度，比如布尔模型、向量空间模型和概率模型。

下面介绍Lucene搜索引擎中常用的布尔模型和向量空间模型。

1. 布尔模型

布尔模型是一种基本的检索模型，查询与候选文档集之间只存在匹配与不匹配两种关系。查询是由AND、OR、NOT这3种逻辑运算符连接多个分词组成的查询表达式进行的。

比如，在一个经典的广告管理系统中，使用如下模型进行建模：

```
Advertiser广告商
|—— Insertion Order订单
    |—— Campaign排期
        |—— Adunit广告单元
            |—— Creative with targeting condition
                广告素材包含广告定向条件
```

广告检索需求如下。

- 广告产品类型：BMW。
- 受众性别：男性与女性。
- 受众年龄：20～50岁。
- 受众城市：北京、上海和深圳。

- 受众收入：50万～200万元。
- 设备信息：非Android。

那么对应的布尔逻辑表达式如下：

```
campagin.type = 'BMW'
  AND (gender: male OR gender: female)
    AND age in [20, 50] AND city in ["BJ", "SH", "SZ"]
      AND income in [50W, 200W]
        AND NOT(device: ['Android'])
```

2. 向量空间模型

向量空间模型把所查询的内容和文档以向量的形式表示，从而将检索相关性转化为向量空间中向量的相似度。向量空间模型由如下要素组成：

- 查询；
- 文档；
- 分词；
- 分词的权重。

通常文档中分词的权重是通过TF-IDF模型来计算的，该模型在5.2节中已有讲述。文档中某个分词的权重值越大，说明这个分词对当前文档越重要。一个分词的相关性由TF-IDF=TF × IDF公式简单表达。TF-IDF模型表达如下两个简单事实：

- 词频值越大，即某个分词在一个文档中出现次数越多，这个分词与文档越相关。
- 逆向文档频率值越大，即某个分词索引中包含的文档数量越少，这个分词越重要。

TF-IDF算法的优点是简单快速，结果符合实际情况；缺点是以词频来判断一个分词的重要性，不够全面。例如，TF-IDF没有考虑分词的位置信息，位置靠前的分词与位置靠后的分词拥有相同的权重。

向量空间模型中还有一个重要的概念——文档相似度。计算文档相似度的传统方法是将文档转换为向量，然后根据线性代数来计算。将文档看成一系列分词，每一个分词都有一个权重，不同的分词根据自己在文档中的权重来影响文档相关性的计算。

将文档中所有的分词的权重看作一个向量，如下所示：

```
doc1 => {term1, term2, ..., term_N}
doc1_vector => {weight1, weight2, ..., weight_N}
```

同样，将查询语句看作一个文档，也使用向量来表示：

```
query => {term1, term2, ..., term_N}
query_vector => {weight1, weight2, ..., weight_N}
```

将搜索出的所有文档的向量与查询语句的向量放在一个N维空间中，每个分词代表一个维度，如图7-1所示。

图7-1中，两个向量之间夹角越小，相关性就越大。将夹角的余弦值作为相关性的打分依据，夹角越小，余弦值越大，分数越高，相关性越大。

读者可以回顾5.2节“搜索结果排名”中的相关内容，进行有针对性的巩固复习。向量空间模型是检索系统中非常常见且重要的模型。

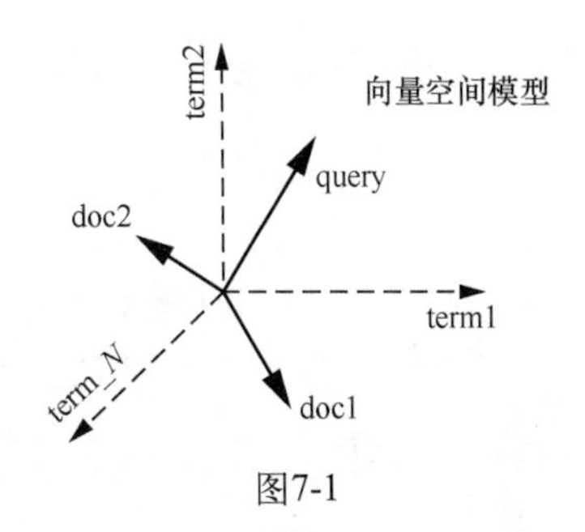

图7-1

7.2.4 关系数据库中索引的设计

早期广告系统的业务数据量不大，通常将用户定向条件、广告计划等模型存储在关系数据库中。广告检索更多是借助传统关系数据库索引技术来实现的。

关系数据库中大致有两种类型的索引，即聚集索引和非聚集索引。这两种索引都使用B+树进行存储和搜索，类似二叉树的数据结构。B+树是一种平衡树，用来维护数据的有序性，并允许以对数时间复杂度进行快速的搜索、插入和删除操作。

可以使用B+树索引的查询包含如下典型场景：

- 全值匹配；
- 匹配最左前缀；
- 匹配范围值。

B+树索引的局限性如下：

- 如果不能从索引的最左列开始查询，就无法使用索引；
- 查询时不能跳过索引中的列。

聚集索引使用主键组织索引的数据，确保索引的数据按照主键递增顺序存储。聚集索引树的叶子节点就是数据记录本身。

非聚集索引是针对特定业务字段进行排序与组织的，它的叶子节点仍然是索引节点，是一个指向表中记录在数据页的指针，如图7-2所示。如果非聚集索引没有包含所有查询列，会导致非聚集索引的二次查询（回表）。

friends_pkey
id
1
2
3
4
5
6
7
8

Friends		
id	name	city
1	Matt	San Francisco
2	Dave	Oakland
3	Andrew	Blacksburg
4	Todd	Chicago
5	Blake	Atlanta
6	Evan	Detroit
7	Nick	New York City
8	Zack	Seattle

图7-2

7.2.5　一个简单倒排索引的设计

有了上述的基础知识，接下来我们将考虑实现一个倒排索引的基本步骤有哪些。倒排索引系统使用文档作为输入，对它们进行索引，并允许用户执行搜索，类似一个简单的Lucene原型。

我们从一个简单的模型开始，不考虑分布式扩展，也不考虑复杂的查询。模型中主要包括分词器、倒排列表、计算文档相关性、Redis缓存等内容。

1．分词器

倒排索引系统的输入是一系列文档，分词器提取出一些标记，然后基于标记分解形成一串分词，并将分词存储在数据库中。当我们进行搜索的时候，系统将查询转换成分词，然后在索引数据库中对分词进行查找。

我们使用分词器将输入文本转换为标记。分词器有以下几个基本的任务。

- 过滤字符串，清洗掉一些不需要的符号，比如逗号。
- 将文本分割成标记，比如按照空格进行切分。
- 对生成的标记进行加工，比如将大写字母转换成小写字母、删除停用词，以及增加同义词。

2．倒排列表

假设系统中存储的文档内容如下：

```
doc1 -> "to record profits and problems"
doc2 -> "to address problems and profits"
```

对文档内容进行分词后的输出如下：

```
to -> {doc1:1, doc2:1}
record -> {doc1:2}
profits -> {doc1:1, doc2:1}
and -> {doc1:1, doc2:1}
address -> {doc2:2}
problems -> {doc1:1, doc2:1}
```

如果我们搜索"profits and problems"，系统需要将提交的搜索内容（Query）转换成分词，并为每个分词执行各自的查询。比如对"profits"执行一个查询，对"and"执行一个查询，对"problems"执行一个查询。最后将获得3个倒排列表。输出如下：

```
Query: "profits and problems"

profits -> {doc1:1, doc2:1}
and -> {doc1:1, doc2:1}
problems -> {doc1:1, doc2:1}
```

将返回的3个倒排列表取交集，最后返回doc1和doc2文档，即搜索结果。

3．计算文档相关性（文档与搜索词之间）

Lucene引擎会为查询的结果打分，分数越高，排列得越靠前。它会考虑词的权重来计算文档的相关度分数。Lucene的评分模块使用的是TF-IDF算法，其基本思想就是词频算法。

上面例子是一种简单的搜索，返回了两个文档，实际上doc1和doc2的返回顺序同样对用户很关键。相比doc2文档，doc1文档与查询其实更相关，因为它具有有效的匹配顺序。

根据扩展的需要，也可以在数据库索引结构中存储分词的位置信息。将文档的元信息（比如分词、频率与位置）与文档本身进行独立存储是非常高效的。为了实现索引，建议使用分布式的列存储，比如HBase，以支持伸缩。

相关性建模是搜索引擎与关系数据库的一个重要区别，对于关系数据库而言，它需要保证字段与字段、表与表之间的数据独立性，而搜索引擎在满足用户查询需求的同时，还对海量结果集进行相关性排序。

4．Redis缓存

Lucene引擎提供了Queryfilter机制，它将搜索结果包装在CachingWrapperFilter中以提升搜索效率。一些常用查询缓存在Redis中。对于快速变化的查询可以设置几秒的短暂存活时间（Time To Live，TTL）。

7.3　位图索引

7.3.1　概述

位图索引（Bitmap Index）是一种特殊的索引，它使用位图或者位数组来索引数据。位图索引因为具有占用存储空间小的优点，被广泛应用到各种业务中。

在传统实现上，对文档的检索一般采用倒排索引机制，索引表中每个索引项由分词器解析文档输出的分词和包含这个分词的文档列表组成，比如Term:<docID*>。在进行全文检索时，借助倒排索引机制，可以根据分词快速定位到包含分词的文档及位置。

考虑应用场景的复杂性，一个文档中的同一个分词可以出现在不同文档的不同位置，因此索引项由<docID, docFreq, <Pos1*>>共3部分元素组成。

7.3.2　位图索引结构

位图索引是一种使用位的索引。对传统关系数据库表而言，位图索引主要是面向大量相同值的列而创建的索引。我们知道MySQL使用B+树管理索引，它的叶子节点存储着每一行数据，详细记录了RowID与列值信息。位图索引为每个可能的列值创建一个位图，位图中的每一位表示对应的数据行中是否包含当前列值。

在位图索引中，索引项包含起始RowID以及相应的位图，占用的空间非常小。在处理AND、OR、NOT这些逻辑运算时，可以直接利用位图进行按位与、或、非操作来获得结果行数据，如图7-3所示。

在海量大数据场景下，将位图索引与MapReduce并行计算框架相结合，可以分别创建分块级别的位图索引和记录级别的位图索引。

ID	City	Salary
1	Beijing	[0,100]
2	Shanghai	[100,200]
3	Beijing	[200,300]
4	Beijing	[300,400]
5	Shanghai	[400,500]

↓

RowID	1	2	3	4	5
Beijing	1	0	1	1	0
Shanghai	0	1	0	0	1

图7-3

其中，分块级别的位图索引是根据属性值（或者列值）对各个Block的分布情况进行映射的。如果一个属性值出现在第i个分块中，则该属性值的分块级别的位图索引项的位向量的第i位就被设置为1，否则被设置为0。

记录级别的位图索引是根据属性值在一个分块内的分布情况进行映射的。如果一个属性值在第i行记录中出现，那么该属性值的记录级别的位图索引项的位向量的第i位就被设置为1，否则被设置为0。

图7-4展示位图索引的查询过程。在查询过程中，根据二级位图索引机制，首先根据查询条件在分块级别的位图索引中查找位向量，过滤掉不满足条件的Block，然后在剩下满足过滤条件的Block中进行记录级别的位图索引。

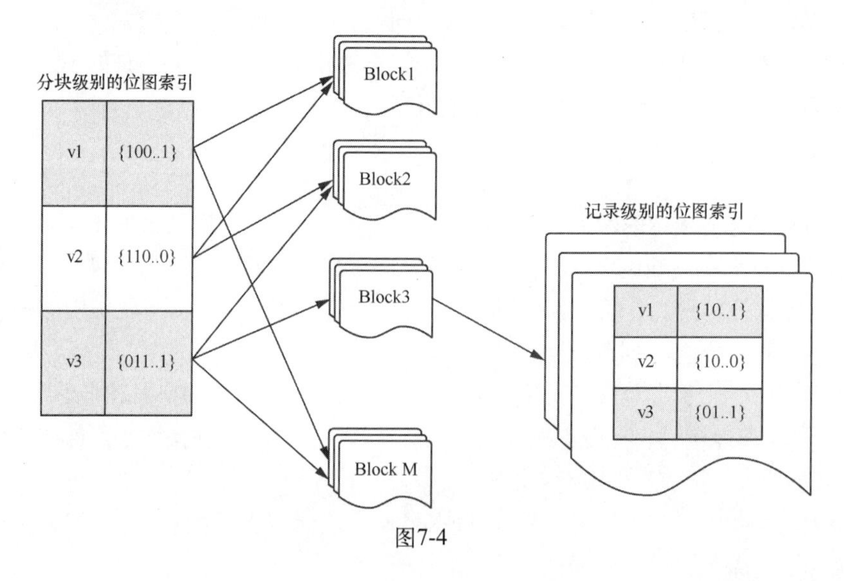

图7-4

假定有一个大文档，我们将该文档分成*M*个Block。文档中包含一个属性，并且只包含3个不同的属性值v1、v2、v3，这3个值均匀分布并存储在这*M*个Block中。

根据二级位图索引机制，分块级别的位图索引由3个大小为*M*的位向量组成，其中每个向量代表某个属性值（比如v1）在Block中的分布情况。比如属性值v1出现在Block1与Block4中，则v1对应的分块级别的位向量的第1、4位分别被设置为1，其他位被设置为0。

在每个Block的内部进行记录级别的位图索引，它将对属性值在Block内的各条记录之间的分布进行更细粒度的描述。比如Block4中，属性v1出现在rec1、rec4和rec5记录中，则v1对应的记录级别的位向量的第1、4和5位被设置为1，其他位被设置为0。

7.3.3 位图索引中的编码

对传统关系数据库表构建位图索引的过程中，不能缺少的一个环节是编码。

编码的本质是将信息进行某种方式的转换，即映射。解码的本质就是反向映射。计算机的本质可简单理解为编码、处理、传输与存储 。

比如，为了提高数据的存储效率，需要在数据写入外设前对数据进行编码，从而减少外设空间的使用量，同时在写数据以及读数据过程中也能够降低I/O次数，提高性能。

1. 行程编码

行程编码是最简单的编码方式之一，其原理是使用当前的元素和该元素连续出现的次数来取代数据块中连续出现的数据部分，如图7-5所示。一个数据块中连续且重复的元素特别多时，可以考虑此种编码方式。

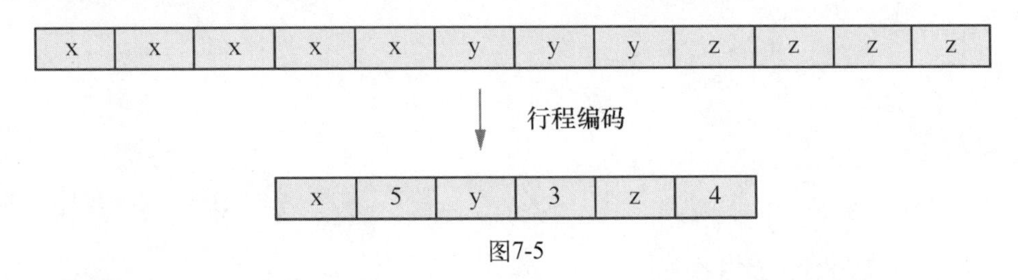

图7-5

2. 字典编码

字典编码（Dictionary Encoding）是一种无损的数据压缩方式。它维护一个字典，在编码的时候将要编码的字符转换成字典里面这个字母对应的索引，而解码的时候将这个索引还原成原来的字母，如图7-6所示。数据存储过程中，对于一些具备低基数特征的属性，比如城市名、性别、品牌名等，可以进行字典编码，获得更高的存储效率。

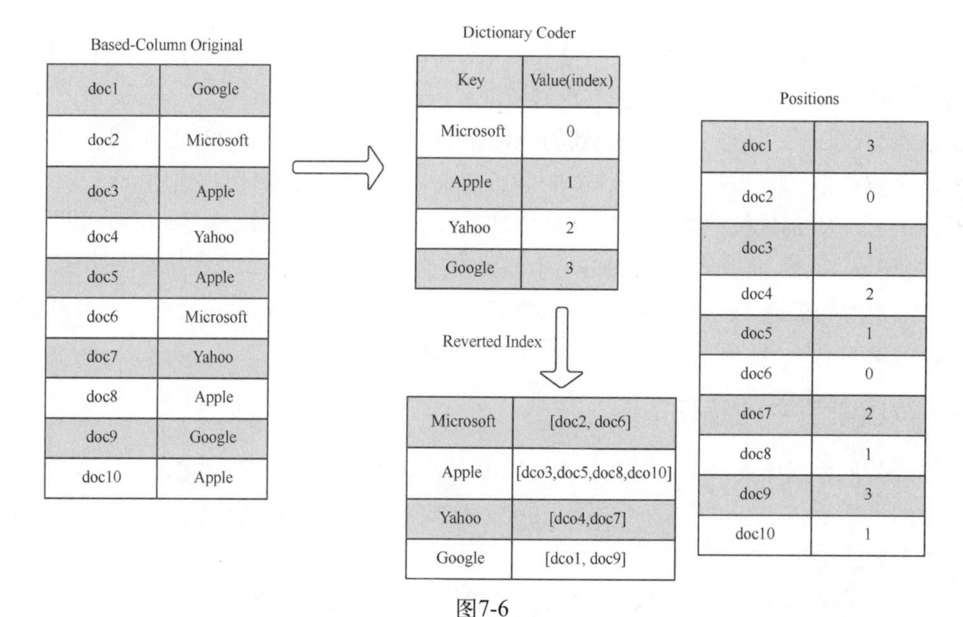

图7-6

字典编码是目前存在的最原始和最强大的压缩形式之一，比如我们在一家餐厅工作，必须将顾客点的食物的清单“翻译”给厨师。餐厅的菜单上有3种食物：

- 比萨；
- 薯条；
- 蛋挞。

与其每次有人点餐时都写“比萨”“薯条”和“蛋挞”，我们不如为每个食品分配一个单独的数字代码：

- 1 - 比萨；
- 2 - 薯条；
- 3 - 蛋挞。

现在，你可以简单写下1、2、3来表达复杂的“比萨”“薯条”和“蛋挞”。

7.3.4 位图索引的构建与查询

位图索引与其他的编码技术一起使用，可以提高查询的性能。

比如，图7-7表示一个文档列表，它用来描述广告投放中的目标受众（Target Audience）。

ID	City	IP	Tag
1	Beijing	Localhost	[tag1,tag2]
2	Shanghai	Localhost	[tag1]
3	Beijing	127.0.0.1	[tag2]

图7-7

接下来对图7-7所示的文档列表进行重构，将其构建成位图索引。

Step1：使用字典编码。

图7-7所示的文档列表采用关系数据库表格式，是典型的行存储结构。其缺点是占用了大量的空间。一个直观的方式是使用字典编码来节省存储空间。

这个简单的概念可以用来重构我们的表结构以减小存储空间。对图7-7采用下方所示的字典编码，编码后的数据库表如图7-8所示。

- 1：Beijing。
- 2：Shanghai。
- 3：tag1。
- 4：tag2。
- 5：Localhost。
- 6：127.0.0.1。

ID	City	IP	Tag
1	1	5	[3,4]
2	2	5	[3]
3	1	6	[4]

图7-8

字典编码的关键是编码后的输出不再是字符（串），而是代表这个字符（串）的数字引用。显然数字引用比字符串占用的空间小，并且可以重复使用这个数字引用，也达到了编码的目标。

Step2：将行存储转换成列存储。

传统的关系数据库采用行存储，一行中的数据在存储介质中以连续存储的形式组织，而为了构建位图索引，我们需要将行存储转换成列存储，如图7-9所示。列存储是将一列的数据在存储介质中以连续存储的形式组织。相比行存储，列存储的优势体现在节省存储空间，减少I/O，对查询和聚合运算的效率提升显著。如果你想让你的查询变得更快，行之有效的方法是减小数据扫描范围和数据传输时的大小，很显然列存储可以帮助你实现目标。

Step3：使用位图索引表。

考虑图7-7中的数据与字典编码，为列中每个不同的值找出包含这个值的行，这个映射称为倒排索引，如下所示。

```
Field: City
Beijing  (1) -> [doc1, doc3]
Shanghai (2) -> [doc2]

Field: Tag
tag1     (3) -> [doc1, doc2]
tag2     (4) -> [doc1, doc3]

Field: IP
```

```
Localhost(5) -> [doc1, doc2]
127.0.0.1(6) -> [doc3]
```

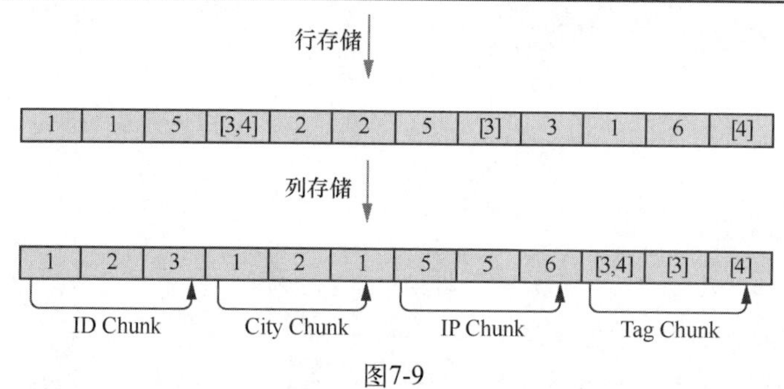

图7-9

进一步，我们创建一个位图并指出哪些行包含不同的列值，如下所示。其中位图的数量取决于行的数量。

```
Field: City
Beijing  (1) -> 101
Shanghai (2) -> 010

Field: Tag
tag1     (3) -> 011
tag2     (4) -> 101

Field: IP
Localhost(5) -> 011
127.0.0.1(6) -> 100
```

Step4：位图索引的查询。

现在对构建好的位图索引进行一个简单的查询：

```
select * from table where City = 'Beijing' and IP = '127.0.0.1'
```

上述查询的逻辑如下。

- 通过字典编码将City='Beijing'和IP='127.0.0.1'过滤条件转换成City=1 and IP=6
- 查询City:1 和IP:6在倒排索引中的记录，分别返回101和100两个位图，表示[doc1,doc3]与[doc3]分别满足在City和IP两个维度的查询条件。
- 最后根据AND逻辑表达式，对位图101和100进行按位与操作，返回100，表示只有doc3满足查询条件。

再看一个复杂的查询：

```
(City = 'Beijing' and Tag in ['tag','tag2']) or IP = 'Localhost'
```

上述查询的逻辑如下。

- 通过字典编码将过滤条件转换成(City:1 AND Tag in [3,4]) OR IP:5
- 对于(City:1 AND Tag in [3,4])，取出两个位图101和111执行与操作，返回101。
- 使用上一步返回的位图101继续与IP:5查询倒排列表返回的位图011执行或操作，即101 OR 011，返回结果为111，即[doc1,doc2,doc3]。

7.3.5　对倒排文本进行位图索引

使用位图索引对倒排文本进行压缩可以提升搜索性能。这一行为也可以应用到Lucene中。

Lucene通过分词器对文件的域进行分词处理，即将其拆分成分词。以每个分词为索引，为对应的docID建立链表，构建倒排索引结构。最终将压缩的位图索引应用于倒排文件，如图7-10所示。

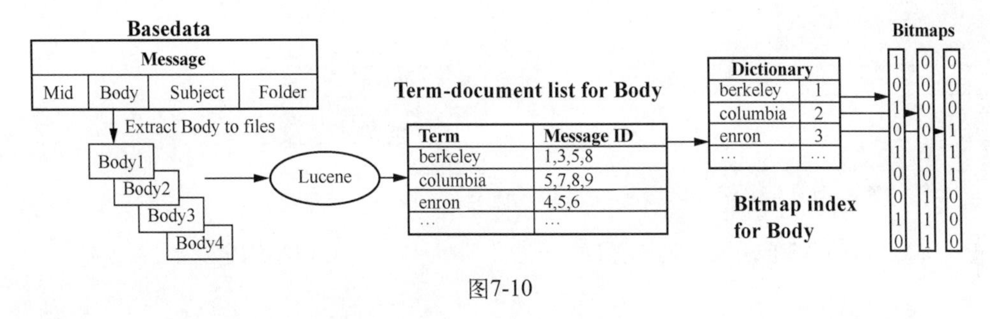

图7-10

7.4　用Be_indexer开源框架实现广告索引

Be_indexer框架可以解决广告系统中的索引和检索问题，它使用倒排列表来支持布尔逻辑表达式查询。它将复杂的布尔逻辑表达式映射为倒排列表中的数据项，并且支持将布尔逻辑表达式计算映射为一个倒排列表上的得分计算。Be_indexer使用两种方式来组织倒排索引：链表与位图。

7.4.1　文档类体系

广告系统中使用布尔逻辑表达式来表示广告中的定向人群，这个布尔逻辑表达式（BooleanExpr）以析取范式（Disjunctive Normal Form，DNF）的形式来表达，如下所示。

```
DNF -> <disjunction_item*>
disjunction_item -> <conjunction_item*>
conjunction_item -> <assignment*>
assignment -> <key, operator, value>
```

如图7-11所示，建模的文档（Document）、合取（Conjunction）表达式和布尔逻辑表达式（Boolean Expr）对象用来表示DNF表达式。文档由多个合取逻辑表达式组成，它们之间是逻辑或的关系。合取逻辑表达式由多个布尔逻辑表达式组成，它们之间是逻辑与的关系。每个布尔逻辑表达式本质上可看成一个{key, operator, value}的赋值（Assignment）表达式，表示一个具体的定向条件，其中key表示定向条件的属性名，operator表示比较操作符，value表示用于比较的值。例如，若要将广告投放给年龄30岁以上并且居住在北京的用户，布尔逻辑表达式可以表示如下。

```
BooleanExpr1: {key: "age", operator:">=", value: 30}
BooleanExpr2: {key: "city", operator: "==", value: "Beijing")
```

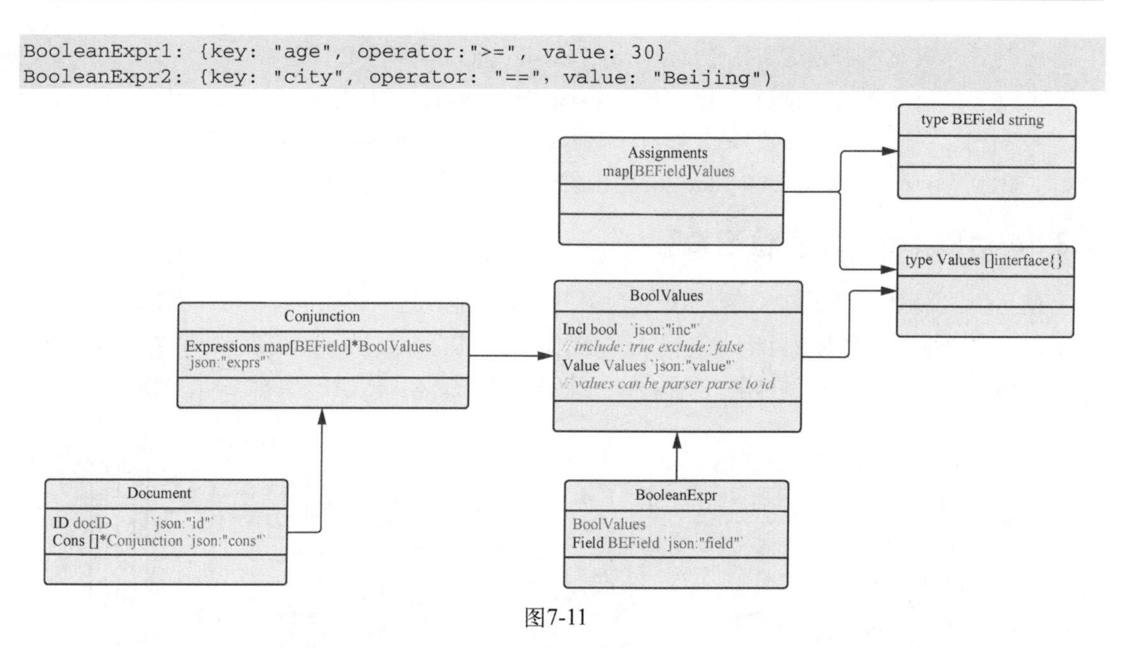

图7-11

Be_indexer开源框架输入文档遵循DNF形式，下面是一个文档集的定义。

```
[
  {
    "id": 1,
    "cons": [
      {
        "exprs": {
          "age": { "inc": true, "value": [1, 2] },
          "ip": { "inc": false, "value": ["localhost"] },
          "city": { "inc": true, "value": ["sh", "bj"] }
        }
      },
      {
        "exprs": {
          "age": { "inc": true, "value": [5] }
        }
      }
    ]
  },
  {
    "id": 2,
    "cons": [
      {
        "exprs": {
          "city": { "inc": true, "value": ["sh"]},
          "ip": { "inc": false, "value": ["127.0.0.1"] },
          "tag": { "inc": true, "value": ["tag1","tag2"]}
        }
      }
    ]
  }
]
```

7.4.2 FieldDesc类体系

如图7-12所示，FieldDesc用来记录每个域的元信息，比如每个域的唯一ID。不同域可以是不同的数据类型，比如整型、长整型和字符串型。为了对域值进行字典编码，需要将这些域值从原始类型转换成字符串型，然后进一步通过IDAllocator子类体系完成字典编码，实现从字符串到字典索引的转换。

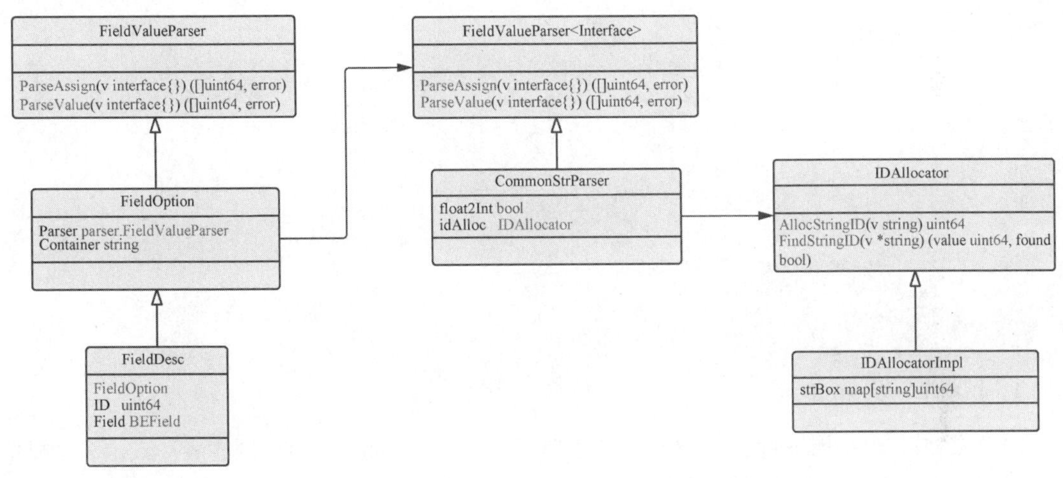

图7-12

7.4.3 字典编码

IDAllocatorImpl类用来实现字典编码，它内部维护的strBox变量是一个哈希表。字典的键对应广告查询的分词，字典的键值是一个整型数值，用来实现从分词到字典索引的转换。

代码清单7-1 IDAllocatorImpl类接口定义

```
type (
    IDAllocator interface {
        AllocStringID(v string) uint64
        FindStringID(v *string) (value uint64, found bool)
    }

    IDAllocatorImpl struct {
        strBox map[string]uint64
    }
)

func NewIDAllocatorImpl() IDAllocator {
    return &IDAllocatorImpl{
        strBox: make(map[string]uint64),
    }
}
```

```
func (alloc *IDAllocatorImpl) TotalIDCount() uint64 {
    return uint64(len(alloc.strBox))
}

func (alloc *IDAllocatorImpl) FindStringID(v *string) (value uint64, found bool) {
    if v == nil {
        return 0, false
    }
    value, found = alloc.strBox[*v]
    return
}

func (alloc *IDAllocatorImpl) AllocStringID(v string) uint64 {
    if id, hit := alloc.strBox[v]; hit {
        return id
    }

    id := uint64(len(alloc.strBox))
    alloc.strBox[v] = id
    return id
}
```

1. buildDocEntries

一个文档遵循DNF的规范，由多个合取逻辑表达式组成，而每个合取逻辑表达式由多个赋值表达式组成。buildDocEntries通过分析输入文档生成分词列表，并将其写入倒排索引中。

代码清单7-2　分析文档集构建倒排索引

```
func (b *IndexerBuilder) buildDocEntries(doc *Document) error {
   for idx, conj := range doc.Cons {
      incSize := conj.CalcConjSize()
      conjID := NewConjID(doc.ID, idx, incSize)

      container := b.indexer.newContainer(incSize)
      for field, expr := range conj.Expressions {
         desc := b.createFieldData(field)
         entryID := NewEntryID(conjID, expr.Incl)
         holder := container.newEntriesHolder(desc)
         if err := holder.AddFieldEID(desc, expr.Value, entryID); err != nil {
         }
      }
   }
   return nil
}
```

2. ConjunctionID

假设输入文档由一个合取逻辑表达式组成。合取逻辑表达式由两个赋值表达式组成，最终这两个赋值表达式会在被解析后写入倒排索引中。

ConjunctionID用来对Conjunction合取逻辑表达式进行编码，由docID和idx生成唯一的ConjunctionID。具体来看，ConjunctionID由docID和idx二部分组成，其中docID使用56位二进制数表示，idx使用8位二进制数表示，通过uint64(doc<<8)将docID左移8位，并将结果转换成uint64类型，从而空出低8位来存储idx，然后使用按位或运算将docID和idx合并为ConjunctionID。

下面代码是对ConjunctionID编码的结构定义，并提供了创建ConjunctionID编码的方法。ConjunctionID采用两部分编码是为了最大限度减小存储空间，同时保证它可以唯一地表示一个ConjunctionID。使用两部分编码也方便对ConjunctionID进行解码，通过位运算就可以快速分离出docID和idx，方便进行倒排索引操作。

```
type (
   // ConjunctionID |- doc(56bit) | idx(8bit) -|
   ConjunctionID uint64
)

func NewConjunctionID(idx int, doc int64) (ConjunctionID, error) {
   return ConjunctionID(uint64(doc<<8) | uint64(idx)), nil
}
```

3. conjID和entryID

entryID用来对Conjunction、Expression和Assignment表达式进行编码并生成唯一的entryID。一个Document包含多个exprs属性，每个exprs属性由多个类似"city": { "inc": true, "value": ["sh"]}的字段组成。值得注意的是，exprs包含的多个字段之间存在逻辑与的关系，表示只有当所有条件都满足时当前的Document才算匹配。为了对exprs中每个字段进行建模，设计出了entryID和conjID结构。entryID由两部分组成：conjID和index。而conjID由size、index、negSign和docID组成，其中size代表当前文档exprs包含的字段的数目，index代表当前字段在exprs集合中的索引，negSign代表是否对当前字段进行取反操作，docID则代表当前字段所属的文档。

假设有如下文档，把Document中每个字段属性（age、ip、city）看成是独立的表达式，并给它们分配一个唯一的entryID。

```
{
  "id": 1,
  "exprs": {
   "age": { "inc": true, "value": [1, 2] },
   "ip": { "inc": false, "value": ["localhost"] },
   "city": { "inc": true, "value": ["sh", "bj"] }
  }
}
```

下面对city字段代表的表达式进行conjID结构初始化，以便基于conjID来组合entryID。

```
{
"size": 3,          // 表示document.exprs包含3个属性
"index": 2,         // 表示city属性在document.exprs集合中的索引为2
"negSign": false,        // 表示该表达式没有取反
"docID": 1          // 表示属性所属的文档docID
}
```

下面代码是对entryID编码的结构定义，并提供了创建entryID编码的方法。

```
func NewEntryID(id conjID, incl bool) entryID {
   if !incl {
```

```
		return entryID(id << 4)
	}
	return entryID((id << 4) | 0x01)
}

// NewConjID
// |--[ reserved(4bit) | size(8bit) | index(8bit)  | negSign(1bit) | docID(43bit)]
func NewConjID(docID DocID, index, size int) conjID {
	if !ValidDocID(docID) || !ValidIdxOrSize(index) || !ValidIdxOrSize(size) {
		panic(fmt.Errorf("id overflow, id:%d, idx:%d size:%d", docID, index, size))
	}
	negSign := uint64(0)
	if docID < 0 {
		negSign = 1
		docID = -docID
	}
	return conjID((uint64(size) << 52) | (uint64(index) << 44) | (negSign << 43) |
(uint64(docID)))
}


type (
	// conjID max support 60bit len
	// |--[ reserved(4bit) | size(8bit) | index(8bit)  | negSign(1bit) | docID(43bit)]
	conjID uint64

	// Key is the term represent field and its value, eg: <age,15>
	// <field-8bit> | <value-56bit>
	Key uint64

	// entryID [--conjID(60bit)--|--empty(3bit)--|--incl/excl(1bit)--]
	entryID uint64

	// Entries a type define for sort option
	Entries []entryID
)
```

7.4.4　Be_indexer框架的基本流程

Be_indexer框架的主要功能是将输入的文档转换为倒排索引，并将倒排索引存储在SizeGroupedBEIndex实例中。这个过程会参考文档中的Conjunction和Expression来构建倒排索引的每一项。一个文档遵循DNF的规范，由多个合取逻辑表达式组成，而每个合取逻辑表达式由多个赋值表达式组成，格式如下：

```
DNF -> Conjunction1 OR Conjunction2
Conjunction1 -> Assignment1 AND Assignment2
Assignment1 -><key, operator, value>
```

buildDocEntries通过分析输入文档生成分词列表，最终将其写入倒排索引中。输入文档实例如下：

```
{
	"id": 1,
	"cons": [
	  {
		"exprs": {
```

```
        "age": { "inc": true, "value": [1, 2] },
        "ip": { "inc": false, "value": ["localhost"] },
        "city": { "inc": true, "value": ["sh", "bj"] }
      }
    },
    {
      "exprs": {
        "age": { "inc": true, "value": [5] }
      }
    }
  ]
}
```

AddDocument是构建倒排索引的逻辑入口，它会遍历文档中所有的Conjunction条件。对于每个Conjunction条件，继续遍历其中的exprs表达式。每个exprs表达式中的每一个assignment由<field, operator, value>三元组构成。针对每个assignment表达式，首先将字段（field）生成fieldID，然后将字段值（value）解析成valueID。<fieldID, valueID>即为倒排索引的键。每个assignment会生成一个entryID，最终每个assignment构成的<fieldID, valueID>和entryID作为键值对写入倒排索引中，从而完成倒排索引的构建。

根据DNF的算法逻辑，AddDocument会为每个合取逻辑表达式构建一套EntriesContainer实例对象。比如，doc.cons[0]包含3个表达式，其中满足inc=true条件的表达式等于2，而doc.cons[1]仅包含一个表达式，并且满足inc=true条件的表达式等于1。在SizeGroupedBEIndex对象维护的kSizeContainers[]数组字段中，会初始化两个EntriesContainer实例对象，分别代表doc.cons[0]与doc.cons[1]，如图7-13所示。

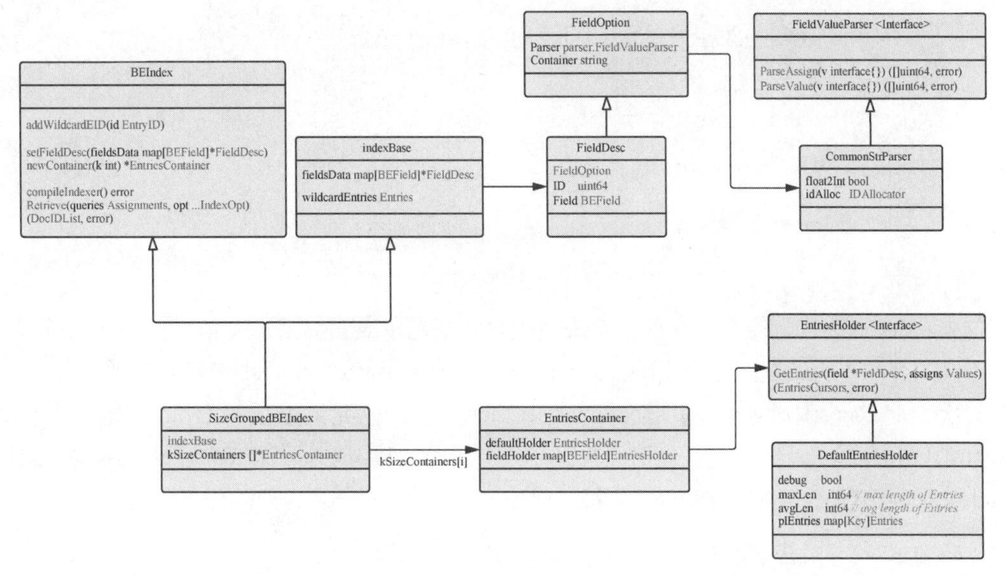

图7-13

当对一个广告请求进行检索时，应计算request.doc.cons[i]表达式的大小，并标记为sizeOf(Request)。对ikSizeContainers[]数组中的任意索引j，有如下情况。

- 对于j < sizeOf(Request)，取出ikSizeContainers[j]的倒排索引信息，进行检索。
- 对于j > sizeOf(Request)，表示ikSizeContainers[j]管理的DNF文档中赋值表达式覆盖的条件多于广告请求（request.doc.cons[i]）中赋值表达式声明的条件，肯定不能满足查询检索的条件，因此可以直接过滤掉。

1. 创建索引

为了将合取逻辑表达式和布尔逻辑表达式的二层关系进行抽象编码，创建了两个新的概念：conjID与entryID。它们分别对应doc.cons[i]与doc.cons[i].expressions[j]。

假设输入文档由一个合取逻辑表达式组成。合取逻辑表达式由两个赋值表达式组成，最终这两个赋值表达式会在被解析后写入倒排索引中。

当一个文档被写入倒排索引后，SizeGroupedBEIndex、EntriesContainer和DefaultEntriesHolder对象分别从3个方面对文档信息进行抽取，并组织成一套倒排索引来存储文档的信息。最重要的是分别对Conjunction与Conjunction.Expression.Assignment表达式进行编码，生成唯一的conjID和entryID。

代码清单7-3　通过分析输入文档生成分词列表，并将其写入倒排索引

```
func (b *IndexerBuilder) buildDocEntries(doc *Document) error {
   for idx, conj := range doc.Cons {
      incSize := conj.CalcConjSize()
      conjID := NewConjID(doc.ID, idx, incSize)

      container := b.indexer.newContainer(incSize)
      for field, expr := range conj.Expressions {
         desc := b.createFieldData(field)
         entryID := NewEntryID(conjID, expr.Incl)
         holder := container.newEntriesHolder(desc)
         if err := holder.AddFieldEID(desc, expr.Value, entryID); err != nil {
         }
      }
   }
   return nil
}
```

首先，doc.cons包含的多个合取逻辑表达式之间是逻辑或的关系，文档（广告活动模型）中每个不同的合取逻辑表达式分别由SizeGroupedBEIndex.kSizeContainers[]来进行管理。

其次，doc.cons[i]通过<docID, conjs-offset, conjs-size>三元组组成一个uint64无符号整数。doc.cons[i].expressions[j]代表某个赋值表达式，通过<docID, conjs-offset, conjs-size, include/exclude- prop>四元组组成一个uint64无符号整数。

代码清单7-4　对合取逻辑表达式进行编码

```
// NewConjID
// |--[ reserved(4bit) | size(8bit) | index(8bit)  | negSign(1bit) | docID(43bit)]
```

```
func NewConjID(docID DocID, index, size int) conjID {
   negSign := uint64(0)
   if docID < 0 {
      negSign = 1
      docID = -docID
   }
   return conjID((uint64(size) << 52) | (uint64(index) << 44) | (negSign << 43) |
(uint64(docID)))
}

// NewEntryID encode entry id
// |--conjID(60bit)--|-- empty(3bit) --|--incl/excl(1bit) --|
// |--[ size(8bit) | index(8bit) | negSign(1bit) | docID(43bit)]--|-- empty(3bit) --|-
-incl/excl(1bit) --|
func NewEntryID(id conjID, incl bool) EntryID {
    if !incl {
        return EntryID(id << 4)
    }
    return EntryID((id << 4) | 0x01)
}
```

再次，对于类似"city": { "inc": true,"value": ["sh","bj"] }的赋值表达式，AddFieldEID方法使用CommonStrParser函数对Field-Value:['sh','bj']进行分词，生成两个不同的属性值'sh'和'bj'。注意返回的其实并不是'sh'和'bj'字符串本身，而是经过idAlloc.AllocStringID(value)转换后的字典编码的索引。在AddFieldEID方法中，FieldDesc.Parse对输入表达式的值（value）进行解析，将每个值映射成一个或者多个ID值。这些ID值将和输入表达式的fieldID合并，用作倒排索引的唯一key。

代码清单7-5 分析赋值表达式并进行分词存储

```
func (h *DefaultEntriesHolder) AddFieldEID(field *FieldDesc, values Values, eid EntryID)
(err error) {
   var ids []uint64
   for _, value := range values {
      if ids, err = field.Parser.ParseValue(value); err != nil
      {}
      for _, id := range ids {
         h.AppendEntryID(NewKey(field.ID, id), eid)
      }
   }
   return nil
}
func (p *CommonStrParser) ParseValue(v interface{}) ([]uint64, error) {
    switch value := v.(type) {
    case string:
        return []uint64{p.idAlloc.AllocStringID(value)}, nil
    case int, uint, uint8, int8, int32, uint32, int64, uint64:
        s := fmt.Sprintf("%v", value)
        return []uint64{p.idAlloc.AllocStringID(s)}, nil
    case float64, float32:
        if p.float2Int {
```

```
            vf := reflect.ValueOf(v)
            s := fmt.Sprintf("%v", uint64(vf.Float()))
            return []uint64{p.idAlloc.AllocStringID(s)}, nil
        }
    default:
    }
    valueType := reflect.TypeOf(v)
    return nil, fmt.Errorf("value type [%s] not support", valueType.String())
}
func (alloc *IDAllocatorImpl) AllocStringID(v string) uint64 {
   if id, hit := alloc.strBox[v]; hit {
      return id
   }

   id := uint64(len(alloc.strBox))
   alloc.strBox[v] = id
   return id
}
```

最后，表达式"city": { "inc": true,"value": ["sh","bj"] }会生成两个倒排索引项，体现为向DefaultEntriesHolder.plEntries倒排索引结构添加了两个索引项。DefaultEntriesHolder本质上使用plEntries字典维护分词与docID链表的映射信息，即链表结构的倒排索引。

代码清单7-6　DefaultEntriesHolder结构定义

```
DefaultEntriesHolder struct {
        debug     bool
        maxLen    int64 // max length of Entries
        avgLen    int64 // avg length of Entries
        plEntries map[Key]Entries
}

// NewKey API
func NewKey(fieldID uint64, valueID uint64) Key {
   if fieldID > MaxBEFieldID || valueID > MaxBEValueID {
      panic(fmt.Errorf("out of value range, <%d, %d>", fieldID, valueID))
   }
   return Key(fieldID<<56 | valueID)
}
```

plEntries字段变量是一个键值对，其中键是由<fieldID, valueID>形成的二元组，而Entries是一个Entries []EntryID，即前面讨论的entryID的数组。这个entryID是一个<docID, conjs-offset, conjs-size, include/exclude-prop> 四元组。下方展示了最终写入倒排索引的plEntries字段。

```
(<city-id, sh-id>, doc1-cons[1]-entryid)
(<city-id, bj-id>, doc1-cons[1]-entryid)
```

2. 查询

Be_indexer作为一个倒排索引系统，它的查询流程主要包含初始化游标，从倒排索引结构中过滤出Entry记录，对查询中多个字段条件的过滤结果集求交集（主要由retrieveK函数实现），最终获得满足查询条件的Entry记录集合。

在查询阶段，每当检索到一个满足查询条件的文档时，就会将满足条件的文档写入DocIDCollector收集器。DocIDCollector用于收集docID。

在索引阶段，从每个查询中收集匹配的docID。Be_indexer源码中设计了一个collectorPool对象池，用于管理DocIDCollector对象。在执行PickCollector函数时，会从对象池中获取一个DocIDCollector对象，如果对象池中没有，则会创建一个新的对象。PutCollector函数用于将使用完毕的DocIDCollector对象归还到对象池中，以供后续重复使用。通过引入对象池，可以避免频繁地创建和销毁DocIDCollector对象，从而减少内存分析和垃圾回收的开销，在高并发或者大数据场景下极大提升程序的性能与稳定性。

代码清单7-7 扫描索引数据并检索匹配结果

```
func (bi *SizeGroupedBEIndex) Retrieve(
   queries Assignments, opts ...IndexOpt) (result DocIDList, err error) {

   collector := PickCollector()
   defer PutCollector(collector)

   if err = bi.RetrieveWithCollector(queries, collector, opts...); err != nil {
      return nil, err
   }
   result = collector.GetDocIDs()
   return result, nil
}

func (bi *SizeGroupedBEIndex) RetrieveWithCollector(
    queries Assignments, collector ResultCollector, opts ...IndexOpt) (err error) {

    ctx := newRetrieveCtx(queries, opts...)
    ctx.collector = collector

    var fCursors FieldCursors
    for k := util.MinInt(queries.Size(), bi.maxK()); k >= 0; k--
  {
        if fCursors, err = bi.initCursors(&ctx, k); err != nil {
            return err
        }

        tempK := k
        if tempK == 0 {
            tempK = 1
        }
        if len(fCursors) < tempK {
            continue
        }
        bi.retrieveK(&ctx, fCursors, tempK)
    }
    return nil
}
```

```
// retrieveK retrieve matched result from k size index data
func (bi *SizeGroupedBEIndex) retrieveK(ctx *retrieveContext, fieldCursors FieldCursors,
k int) {
   if len(fieldCursors) < k {
      return
   }

   // sort.Sort(fieldCursors)
   fieldCursors.Sort()

   for !fieldCursors[k-1].GetCurEntryID().IsNULLEntry() {

      eid := fieldCursors[0].GetCurEntryID()
      endEID := fieldCursors[k-1].GetCurEntryID()

      conjID := eid.GetConjID()
      endConjID := endEID.GetConjID()

      nextID := NewEntryID(endConjID, false)

      if conjID == endConjID {

         nextID = endEID + 1

         if eid.IsInclude() {

            ctx.collector.Add(conjID.DocID(), conjID)
            if ctx.dumpStepInfo {
               Logger.Infof("step k:%d add doc:%d conj:%d\n", k, conjID.DocID(), conjID)
            }
         } else { //exclude

            for i := k; i < fieldCursors.Len(); i++ {
               if fieldCursors[i].GetCurConjID() != conjID {
                  break
               }
               fieldCursors[i].Skip(nextID)
            }
         }
      }
      // 推进游标
      for i := 0; i < k; i++ {
         fieldCursors[i].SkipTo(nextID)
      }

      // sort.Sort(fieldCursors)
      fieldCursors.Sort()

      if ctx.dumpStepInfo {
         Logger.Infof("sorted entries\n%s", fieldCursors.Dump())
      }
   }
}
```

在Be_indexer方法中，retrieveK用于查询多个字段的有序结果集的交集。对于每个查询，它会获取一个相应的字段游标集合（对应FieldCursors）。每个字段游标代表该字段的倒排索引有序结果集。当有多个查询条件时，需要对每个条件的结果集求交集，以获取符合所有条件的文档列表。retrieveK方法接收FieldCursors作为参数，返回满足所有条件的过滤结果集合。

假设有一个大小为3的索引数据，包含分词"one"、"two"和"three"的倒排索引集合。查询“one and two and three”会使用大小为3的字段游标来检索匹配的记录集合。retrieveK方法会将每个字段的游标按照entryID排序，然后使用指针碰撞的方式不断找到所有字段中共同出现的最小entryID（即交集），再将其对应的docID加入结果集中，从而获得符合所有条件的文档列表。

7.4.5 Be_indexer框架的倒排索引

1. 用链表结构实现

plEntries字典维护着Term与docID链表的映射信息，即链表结构的倒排索引。

代码清单7-8 EntriesHolder接口定义

```
type (
   EntriesHolder interface {
      EnableDebug(debug bool)
      DumpInfo(buffer *strings.Builder)
      DumpEntries(buffer *strings.Builder)
      CompileEntries() error
      GetEntries(field *FieldDesc, assigns Values) (EntriesCursors, error)
      AddFieldEID(field *FieldDesc, values Values, eid EntryID) error
   }

   DefaultEntriesHolder struct {
      debug     bool
      maxLen    int64 // max length of Entries
      avgLen    int64 // avg length of Entries
      plEntries map[Key]Entries
   }
```

2. 用位图结构实现

字典inc或者exc维护着分词与位图实例的映射信息，即位图结构的倒排索引。

代码清单7-9 DefaultBEContainer结构定义

```
// DefaultBEContainer is a common value based inverted index bitmap container
DefaultBEContainer struct {
   meta *FieldMeta
   wc PostingList

   inc map[BEValue]PostingList
   exc map[BEValue]PostingList
}
```

```
type (
    BEValue uint64

    PostingList struct {
        *roaring64.Bitmap
    }
)

var bitmapPool = sync.Pool{
    New: func() interface{} {
        return roaring64.NewBitmap()
    },
}
```

7.5 程序化广告概述

7.5.1 程序化广告是什么？

程序化广告是指通过计算机程序进行自动化的广告交易，进而自动化地投放广告。实时竞价（Real-Time Bidding，RTB）是程序化广告的方式之一。本书主要讲解使用RTB的程序化广告。

程序化广告系统中包含出版商（Publisher）、供应方平台（Supply-Side Platform，SSP）、需求方平台（Demand-Side Platform，DSP）、数据管理平台（Data Management Platform，DMP）和广告商（Advertiser），如图7-14所示。任何交易活动中都存在卖方（供应方）和买方（需求方）。在程序化广告交易中，出版商是卖方，广告商是买方。

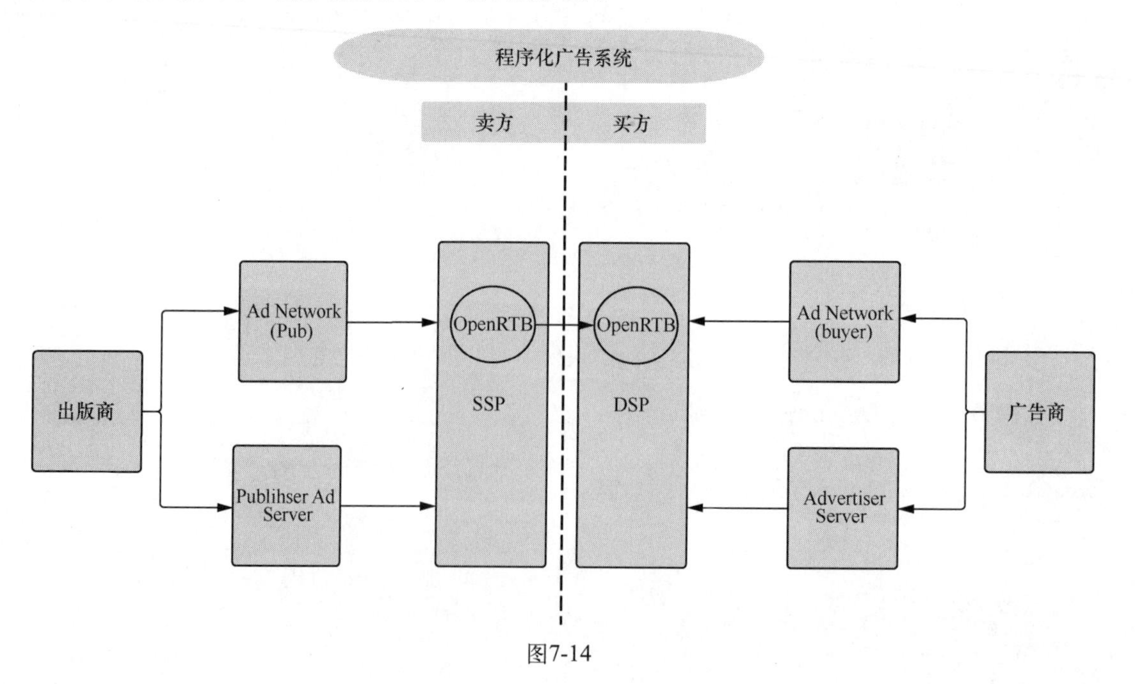

图7-14

- 出版商在它的网站空间展示广告，将网站的用户流量进行广告变现。网站的空间被称为广告库存。
- SSP是卖方的代理人，它帮助出版商销售广告库存。SSP管理出版商的需求，为其寻找最优的买家。
- DSP是买方的代理人，它帮助广告商购买广告库存。DSP根据广告商的需求，对每一个符合广告目标人群要求的广告库存进行实时竞拍。DSP尽可能地将每一个广告放在最合适的广告位上，从而降低广告商的购买成本。
- DMP是第三方数据平台，它负责数据的采集、存储、处理、分析和应用。SSP与DSP利用DMP来优化投放策略。
- SSP与DSP之间使用OpenRTB协议进行RTB交易。

当用户访问网站时，出版商向SSP发出一个请求，表示有一次广告展示机会，即一个广告库存。SSP首先分析用户画像，比如用户位置、历史访问信息，然后启动一次拍卖将广告请求转发给DSP。DSP基于广告商设定的参数决定是否需要对广告请求进行竞价。SSP会选择出价最高的DSP作为胜出者，并展示该DSP提供的广告，如图7-15所示。整个竞价过程发生在200ms内。

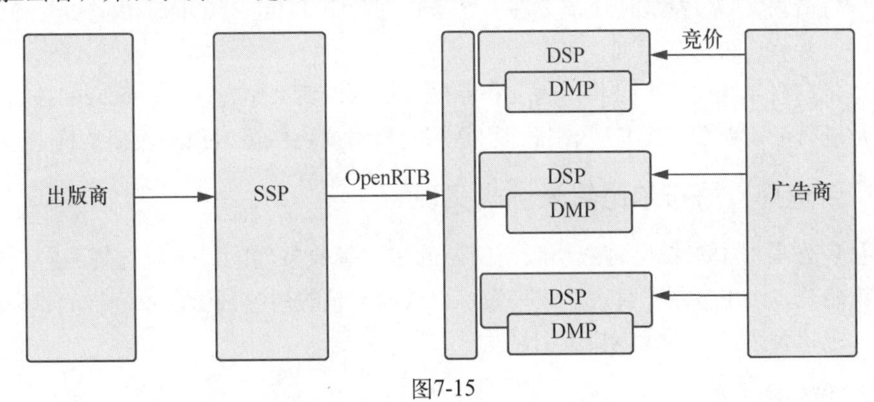

图7-15

7.5.2 程序化广告系统的主要模块

程序化广告系统包括如下六个主要模块。

第一个模块是广告信息管理模块。出版商和广告商分别在SSP和DSP的广告投放页面进行广告的设计与配置，比如，创建广告活动、广告交易或者上传广告素材。

第二个模块是广告检索模块。上游的广告请求封装了广告的定向信息，广告检索模块用于获取符合定向信息的候选广告集，并将候选集传递给下游的广告竞价模块。7.6节将详细介绍广告检索模块。

第三个模块是广告竞价模块。出价高的广告商的广告可以获得优先展示权，从而获得更多的点击量。8.3节将详细介绍广告竞价模块。

第四个模块是广告库存预测模块。它用来预测未来可销售的广告库存的数量。准确地预测和管理广告库存是盈利的关键要素。7.7节将详细介绍广告库存预测模块。

第五个模块是广告定位模块。作为一种广告技术，它根据用户的历史行为和偏好来提供定制的广告，以此提升广告投放的效果。7.8节和7.9节将详细介绍广告定位模块。

第六个模块是日志数据分析模块。它会记录网络用户在出版商媒体上与广告交互（例如浏览广告、点击广告、下载广告）的日志数据，然后按照不同的业务要求对日志数据进行抽取、转换，并将新生成的数据存入数据仓库中。8.4节和8.5节将详细讲解日志数据分析模块。

7.6 广告检索

7.6.1 概述

程序化广告的本质是把合适的内容在合适的时间以合适的方式展示给合适的受众。因此在广告系统中，广告检索模块会根据广告竞价请求中的用户特征信息，即出版商网站的用户画像（例如年龄、收入、爱好等）信息，从广告索引中查找符合条件的广告候选集，提升广告投放的效果。

针对广告请求，广告投放模块需要在一个极短的时间（100～500ms）内选择一个或者多个匹配的广告，并将广告进行返回。

在程序化广告系统中，可以将广告文档存储在Lucene索引中，通过Lucene的强大检索能力对广告投放进行准确匹配与定位。倒排索引是广告检索模块中最常用的数据结构之一。

7.6.2 广告选择：用布尔逻辑表达式实现

如何从广告索引中查找出符合出版商网站的用户画像条件的广告候选集呢？广告检索模块的常用策略是，使用布尔逻辑表达式来表示出版商网站的用户画像以及广告的目标受众，同时使用布尔逻辑表达式来检索倒排索引结构。

1．布尔逻辑表达式

布尔逻辑表达式是指利用AND、OR或者NOT逻辑运算符连接起来的查询。图7-16中展示了主要的布尔逻辑运算：或运算、与运算和与非运算。

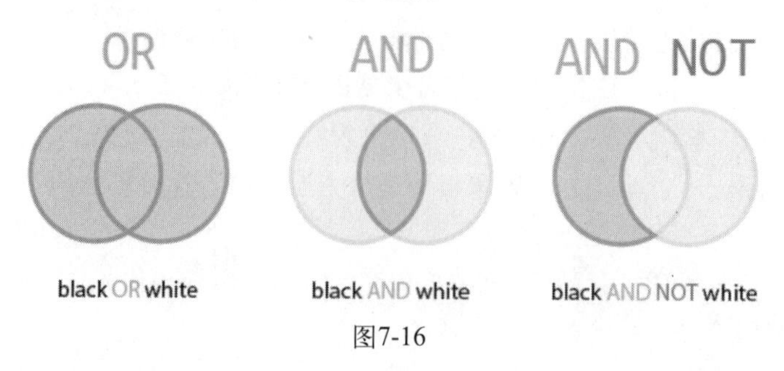

图7-16

- OR运算符，例如：

```
boss OR executive director OR manager
```

- AND运算符，例如：

```
camping AND outdoors AND ages 20-40
```

- AND NOT运算符，例如：

```
camping AND NOT(ages 10-18)
```

比如，在一个经典的广告管理系统中，使用如下模型进行建模：

```
Advertiser广告商
|— Insertion Order订单
        |— Campaign排期
                |— Adunit广告单元
                        |— Creative with targeting condition
                               广告素材包含广告定向条件
```

广告检索需求如下。

- 广告产品类型：BMW。
- 受众性别：男性与女性。
- 年龄：20～50岁。
- 城市：北京、上海和深圳。
- 收入：50万～200万元。
- 设备信息：非Android。

那么对应的布尔逻辑表达式如下。

代码清单7-10 广告活动的布尔查询条件

```
campagin.type = 'BMW'
    AND (gender: male OR gender: female)
        AND age in [20, 50] AND city in ["BJ", "SH", "SZ"]
            AND income in [50W, 200W]
                AND NOT(device: ['Android'])
```

2. 布尔查询的处理

构建好广告数据索引之后，如何利用索引来支持布尔查询？

在广告索引中分别定位如下查询。

- 在索引中定位campagin.type='BMW'关键词对应的文档列表。
- 在索引中分别定位gender: male和gender: female关键词并返回各自对应的文档列表，将返回的两个倒排列表求并集。
- 依此类推，分别使用age、income和device的过滤条件定位并找回各自的倒排列表。
- 最后将所有的倒排列表求并集。

7.6.3 广告选择：用DNF实现

用户特征中往往包含上百个标签，如图7-17所示，但这么多的标签对数据检索是一个很大的挑战。值得注意的是，大部分标签之间会形成一个两层的逻辑关系，比如DNF中第一层是逻辑或的关系，第二层是逻辑与的关系。试想如果都是逻辑与的关系，可能无法检索到有效的广告候选集。同时也不能完全都是逻辑或的关系，否则会检索出大量的文档，无法真正起到广告过滤的作用。

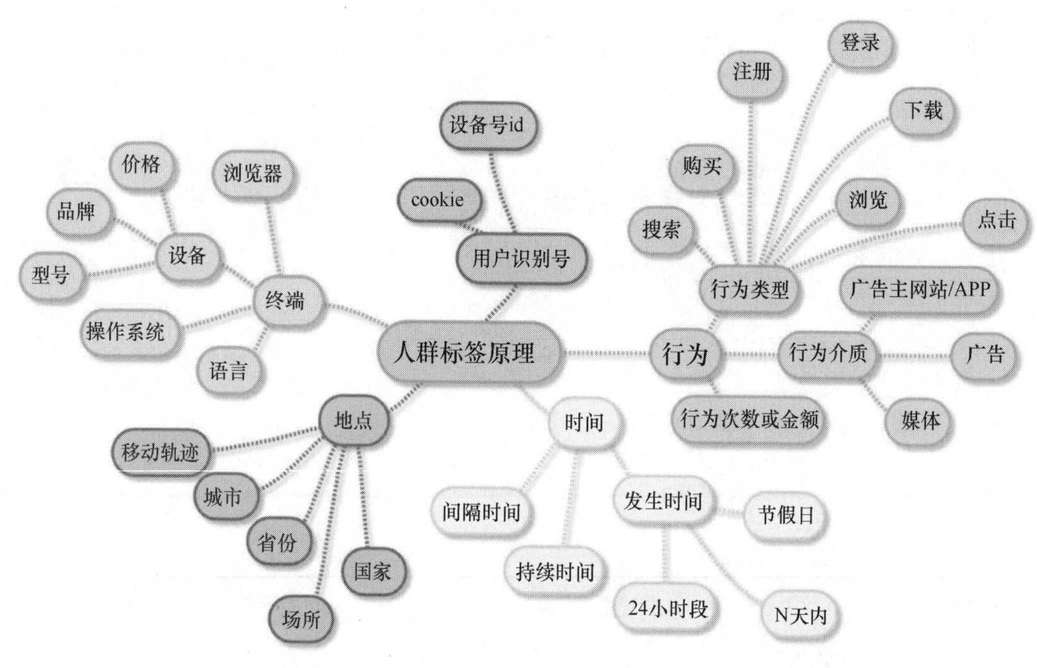

图7-17

1. DNF算法

广告中的定向人群可以使用布尔逻辑表达式来表示，也可以使用DNF的形式来表示。在逻辑表达式中，变量或者输入通常以复杂的方式交织在一起。将布尔逻辑表达式转换成DNF后，变量之间的分离程度更高，就更加容易识别出整个逻辑表达式是否满足条件。

DNF的结构范式如下：

```
DNF -> <disjunction_item*>
disjunction_item -> <conjunction_item*>逻辑或运算
conjunction_item -> <assignment*>逻辑与运算
assignment -> <key, operator, value>
```

一个DNF形式的查询条件示例如下：

```
(city in ("BJ") AND age in (20,30) )
      OR
      (city in ("SH") AND age in (30,50))
```

DNF在组织上可分为如下3层结构。

- 析取范式：每个DNF可以分解为多个合取范式（Conjunctive Normal Form，CNF）的并集。
- 合取范式：每个CNF可以分解为多个赋值语句的交集。
- 赋值语句：每个赋值语句表达一层的原子逻辑。比如 city in ("BJ"，"SH")。

特别需要注意的是，在每个合取范式中，同一个属性至多只能出现一次，如果多次出现，可能产生永假的表达式。

当布尔逻辑表达式进行广告检索时，考虑到DNF的特点，它可以简化成两步逻辑。第一步是对合取范式的逻辑或操作，第二步是对赋值语句的逻辑与操作。当一个广告请求到达广告引擎的检索模块时，如果此广告请求的定向条件匹配DNF的某个局部合取范式，就一定满足DNF的整体条件。

2. DNF算法的层次结构及其实现

DNF的定义形式如下。

```
DNF -> <docID, disjunctions*>
disjunctions -> <conjunctions*>逻辑或运算
conjunctions -> <name, include-or-exclude, conjValue>逻辑与运算

conjValue -> <sval-list, ival-list, dval-list, bval, Geo>
```

（1）Disjunction：析取逻辑表达式（OR逻辑表达式）

使用protobuf定义一个DNF消息结构，定义了3个属性，其类型分别是int32、string和Disjunction。Disjunction代表析取逻辑表达式。使用protobuf定义DNF消息结构的代码如下。

```
// Disjunctive Normal Form
message DNF {
    required int32 docID = 1;
    required string mode = 2;
    repeated Disjunction disjunctions = 3;
};

message Disjunction {
    repeated Conjunction conjunctions = 1;
};

message Conjunction {
    required string name = 1;
    optional bool bt = 2[default=true]; // 'bt' is short for Belong To
    required ConjValue value = 3;
};
```

（2）Conjunction：合取逻辑表达式（AND逻辑表达式）

Conjunction代表合取逻辑表达式。使用protobuf定义一个Conjunction消息结构的代码如下。

```
message Conjunction {
    required string name = 1;
```

```
    optional bool bt = 2[default=true]; // 'bt' is short for Belong To
    required ConjValue value = 3;
};

{
    "mode":"stanard",
    "docID":10,
    "disjunctions":[{
        "conjunctions":[{
            "name":"city",
            "bt":false,
            "value":{
                "sval":["beijing"]
            }
        }]
    }]
}
```

（3）ConjValue：赋值表达式

ConjValue代表赋值表达式。使用protobuf定义一个ConjValue消息结构的代码如下。

```
message ConjValue {
    repeated string sval = 1;
    repeated int32  ival = 2;
    repeated double dval = 3;
    repeated Int32Interval int32_intvl = 4;
    repeated DoubleInterval double_intvl = 5;
    repeated StringInterval string_intvl = 6;
    optional bool   bval = 7;
    optional Geo geo = 8;
};
```

7.6.4 用Clorisearch开源框架实现广告检索

Clorisearch框架借鉴了如下设计思想。

- Index Boolean Expression：布尔逻辑表达式，用以实现广告检索。
- Lucene：倒排索引的检索引擎框架。
- Protobuf：对DNF进行建模表达，本质是一个树结构。
- brpc：实现JSON与protobuf数据的相互转换。

1. 广告数据的文档模板

广告数据需要一个文档模板，其定义如下：

```
const char* g_index_schema = "{ \
    \"terms\":[{ \
        \"name\":\"city\", \
        \"key_type\":\"string\", \
        \"index_type\":\"simple\" \
```

```
    },{ \
        \"name\":\"age\", \
        \"key_type\":\"int32\", \
        \"index_type\":\"simple\" \
    },{ \
        \"name\":\"student\", \
        \"key_type\":\"bool\", \
        \"index_type\":\"simple\" \
    },{ \
        \"name\":\"gendor\", \
        \"key_type\":\"string\", \
        \"index_type\":\"simple\" \
    }] \
}";
```

文档集经过分词器解析后被写入Lucene索引，并由Lucene为文档中的任意字段的组合查询提供检索功能。同时文档也可以被理解成广告业务中的排期（Campaign），用来表示特定广告投放的模型。文档集初始化如下：

```
{
    "mode":"stanard",
    "docID":1,
    "disjunctions":[{
        "conjunctions":[{
            "name":"city",
            "value":{
                "sval":["beijing", "shanghai", "shenzhen"]
            }
        },{
            "name":"age",
            "value":{
                "ival":[20]
            }
        }]
    }]
}

{
    "mode":"stanard",
    "docID":2,
    "disjunctions":[{
        "conjunctions":[{
            "name":"city",
            "value":{
                "sval":["shanghai", "shenzhen"]
            }
        },{
            "name":"age",
            "value":{
                "ival":[10]
            }
        }]
    }]
}
```

图7-18给出了搭建文档体系的大致流程。

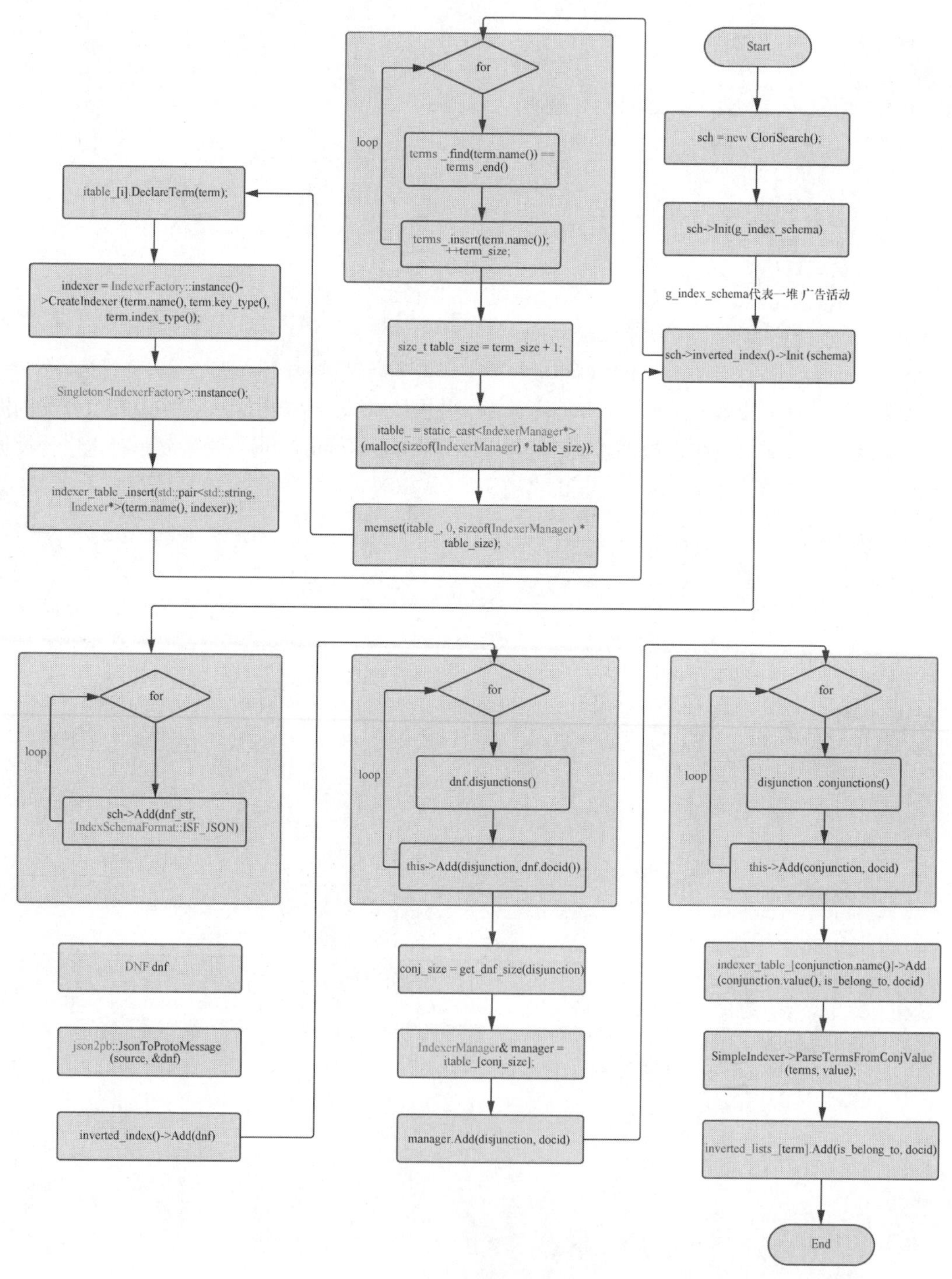
Start
sch = new CloriSearch();
sch->Init(g_index_schema)
g_index_schema代表一堆广告活动
sch->inverted_index()->Init (schema)
for
loop
terms_.find(term.name()) == terms_.end()
terms_.insert(term.name()); ++term_size;
size_t table_size = term_size + 1;
itable_ = static_cast<IndexerManager*> (malloc(sizeof(IndexerManager) * table_size));
memset(itable_, 0, sizeof(IndexerManager) * table_size);
itable_[i].DeclareTerm(term);
indexer = IndexerFactory::instance()->CreateIndexer (term.name(), term.key_type(), term.index_type());
Singleton<IndexerFactory>::instance();
indexer_table_.insert(std::pair<std::string, Indexer*>(term.name(), indexer));
for
loop
sch->Add(dnf_str, IndexSchemaFormat::ISF_JSON)
DNF dnf
json2pb::JsonToProtoMessage (source, &dnf)
inverted_index()->Add(dnf)
for
loop
dnf.disjunctions()
this->Add(disjunction, dnf.docid())
conj_size = get_dnf_size(disjunction)
IndexerManager& manager = itable_[conj_size];
manager.Add(disjunction, docid)
for
loop
disjunction .conjunctions()
this->Add(conjunction, docid)
indexer_table_[conjunction.name()]->Add (conjunction.value(), is_belong_to, docid)
SimpleIndexer->ParseTermsFromConjValue (terms, value);
inverted_lists_[term].Add(is_belong_to, docid)
End

图7-18

2. 广告索引的初始化流程

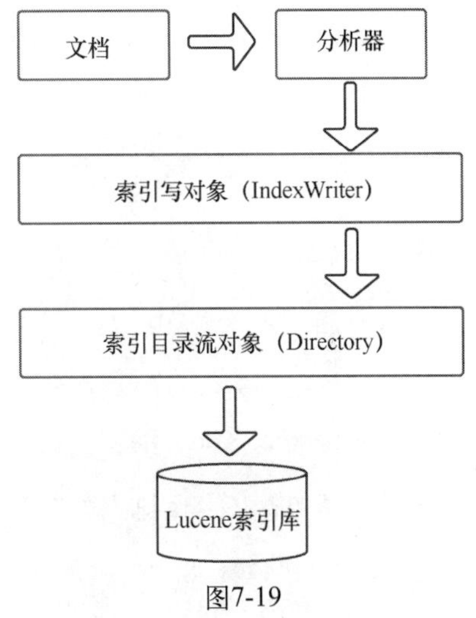

图7-19

建立一个倒排索引大致包含几个步骤。首先，搜集需要建立索引的文档。图7-18所示的代码片段通过for循环遍历一个目录下事先准备好的广告文档，并插入倒排索引中，如图7-19所示。

其次，对每个文档的域内容进行分词处理。分词的目的是索引，索引的目的是搜索。通常来说，文档中每个域可以自行配置是否分词、是否索引、是否存储这些属性，每个具体的分词器（比如StandardAnalyzer或者CJKAnalyzer）可以根据自己定义的停用词来决定如何生成一串分词。

然后，将这些分词传给索引组件，比如SimpleIndexer，它负责创建一个分词词典（term:doc-reveted-index）。将词典中的分词按照字母顺序排列，并且对相同的分词进行合并，最终生成倒排列表。

最后，通过存储引擎将内存中的倒排索引写回磁盘。

代码清单7-11　分析输入文档并构建倒排索引

```
int main() {
    CloriSearch *sch = new CloriSearch();
    sch->Init(g_index_schema, IndexSchemaFormat::ISF_JSON, SourceType::DIRECT)

    for (int i = 1; i < 12; ++i) {
        std::string key = std::string("../conf/simple_index_test/simple_index_")
          + std::to_string(i) + ".json";
        std::fstream in(key.c_str());
        std::istreambuf_iterator<char> begin(in);
        std::istreambuf_iterator<char> end;
        std::string dnf_str(begin, end);
             sch->Add(dnf_str, IndexSchemaFormat::ISF_JSON, false)
    }
}

class SimpleIndexer : public Indexer {
private:
    std::unordered_map<Term, InvertedList, TermHash> inverted_lists_;
};
```

（1）倒排列表（InvertedList）

倒排列表在Lucene中为一个分词存储许多关联的元信息，比如docID、docFreq和docPosition。显然在这个实验性质的项目中，倒排列表中只存储docID。

代码清单7-12　InvertedList类定义

```
class InvertedList {
    private:
    std::list<DocIDNode> doc_list_;
};

struct DocIDNode {
    int docID;
    bool is_belong_to;
};
```

（2）倒排列表内存结构初始化

CloriSearch::Add方法将文档写入倒排索引文件中。

代码清单7-13　倒排列表内存结构初始化

```
bool CloriSearch::Add(const std::string& source,
                      IndexSchemaFormat format,
                      bool is_incremental) {
    DNF dnf;
    std::string err_msg;
    json2pb::JsonToProtoMessage(source, &dnf, &err_msg)
    inverted_index()->Add(dnf, is_incremental);
    // Data persistence
    if (this->enable_persistence()) {
        this->PersistToDatabase(dnf);
    }
    return true;
}
```

文档的实例如下：

```
{
    "mode":"stanard",
    "docID":10,
    "disjunctions":[{
        "conjunctions":[{
            "name":"city",
            "bt":false,
            "value":{
                "sval":["beijing"]
            }
        }]
    }]
}
```

- InvertedIndex类

根据DNF的算法，它会为每个Conjunction构建对应的倒排索引。为一个广告请求进行检索时，可以通过Conjunction的大小（Assignment的数目）来减少检索时的计算量，即当sizeof(query-items)小于sizeof(Conjunction)时，这个Conjunction一定不满足检索条件。

InvertedIndex类中定义IndexerManager *itable_变量用于管理，不同大小的Conjunction合取逻辑表达式使用不同的IndexerManger实例对象。当检索一个广告请求时，可以基于Conjunction的大小对检索进行提前过滤。

代码清单7-14　分析DNF并构建倒排索引

```
// DNF: (A ^ B ^ C) v (A ^ D), the first step is to cut this expression into A ^ B ^ C
 and A ^ D, then add them into the inverted list one by one
bool InvertedIndex::Add(const DNF& dnf, bool is_incremental) {
    for (auto& disjunction : dnf.disjunctions()) {
        this->Add(disjunction, dnf.docID(), is_incremental);
    }
    return true;
}

// deal with city, device...
bool InvertedIndex::Add(const Disjunction& disjunction, int docID, bool is_incremental
) {
    size_t conj_size = get_dnf_size(disjunction);
    IndexerManager& manager = itable_[conj_size];
    manager.Add(disjunction, docID, is_incremental);
    return true;
}
```

- IndexerManager类

在遍历合取逻辑表达式的每个赋值表达式后，IndexerManager为每个赋值表达式建立倒排索引结构，并存储于SimpleIndexer实例中，如图7-20所示。

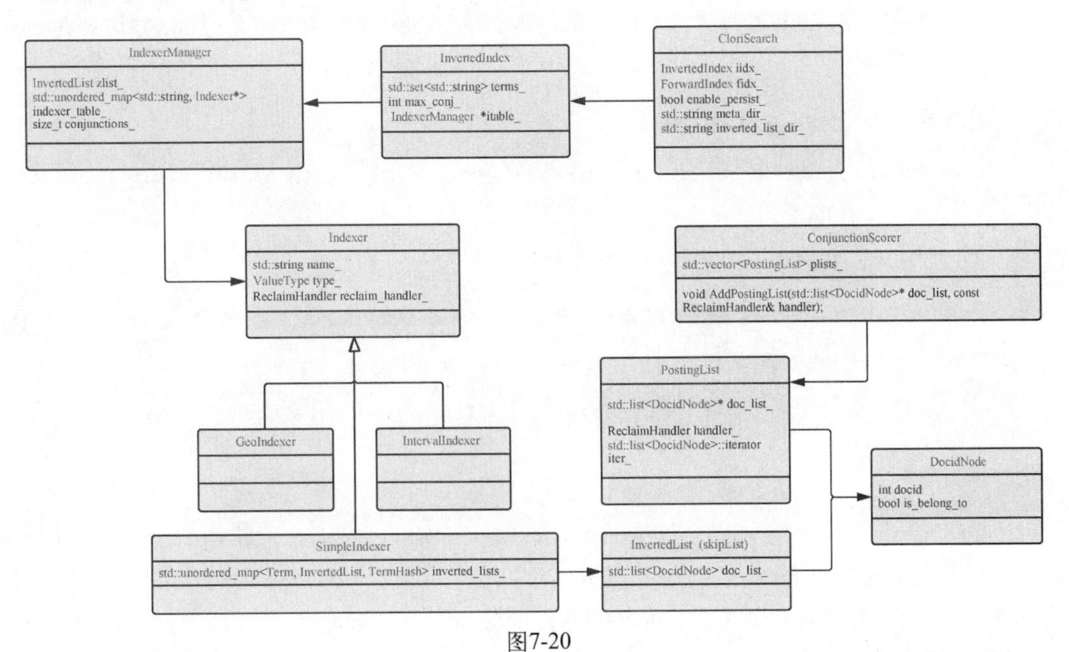

图7-20

IndexerManager和SimpleIndexer使用了组合模式，比如叶子对象SimpleIndex和组合对象IndexerManager实现了相同的接口Add方法。其中IndexerManager::Add方法负责对析取和合取逻辑表达式进行解析，而SimpleIndexer::Add方法负责解析赋值表达式。

代码清单7-15　分析析取和合取逻辑表达式

```
bool IndexerManager::Add(const Disjunction& disjunction, int docID, bool is_incremental)
{
    for (auto& conjunction : disjunction.conjunctions()) {
        this->Add(conjunction, docID, is_incremental);
    }
    return true;
}

bool IndexerManager::Add(const Conjunction& conjunction, int docID, bool is_incremental)
{
    if (indexer_table_.find(conjunction.name()) == indexer_table_.end()) {
        return false;
    } else {
        bool is_belong_to = !conjunction.has_bt() || conjunction.bt();
        return indexer_table_[conjunction.name()]->Add(conjunction.value(), is_belong_
to, docID, is_incremental);
    }
}
```

- SimpleIndexer类

ParseTermsFromConjValue(terms, value)方法用来分析域值，它扮演的角色类似一个分词器，非常简单地基于Field-Value类型进行对value的提取。一个value会解析出多个分词，并记录在terms数组中。

代码清单7-16　分析赋值表达式

```
bool SimpleIndexer::Add(const ConjValue& value, bool is_belong_to, int docID, bool is_
incremental) {
    std::vector<Term> terms;
    this->ParseTermsFromConjValue(terms, value);
    for (auto& term : terms) {
        if (inverted_lists_.find(term) == inverted_lists_.end()) {
            inverted_lists_.insert(std::pair<Term, InvertedList>(term, InvertedList())
);
        }
        inverted_lists_[term].Add(is_belong_to, docID);
    }
    return true;
}
```

SimpleIndexer类维护了一个<Term, InvertedList>的哈希映射对。其中Term是分词，而InvertedList是分词所在的文档列表组成的倒排列表对象。InvertedList链表的元素类型是DocIDNode对象，并且有两个字段：docid和is_belong_to。is_belong_to字段用于定义分词是否被允许出现在该文档中。

代码清单7-17 DocIDNode结构定义

```
struct DocIDNode {
    DocIDNode(int _docID, bool _is_belong_to) : docID(_docID), is_belong_to(_is_belong
_to) {}
    bool operator < (const DocIDNode& dn) const;
    bool operator == (const DocIDNode& dn) const;
    bool operator != (const DocIDNode& dn) const;
    int docID;
    bool is_belong_to;
};
```

3. 广告的检索匹配

假设使用如下标签来请求一个广告：

```
age in (30 40) AND city in ('BJ') AND gender = 'M'
```

广告检索模块对此查询请求使用DNF算法进行处理。可知查询请求query中有3个不同的分词，即目标用户带有3种不同的标签属性。因此检索系统可以直接忽略合取逻辑表达式中size大于3的候选广告集，它们不满足条件。

代码清单7-18 构建布尔逻辑表达式对倒排索引进行检索

```
Query query;
query["city"] = "shanghai";
query["age"] = 16;
query["gendor"] = "female";
query["student"] = true;
std::vector<int> res = sch->Search(query, 10);

std::vector<int> CloriSearch::Search(const Query& query, int limit) {
    return inverted_index()->Search(query, limit);
}
```

简单来说，Clorisearch开源框架的检索流程由如下5个方法组成。

（1）InvertedIndex::Search方法

在InvertedIndex::Search方法中，std_query.size()用来统计查询中使用的分词的数目。广告检索只需要遍历IndexerManager *itable_数组中广告的定向条件（包含Assignment的个数）小于或者等于std_query.size()的候选广告集。广告定向条件大于所搜索分词数目的候选广告集肯定不符合检索条件，可以直接过滤。

代码清单7-19 分析查询对象并返回广告集

```
std::vector<int> InvertedIndex::Search(const Query& query, int limit) {
    std::vector<int> response;
    Query std_query;
    this->GetStandardQuery(query, std_query);
    for (int i = static_cast<int>(std_query.size());
         i >= 0; --i) {
        std::vector<int> tmp_vec =
          itable_[i].Search(std_query, limit);
```

```
        for (auto &p : tmp_vec) {
            response.push_back(p);
        }
    }
    return response;
}
```

（2）IndexerManager::Search方法

Search方法是查询的入口。它定义了查询过程中两个最重要的逻辑，分别是获取query中所有分词的倒排列表，以及对获取的倒排列表取交集。

代码清单7-20　对倒排列表取交集

```
// implementation of <<indexing boolean expression>> conjunction algorithm
std::vector<int> IndexerManager::Search(const Query& query, int limit) {
    ConjunctionScorer scorer;
    this->GetPostingLists(query, scorer);
    return scorer.GetMatchedDocID(this->conjunctions_);
}
```

（3）IndexerManager::GetPostingLists方法

indexer_table_用来作为字典树，实现从域到倒排索引结构（比如SimpleIndexer）的映射和检索。真正的倒排列表还是在Indexer类体系的具体子类中各自完成的。

IndexerManager和SimpleIndexer使用组合模式，以递归方式处理对象的调用。IndexerManager::GetPostingLists最终调用SimpleIndexer::GetPostingLists实现对分词的检索并返回匹配结果。

代码清单7-21　进行分词检索并返回匹配结果

```
std::unordered_map<std::string, Indexer*> indexer_table_;

void IndexerManager::GetPostingLists(const Query& query, ConjunctionScorer& scorer) {
    for (auto& term : query) {
        if (indexer_table_.find(term.name()) != indexer_table_.end()) {
            std::list<DocIDNode>* doc_list = indexer_table_[term.name()]->GetPostingLi
sts(term);
            if (doc_list) {
                scorer.AddPostingList(doc_list, indexer_table_[term.name()]->reclaim_h
andler());
            } else {
            }
        }
    }
    if (zlist_.length() > 0) {
        scorer.AddPostingList(&(zlist_.mutable_doc_list()), NULL);
    }
}
```

（4）SimpleIndexer::GetPostingLists方法

GetPostingLists方法用于实现对分词进行检索，并返回对应文档的倒排索引数据。

代码清单7-22 GeoIndexer和SimpleIndexer类定义

```
class GeoIndexer : public Indexer {
   goodliffe::skip_list<GeoNode> inverted_lists_;
};

class SimpleIndexer : public Indexer {
       private:
    std::unordered_map<Term, InvertedList, TermHash> inverted_lists_;
};

std::list<DocIDNode>* SimpleIndexer::GetPostingLists(const Term& term) {
    if (inverted_lists_.find(term) != inverted_lists_.end()) {
        return &(inverted_lists_[term].mutable_doc_list());
    } else {
        return NULL;
    }
}
```

（5）ConjunctionScorer::GetMatchedDocID方法

ConjunctionScorer成员变量plists_存储着Query中各个分词对应的倒排列表。它的功能就是对这些倒排列表求交集。广告检索模块取得交集结果后进行广告投放。类似的逻辑在Lucene代码中反复出现。

代码清单7-23 ConjunctionScorer类定义

```
class ConjunctionScorer {
public:
    ConjunctionScorer() {}
    ~ConjunctionScorer();
    std::vector<int> GetMatchedDocID(size_t k);
    void AddPostingList(std::list<DocIDNode>* doc_list, const ReclaimHandler& handler)
;
private:
    std::vector<PostingList> plists_;
};

std::vector<int> ConjunctionScorer::GetMatchedDocID(size_t k) {
    std::vector<int> ret;
    if (k == 0) {
        k = 1;
    }
    if (plists_.size() < k) {
        return ret;
    }
    int next_id;
    while (plists_[k - 1].CurrentEntry() != PostingList::EOL)
    {
        std::sort(plists_.begin(), plists_.end());
        if (plists_[0].CurrentEntry() == plists_[k - 1].CurrentEntry()) {
            next_id = plists_[k - 1].CurrentEntry().docID + 1;
            // e.g. city NOT IN {'beijing', 'shanghai'}
            if (!plists_[0].CurrentEntry().is_belong_to) {
```

```
                // Do nothing, just skip to next_id in [K, plists_.size()]
            } else {
                ret.push_back(plists_[k - 1].CurrentEntry().docID);
            }
            // skip same docID, e.g. docID=2,2,2,2,2
            for (size_t L = k; L < plists_.size(); ++L) {
                if (plists_[L].CurrentEntry().docID < next_id)
                {
                    plists_[L].SkipTo(next_id);
                } else {
                    break;
                }
            }
        } else {
            next_id = plists_[k - 1].CurrentEntry().docID;
        }
        for (size_t L = 0; L < k; ++L) {
            plists_[L].SkipTo(next_id);
        }
    }
    return ret;
}
```

7.7 广告库存预测

7.7.1 概述

广告库存是指出版商在一个时间段内可以提供的广告展示次数（Impression Amount）。广告库存预测用于确认未来可销售的广告数量。准确地预测和管理广告库存是盈利的关键要素。

广告库存预测的一个简单有效的方法是，在过去一个月的广告展示次数的基础上，考虑可能存在的广告活动竞争，对广告活动配置的定向条件（例如频率上限、用户数据、地理位置、广告库存信息等）进行冲突检测，从而得到准确的广告库存预测值。

本节重点讨论如何对广告活动配置的定向条件，即布尔逻辑表达式，进行相似度检测。如果多个广告活动的定向条件的相似度较高，则说明它们在竞争同一个广告库存。根据业务规则，需要对此及时进行纠正，避免广告库存产生浪费。

7.7.2 定向广告和重定向广告

想象一个足球场，里面挤满了观看比赛的人。你是一个销售，你愿意把你的产品向足球场的每一位观众进行推销吗？这个操作既昂贵又浪费。或许你可以根据一些简单的数据分析和研究挑出那些理想的潜在客户。

定向广告是一种基于消费者过去的行为、兴趣、爱好等，基于人口统计学创建的在线广告。投放定向广告的第一步通常是创建广告活动，然后针对广告活动配置目标受众、目标广告库存等定向条件信息，最后广告引擎根据广告活动决定向特定的用户展示特定的广告产品。

而重定向（Retargeting）广告，则是指在定向广告的基础上，广告商使用有针对性的广告向客户展示之前浏览过的产品。

无论是定向广告还是重定向广告，本质上都需要对目标受众或者目标广告库存进行详细描述，因此常常使用布尔逻辑表达式进行建模。

那么为什么需要将布尔逻辑表达式转换成DNF呢？此处先按下不表。

先给出一个例子，有两个广告活动上配置有targeting，如下所示：

```
Campaign1's inventory targeting:
(site = 'www.baidu.com'
        OR country = 'China')
     AND NOT(device: ['Android'])

Campaign2's inventory targeting:
(site = 'www.baidu.com'
        OR country = 'USA')
     AND NOT(device: ['Apple'])
```

引入符号语言，化简如下：

```
A: site = 'www.baidu.com'
B: country = 'China'
C: country = 'USA'
D: device: ['Android']
E: device: ['Apple']

Campaign1's inventory targeting:
(A | B) & C

Campaign2's inventory targeting:
(A | D) & (not E)
```

在逻辑表达式中，变量或者输入通常以复杂的方式交织在一起。将布尔逻辑表达式转换成范式后，变量之间的分离程度更高，就更加容易识别出整个逻辑表达式是否满足条件。

比如，DNF是对合成从句的分离，这可以看作AND的OR组合。为了检查DNF是否满足条件，需要逐个判断每个子句是否为真，直到你遇到某一个子句（AND联结的命题）为真并停止检查。

```
(A & C) | (B & C)
```

接下来，我们将逐步讨论如何从布尔逻辑表达式转换成DNF，然后基于DNF进行相似度检测，最后判断众多广告活动是否使相同的广告库存产生竞争和浪费。这就是上面所说的需要将布尔逻辑表达式转换成DNF的原因。

7.7.3 命题逻辑基础

命题逻辑也称为布尔逻辑，它是一种非常简单的逻辑形式系统。每个命题可能为真或假。使用否定、合取、析取、蕴含联结词可以构建更加复杂的复合命题。任何复合命题都可以翻译为等价的真值表。

广告活动配置的定向条件通常使用布尔逻辑表达式。如前所述，布尔逻辑表达式转换成DNF后方便进行相似度检测。布尔逻辑表达式和真值表是等价的，二者可以相互转换，换句话说，将布尔逻辑表达式写成真值表后，没有任何信息上的损失。一旦生成了真值表，就可以很自然地构造出DNF用于相似度检测。

使用真值表构造DNF的方法：将真值表中结果为真的所有条件进行合取，并将结果作为析取子式，然后将这些析取子式进行析取组合就生成了DNF。

1. 命题

命题是非真即假的陈述句。只要有所判断就是命题。为了符号化，使用字母来表示命题，这称为命题变元。例如，使用p、q等字母表示各自的命题。

- p命题：三角形的内角和是180度，这是真命题。
- q命题：2加4等于7，这是假命题。
- r命题：Leon通过了托福考试，这可能是真命题也可能是假命题。

2. 命题联结词

常用的联结词有5个，如图7-21所示。

符号	说明
∧	联结词"合取"，表示"并且"
∨	联结词"析取"，表示"或"
¬	联结词"否定"，表示"并非"
→	联结词"蕴含"，表示"如果，则"
↔	联结词"等值"，表示"当且仅当"

图7-21

本质上，联结词表达了一种运算规则，通过联结词可以将命题构建成更大的复合命题。通过真值表可以清晰地看出联结词的作用，如图7-22所示。

A	¬*A*
T	F
F	T

图7-22

函数表达的是一种关系，命题联结词也表达一种关系。所以命题联结词可以等价理解成函数。

3. 复合命题

通过联结词可以将简单命题构造成复杂的复合命题。例如，有如下两个基本命题。

- p命题：Peter通过了托福考试。
- r命题：Leon通过了托福考试。

则可以通过联结词构造出如下复合命题。

- $\neg r$复合命题：Leon没有通过托福考试。
- $p \wedge r$复合命题：Peter和Leon都通过了托福考试。
- $p \rightarrow q$复合命题：如果Peter通过了托福考试，那么Leon也通过了托福考试。

4．命题公式

命题公式的定义是递归形式的。例如，假设p、q、r命题变元本身代表命题公式，则有如下结论。

- 如果p是命题公式，那么$\neg p$也是命题公式。
- 如果p和q是命题公式，那么$p \wedge r$、$p \vee r$、$p \rightarrow r$、$p \leftrightarrow r$也是命题公式。

命题公式非常接近广告检索中的布尔逻辑表达式。假设有如下命题公式。

- p命题公式：campagin.type = 'BMW' 。
- q命题公式：gender: male。
- r命题公式：age in [20, 50] 。
- s命题公式：city in ["BJ", "SH", "SZ"] 。
- t命题公式：income in [50W, 200W]。
- u命题公式：device: ['Android']。

且广告活动的目标用户的代码表示如下：

```
campagin.type = 'BMW'
  AND gender: male
    AND age in [20, 50]
      AND city in ["BJ", "SH", "SZ"]
        AND income in [50W, 200W]
          AND NOT(device: ['Android'])
```

那么代码对应的命题公式就是$p \wedge q \wedge r \wedge s \wedge t \wedge (\neg u)$。

对于命题公式$A(x_1, x_2, x_3, \cdots, x_n)$来说，它包含$n$个命题变元，每个命题变元只有两种取值，那么命题公式A将有2^n种真值指派。命题公式可以简单看作n元函数，只不过每个变量取值只有T、F两种，同时值域也为{T,F}。

5．等值演算

如果命题公式A和B的真值指派是相同的，就称A和B是等值的，记为$A \leftrightarrow B$。下面介绍一些逻辑运算的基本性质。

- 分配律公式

```
P ∧ (Q ∨ R) ↔ (P ∧ Q) ∨ (P ∧ R)
P ∨ (Q ∧ R) ↔ (P ∨ Q) ∧ (P ∨ R)
```

其中，可以将合取联结词看作“加”操作，而析取联结词看作“乘法”操作。

- 德·摩根律公式

```
¬(A ∨ B) ↔ ((¬A) ∧ (¬B))
¬(A ∧ B) ↔ ((¬A) ∨ (¬B))
```

- 幂等律公式

```
(A ∨ A) ↔ A
(A ∧ A) ↔ A
```

- 同一律公式

```
(A ∨ (B ∧ ¬B)) ↔ A
(A ∧ (B ∨ ¬B)) ↔ A
```

生活中我们会不自觉地使用这些逻辑结论。

6．蕴含式的真值表：如何证明两个公式是等值的

假设p与q为简单命题，则称复合命题“如果p，则q”为p对q的蕴含式，记为$p\to q$。规定当前项为假命题时，后项无论是什么复杂的真或假命题，结果都为真。可以这样理解，老师出了一道错误的题目（p为一个假命题），那么无论学生做对或者做错了题，最终都算学生做对了。

蕴含式的真值表如图7-23所示。

p	q	$p\to q$
0	0	1
0	1	1
1	0	0
1	1	1

图7-23

在计算过程中，我们会将一个公式转换成另一个等值的公式，比如将蕴含联结词转换成由否定与合取两个联结词组成的公式，即$p\to q$ 等价于 $\neg p\vee q$。

那么，如何证明公式$p\to q$ 与公式$\neg p\vee q$是等值或者等价的呢？有两种方式：通过等值公式（分配律、德·摩根律等公式）进行推导，或者通过真值表进行证明，如图7-24所示。

p	q	$p\to q$	$\neg p$	$\neg p\vee q$
0	0	1	1	1
0	1	1	1	1
1	0	0	0	0
1	1	1	0	1

图7-24

图7-24中，发现第三列与第五列对应的值是完全一样的，所以上面两个命题公式是等值的。

这里提出一个问题，既然真值表可以用来直观地证明多个命题公式是否等价，那么什么场景需要使用等值公式进行证明呢？

试想一个公式包含1000个变元命题，你就需要使用2^{1000}个值来模拟真值表，这在计算机中执行时效率很低，因此还是需要通过等值公式来帮助我们进行逻辑推导。

7. 命题范式

到目前为止，出现的概念有简单合取逻辑表达式和简单析取逻辑表达式，如图7-25所示。

- 简单合取逻辑表达式：有限个命题变元或其否定构成的合取逻辑表达式。
- 简单析取逻辑表达式：有限个命题变元或其否定构成的析取逻辑表达式。

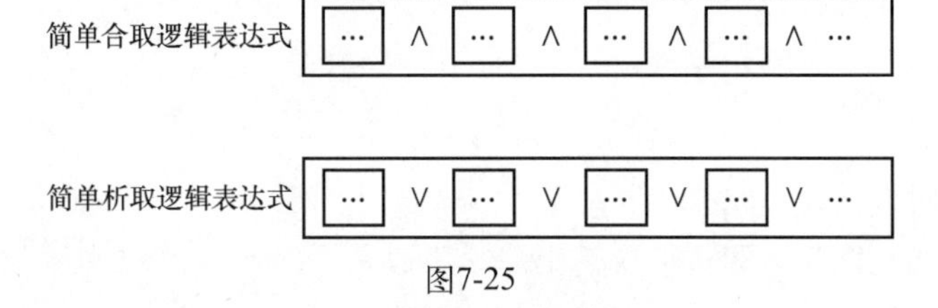

图7-25

命题范式的定义如下：

- CNF：有限个简单析取逻辑表达式构成的合取逻辑表达式。
- DNF：有限个简单合取逻辑表达式构成的析取逻辑表达式。

你也许会产生一个疑问：为什么需要引入命题范式？

先说结论：DNF或者CNF并不复杂——只有两层。任意命题公式都存在与之等值的DNF和CNF。利用下面等值式来消除公式中的蕴含（→）和等值（↔）联结词，使得公式中只含有合取（∧）、析取（∨）和否定（¬）联结词。

- $A \rightarrow B$ 等价于 $\neg A \vee B$。
- $A \leftrightarrow B$ 等价于 $(A \wedge B) \vee (\neg A \wedge \neg B)$。

举例，将下面命题公式转化成DNF。

$$X \wedge (X \rightarrow Y)$$

第一步，消除蕴含联结词，如下所示：

$$X \wedge (\neg X \vee Y)$$

第二步，利用分配律求范式，如下所示：

$$(X \wedge \neg X) \vee (X \wedge Y)$$

7.7.4 DNF的应用

自然语言都有二义性，人们日常沟通中使用它“进可攻，退可守”。对于符号语言必须只有唯一的理解，才符合符号语言精确性的性质。

DNF被广泛应用在各种场景中，发挥着重要的作用。

1. 应用1：逻辑电路设计

图7-26展示了逻辑电路中常用的门电路，其中基本的逻辑关系是与、或和非，而基本的逻辑门电路是与门、或门和非门。逻辑门电路是集成电路中最基本的组件。

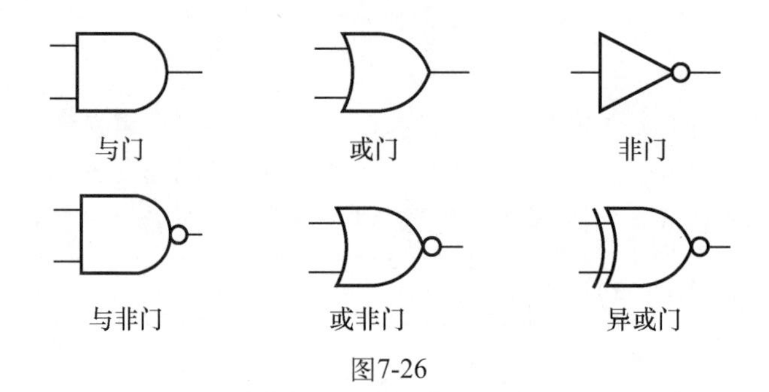

图7-26

一个逻辑电路可以被理解成一个黑盒子。

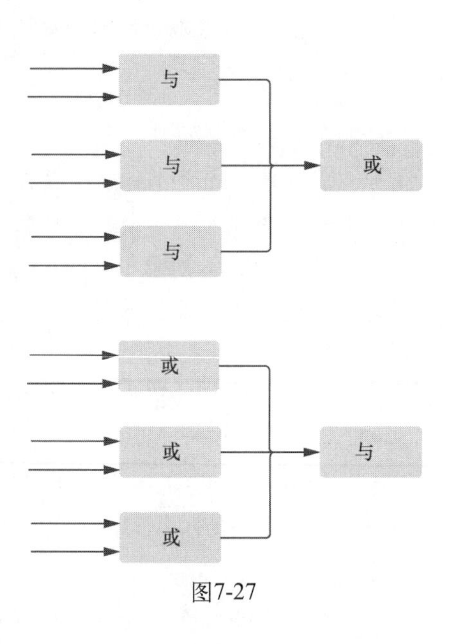

图7-27

图7-27中，上面是DNF，即析取逻辑电路，下面是CNF，即合取逻辑电路。任何一个命题公式都可以化简成等价的DNF和CNF，间接使用析取逻辑电路或者合取逻辑电路来进行表达与实现。这样做的好处是，任意逻辑表达式最终可以通过两级逻辑电路来解决，它可以保证信号同时到达。对于一个逻辑电路元件而言，只有它的两个输入信号同时到达，它的计算才是稳定的。比如，一个输入信号到达电路元件时为0，而另一个输入信号隔1s才到达，这时第一个输入信号可能已经变成1了，这样计算的结果肯定是错误的。换句话说，信号同时到达电路元件是电路稳定运行的基本保障，而DNF或者CNF电路可以保证这一点。

我们设计一个3人表决器，用来说明如何将实际逻辑问题转化成逻辑电路图。

3人表决器的基本逻辑是少数服从多数。每个人有一个建议，当有人同意时，对应的灯点亮，否则熄灭。当大于等于两人同意时，表决通过。

设计逻辑电路图的流程如图7-28所示，首先根据逻辑功能建立真值表，通过真值表写出逻辑表达式，然后进一步化简成DNF，最后根据DNF画出逻辑电路图。

图7-28

怎么设计真值表呢？因为有3个人，即3个命题变元，所以有2^3=8种状态。

接着，我们需要设计函数$f(x1, x2, x3)$的逻辑，根据3人表决器少数服从多数的基本逻辑，如果同意的人数（1的个数）过半，那么$f(x1, x2, x3)$函数的取值就为1，否则为0，如图7-29所示。

*x*1	*x*2	*x*3	*f*(*x*1,*x*2,*x*3)
0	0	0	0
0	0	1	0
0	1	0	0
0	1	1	1
1	0	0	0
1	0	1	1
1	1	0	1
1	1	1	1

图7-29

这样，基于真值表而定义的表决器函数$f(x1, x2, x3)$就设计实现出来了。这样的逻辑表达式可以用两种方法来表达：DNF和CNF。我们这里使用DNF来表达，如下所示。

$$
\begin{aligned}
f(x1, x2, x3) &= m(011) \vee m(101) \vee m(110) \vee m(111) \\
&= (\neg x1 \wedge x2 \wedge x3) \vee (x1 \wedge \neg x2 \wedge x3) \vee (x1 \wedge x2 \wedge \neg x3) \vee (x1 \wedge x2 \wedge x3)
\end{aligned}
$$

有了DNF，画出逻辑电路图就变得简单了。

2．应用2：代码

在if语句的逻辑判断中，如果一行语句包含多个与或非联结词（如下所示），这样的代码不仅难以阅读，后期重构与维护也存在风险。

```
if(!(A || (B && C))) {
} else {
}
```

对于这样复杂的逻辑判断，我们可以运用德·摩根律与分配律公式进行转换。

```
德·摩根律公式
¬(A ∨ B) = ((¬A) ∧ (¬B))
¬(A ∧ B) = ((¬A) ∨ (¬B))
分配律公式
P ∧ (Q ∨ R) = (P ∧ Q) ∨ (P ∧ R)
P ∨ (Q ∧ R) = (P ∨ Q) ∧ (P ∨ R)
```

具体转换过程如下：

```
!(A || (B && C))
= !A && !(B && C)                    //德·摩根律公式
= !A && (!B || !C)                   //德·摩根律公式
= (!A && !B) || (!A && !C)           //分配律公式
```

基于业务逻辑，!A与B是等价的，所以可以继续进行如下化简。最后转换成一段相对简单直白的逻辑表达式。

(!A && !B) || (!A && !C)

= (B && !B) || (!A && !C)

= false || (!A && !C)

= !A && !C

= !(A || C)

3. 应用3：MySQL

在MySQL查询中，面对下述查询语句：

```
a AND b AND c AND d AND (e OR f)
```

用户将该语句提交给MySQL引擎，MySQL会将上述的CNF自动转换成DNF：

```
(a AND b AND c AND d AND e) OR (a AND b AND c AND d AND f)
```

7.7.5 广告库存预测：用DNF算法实现

对于广告活动配置的定向条件，可以使用布尔逻辑表达式。接着由布尔逻辑表达式列出真值表，推断出DNF。根据DNF的分离性，对代表多个广告活动的DNF进行相似度检测，确定众多广告活动是否竞争同一个广告库存。如下是两个广告活动的定向条件。

```
Campaign1's inventory targeting:
(site = 'www.baidu.com'
        OR country = 'China')
     AND NOT(device: ['Android'])

Campaign2's inventory targeting:
(site = 'www.baidu.com'
        OR country = 'USA')
     AND NOT(device: ['Apple'])
```

为了实现对广告库存的预测，我们需要对表示广告活动定向条件的DNF进行相似度检测。

如前所述，广告系统中使用布尔逻辑表达式表达广告活动的定向条件，使用真值表可以轻松将布尔逻辑表达式化简为DNF。如下是用DNF表达的广告活动定向条件。

```
Campaign1 targeting:
DNF1 = CNF1 | CNF2 | CNF3...

Campaign2 targeting:
DNF2 = CNF1' | CNF2' | CNF3'...
```

其中，CNF的结构为：

```
CNF = term1 & term2 & ... & negative term1 & negative term2 ...
```

假如，广告活动1的定向条件与广告活动2的定向条件是相似的，则需满足如下条件：

```
for CNF1 in DNF1
    for CNF2 in DNF2
        if (CNF1 & CNF2)为真,
            则说明DNF1与DNF2是相似的，即Campaign1与Campaign2活动是相似的
```

两个广告活动的相似度检测可以简化成判断CNF1与CNF2是否有交集。我们定义C = (CNF1 & CNF2) = term1 & term2 & ....。接下来，对C的各种情况进行讨论。

1. C中存在互斥的子项

C中同时包含互斥的term与! term，逻辑运算结果为false，说明广告活动的定向条件相似度为零，如下所示。

```
C = (CNF1 & CNF2) = (term & !term & ...) = false
```

2. C中存在不相关的子项

C中的正向Term中包含不相关的age与country定向条件，说明广告活动的定向条件相似度为零，如下所示。

```
C = (CNF1 & CNF2) = ((age = 20) & (country = 'China')) = false
```

3. C中存在构成键值对的子项

audience-targeting是以键值对的形式定义的，下面的条件用来说明多个audience-targeting进行与操作。

```
audience1 = kv1 | kv2
audience2 = kv3
audience3 = kv1 | kv4

C = CN1 & CNF2

CNF1 = audience1 & audience2
     = (kv1 | kv2) & kv3
     = (kv1 & kv3) | (kv2 & kv3)
CNF2 = audience2 & audience3
     = kv3 & (kv1 | kv4)
     = (kv1 & kv3) | (kv4 & kv3)
```

因此C = CNF1 & CNF2 = (kv1 & kv3)，返回结果不为空，说明CNF1与CNF2代表的两个广告活动有一定的相似度。

4. C中存在具有父子关系的子项

SSP平台中通常使用publisher和site两层模型来建模出版商的库存。publisher-term是site-term的父项，此时可以直接用publisher-term替代site-term，如下所示。

```
C = CNF1 & CNF2
  = publisher-term & (site-term & age = 20)
  = publisher-term & (publisher-term & age = 20)
```

C中同时包含父子关系的子项，化简后结果不为空，说明广告活动的定向条件有一定的相似度。当它们竞争同一个广告库存时，根据业务规则需要及时纠正，避免广告库存产生浪费。

7.8 广告定位：用户身份图构建与搜索

7.8.1 概述

想象一下，如果不进行广告定位，直接随机地向网站用户推送广告会是什么样子？

- 向素食主义者宣传肉类和动物产品。
- 向低收入人群推销豪车。
- 向已婚人士推荐婚恋交友平台。

广告定位模块根据用户的历史行为和偏好来提供定制的广告，以此提升广告投放的效果。

为了实现精准的广告投放，需要构建出版商网站的用户画像，以便和广告的目标受众进行匹配，实现广告定位功能。出版商必须有能力标记他的网站用户，从而了解用户的特征，比如性别、年龄、兴趣、收入等。

在线跟踪正在变得越来越困难。为了支持广告定位功能，广告系统必须知道哪些用户正在访问广告库存，从而生成广告请求。其背后是通过Cookie同步技术来识别用户并帮助系统实现RTB的。

7.8.2 Cookie

当用户浏览一个网站时，浏览器会创建一个Cookie文件，用于记录用户浏览该网站时的相关信息。Cookie文件存储在用户计算机中。对同一台计算机而言，每个网站对应一个Cookie文件。当该计算机再次访问这个网站时，用户上次访问该网站时产生的Cookie文件被再次启用。因此，网站的所有者使用Cookie分析用户行为，广告商使用Cookie跟踪用户信息并推送定向广告。

首先，如何使用Cookie跟踪用户信息？想象一下，当用户访问网站时，Cookie是用户与服务器之间的一把钥匙，必须先通过它建立连接。稍后，如果用户切断了连接，网站会留下一个安全的Cookie供浏览器处理，那么用户的身份还是有效并且可识别的。

Cookie有很多用途。

- 电子购物平台使用Cookie来存储用户的购物车内容、会员信息、登录的地点与时间等。
- Google的分析统计工具使用Cookie收集用户访问网站的数据，比如用户的位置、访问网站的时间等。
- 广告系统使用Cookie跟踪用户的个人信息，根据用户的浏览偏好、用户访问过的网站等，即用户画像，来推送定向广告。

1. Cookie同步技术

Cookie同步技术最常见的应用场景是程序化广告，它用来支持出版商、SSP和众多DSP之间的RTB过程。Cookie同步技术允许DSP与SSP以相同的ID来唯一地引用用户，实现在广告拍卖中只对特定用户进行广告竞标。

Cookie同步技术是如何工作的？下面以一个用户访问A.com与B.com的流程对其进行简单说明，如图7-30所示。

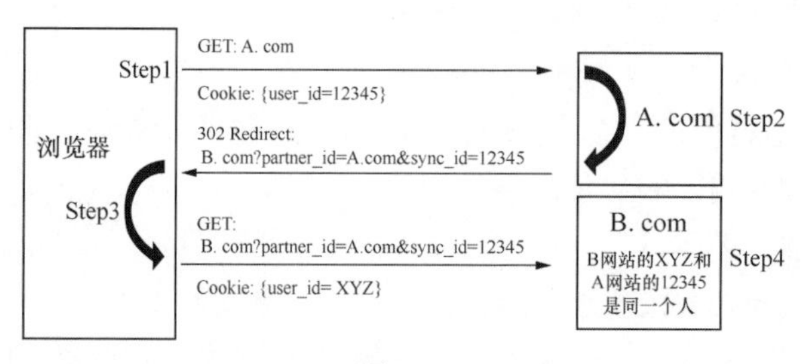

图7-30

- Step1：用户通过浏览器向A.com发起请求，这个请求中包含A.com跟踪到的用户Cookie信息，比如user_id=12345。
- Step2：A.com服务器从请求的Cookie中检索出user_id=12345，并返回一个重定向响应，它的状态码是302，目的地址指向B.com。与此同时将用户在A.com域的user_id设置为12345，即将用户ID编码后写入redirect URL中。

  对重定向而言，实际发起了两个请求，第一个请求返回302状态码后，前端浏览器继续发起一个新的请求。跳转的目的地址是在A.com返回的重响应中指定的。整个过程对前端是完全透明的，因此对前端来说好像只发起了一个请求。
- Step3：浏览器收到302重定向后，继续向B.com发起新的请求，其中包含A.com返回的redirect URL以及B.com跟踪到的用户Cookie信息（比如user_id=XYZ)。
- Step4：B.com将user_id=12345和user_id=XYZ链接起来，形成一个用户匹配表。

需要注意的是，Cookie同步技术已经引起了微妙并且严重的隐私问题，欧盟的通用数据保护条例（General Data Protection Regulation，GDPR）已经开始致力于解决用户隐私问题。

2. Cookie同步技术在目标用户定位中的作用

Cookie同步技术可以实现广告重定向。如果没有Cookie同步技术，广告重定向功能几乎是不可能实现的。重定向允许广告系统在用户第一次访问页面时放置一个Cookie，当用户再次访问该网站或者其他网站时，广告系统利用Cookie同步技术来识别相同的用户并提供正确的广告。

Cookie同步技术是程序化广告系统的重要组成部分，它能够将数据从一个平台传输到另一个平台。当然，它也面临一些挑战，包括广告屏蔽软件，以及GDPR的限制。

3. Cookie同步技术在RTB中的作用

如图7-31所示，当用户浏览了网站后，用户的计算机中将存储很多有用的可识别用户的信息，即Cookie。广告系统使用Cookie跟踪用户的个人信息，根据用户的浏览偏好、用户访问过的网站，即用户画像，来推送定向广告。

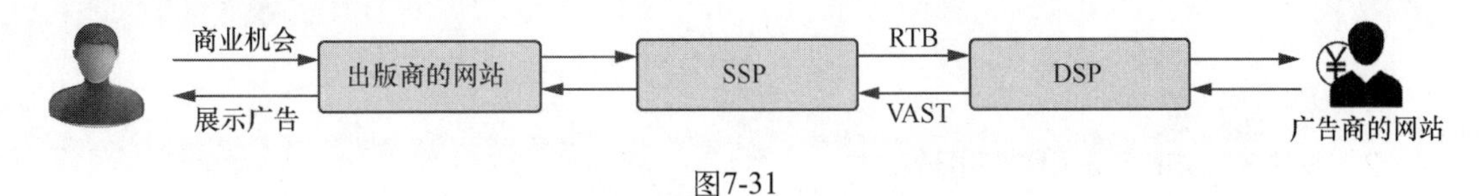

图7-31

广告系统特别希望访问这些Cookie信息，从而构建目标受众的用户画像。目标受众是一群具有相同需求和兴趣的人，他们是广告系统的目标服务对象。

对于广告系统来说，为了精确定位受众，它需要合并DSP和DMP的用户数据，Cookie同步技术帮助广告商识别用户并在RTB中提供决策数据。因为DSP可能为一个已知的用户提供很高的竞价，但是DSP不太可能为一个未知的用户进行竞价。

7.8.3　同一用户在不同平台中的身份匹配：用户匹配表

如前所述，为了使用目标用户定位功能，广告系统必须知道当前哪些用户正在访问系统，从而基于目标受众来生成广告请求，背后是通过Cookie存储user_id来实现的。

类似地，DMP会通过Cookie标记每个用户，以便在用户浏览互联网网页时始终将信息关联到这个用户。

RTB系统是由出版商、SSP、DSP、DMP和广告商等不同的独立系统组成的复杂生态系统，如何通过Cookie将多个独立系统中的user_id判定为同一个user_id？大致有两种方法。

1. 方法1：DSP负责用户匹配表

如图7-32所示，RTB过程中需要对SSP的user_id与DSP的user_id进行匹配。假如需要DSP系统维护用户匹配表（User Matching Table），可以在SSP广告响应中插入一个Pixel（像素），这个Pixel重定向调用DSP的Cookie-Synch API，并且传入SSP系统中的user_id。

使用此种集成方式时，SSP返回的广告响应中会插入一个同步Pixel，这个Pixel的URL是由DSP提供的。当用户浏览器向DSP调用Matching Pixel时，请求中会包含SSP系统中的user_id，同时DSP可以从用户浏览器获取DSP系统的user_id，从而使DSP构建跨SSP和DSP两个系统的用户匹配表。

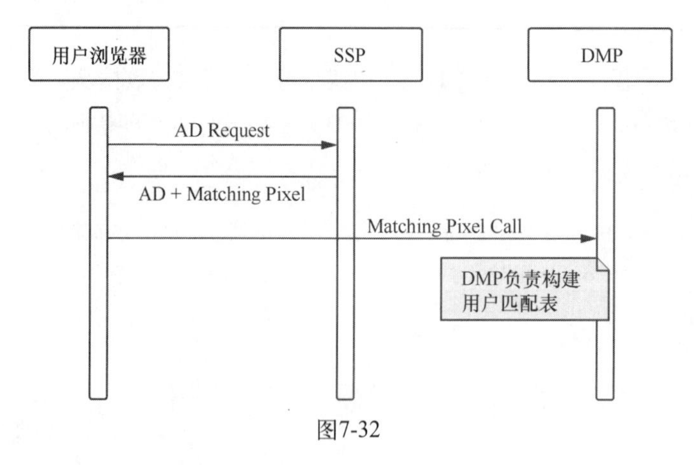

图7-32

2. 方法2：SSP负责用户匹配表

如图7-33所示，RTB过程中需要将SSP的user_id与DSP的user_id实现映射。假如需要SSP系统维护用户匹配表，其基本思路是DMP向用户浏览器发起调用Matching Pixel的请求，请求中包含DMP的user_id。SSP通过分析Matching Pixel请求并解析Cookie中SSP的user_id，构建跨SSP和DSP两个系统的用户匹配表。

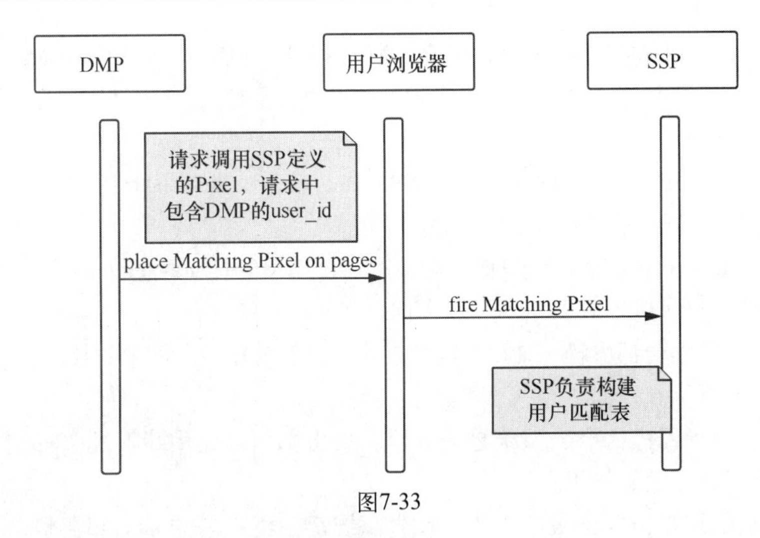

图7-33

7.8.4 演进1：集中式Cookie同步机制

集中式的Cookie匹配平台服务是目前的发展趋势。

比如，出版商利用SSP和DSP销售广告库存，同时使用DMP来管理用户数据，即出版商通过SSP、DMP和DSP等多个平台将其自身的流量货币化。

1. 简单Cookie同步机制的问题

图7-34中展示的是DSP和SSP各自管理和维护用户匹配表的情形。用户匹配表的缺点是难以维护，并且缺乏可扩展性。

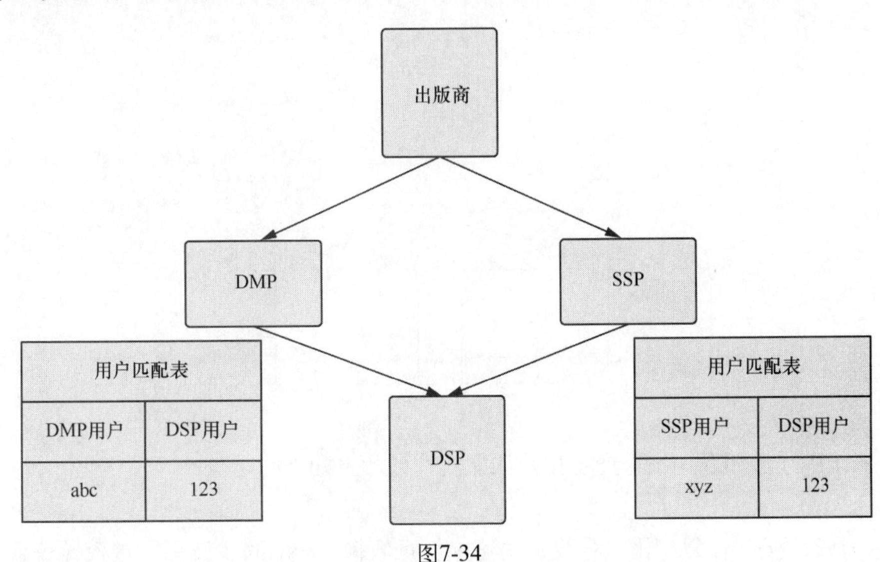

图7-34

在RTB过程中，出版商需要同时访问SSP、DMP和DSP，它们有不同的Domain、不同的Cookie，进而有不同的user_id。比如，用户Leon在DSP下的用户名是123，在SSP下的用户名是xyz，而在DMP下的用户名是abc。

- Bid-Request发生在SSP与DSP之间，SSP将Bid-Request发送给DSP之前，需要将它识别到的用户名xyz转换成DSP的用户名123。
- Data-Segment用户数据往返于DMP与DSP之间，DMP将Data-Segment发送给DSP之前，同样需要将它识别到的用户名abc转换成DSP的用户名123。

SSP和DMP两个平台都依赖一个用户匹配表，可以理解成一个简单的数据库，其中SSP的用户xyz等价于DSP的用户123。

用户匹配表对于程序化广告系统至关重要。关于如何创建用户匹配表机制，前文分析的Cookie同步技术发挥了关键作用。

每当一个新的用户访问出版商系统，广告系统都会将用户的user_id在整个生态系统中同步，构建用户匹配表。比如，SSP与DSP或者DMP与DSP两两相互调用，利用Cookie同步技术可以分别在SSP与DMP创建用户匹配表。事实上，程序化广告中一个SSP可能与200个DSP进行集成，这就意味着SSP与200个DSP之间需要相互调用并丰富用户匹配表内容。

如果将SSP、DSP看成图的节点，而将SSP与DSP之间的Cookie同步技术中的调用关系看作图的边，将形成一个稠密图，如图7-35所示。

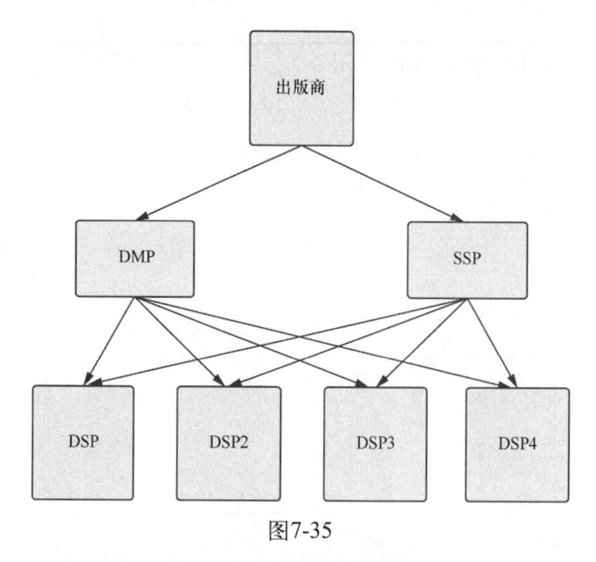

图7-35

广告系统中通过相互调用来产生用户匹配表，会产生如下问题。

（1）延迟

SSP、DSP、DMP在程序化广告投放决策中严重依赖Cookie同步技术，这会导致整个流程延迟，进而可能会导致用户的负面体验。

（2）数据隐私泄露

出版商可能只与部分SSP、DSP签订了合同，但是简单Cookie同步机制会允许出版商与程序化广告系统中所有的SSP、DSP建立用户匹配表。问题是出版商只信任并允许部分SSP、DSP访问并使用它的用户数据。

程序化广告受欧盟的GDPR影响巨大。在程序化广告投放中，出版商作为用户数据的来源，是数据的控制者。这意味着它们需要对用户负责，告诉用户正在收集哪些数据、如何使用这些数据，以及如何使用Cookie同步技术分享个人的数据。

简单来说，GDPR要求软件解决方案必须保证设计上的隐私性，意味着对于每个用户，在收集和计算他的个人数据之前，必须根据使用目的（安全、广告）征得他的同意。

（3）伸缩性差

简单Cookie同步机制的扩展性并不好。系统中的组件越多，集成user_id的复杂度越高。比如，如果程序化广告系统中有10个DSP系统需要集成，将产生10 × 10=100个Socket连接；如果有1000个系统需要集成，将产生100万个Socket连接。这样是无法持续发展的。

2. 集中式Cookie同步机制

创建一个集中的用户匹配表可以大幅减少系统之间的Socket连接，系统的图建模从稠密图简化为稀疏图，不再需要$N \times N$的连接边（N代表图中节点的数目，即程序化广告系统中集成的子系统）。

集中式Cookie同步机制可以解决简单Cookie同步机制产生的问题。首先，它可以方便地解决延迟的问题。其次，没有获得中心授权的系统不能与出版商进行Cookie同步共享，数据隐私可以获得集中式管理与授权。最后，它会演化成中心Cookie同步机制，直接对接广告系统中各个子系统，这样的设计有利于保持系统整体的可伸缩性，如图7-36所示。

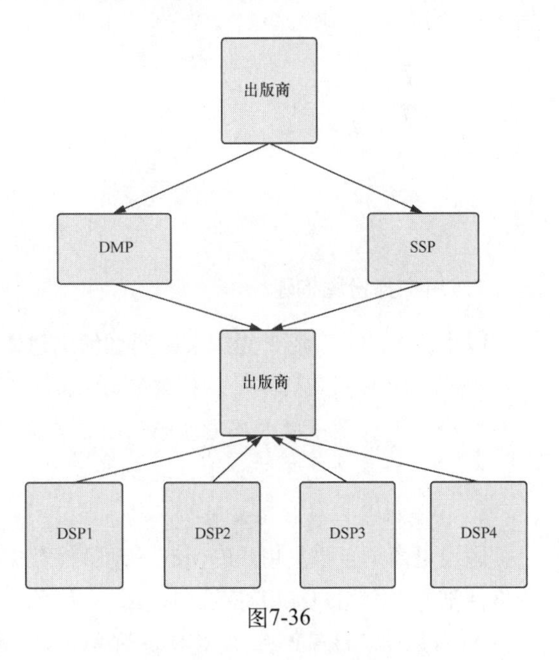

图7-36

7.8.5 演进2：用户身份图

出版商与广告商严重依赖Cookie，Cookie被设计用来构建个性化广告以增加广告收入。然而为了保护用户的数据隐私，Cookie逐渐受到更多的约束。

解决思路是无Cookie数据。用户身份图是通过链接不同来源的数据来创建用户标识。广告商利用用户身份图进行目标受众定位并提供个性化的广告。

用户身份图是一个数据库，用来存储所有与用户相关的标识符，包含用户名、号码、邮箱，以及从浏览器中收集到的Cookie信息等，如图7-37所示。用户身份图从各种数据源获取这些用户信息，并将它们链接到一个唯一的客户配置文件上，以便在不同的平台与设备上有效定位与识别用户。

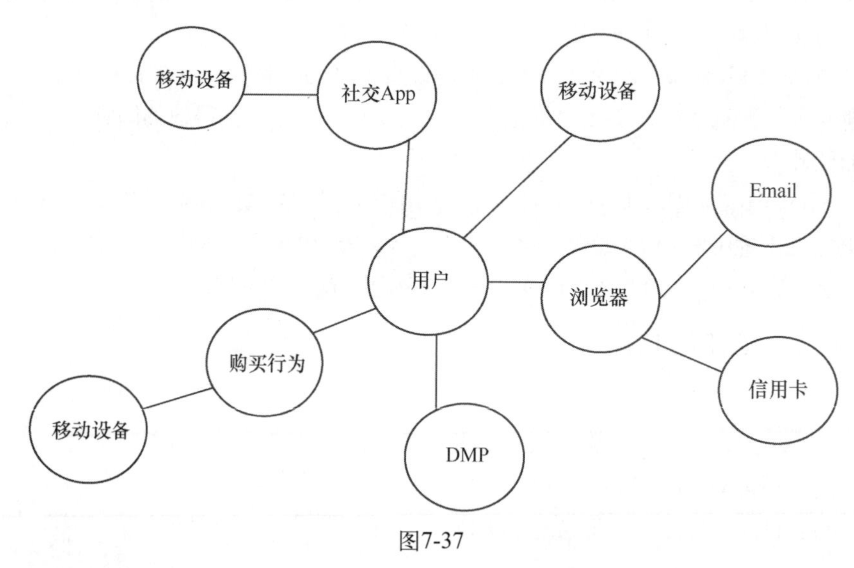

图7-37

1. 用户身份图构建

以生活中的一个场景为例来说明如何构建用户身份图。

- 某用户使用笔记本计算机匿名访问电商网站，在没有购买商品的情况下下线。
- 该用户使用手机号码通过手机登录电商网站，还是没有购买商品就离开了。
- 该用户再次使用笔记本计算机并购买产品，结账过程中，用户使用电子邮箱注册，并提供手机号码接收购买通知。

假设电商平台收集用户的所有活动事件数据，并将这些活动事件数据存储到数据仓库中。每个事件都与一个用户标识符关联起来。上面场景由3个事件序列组成，使用如下标识符。

- 用户匿名访问Web，没有提供用户标识。将第一个事件关联匿名ID，比如unknown-web-id。这一步发生的所有事件与unknown-web-id进行关联。
- 用户匿名访问Mobile，将第二个事件关联匿名ID，比如unknown-mobile-id。一旦用户使用手机号码登录后，系统将unknown-mobile-id与user-phone进行关联。
- 与第一步类似，系统将事件与前面分配的unknown-web-id进行关联。稍后，当用户提供电子邮箱和手机号码后，系统将unknown-web-id与user-email和user-phone进行关联。

身份图最终构建如图7-38所示，表明系统分析的unknown-web-id、unknown- mobile-id和user-email、user-phone是同一个用户的不同侧面。

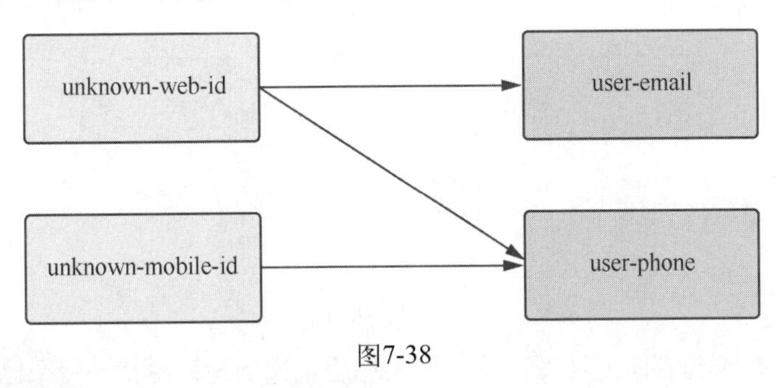

图7-38

2．用户身份图搜索

上面构建的用户身份图并不是静态的，会随着时间的推移而不断发展与更新。比如，上面用户使用朋友计算机设备访问同一个电商网站。身份图将生成一个新的匿名ID（unknown- web-id2），如图7-39所示。

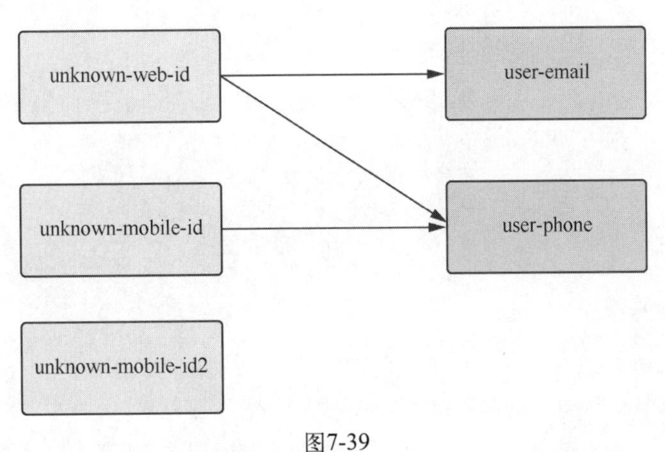

图7-39

此时，身份图并不知道unknown-web-id2更多维度的信息，然而，一旦此用户使用电子邮箱登录了，用户身份图就会更新，添加一条边（unknown-web-id2连接user-email），如图7-40所示。

现在有了用户身份图，如何为图中连通的节点分配相同的虚拟ID？

本质上是对图结构使用深度优先搜索或者广度优先搜索算法进行遍历搜索来求解图的连通分量。基本思路是从某个节点开始深度优先搜索，递归返回结果包含出发点在内的整个连通分量的所有节点。要查找图中所有连通分量，循环遍历图中其他未访问的节点，并开始新一轮的深度优先搜索。

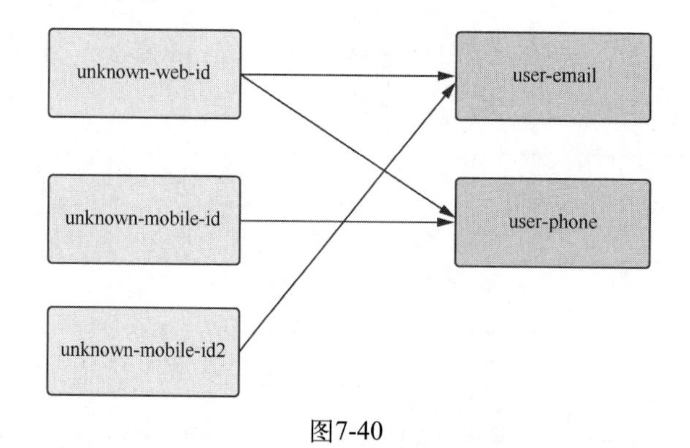

图7-40

接下来检测图是否为有向无环图，核心算法思想是遍历过程中找到一个已经被访问的节点，并且这个节点并不是当前节点的上一个节点。此时说明找到一个环。

代码清单7-24　检测是否为有向无环图

```
func (g *Graph) IsDAG() bool {
   // 已经是有环图，没必要再次检测
   if !g.isDAG {
      return false
   }

   capacity := cap(g.Vertex)
   g.visited = make([]int, capacity)
   for i := range g.visited {
      g.visited[i] = -1
   }

   // 对每个节点进行遍历
   for idx := 0; idx < g.VertexNum; idx++ {
      // 该节点后边的节点都被访问过了，跳过它
      if g.visited[idx] == -1 {
         continue
      }

      // 从节点开始进行深度遍历
      g.dfs(idx, idx)
      if !g.isDAG {
         return false
      }
   }
   return true
}

// dfs 从index节点开始进行深度遍历
func (g *Graph) dfs(idx, parent int) bool {
   g.visited[idx] = 1
```

```
    for adjV, weight := range g.Edge[idx] {
        fmt.Printf("%v", weight)
        // 未被访问过
        if g.visited[adjV] == -1 {
            if g.dfs(adjV, idx) == true {
                return true
            }
        } else if adjV != parent {
            // 有环： 找到一个已经访问过并且不是来自当前节点的父节点
            g.isDAG = true
            break
        }
    }

    g.visited[idx] = -1
    return false
}
```

7.9 广告定位：通过DMP帮助用户匹配正确的广告

7.9.1 概述

在程序化广告世界中，DMP用于分析、存储和管理广告活动中的用户数据。DMP连接SSP或者DSP，并提供细分用户段模型，最终帮助DSP或者SSP将用户匹配到正确的搜索广告活动中。

7.9.2 DMP的基础知识

DMP用于收集、存储和组织各种来源的数据。而广告系统使用DMP来改进广告定位，提升广告投放的转化率。

具体来说，为了确定目标受众身份，DMP需要通过不同的数据源接收不同的数据，从而唯一地确定用户的身份。在识别用户身份的基础上，DMP根据用户的行为（比如点击、下载）来收集和组织用户数据，如图7-41所示。

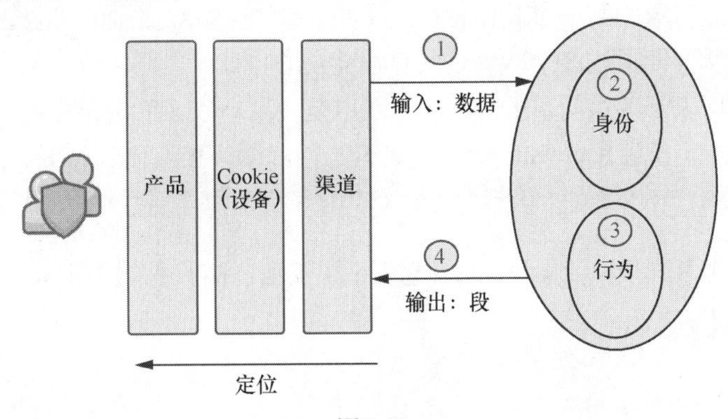

图7-41

简单来说，DMP有几个主要的功能：数据收集与增强、受众细分（Audience Segment）创建、受众细分激活和定位。

（1）数据收集与增强

DMP从许多数据源收集用户数据，包括网站、客户关系管理（Customer Relationship Management，CRM）系统、离线，以及用户与Cookie绑定的数据库。简单来说，DMP从各种第一、第二和第三方平台的数据源收集和组织用户数据，并将这些数据进行组织，建模成段模型并写入DMP存储库中。

（2）受众细分创建

当不同数据源的数据被收集和组织完成后，就可以开始对这些信息进行受众细分。受众细分本质是分解大量观众群体，根据不同的标准对受众进行细分，比如，性别标准，即男性和女性；年龄标准，即小于20岁、20～40岁、40岁以上；每月收入标准等。受众细分能够帮助快速识别和定位不同客户群，方便定向广告的精准投放。

（3）受众细分激活和定位

在DMP创建受众细分后，如果不将用户段数据推送到广告系统进行激活和定位，就无法增加广告的转化率。DMP通常与DSP或SSP进行集成，并允许广告活动或者广告交易使用段模型数据进行目标受众的定位。

7.9.3　DMP分段

DMP采用分段模型来组织用户数据。DMP接入不同的数据源收集不同的数据，增强数据进一步创建受众细分模型，即DMP分段模型。那么，究竟如何理解DMP分段模型呢？

首先理解什么是kv（key-value），它用来表达目标受众某一方面的特征，例如：

```
kv:
  Gender = 'M'
  Income > 10K
  Age = 30
```

属性kv用来描述对象的某一个具体特征。段可以看作一组kv变量的集合，通过多个属性的多个侧面完整描述事物，即通过多个kv来定义目标受众的特征。

段可以是一个kv表示的很简单的对象，也可以是一组kv表示的很复杂的对象。

比如，定义一个简单段Segment_gm，它表示男性群体，相应代码如下：

```
Segment_gm :
    Gender = 'M'
```

又如，定义一个复杂段Segment_nlih，它表示说英语、高收入的中国人，且对音乐与体育感兴趣，相应代码如下：

```
Segment_nlih:
  Nationality = China
  Language = English
```

```
Income > 1000K
Hobbies in ['sports', 'music']
```

DMP经过自己的管道处理后，会进一步将组织好的分段模型推送到DSP或者SSP进行激活与定位。大致来说，DMP会将两类组织好的数据文件推送给它的集成伙伴。一个是用户文件，另一个是受众数据的分段文件。这些文件是用逗号分隔的记录集。

1. 分段文件

如图7-42所示，段文件包含3列，分别是段ID、段名以及段标签，每一行代表一个单独的段。其中，段ID是DMP分配的内部数值，段标签对段的内容进行概括。广告系统会在它的终端向用户展示广告段的标签。

段ID	段名	段标签
123	Segment-gm	男性群体
456	Segment-nlih	说英语、高收入的中国人，且对音乐与体育感兴趣

图7-42

2. 用户文件

用户文件包含从用户到段ID的映射，如图7-43所示。用户文件包含3列，第一列是用户唯一标识符，第二列是一个或者多个段ID，第三列是指用户数据的生存周期，此列是为了保护用户的隐私和数据的新鲜度而设计的。每一行代表一个具体用户与段的映射，即每个具体的用户通过多个细分段进行用户画像。

用户唯一标识符	段ID	TTL
84b6910c-0da8-11ed-861d-0242ac120002	123456	20天
84b693b4-0da8-11ed-861d-0242ac120002	123	10天

图7-43

3. 文件传输

一旦在DMP内部创建好用户信息与段信息，就可以通过FTP或API机制进一步把数据推送给集成的伙伴系统，比如SSP或DSP。这些信息为SSP或DSP提供广告投放目标受众的精准定向。

在这种基于FTP的数据传输过程中，DMP作为数据提供者，会定期生成用户数据并将之推送给DSP或者SSP。对于用户数据文件，同步过程中存在全量文件和增量文件两种类型。

用户全量文件中的每一行包含某个用户与段ID的映射，需要写入DSP持久化存储。如果DSP持久化存储中用户与段ID的映射在新的用户全量文件中不存在，那么这个用户段信息不再有效，需要从DSP持久化存储中删除该用户与段的映射记录。

用户增量文件中的每一行包含某个用户与段ID的映射，DSP会把增量的用户段记录写入本地的持久化存储。值得注意的是，用户文件每一行有一个TTL字段，用来说明当前用户段记录会在

DSP平台存在多长时间。TTL的策略对于用户增量文件来说是必须的。相比用户全量文件，用户增量文件并没有列出那些过期的、需要删除的用户段记录。

如图7-44所示，如果一个用户段的TTL设置为10天，那么广告平台应该在DMP将一个用户段记录写入持久化存储之后的第10天将此用户段记录设置为到期，并且自动删除。

用户唯一标识符	段ID	TTL	删除
84b693b4-0da8-11ed-861d-0242ac120002	123	10天	True

图7-44

7.9.4　DMP 和 DSP的协同工作

DMP可以同时和DSP或SSP进行数据段集成，这里仅以DMP与DSP协同工作为例进行讲解。DMP与SSP协同工作的原理类似，故不赘述。

图7-45所示为一个程序化广告系统，通过OpenRTB协议将广告商、DSP、SSP和出版商连接起来。DSP作为出版商和广告商之间的中间层，提供了一个买卖广告的平台。

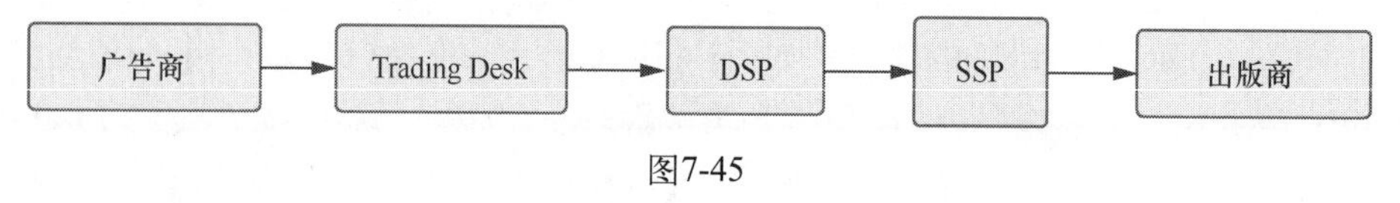

图7-45

DSP允许广告商在不同的出版商购买广告库存，设置目标受众的定向条件、预算、出价以及创意，实现高效的广告投放。

DMP的基本功能是通过分析不同数据源的数据来细分用户群体，满足广告商的精准广告投放。

简单来说，没有DMP，程序化广告是不可能实现的。DMP之于DSP类似引擎之于汽车。DMP通过不同的数据源收集、记录、分类、创建用户段数据，然后，这些段数据被传输给DSP用于指导定向广告投放。

7.9.5　DMP的用户数据在DSP中的使用场景

DMP的用户数据在DSP中的使用场景有两个，一个是DSP的广告定位，另一个是DSP的广告重定向。

1．DSP的广告定位：受众数据应用于广告活动

DMP与DSP集成后，DSP可以“近乎实时”地从DMP获取分段模型，这些用户段信息帮助DSP定义广告活动的目标受众，如图7-46所示。

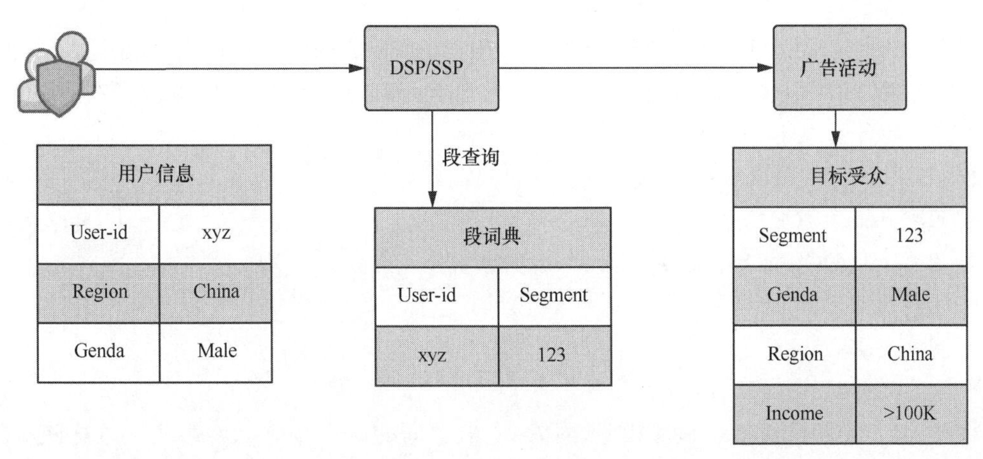

图7-46

一旦广告系统收到广告请求，它将读出广告请求中Cookie或者URL中携带的键值对信息，并将用户元信息与广告活动中的目标受众段进行匹配。如果出版商发起的广告请求的受众与应用于某一广告活动的目标受众是匹配的，那么DSP将选择匹配的广告活动用于广告投放。

2．DSP的广告重定向

DSP的广告重定向可以简单理解为用户找回，如图7-47所示。

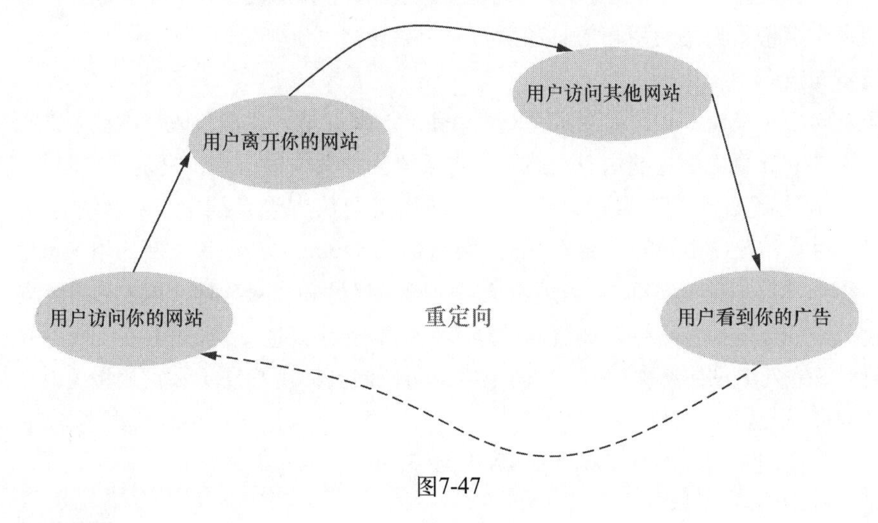

图7-47

（1）像素追踪

当所有的像素有序聚集在一起后，就形成了显示在计算机上的图像、文本和视频。这是我们对像素的普遍理解。在广告系统中，像素追踪（Tracking-Pixel）是为了收集信息而添加到网站上的代码片段。它在广告重定向和提高转化率方面起着重要作用。

广告像素追踪是将一个代码片段添加到出版商媒体网站，创建一个1×1的像素图形——透明且尺寸小的特点使得像素对用户几乎不可见。当用户访问出版商媒体网站时，像素追踪的加载机制用来实现收集用户访问的产品的信息。事实上，像素追踪可以收集用户与像素所在网站的交互过程中的大量有用信息，例如：

- 用户浏览了哪些页面；
- 用户点击了哪些广告；
- 用户使用的OS（Operating System，操作系统）或者设备类型；
- 用户访问时间；
- 用户的IP地址；
- 用户的标识符。

像素追踪与Cookie功能非常相似，那么它们之间的区别是什么？事实上，这两种方式经常搭配在一起使用，用来跟踪用户行为，最终广告系统利用收集的用户数据进行定向广告投放。

Cookie和像素追踪的区别在于如何传递信息，以及将信息保存在哪里。Cookie收集的用户信息保存于用户的浏览器中。用户可以选择禁止或者清除Cookie。

相反，像素追踪是通过像素请求将信息从用户浏览器发往广告服务器，像素追踪并不依赖于用户的单个浏览器，而是可以用来跟踪用户的所有设备。此外，用户不能像禁用Cookie那样禁用像素追踪。像素追踪原理是从浏览器向广告服务器发出一个普通的、1×1大小的、透明像素请求，这个像素请求中携带了收集的用户信息和访问的产品的信息。

（2）重定向像素

对于重定向广告来说，重定向像素（Retargeting Pixel）是一小段代码，被放置在出版商网站上，用来在用户的计算机中存储信息，然后广告系统会检索这些信息，决定重定向的广告。

当用户访问出版商网站产品时，这个重定向像素会从广告系统中下载，并向用户计算机Cookie中写入用户和正在访问的产品的信息。每个新的Cookie都会为每个新的用户创建一个唯一的标识符，称为“数字用户名称”。当用户从一个网站到另一个网站时，用户的重定向像素代码会不断创建用户的数据，包含用户浏览的产品、兴趣等统计信息。

任何时候，一旦用户信息被识别，广告系统就可以向具体用户展示和投放相关的个性化的定向广告。举例来说，如果你访问了BMW官网，你本地的Cookie信息中将包含很多与BMW官网相关的信息，比如访问时间、浏览了哪款BMW产品等。

（3）重定向广告工作流程

与搜索广告不同的是，重定向广告是一种在线的定向广告形式，它的服务对象是那些已经访问过你的网站的用户。大多数重定向广告的目标是找回潜在客户，采取他们初始访问时并没有采取的行动。

在广告无处不在的互联网环境中，你大概率经历过广告重定向。如果你访问一个网站，在上面查看一个产品或者服务，随后这个产品会一直跟随你并在网络上的其他网站上出现，这便是重定向。它的基本工作流程如下。

- 首先，出版商会在它的网站上放置一段称为重定向像素的跟踪代码片段。
- 当用户访问出版商网站时，就会下载一个不可见的像素，其中包含用户浏览的产品信息。记住，该像素将帮助平台识别该用户。这些信息又会再次写入客户端浏览器中的Cookie对用户进行跟踪。
- 当用户继续访问另一个网站时，Cookie会告诉广告服务器，用户之前访问了某个网站，浏览了某个特定的产品。
- 最后，广告系统基于Cookie的信息确认具体用户后，继续投放相似产品的广告，从而完成重定向广告活动。

通过重定向广告，可以分析用户的浏览历史记录，从而找到用户感兴趣的广告并进行推荐与投放。

(4) 重定向广告的设计

根据广告活动需要实现的目标，重定向广告需要设计一个广告序列来引导潜在的广告并实现最终广告投放目标。

假设用户访问了一个分布式数据库网络课程的介绍页面，但是用户首次访问后并没有注册账号和购买。通过使用重定向，广告系统可以为用户提供多个广告，尝试找回这些“流失”的用户。这个时候可以通过创建一个重定向广告序列一步步与“流失”的用户建立起信任，并最终让用户下定决心注册账号并购买分布式数据库网络课程。设计重定向广告的流程如下。

- 用户通过在线广告或者搜索引擎访问了一个分布式数据库网络课程的介绍页面，发起了第一个像素追踪。
- 广告系统通过像素追踪记住了每一个点击该课程介绍的用户。注意，像素追踪帮助广告系统收集两个关键信息：潜在的用户和该分布式数据库网络课程产品。
- 广告系统创建两个新的广告活动，目标受众是上一步收集的用户和产品信息。
- 在接下来的第1～3天，投放第一个广告来介绍分布式数据库与集中式数据库的优缺点。
- 在接下来的第4～6天，投放第二个广告来介绍学习分布式数据库的就业前景以及收益。
- 在接下来的第7～9天，投放第三个广告也是最后一个广告，邀请用户注册账号并购买分布式数据库网络课程。

总的来说，DSP广告重定向通过更好地了解目标用户基础来帮助改善广告投放的效果。

7.10 小结

本章介绍了广告检索与定位中涉及的关键技术：DNF算法和倒排索引。

首先介绍了检索的一些基本概念，接着引出了两种重要的索引结构，即位图索引和倒排索引，并分别展示倒排索引设计实例和位图索引设计实例。

然后对广告检索中重要的DNF进行深入讨论，分析开源框架Clorisearch如何通过布尔逻辑表达式实现广告检索，并讨论如何使用DNF算法来预测广告库存。

最后介绍了广告定位中的两个常见问题：用户唯一性识别问题，即用户身份图的构建与搜索，以及使DMP分段模型帮助用户匹配到正确的搜索广告。

第8章 程序化广告技术

8.1 背景

程序化广告能够有效缩短广告商和出版商之间建立、运行和优化广告活动所需要的时间，毕竟程序化广告的本质是自动化运行。RTB是程序化广告的一个子集，它通过拍卖的方式来促进广告库存的交易。RTB发生在网页加载的初始化阶段，它允许出版商和广告商进行实时广告交易。RTB带来的主要好处是：它既能帮助广告商获取目标受众对投放广告的点击量和观看次数，也能帮助广告商以更加合理的价格在众多出版商上购买廉价的广告库存。

DSP是RTB的关键环节。无论是公开拍卖（Open Auction）还是私人拍卖（Private Auction），都需要根据与受众相关的细粒度数据进行广告的精准投放。DSP中的投标或竞价策略是通过算法自动完成的。这些竞价算法需要根据用户的设备、位置、Cookie、历史竞价数据，以及第三方DMP等多重信息叠加，来优化用户定位能力。除了考虑广告受众定位因素，竞价算法还需要根据性能、流量欺诈等因素进行调整，比如，确定流量是由机器人还是由真人产生的，以及确认是否存在点击欺诈等。

数据是信息时代的石油，广告流量产生数据量巨大的广告日志事件流。随着技术变得越来越强大，技术人员正在更深入地挖掘，并依靠元数据为用户提供更加有价值的聚合数据。单个广告的独立投放数据可以提供一定的信息，但是多个广告的投放数据可以找到隐藏的洞察信息。换言之，广告活动投放数据的样本越大，聚合后数据准确性越好，在广告目标受众定位、广告库存预测与投放等方面就能获得更加准确的商业判断。

广告行业涉及的技术多而杂，简单概括如下。

- 广告服务器（包含RTB）：需要有高扩展性的广告服务器集群，可以响应10万～100万的每秒查询率（Querier Per Second，QPS），并决定是否出价以及什么时候出价可以将利益最大化。
- 报表系统（包含Spark Stram、Kafka、MongoDB）：需要具备每天处理TB级增量数据的能力，主要用来对广告活动的原始日志进行记录与收集。聚合的报表将用于分析、预算和优化。通过引入Spark Streaming Processing引擎来实现对数据流的实时分析。
- Web系统（包含Nginx、MySQL、Redis、Elasticsearch）：前端Web平台用来管理广告活动、

展示和分析广告报表。Web平台使用MySQL存储和配置广告活动、广告创意、投放目标、投放预算，并以固定频率将更新后的数据提供给具有高可伸缩性的广告服务器。

- API系统：API允许集成方应用程序访问后端资源与配置，以构建协作的业务流程，同时也可以实现SSP与DSP同步用户信息。
- Cassandra：对用户Cookie、设备信息进行存储，并实施SSP与其他的集成系统（如DSP）的用户映射与存储。Cassandra需要支持数十亿用户标识的信息存储与查询。
- 数据中心：需要将广告引擎、报表系统、API系统的服务器安置在距离用户足够近的地方，这样可以保证用户响应的低延迟。通常这个响应时间小于200ms。
- 内容分发网络（Content Delivery Network，CDN）服务：保证广告创意与视频的传输、加载更加稳定。经过CDN服务的加速，出版商才能更加快速地加载广告视频，让用户快速看到广告内容。

本章无法覆盖所有技术点，主要集中在VAST、RTB、广告实时事件流分析、广告实时事件流案例的设计与分析以及广告供应链透明度分析上。

8.2 广告标签模板

视频广告服务模板（Video Ad Serving Template，VAST）是一个结构化广告标签的模板，为媒体播放器提供视频和音频广告。通过使用XML模型，VAST将关于广告的重要的元数据从广告服务器传输到媒体播放器。VAST本质上是一个XML Schema，它让视频播放器获得如下重要信息：

- 播放哪个广告，以及该广告的格式、广告下载位置、广告持续时间；
- 如何插入这个广告；
- 是否允许用户跳过广告；
- 广告的跟踪是否回调URL。

VAST的另一个重要特性是它支持嵌套的VAST响应，这意味着一个VAST文档可以引用另一个VAST文档，这个功能对于程序化广告来说非常有用。

分层VAST也称为VAST Wrapper。它包含一个VAST响应，但它并没有包含VAST的内联广告，而是包含重定向到第三方广告服务器的信息。这允许出版商从辅助的广告服务器中获取广告。VAST Wrapper重定向还可以继续指向另一个VAST Wrapper，从而创建一个VAST Wrapper的包装链，最终指向一个VAST内联广告。VAST示例如下：

```
<VAST version="3.0">
   <Ad id="1">
       <Wrapper>
           <VASTAdTagURI>first-wrapper-url</VASTAdTagURI>
       </Wrapper>
   </Ad>
   <Ad id="2">
       <Wrapper>
           <VASTAdTagURI>second-wrapper-url</VASTAdTagURI>
```

```
        </Wrapper>
    </Ad>
</VAST>
```

现实广告投放中，需要一个主广告服务器使用VAST Wrapper重定向到另一个辅助广告服务器，原因如下。

- 主广告服务器想要添加自己的分析跟踪器。
- 主广告服务器本身没有合适的广告返回，此时返回一个回填了VAST Wrapper的广告响应。
- 主广告服务器委托辅助广告服务器响应特定类型的广告库存。

8.2.1 VAST工作流程

通常来说，广告源自客户端的请求，具体流程如图8-1所示。

- 播放器在视频播放到达广告提示点时，开始向广告服务器发送一个VAST请求。
- 广告服务器响应一个VAST，它可能是一个内联的VAST，直接包含广告媒体视频信息；也可能是一个VAST Wrapper，将播放器重定向到另一个辅助广告服务器上。
- 如果返回的是VAST Wrapper类型的响应，需要一直递归分析，一直持续到收到一个原始的内联VAST响应为止，此时播放器可以解析内联VAST并播放广告。

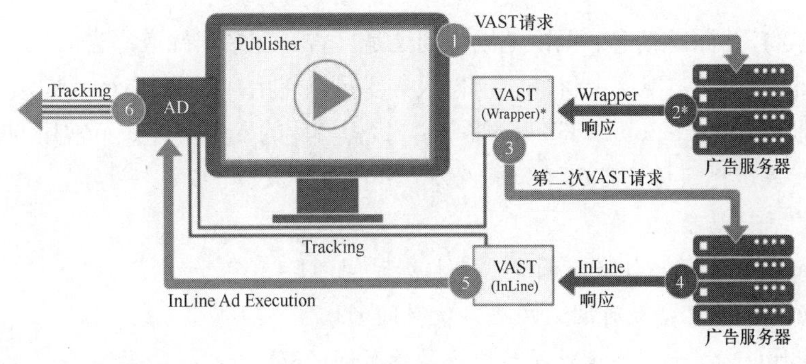

图8-1

8.2.2 VAST格式

1. 广告标识符

VAST标记中包含一些标识符，用来向播放器展示应该显示哪个广告。部分标识符如下。

- AdTitle：此字段用来表示广告标题，即准确的描述信息。
- Advertiser：此字段用来表示广告商的名称。

VAST标识符举例如下：

```
<AdServingId>
      a532d16d-4d7f-4440-bd29-2ec05553fc80
</AdServingId>
<AdTitle>Inline Simple Ad</AdTitle>
<Advertiser>IAB Sample Company</Advertiser>
```

2. 媒体信息

一个媒体信息（MediaFiles）元素由多个媒体文件（MediaFile）元素组成，每个MediaFile元素对应不同技术与设备环境下的比特率-分辨率的媒体文件。这样播放器可以根据客户端的带宽条件选择合适的比特率-分辨率的媒体文件进行下载。

假设有如下的媒体信息：

- 视频持续时间是10s；
- 视频使用MP4格式，高度是720像素，宽度是1280像素；
- 视频的比特率范围是1500~2500。

相应的VAST媒体信息如下：

```
<Duration>00:00:10</Duration>
<MediaFiles>
  <MediaFile id="5248"
  delivery="progressive" type="video/mp4" bitrate="2000" width="1280" height="720" min
Bitrate="1500" maxBitrate="2500" scalable="1" maintainAspectRatio="1" codec="H.264">
  <![CDATA[https://iab-publicfiles.s3.amazonaws.com/vast/VAST-4.0-Short-Intro.mp4]]>
  </MediaFile>
```

3. 广告跟踪信息

VAST中包含广告跟踪信息。无论是出版商还是广告商都希望知道广告的投放效果，VAST中的TrackingEvents就用来实现这个目标。广告服务器可以使用TrackingEvents来实现在具体事件发生时，使用注册的API Endpoint（即回调接口），报告事件的发生。有如下常用的跟踪注册事件。

- loaded：表示视频播放器已经加载视频，并准备播放。
- start：广告开始播放。
- firstQuartile：表示已播放时间为广告持续时间的1/4。
- midpoint：表示已播放时间为广告持续时间的1/2。
- thirdQuartile：表示已播放时间为广告持续时间的3/4。
- complete：广告播放结束。

VAST广告跟踪信息举例如下：

```
<TrackingEvents>
    <Tracking event="start" ><![CDATA[https://example.com/tracking/start]]></Tracking>
    <Tracking event="progress" offset="00:00:10"><![CDATA[http://example.com/tracking/
progress-10]]></Tracking>
    <Tracking event="firstQuartile"><![CDATA[https://example.com/tracking/firstQuartile]]>
</Tracking>
    <Tracking event="midpoint"><![CDATA[https://example.com/tracking/midpoint]]>
</Tracking>
    <Tracking event="thirdQuartile"><![CDATA[https://example.com/tracking/thirdQuartile]]>
</Tracking>
    <Tracking event="complete"><![CDATA[https://example.com/tracking/complete]]>
</Tracking>
</TrackingEvents>
```

4．广告点击信息

VAST中包含的VideoClicks元素提供了与点击广告的用户进行互动的方法。当用户点击广告时，将触发ClickThrough事件中注册的URL。

VAST广告点击信息举例如下：

```
<VideoClicks>
    <ClickThrough id="blog">
    <![CDATA[https://iabtechlab.com]]>
    </ClickThrough>
</VideoClicks>
```

5．广告定价信息

VAST中包含的Pricing元素应用于RTB系统，它包含以下两个字段。

- model：定价模型，比如每千次广告展示的广告成本（Cost Per Mille，CPM）和每次观看的成本（Cost Per View，CPV）。
- currency：广告价格对应的货币。

VAST广告定价信息举例如下：

```
<Pricing model="cpm" currency="USD">
<![CDATA[ 25.00 ]]>
</Pricing>
```

8.3　广告实时竞价

当用户观看视频时，每次加载一个网页，背后会发起多次RTB。用户看到的视频广告都是RTB的结果。

RTB与VAST一样，是互联网架构委员会（Internet Architecture Board，IAB）创建的一个标准，目的是创建一种通用的语言，使得所有参与拍卖的实体都可以使用这种语言来进行广告交易。RTB是程序化广告的支柱，它确保出版商通过其广告库存赚取尽量高的收入。

8.3.1　RTB工作流程

简单地说，RTB使用实时竞价的方式拍卖要展示的广告库存，其中的获胜者是出价最高的广告商，如图8-2所示。

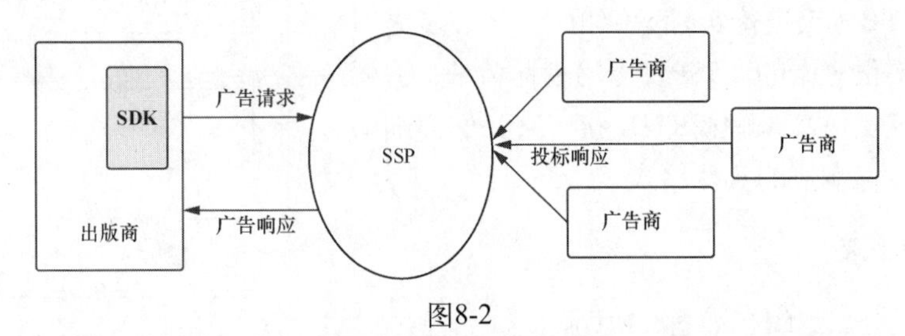

图8-2

RTB的流程如下。

第一步，用户访问出版商的页面，浏览器发出广告请求。它包含如下的多种数据：

- 用户信息；
- 设备信息；
- 广告库存信息。

第二步，广告请求到达SSP的广告服务器，广告服务器开启一个RTB流程。SSP会遍历所有对当前广告机会（Ad Opportunity）感兴趣的DSP，并通过RTB协议发起一个投标请求给DSP。简化理解如下：

```
[
  "id": ssp_id,
  "auction_id": "8372",
  "geo": "Beijing, China",
  "ad_width": 670,
  "ad_height": 100,
  "website": "baidu.com",
]
```

第三步，投标请求到达DSP，DSP内部执行广告检索，找出符合条件的候选广告，然后返回给SSP，整个过程在200ms内完成并返回竞价结果给SSP。考虑到实时性的要求，响应时间应该比200ms更短才能满足需求。

第四步，SSP的广告服务器收到来自DSP的投标响应（Bid Response）。简化理解如下：

```
[
  bidder: bidder-A
  advertiser: amazon.com
  CPM: $2.5

  bidder: bidder-B
  advertiser: google.com
  CPM: $0.7
]
```

第五步，SSP对DSP返回的多个候选广告进行验证与过滤，出价最高者赢得广告展示机会。最终将获胜的广告返回给出版商播放器进行播放，如图8-3所示。

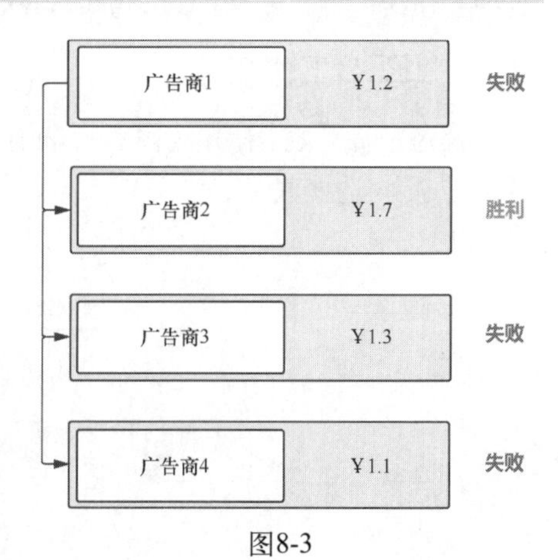

图8-3

上述流程其实是简化后的过程。简单来说，SSP与DSP之间通过RTB协议进行实时竞价拍卖，但二者之间交换的信息其实很复杂的。SSP发出的投标请求，需要提供足够的上下文信息来解释RTB。接下来我们详细解释投标请求与投标响应的具体格式。

8.3.2　投标请求

投标请求是分层组织，如图8-4所示。

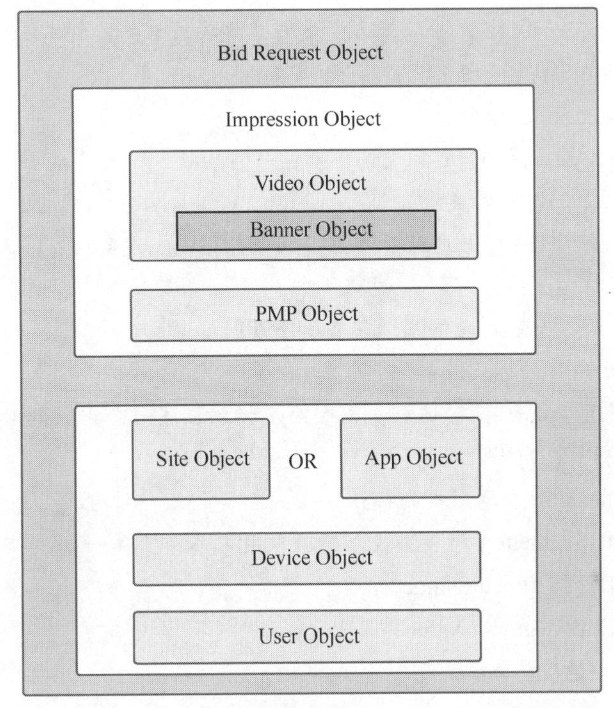

图8-4

- IMP节点：这个对象节点描述了一个广告位置或者被拍卖的广告展示机会。它有如下属性。
  - IMP.Video表示一个视频对象，即当前广告库存提供一个广告视频投放的机会。
  - IMP.Audio表示一个音频对象。
  - IMP.Bidfloor表示投标的底价。
  - IMP.PMP（Private Market Place）表示私有的广告市场交易对象。出版商提前邀请选定的买家来竞价他们的库存。在这个场景下，DSP直接通过与出版商签订的合同，提前介入并预订出版商的库存。DSP知道广告将在哪里运行。DSP可以使用PMP来获得溢价的广告位置。简言之，它表达出版商与广告商，即买卖双方，直接交易的一些合同细节。它有如下属性。
    - ◆ IMP.PMP.Private_Auction表示出版商是否接受公开市场投标，即是否欢迎DSP的所有投标人参与竞价拍卖。
    - ◆ IMP.PMP.Deals表示私有广告交易，注意这是一个数组。
      - □ IMP.PMP.Deal.bidfloor表示投标底价。
      - □ IMP.PMP.Deal.wseat表示允许对当前广告库存进行购买的广告商白名单列表。这意味着广告购买者必须提前与出版商进行协调并签署合同。
      - □ IMP.PMP.Deal.wadomin表示允许对当前广告库存进行购买的广告商域名列表。

- Site节点：如果广告投放于网站，而不是浏览器应用程序，就需要初始化Site对象，用来对广告投放网站信息进行说明。它有如下属性。
  - Site.Name表示网站名称。
  - Site.Domain表示网站的域名。
  - Site.Cat表示IAB内容的类型。
- Device节点：用来提供与用户交互的设备相关的信息。设备信息涉及硬件、平台、位置等方面。
- User节点：表示广告受众的信息。它有如下属性。
  - User.ID表示用户的标识符。
  - User.Data表示数据源。它用来从多个维度详细描述一个用户的数据。一个广告请求可以使用来自多个DMP的数据对象。它有如下属性：
    - ◆ User.Data.Name表示用户的标识。
    - ◆ User.Data.Segment表示数据段。数据段对象本质上是一个键值对。它有如下属性。
      - □ User.Data.Segment.Name
      - □ User.Data.Segment.Value

投标请求分为两种情况。

Case1：简单投标请求

投标请求允许广告商购买广告库存并展示广告，它也用来跟踪用户身份和设备。每当网站需要展示广告时，就可以发送一个广告投标请求。一个简单的投标请求举例如下：

```
{
   "id": "80ce30c53c16e6ede735f123ef6e32361bfc7b22",
   "at": 1, "cur": [ "USD" ],
   "imp": [
      {
          "id": "1", "bidfloor": 0.03,
          "banner": {
             "h": 250, "w": 300, "pos": 0
          }
      }
   ],
   "site": {
       "id": "102855",
       "cat": [ "IAB3-1" ],
       "domain": "www.foobar.com",
       "page": "http://www.foobar.com/1234.html ",
       "publisher": {
           "id": "8953", "name": "foobar.com",
           "cat": [ "IAB3-1" ],
           "domain": "foobar.com"
       }
   },
   "device": {
```

```
      www.iab.com/openrtb Page 54
      OpenRTB API Specification Version 2.5 IAB Technology Lab
      "ua": "Mozilla/5.0 (Macintosh; Intel Mac OS X 10_6_8) AppleWebKit/537.13
(KHTML, like Gecko) Version/5.1.7 Safari/534.57.2",
      "ip": "123.145.167.10"
   },
   "user": {
      "id": "55816b39711f9b5acf3b90e313ed29e51665623f"
   }
}
```

Case2：私有的广告交易投标请求

事实上，出版商有很多方法来销售他们的库存。就像股票市场一样，数字库存由公开拍卖（Open Auction）、私人拍卖（Private Auction）和优先拍卖（Preferred Deals）组成。

在传统广告中，广告活动是一个广告目标，它定义了在规定时间内投放广告的策略。通过定义广告执行时间窗口（Flight Date）、预算（Budget）、频率上限（Frequency Caps）和受众定位（Audience Targeting）来设置广告活动。然而，广告活动的建立、运行和优化仍然需要大量的手动操作。Deal代表实时竞价拍卖的私有交易市场。Deal ID是一个字符串或者一个标记，用来在SSP和DSP系统中进行传递。DSP使用Deal ID对广告交易进行定位，类似于user_id对广告活动进行定位。私有的广告交易投标请求举例如下：

```
{
   "id": "80ce30c53c16e6ede735f123ef6e32361bfc7b22",
   "at": 1, "cur": [ "USD" ],
   "imp": [
      {
         "id": "1", "bidfloor": 0.03,
         "banner": {
            "h": 250, "w": 300, "pos": 0
         },
         "pmp": {
            "private_auction": 1,
            "deals": [
               {
                  "id":"AB-Agency1-0001",
                  "at": 1, "bidfloor": 2.5,
                  "wseat": [ "Agency1" ]
               },
               {
                  "id":"XY-Agency2-0001",
                  "at": 2, "bidfloor": 2,
                  "wseat": [ "Agency2" ]
               }
            ]
         }
      }
   ],
   "site": {
      "id": "102855",
      "domain": "www.foobar.com",
```

```
        "cat": [ "IAB3-1" ],
        "page": "http://www.foobar.com/1234.html",
        "publisher": {
            "id": "8953", "name": "foobar.com",
            "cat": [ "IAB3-1" ],
            "domain": "foobar.com"
        }
    },
    "device": {
        "ua": "Mozilla/5.0 (Macintosh; Intel Mac OS X 10_6_8) AppleWebKit/537.13
(KHTML, like Gecko) Version/5.1.7 Safari/534.57.2",
        "ip": "123.145.167.10"
    },
    "user": {
        "id": "55816b39711f9b5acf3b90e313ed29e51665623f"
    }
}
```

私人市场（Private Marketplace）是对出版商库存进行打包的机制。出版商可以创建一个库存包（Inventory Package），比如一个网站就是一个库存包，然后对这些预定义的库存包进行组织与描述，最终广告商可以直接通过私有市场的广告交易进行统一购买。

出版商将广告位置（Placement）发送给SSP，然后进一步通过RTB协议传递给多个DSP进行实时竞价拍卖。每个广告投标请求都是独立的，但它代表的广告库存包信息被弱化了，比如出版商创建的库存包概念在广告投标中被弱化了。部分原因是DSP建立在用户和国家信息定位的基础上，最初DSP并没有对出版商组织的库存包进行定位设计。换言之，出版商将库存包告知SSP，但DSP却对此信息一无所知。Deal ID意味着让SSP和DSP对出版商创建的库存包有了统一的认知。

DSP广告服务业务堆栈采用的是多层结构，其自底向上依次为：公开拍卖、私人拍卖和优先拍卖。当一个广告请求变成了一个投标请求时，它携带了用户标识、国家信息、Deal ID信息等，接下来DSP开始执行算法策略和优化方案来选出最适合当前广告机会的买家。算法需要考虑如下多种因素。

- 如果投标请求包含impression.pmp对象，则进入私人市场。将买家逐个与pmp.deals[]进行匹配，并考虑Deal ID约束条件，最终选出最优买家。
- 如果投标请求中pmp.private_auction的值为false，则会进入公开市场，最终选出最优买家。

8.3.3 投标响应

RTB返回的投标响应代表一个来自广告商的购买报价。投标响应如果是一个空的超文本传送协议（Hypertext Transfer Protocol，HTTP）响应，则构成一个无效竞价。投标响应也是分层组织的，如图8-5所示。

SeatBid节点是一个投标响应，它可以包含多个SeatBid对象，而每个SeatBid对象代表一个不同的投标竞价者（Seat）。它有如下节点。

- SeatBid.Seat表示广告购买者身份。
- SeatBid.Bid表示某个广告商愿意竞价购买此次广告机会。它有如下节点。
  - SeatBid.Bid.ID表示广告的唯一标识符，可以用来在广告请求与响应之间进行匹配。
  - SeatBid.Bid.Price表示投标的价格。
  - SeatBid.Bid.Adm表示广告传递与播放的方式。这个字段代表广告标记，通常包含用于视频展示的VAST XML。读者可以回顾8.2.2小节“VAST格式”进行有针对性的巩固与复习。
  - SeatBid.Bid.Adomain表示广告商的域名。

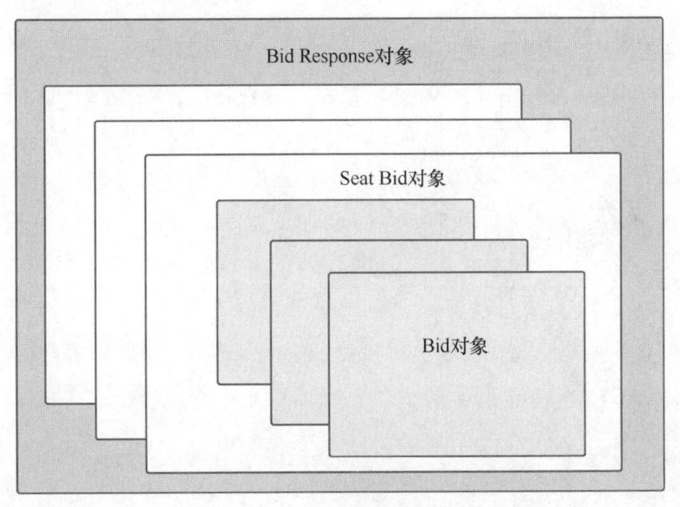

图8-5

投标响应的ADM属性包含VAST文档，它们构成了广告标记。投标响应的代码如下所示。

```
{
   "id":"123",
   "seatbid":[
   {
      "bid":[
      {
         "id":"12345",
         "impid":"2",
         "price":3.00,
         "nurl":"http://example.com/winnoticeurl",
         "adm":"
<?xml version=\"1.0\" encoding=\"utf-8\"?>\n
<VASTversion=\"2.0\">\n
   <Ad id=\"12345\">\n
      <InLine>\n
         <AdSystemversion=\"1.0\">SpotXchange</AdSystem>\n
         <AdTitle>\n
            <![CDATA[SampleVAST]]>\n
```

```
        </AdTitle>\n
        <Impression>http://sample.com</Impression>\n
        <Description>\n
           <![CDATA[A sample VAST feed]]>\n
        </Description>\n
        <Creatives>\n
           <Creative sequence=\"1\"id=\"1\">\n
              <Linear>\n
                 <Duration>00:00:30</Duration>\n
                 <TrackingEvents></TrackingEvents>\n
                 <VideoClicks>\n
                    <ClickThrough>\n
                       <![CDATA[http://sample.com/openrtbtest]]>\n
                    </ClickThrough>\n
                 </VideoClicks>\n
                 <MediaFiles>\n
                    <MediaFiledelivery=\"progressive\" bitrate=\"256\" width=\"640\"
height=\"480\"type=\"video/mp4\">\n
                       <![CDATA[http://sample.com/video.mp4]]>\n
                    </MediaFile>\n
                 </MediaFiles>\n
              </Linear>\n
           </Creative>\n
        </Creatives>\n
     </InLine>\n
  </Ad>\n
</VAST>"
     }
     ]
  }
  ]
}
```

8.4 广告实时数据

8.4.1 广告日志数据

广告RTB涉及很多参与方，比如SSP、DSP、DMP等。一旦出版商获得更加细粒度的报表，他们就有能力对正在发生的事情有全局的理解。这就是广告日志数据发挥作用的地方。

广告日志数据可以帮助出版商访问与单个广告展示相关的原始数据及细粒度的报表。广告分析中所有数据都来自服务器日志，并与特定事件相关联。比如广告请求事件（Ad-Request-Event）、广告过滤事件（Ad-Filter-Event）、广告投标事件（Bid-Request-Event）、广告选择事件(Bid-Selection-Event)、广告展示事件（Ad-Impression-Event)等。事实上，广告日志数据是原始数据，即非聚合的事件数据，它包括如下信息：

- 投标的价格（Bid-Price）；
- 用户的地理信息数据（Geo）；
- 广告创意ID（Creative-ID）；

- 用户设备或者操作系统（Device、OS）。

使用广告日志原始数据存在很多限制。首先，日志级别的数据都是原始数据，没有经过过滤和聚合。这类数据以每天1000万条的数量累加，直接分析原始数据很难挖掘出有价值的信息。其次是大数据的存储和处理，广告日志数据需要一个单独的系统来处理和存储。因此，对于出版商而言，无法直接访问和提取未经聚合的原始日志数据。

8.4.2 广告生命周期：事件流

出版商是一个平台，它的库存用来放置广告商的广告。同时，每个广告商都想精确掌握广告的整体投放效果。比如，哪个出版商贡献了多少次的点击量，转化率又是多少。

对于一个广告系统而言，可将整个广告投放流程划分成一个事件流，如图8-6所示。

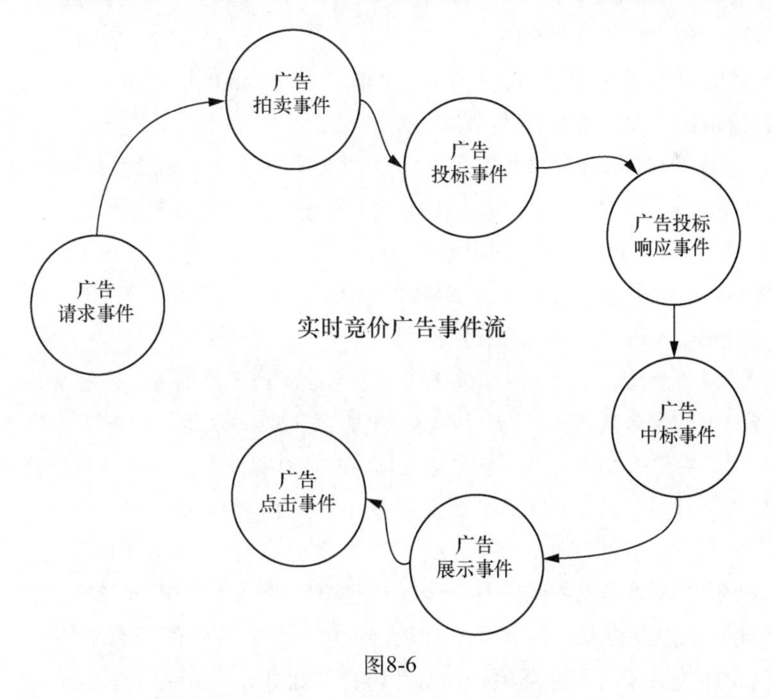

图8-6

首先，一个用户向广告服务器发出一个广告请求，这代表着广告拍卖的正式开始，随后SSP服务器向DSP服务器发出投标请求。这是广告系统需要存储的事件，即客户端发送的每个广告请求。事件中包含一些基本信息，比如，广告位置、广告时间、广告投放设备类型等。

然后，DSP服务器会评估投标请求，并将投标请求中的信息与目标广告参数进行比较，决定是否向SSP服务器发出投标响应。此时会触发广告投标响应事件，事件中包含广告商、广告媒体与广告竞标的价格。

最后，一旦广告开始播放，就会触发另外一个重要的事件——ad-impression-event。

一般来说，需要完整记录广告投放生命周期内每个重要节点的数据。部分如下。

- 广告请求事件（Ad-Request-Event）：统计每个广告请求的数量。
- 广告拍卖事件（Ad-Auction-Event）：对某个广告位的多个广告请求的竞价过程。
- 广告投标事件（Bid-Request-Event）：广告平台向广告商请求竞价。
- 广告投标响应事件（Bid-Response-Event）：广告商对广告平台的竞价请求做出响应。
- 广告中标事件（Bid-Selection-Event）：广告平台选择竞价最高的广告并展示给用户。
- 广告展示事件（Ad-Impression-Event）：记录广告展示的次数、展示的时间、投标响应事件展示的位置等信息。通常DSP会将获胜竞价者、出价模型和价格一起返回给出版商。
- 广告点击事件（Ad-Click-Event）：统计用户点击广告的次数，用来分析广告的投放效果。

值得注意的是，每个广告事件都是一个简单的、不可改变的事实。它只是记录发生的事情，并将每个广告事件存储到数据仓库（比如MongoDB）或者Hadoop集群中。那么，如何从这些广告事件中找出有价值的信息？有以下两个思路。

- 思路1：在数据仓库中对原始广告事件集进行查询。比如，按照广告商或者时间段进行分组，或者根据某些条件进行过滤，然后使用Count(*)来获取随时间变化的广告展示次数（Impressions Amount）、千次展示费用（Cost Per Mille，CPM）、单次点击费用（Cost Per Click，CPC）、点击量（Clicks）、点击率（Click Through Rate，CTR）等。查询会扫描所有的广告事件，并动态地对它们进行聚合。
- 思路2：思路1的查询效率太低，需要进行动态聚合。如果存储每个广告事件负担太重，可以存储广告事件的聚合数据。比如，如果要计数，可以在每次进入广告事件时添加对应的计数器，然后抛弃实际的广告事件。当需要查找特定时间窗口内广告活动的投放数据时，只需要读取计数器统计的数据，而不需要扫描整个广告事件以做聚合操作。

事实上，广告系统普遍都存储了所有的原始广告事件或者至少存储了大量的原始广告事件，并在查询时对这些广告事件进行扫描。存储原始广告事件的优势在于，系统可以最大限度地灵活分析。比如，系统可以跟踪受众在广告活动投放过程中与广告互动的所有事件序列。如果把所有广告事件都压缩成计数器，就无法还原受众行为特征。比如，受众看完广告A然后点击购买了产品B。对于这种需求，比较好的策略是保留所有的原始广告事件。这样便于未来使用机器学习来处理大量原始广告事件，从而识别数据模式，改善产品功能。

8.4.3 广告数据聚合

对于人眼来说，原始数据是混乱的、无序的、无组织的。数据聚合意味着以各种方式对数据进行排序，以减少可视化所需要的行数。聚合数据的目标是以人眼能够理解的方式对数据进行可视化。

聚合后的数据用来生成广告报表。基于报表，出版商有能力构建一个完整的投标环境，其中显示了广告库存在不同地区、不同浏览器、不同买家、不同出价等情况下的一系列信息。这些信息用来帮助出版商通过对应指标与维度来评估广告库存的价值和广告购买者的行为。

一般来说，广告报表提供了不同类型的事件（广告请求、拍卖、投标、投标响应、中标、展示和点击事件）的聚合数据。

- 出版商从某个广告商（或DSP）获得了多少利润。
- 出版商检查某些广告商拒绝出价的原因。比如，出版商设置的投标底价（Bid Floor Price）太高，导致所有广告商出价都低于这个最低价格。

现在让我们关注广告数据聚合功能，考虑两种基本实现思路。

第一种，在简单的情况下，广告系统可以在服务进程中直接更新并做聚合操作，如图8-7所示。假设希望计算每个出版商每小时的广告活动投放量，可以考虑将计数器保存在Redis或者Cassandra数据库中。这些数据库具有原子增量操作，每次广告服务器收到一个请求时，可以直接向DB存储发送一个增量命令。此方案的问题在于数据不精确。

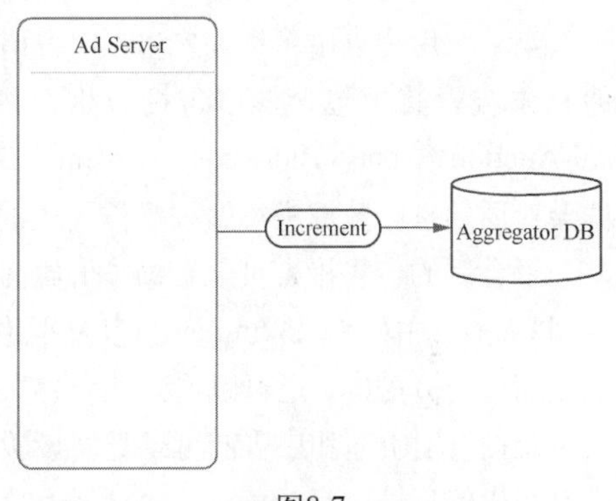

图8-7

第二种，在实际的情况下，引入一个事件流或者一个消息队列，如图8-8所示。消息队列的消息对应原始广告事件。使用这种体系结构的优势在于，可以为同一个广告事件添加多个事件的消费者。比如，将原始广告事件存储到Kafka中，然后由一个消费者执行某些聚合操作（求和、求最大值），另一个消费者执行监控或者其他的任务。换言之，多个消费者可以从同一个原始广告事件中获取信息。

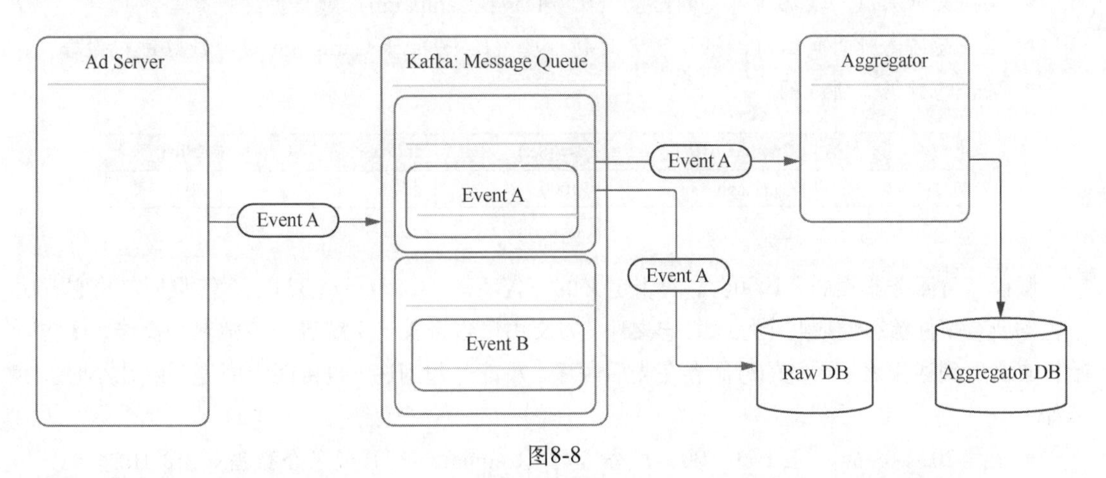

图8-8

8.5 广告事件流聚合

8.5.1 概述

广告日志数据经过聚合后，既可以提供出版商需要的数据报表，又可以提供广告商需要的数据报表。

对于每个广告活动，其广告日志文件经过数据聚合后，可以得出广告活动的请求（Request）数、展示（Impression）数、广告完成（Bid Done）数、广告过滤（Bid Filter）数、浏览率（View Through Rate，VTR）、点击率（CTR）这些主要的数据指标。

当一个用户点击了一则广告，广告请求经过RTB工作流程后，广告系统中会留下一个广告事件日志流，其中包含该广告投放生命周期内发生的所有相关事件，比如Ad-Request-Event、Ad-Auction-Event、Bid-Request-Event、Bid-Selection-Event、Ad-Impression-Event。然后Spark集群会对原始日志数据进行聚合操作，生成广告报表。

聚合后的广告报表可以解锁“暗数据”的隐藏价值。出版商和广告商可以找出他们的出价率（Bid Rate）、中标率（Win Rate）以及拒绝出价的原因，也可以找出每笔利润是如何在SSP与出版商之间进行分配的，还可以看到某个感兴趣的广告活动的投放趋势。此外，基于这些广告报表的实时反馈，出版商和广告商可以重新设置投标价格和受众定向条件。总体来说，只有不断地根据实时报表的反馈进行分析，广告活动和交易的各种功能才能得到充分体现。

8.5.2 需求

接下来讨论一个能够聚合广告日志事件的通用解决方案，该方案应满足如下的基本需求。图8-9说明了具体情形。

- 在一天时间内，根据预定义的维度（比如Day和Campaign）对数据进行聚合。
- 在一天任意时间间隔内，根据预定义的维度（比如Day和Campaign）对数据进行聚合。
- 聚合的数据必须准确。

Day	CampaignID	Request	Impression	Click
2022-03-26	Campaign-33	1000	400	500

图8-9

假设广告服务器集群有1000台。对于定义的广告活动（Campaign-33），广告服务器将它背后产生的所有事件流存储成几个原始日志文件，并交由广告报表子系统进一步做聚合操作。这些原始日志文件到达报表子系统的时间存在先后顺序，可能一起到达，也可能中间差了好几小时。示例如下。

- 截至2022-03–26的上午11：00，广告活动（Campaign-33）的聚合数据如图8-10所示。

Day	CampaignID	Request	Impression	Click
2022-03-26	Campaign-33	400	100	80

图8-10

- 截至2022-03–26的下午19：00，广告活动（Campaign-33）的聚合数据如图8-11所示。

Day	CampaignID	Request	Impression	Click
2022-03-26	Campaign-33	600	200	150

图8-11

如前所述，收集和使用日志数据存在很多挑战，最核心的问题来自如何对海量的数据进行聚合操作。

8.5.3 解决思路：数据管道架构

通常来说，流处理的数据管道有3个基本元素：源、处理步骤和目的地。源指的是广告日志数据生产方，即广告服务器。处理步骤指的是收集和流式处理的无状态服务器（Kafka）和分布式大数据处理引擎（Spark）。目的地指的是Cassandra数据仓库。

简言之，数据管道至少由4部分组成：广告服务器、Kafka流处理引擎、Spark分布式数据处理引擎和Cassandra仓库，如图8-12所示。

- 从广告服务器生成事件流。
- Kafka收集广告事件流。
- 使用Spark从Kafka取出事件流并做聚合处理。
- 将结果写回Cassandra。

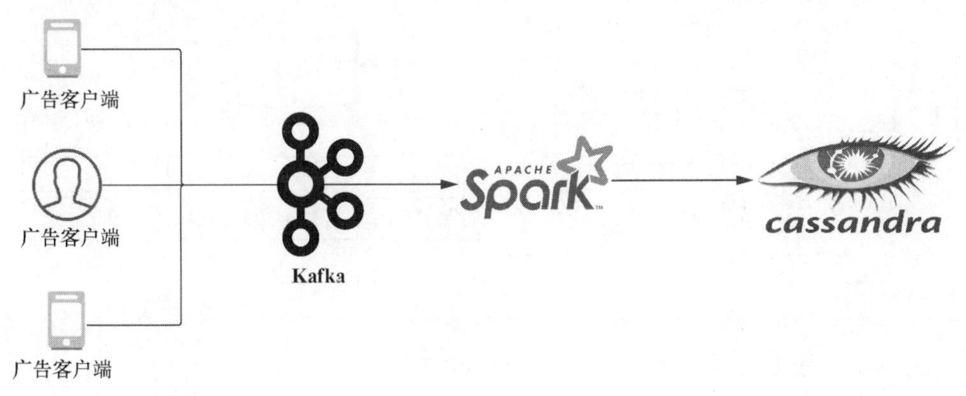

图8-12

8.5.4 方案1 - 数据管道：Kafka

通常来说，应用程序处理两类数据集：有界数据集和无界数据集。

有界数据集是指大小有限的数据集。有界数据集有一个明确的终节点，可以轻松地计算出其大小。例如，一个书店希望找出一天结束时出售书本的数量。这个数据是有界的，因为全天销售的书本数量是固定的，当天销售结束时，销售的书本数量也是明确的。

无界数据集是指理论上大小无限的数据集。不论现代技术有多先进，它们的硬件资源都是有限的，特别是在存储和内存方面。传统方法对于处理无界数据集并不实用。

流处理可以使用许多技术来处理无界数据集。流处理通过获取当前片段来对数据流进行分区，这样它就变成分析固定记录块中的有界数据集中。比如，当前片段可以定义为最后两分钟或者最后一小时，甚至最后100个事件的集合，这个片段称为窗口。

简单来说，可以使用不同的技术来实现窗口化数据和处理窗口的结果。然后，将数据操作应用于窗口中的数据，每个窗口都生成（Emit）一个值，并不断累积数据。具体包含如下操作：

- 基本的过滤操作；
- 基本的聚合操作，比如求和、求最小、求最大值。

回顾8.5.2小节中提出的3个基本需求：

- 在一天时间内，根据预定义的维度（比如Day和Campaign）对数据进行聚合；
- 在一天任意时间间隔内，根据预定义的维度（比如Day和Campaign）对数据进行聚合；
- 聚合的数据必须准确。

方案1解决了其中的第一个问题：将数据窗口限制在一天，对数据进行聚合，就能满足需求，如图8-13所示。

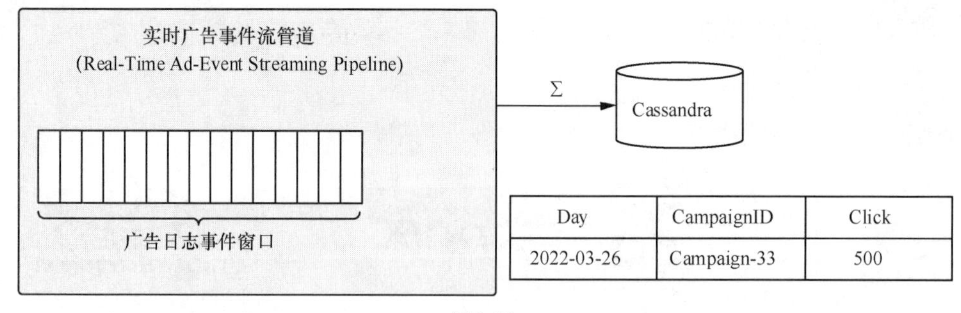

Day	CampaignID	Click
2022-03-26	Campaign-33	500

图8-13

8.5.5　方案2 - 数据管道：Kafka + Cassandra

要想在一天任意时间间隔内，根据预定义的维度（比如Day和Campaign）对数据进行聚合的解决方法是：将广告日志事件窗口设置成一个小的片段（比如10分钟），然后一边聚合一边增量更新Cassandra数据库，如图8-14所示，这就是方案2的思想。

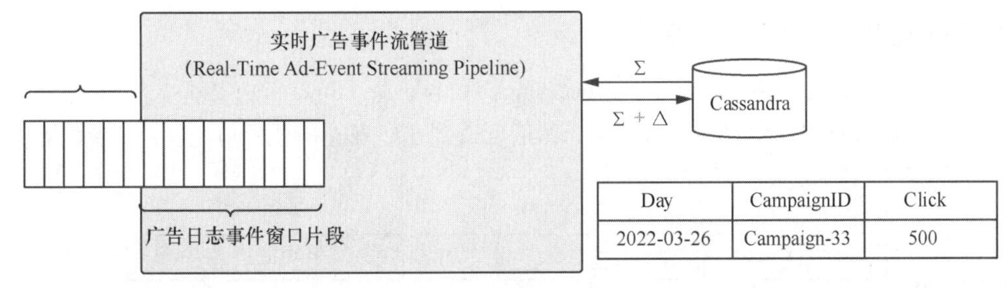

Day	CampaignID	Click
2022-03-26	Campaign-33	500

图8-14

一般来说，Cassandra数据有普通的Int类型和计数器（Counter）类型。对普通的Int类型列进行自增操作需要进行“写前读取”和“锁定”两个操作。实际上，在分布式数据库环境中，对一个值进行并发更新并保证数据一致性有一个基本方法，其步骤如下。

- 锁定当前记录。
- 读取当前记录至内存，然后递增。
- 从内存将数据写回数据库磁盘。
- 释放锁定的当前记录。

而Cassandra的计数器类型允许在不需要“写前读取”和“锁定”的情况下对记录值进行并发更新。

对于需求中的第二个问题，使用Kafak、Cassandra只能解决部分，因为它们聚合的数据结果的准确性存在误差，只能作为近似度量。为了提高准确性，不能直接使用Cassandra基础设施来管理记录数据的增量更新。

8.5.6　方案3 - 数据管道：Kafka + Spark + Cassandra

Spark引擎可以保证聚合的数据准确性。首先要在流水线中处理增量，然后将计算结果写回Cassandra数据库。本质上是读取Cassandra的当前值，然后将数据窗口的新增量与当前值进行累加，最后再将累加结果写回Cassandra数据库，如图8-15所示。

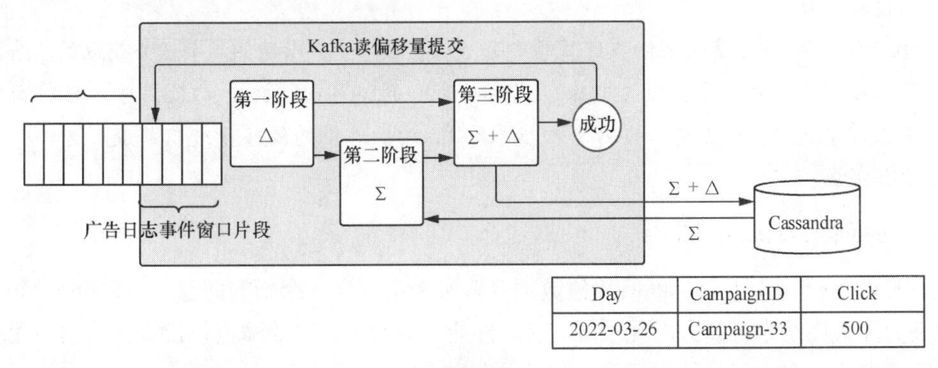

Day	CampaignID	Click
2022-03-26	Campaign-33	500

图8-15

1．批处理和流处理

如图8-16所示，批处理（Batching-Processing）和流处理（Streaming-Processing）之间最大的区别是，前者随着时间推移收集一批数据，然后发送到处理器进行分析与处理；后者将数据分成一个一个的任务（Task），然后进行实时并行处理。

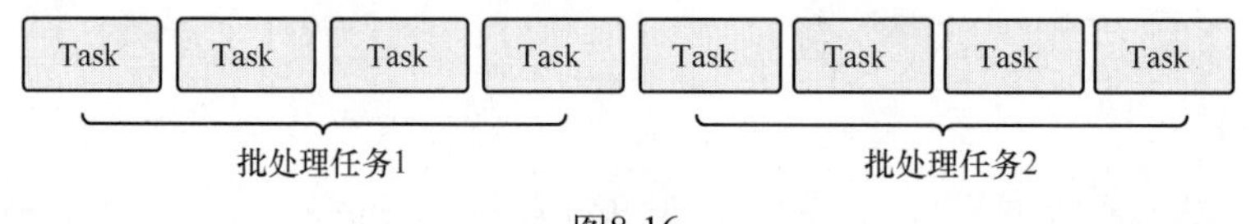

图8-16

本质上Spark是一个批处理系统，而Spark-Stream是一个流处理器。

流处理系统的优点如下。

- 指定一个小的数据窗口，即对数据进行分段。
- 进行聚合操作，计算通常简单。
- 计算是独立的并且以接近实时的速度完成，最多花费几秒。

批处理系统的优点如下。

- 可以访问所有的数据。
- 进行聚合操作，计算通常复杂。
- 计算的延迟很高，以分钟计。通常关注吞吐量而不是组件的延迟。

我们将广告活动聚合任务分解成3个任务，并形成一个简单的流水线任务管道。左边是广告事件流写入Kafka。Spark管理的3个任务如下。

- Spark任务1：从Kafka的数据窗口中取出广告活动投放日志数据，并执行聚合操作。
- Spark任务2：从第一个任务接收广告活动的聚合结果，以及广告活动的ID，比如第一个任务的输出是一个二元组<Campaign-33，Request-100>，此二元组作为第二个任务的输入。取出二元组的Campaign-33字段作为检索条件，并从Cassandra数据库中取出当前广告活动的投放数目。
- Spark任务3：基于第一个任务计算的广告活动投放增量，以及第二个任务获取的广告活动当前投放数目，把两个值结合起来，然后将求和的值写回Cassandra数据库。当前面的任务都正常完成后，需要将广告日志数据在Kafka读操作中的偏移量进行提交，这样整个事务才算完成。

2．新的问题：Failure Mode

使用Kafka + Spark + Cassandra构建数据管道可能会产生一个新的问题——Failure Mode。简言之，在分布式系统中可能会出现很多问题，你能做的就是针对故障进行设计。我们不能对系统组件的可靠性做任何假设。下面逐一分析系统的每个部分。

(1) 如果第一个任务失败并导致整个集群（Kafka和Spark）重启，会发生什么？

- 抛出异常，重试任务。基本上第一个任务只是在内存读数据，并没有写操作，不会产生副作用。

(2) 如果第二个任务失败并导致整个集群（Kafka和Spark）重启，会发生什么？

- 本质上与第一个任务情况是类似的，是纯粹的读操作，产生异常后不会产生副作用。

(3) 如果第三个任务失败并导致整个集群（Kafka和Spark）重启，会发生什么？

- 如前所述，第三个任务会将前两个任务累计的广告活动投放数目写回Cassandra数据库，与此同时需要将Kafka读操作的偏移量进行提交。如果失败发生在这两步中间，会产生数据不一致的后果。
- 失败的后果是：Kafka的偏移量没有提交，保持不变。后面的流处理任务会重复对固定事件窗口的广告活动投放量进行处理，累计的结果会再次写回Cassandra数据库。广告活动的投放数目会被多计算一次，这种计算也称为过度计算（Over-Counting），是需要避免的，如图8-17所示。

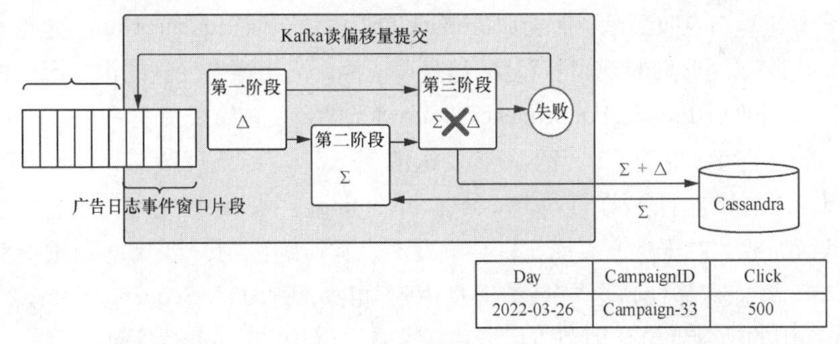

图8-17

问题的本质是：当Spark流处理系统从Kafka取出某个事件窗口内广告活动的投放数目时，它显然无法区分已处理和未处理的数据。这是过度计算的根本原因。

在进一步给出解决方案之前，让我们先回顾一下Kafka的几个重要知识点。

3. Kafka分区和偏移量

Kafka由4个部分组成：主题（Topic）、生产者（Producer）、消费者（Consumer）和代理（Broker）。Kafka将消息源组织成主题进行存储。消息被发送到不同的主题中并从中读取。换句话说，生产者将数据写入主题，而消费者从主题中读出数据。

Kafka是一个分布式系统，它在集群中运行。集群中的每个节点称为代理。主题通过代理进行分区存储，分区允许用户并行处理主题，这意味着任何主题的数据都可以划分到多个代理中。由于一个主题可以在多个节点上被拆分为多个分区，因此使用者可以并行读取一个主题，提高消息的吞吐量。

那么，消费者如何跟踪自己主题下不同分区的消息呢？主题偏移量就是解决这个问题的方法。偏移量分配给每个分区消息，Kafka自动处理消息的顺序，确保单个分区中消息的单调有序性。

4. Kafka消息保序

在Kafka分布式的情况下，如何保证消息的顺序？

Kafka采用在底层设计架构中引入的ProduceID和SequenceNum来保证消息的顺序。这些对Kafka的使用者是透明的。如图8-18所示，生产者需要考虑两件事：启动的时候向代理申请一个ProduceID；为发出的每条消息绑定一个SequenceNum。

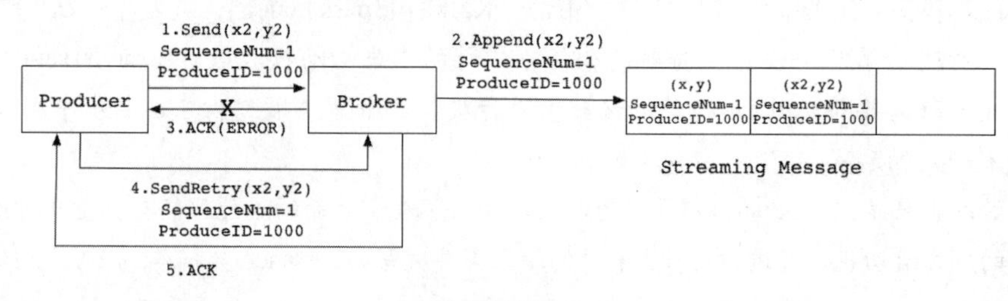

图8-18

Kafka的代理进程节点收到消息时会以ProduceID为单位存储SequenceNum，也就是说，如果生产者重复发送了消息，代理节点会将重复的消息过滤掉。当生产者发送的消息无序抵达代理节点时，代理节点可以根据 <ProduceID, SequenceNum>将无序列表转换成发送消息的有序列表状态。

图8-18中的例子简要说明了，当生产者发送消息<x2,y2>给代理节点时，代理节点接收消息并将其添加到自己的日志消息流（Log Message Streaming）中。如果此时代理节点返回的ACK消息丢失或者返回失败，对于生产者而言，会触发消息重传的机制，将<x2,y2>重新发送一次。但是，因为引入了消息幂等性，会在每条消息中附加ProducerID和SequenceNum。相同的PID和SequenceNum标识的消息发给代理节点后，代理节点可以识别这是重复消息。

上述实现比较简单，背后有两个约束条件。首先，它只能保证单分区中消息的顺序性。生产者能够保证某个主题的一个分区中消息的顺序性，但它无法保证多个分区中消息的顺序性。因为SequenceNum是以<Topic,Partition> 为单位进行单调递增的。如果一条消息被发送到了多个分区必然会分配到不同的 SequenceNum，导致消息无序问题仍旧无解。其次，它只能实现单会话的消息的顺序性，不能实现跨会话的消息的顺序性。重启生产者进程之后，这种消息的顺序性就丧失了。重启生产者进程后会分配一个新的ProduceID。

8.5.7 方案4 - 数据管道：Kafka + Spark + Cassandra + Data-Version

方案3中，当Spark流处理系统从Kafka取出某个时间窗口内广告活动的投放数目时，它显然无法区分已处理和未处理的数据。这是过度计算的根本原因。

1. Exactly-Once

分布式系统中通常可以提供几个级别的配置来保证消息正确地传递，包括至少一次（At-Least）处理、至多一次（At-Most）处理和精确一次交付（Exactly-Once）处理。

方案3的问题在于，当Spark流处理系统中的任务3写完Cassandra数据库后，还未正常提交Kafka读操作的偏移量就发生崩溃（Crash）。直接的后果是：Spark中的任务会重复消费同一批消息。这是一个典型的分布式系统问题。我们需要对广告活动的投放数据进行聚合计算。重复数据会破坏聚合数据的准确性，影响广告报表的分析质量。

Kafka的消息可能被Spark任务多次重复消费，但是，当使用幂等发送和事务时，可以实现Spark任务“一次交付、处理”的目标。幂等发送表示相同消息只会被传递一次，即使消息被传递多次也不会对数据的处理结果产生负面影响。事务表示一组操作是原子性执行的，要么全部成功，要么全部失败，保证数据的一致性和完整性。

2. Data Version

一个直观的想法是对存储在Cassandra数据库中的记录引入版本信息，如图8-19所示。记录广告活动版本（Campaign Version）能够区分处理过的Kafka数据，且这些数据必须是单调递增的值。一个已知的事实是，Kafka分区中消息的ID是有序且递增的，可以将Kafka消息ID的值当作广告活动记录版本使用。

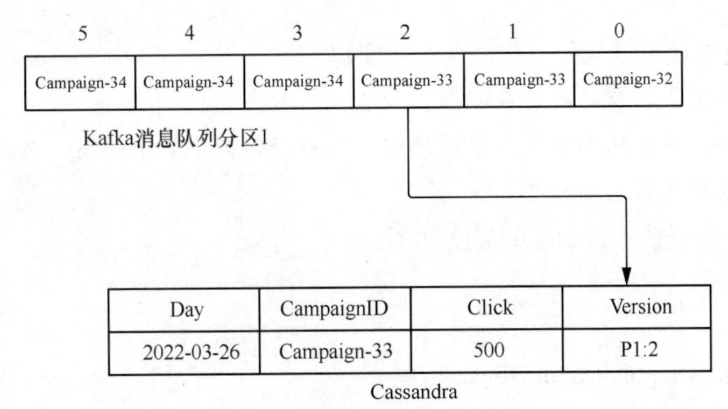

图8-19

举例说明版本信息如何帮助避免广告活动记录被过度聚合计算，如图8-20所示。

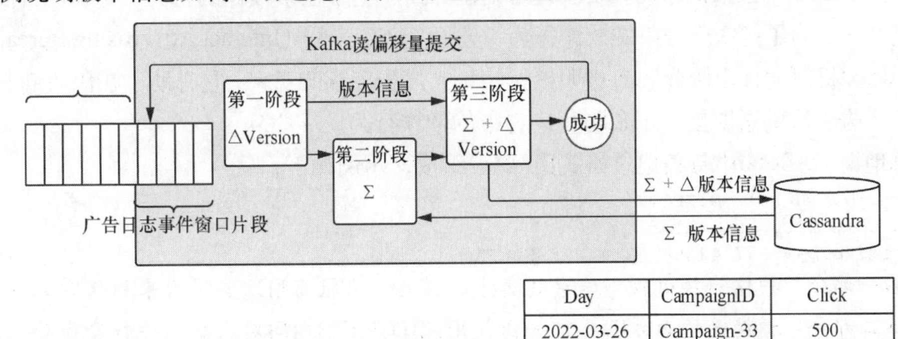

图8-20

第一步：Kakfa的分区1（Partition1）已经存储了6条记录。此刻Kafka消费者读偏移量为0。

第二步：Spark流系统中的3个任务（task1、task2、task3）从Kafka读出了窗口大小为3的广告活动投放数据。经过计算，当前广告活动（Campaign-33）聚合后的投放数目为100，则产生元组<Day: 2022/03/26, CampaignID: Campaign-33, Request: 100, Version: "P1:2">并成功写入Cassandra数据库。

第三步：Kafka消费者读偏移量变成了2，准备向Kafka提交偏移量时，系统崩溃导致重新启动。

第四步：Spark流系统中的3个任务完全重复第二步的流程。

- Spark流系统中的3个任务（task1、task2、task3）从Kafka读出了窗口大小为3的广告活动投放数据。经过计算，当前广告活动（Campaign-33）聚合后的投放数目为100。
- 准备将< Day: 2022/03/26, CampaignID: Campaign-33, Request: 100, Version: "P1:2">元组写入Cassandra数据库。更新时发现campaign-33记录在Cassandra数据库的版本号等于"P1:2"，而正在提交的聚合数据版本也等于"P1:2"。因此Spark任务会丢弃此次的聚合数据，间接实现"一次交付、处理"的目标。

8.6　广告供应链透明度分析

广告供应链透明度可以从如下几个角度来理解。

- 可见度，知道出版商的库存在哪里，处于什么状态。
- 可追溯，知道库存从哪里来，中间经过了哪些经销商或者中间商，最终到达买家。
- 透明度，可追溯信息的共享。

提高程序化广告系统的透明度的方案如下。

- Ads.txt。
- Seller.json。
- 供应链对象（Supply Chain Object）。

8.6.1　Ads.txt

数字广告是一个巨大的市场，而巨大的利益导致产生了很多欺诈的行为，无疑广告商的损失也越来越严重。为了打击广告中的欺诈行为，美国互动广告局（Interact Advertising Bureau，IAB）推出了Ads.txt机制允许出版商发布声明授权销售其广告库存的卖家，它有助于在出版商与广告商之间提高广告供应的透明度，用来防止广告中的欺诈行为。

简单地说，Ads.txt中每条记录格式由3部分组成，示例如下。

```
districtm.io, 100241, DIRECT
appnexus.com, 1908, reseller
google.com, pub-9685734445476814, RESELLER
```

- 第一部分：授权销售出版商库存的卖方的域名。出版商用这些平台来销售它的库存。
- 第二部分：被授权的卖方ID，广告商使用此ID在RTB期间对出版商进行身份验证。
- 第三部分：此值有两个选项，即DIRECT和RESELLER。这个字段表示出版商是通过直接程序销售其库存的，还是授权第三方代替它销售其库存的。

– DIRECT代表出版商可以直接控制SSP的账户。
– RESELLER意味着出版商授权第三方控制它在SSP的账户，并委托第三方在SSP管理与出售它的库存。

如图8-21所示，当出版商将Ads.txt文件上传到出版商的根域名目录时，代表广告商的SSP或者DSP使用广告文本爬虫（Ads.txt Crawl）系统来抓取所有出版商的域名列表，并查看出版商的Ads.txt文件。DSP会在竞价响应前查询出版商的Ads.txt内容，如果竞价请求中的卖家（Seller）无法与出版商的Ads.txt内容成功匹配，则意味着出版商的库存并没有授权当前的卖家，DSP会停止竞价。

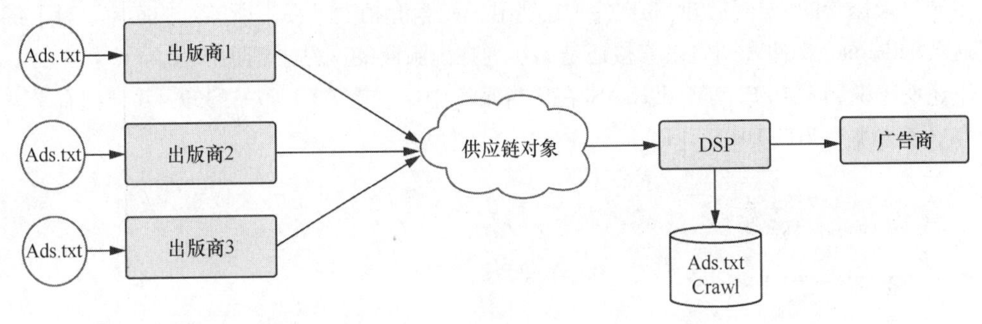

图8-21

如图8-22所示，Ads.txt的工作流程如下。

- 首先，每个出版商在其根域目录托管一个公开可访问的Ads.txt文件，里面列出了被授权可以销售其库存的卖方域名。
- 其次，在RTB协议中，SSP向DSP发出的竞价请求中会携带如下两个关键信息。
  – 出版商库存的域。
  – 被授权的卖方ID，此处是SSP-ID。
- 最后，DSP可以基于出版商库存的域去抓取它的Ads.txt文件，验证竞价请求中指定的授权卖方ID是否为该库存域名的授权库存卖家。

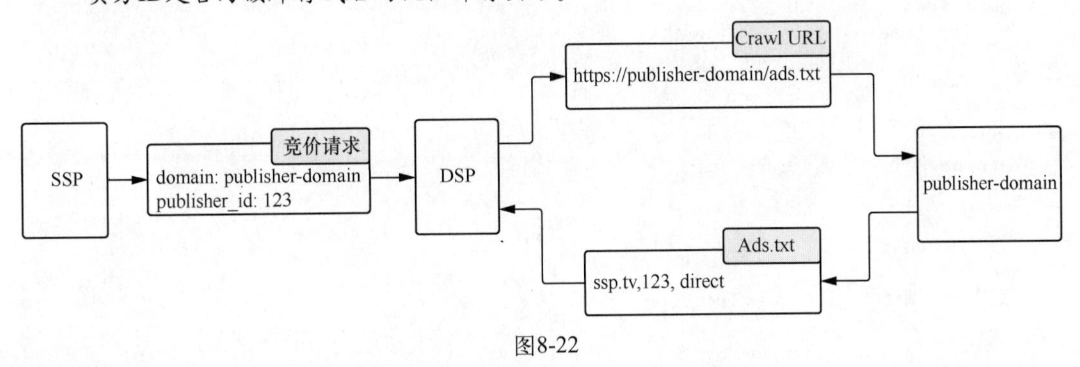

图8-22

go-adstxt-crawler是基于IAB Ads.txt 1.0规范而构建的一个开源爬虫解析器，读者可以自行学习。

8.6.2 Seller.json

本质上来说，Seller.json是Ads.txt的补充，它的目的是提高程序供应链的透明度。任何交易平台中都存在供应方和需求方，即卖方和买方，就像硬币的两面。长期以来，程序化广告领域这枚“硬币”只有一面是可见的，即出版商通过Ads.txt展示的信息。现在，通过Seller.json可以展示“硬币”的另一面，即SSP通过Seller.json展示的信息。

如前所述，Ads.txt是由出版商在其根域目录托管的公开可访问的文件，而Seller.json是由SSP在其根域目录托管的公开可访问的文件，它列出了在竞价拍卖过程中所涉及的卖家。对于每个卖家，这个Seller.json文件表明它是直接还是间接地在出版商的网站上销售库存。

下述例子说明卖方"Play Media SAS"在广告系统中拥有卖方ID：9939339，并且拥有卖方的销售库存（卖方类型为PUBLISHER）。

```
{
  "seller_id": "9939339",
  "name": "Play Media SAS",
  "domain": "playtv.fr",
  "seller_type": "PUBLISHER"
},
```

8.6.3 供应链对象

供应链对象允许买家看到当前正在销售或者转售的广告机会的各参与方。参与库存竞价拍卖的每一方都由供应链对象中的一个节点来表示。其中每个节点包含如下属性。

- asi：销售广告库存的SSP域名。
- sid：卖方ID，识别库存的卖方。

投标请求中嵌入供应链对象的举例如下：

```
"bidRequest" : {
  "id": "BidRequest2",
  "app": {
    "publisher": {
      "id": "aaaaa"
    }
  }
  "source": {
    "ext": {
      "schain": {
        "ver":"1.0",
        "complete": 1,
        "nodes": [
          {
            "asi":"directseller.com",
            "sid":"00001"
            "rid":"BidRequest1",
            "hp":1
```

```
          },
          {
            "asi":"reseller.com",
            "sid":"aaaaa",
            "rid":"BidRequest2",
            "hp":1
          }
        ]
      }
    }
  }
}
```

为了理解买家（DSP）如何使用供应链对象，我们假设一个竞价请求对象中schain字段由3个虚构实体组成：出版商A、经销商B和经销商C。

- 首先，出版商A将广告机会出售给了经销商B。
- 其次，经销商B进一步将广告机会转售给了经销商C。
- 最后，经销商C将广告机会出售给了最终的买家DSP。

现在，众多卖家（出版商A、经销商B、经销商C）和最终的买家DSP都能够看到参与到销售广告机会的中间商。

假设DSP不想与经销商B做生意。但是在供应链对象出现之前，DSP买家只能看到最后触及广告库存供应链的末端经销商，即经销商C，它无法做这样的决策。

现在有了供应链对象技术的加持，DSP买家能够对整个广告库存供应链进行透明的观察，可以根据供应链中的元素来决定是否参与竞价广告机会，如图8-23所示。根据经销商B参与供应链交易的过程，DSP买家就可以决定不参与竞价响应。

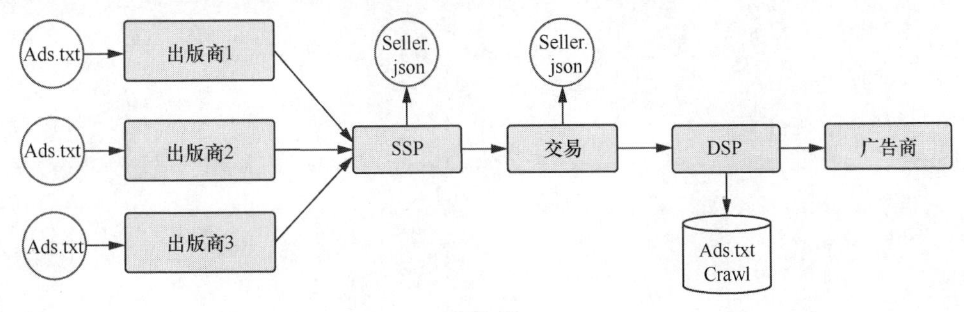

图8-23

对于像DSP这样的终极买家来说，最重要的是可以将供应链对象中表示的节点与Ads.txt和Seller.json文件中的数据进行匹配，从而对潜在的广告欺诈行为进行判断。供应链对象是对Ads.txt和Seller.json机制的进一步完善。

8.6.4　Ads.txt、Seller.json和供应链对象的关系

供应链对象提供了从库存来源到所有参与方供应链的完全可见性。当它与Ads.txt和Seller.json

一起工作时，买家可以在竞价请求中验证最终的经销商（SSP），并验证它是否被授权销售该出版商的广告库存。

防止广告欺诈是广告行业的重要内容。这意味着出版商应该始终如一地更新自己的Ads.txt文件，而经销商（SSP）应该及时披露自己的Seller.json文件。另外，买方（DSP）应该加强供应链的验证，通过拒绝缺乏供应链的竞价请求，将低质量的库存赶出市场。

8.7　小结

本章介绍了VAST、RTB、广告实时数据、广告事件流聚合案例的设计与分析以及广告供应链透明度分析。

首先介绍了VAST技术要点，它将广告的重要元数据从广告服务器传输到媒体播放器中。

其次讨论了RTB的整体工作流程。RTB与VAST一样，是IAB创建的一个标准，它的目的是创建一种通用的语言，使得所有参与拍卖的实体都可以使用这种语言来进行广告交易。RTB拍卖是程序化广告的支柱，它确保出版商根据广告库存赚取尽量高的收入。

然后讨论了广告的实时数据流。事实上，广告系统普遍存储了所有的原始广告事件或者至少存储了大量的原始广告事件，并在查询时对这些广告事件进行扫描。

再讨论了广告事件流聚合的一个典型案例。本质上数据聚合是数据转换的一种形式，它用来总结原始数据，这样可以快速并且有效地以可视化方式来讲述一个故事。

最后讨论广告供应链透明度解决方案，供应链对象帮助买方与中间商看到所有参与出售或者转售广告库存的对象，它与Ads.txt和Seller.json机制一起工作，为程序化广告系统提供透明度。